海海人生

ぼくなりの遊び方、行き方

横尾忠则自传

〔日〕横尾忠则——著

郑衍伟——译

湖南美术出版社

「私」という物語　一九六〇——一九八四

中国の読者諸君へ
致中国读者

　　这本自传完成于一九九八年，距今已经二十一年。后续没有回顾校订，我想一定有很多冗余、需要修正或改写的部分吧。除了这本书之外，我还在报纸上连载过两种传记，以及谈论少年时代的自叙。

　　这次在中国大陆出版的这本自传止于人生半途，或许就某种意义而言，这本书后续的生活、行动，还有创作方式更为重要。如果未来机会成熟得以出版，大家会了解到接近当下的故事，特别是可以了解我从一九八〇年代转向画家生涯之后的活动。

　　我今年已经八十三岁了。如果上天容许我更加长寿，补齐后半生的自传，让故事圆满收尾，并得以让日本和中国的读者们赏光读到，我会无比荣幸。仿佛透过我，中国和日本也可以（在文化、艺术方面）建立更亲密的关系。

　　那么，希望我可以透过书，和大家相会。

横尾忠则

上京、日本デザインセンター入社

兴奋、狂乱。节庆般、"传说般的一九六〇年代"冲过了七十小时。一月四日当天，新婚第二年的我和妻子离开神户前往东京。这趟旅程是因为一年前我加入的大阪广告设计公司国际宣传研究所，要求我们员工和公司一起迁往东京。当时我二十三岁。住在东京是我从小到大的梦想。母亲拼命祈求神明让我实现梦想，在我的成长过程中每天都能听到，甚至到了耳朵长茧的程度，所以我觉得这份愿望已经传到天上，只要等待神明哪天回答一声"好"，就可以了。不可思议的事情重重累积，偶然召唤更多偶然，出乎意料的人、事、物自然而然聚集而来，让我实现梦想……我发现这种共时性（synchronicity）是我的命运模式。然而愿望达成前的过程，总是反复摆荡在天堂和地狱之间，非常惊险刺激。天堂和地狱简直就像是存在于我的心里，两者不停相互对决。

此外，我自己也总是在期待"明天又会发生什么事"。我从小就很喜欢对自己的命运胡思乱想，猜想自己究竟是为了继承何种使命而生。不知为何，我很喜欢想象一个画面，自己孤身一人被搁在地球上，然而天边却还有另外一个我在凝视自己。我非常喜欢这种非写实的另一种真实，和日常生活相比，我把真实感的重心放在非日常的世界更多一些，我是这样的小孩。

我就是从这样的状况出发，认为自己身上一定有任何人都不知道的出生之谜。就现实而言，直到十七岁，我才晓得自己还有另两位生身父母。因为我有过这样的经验，所以对于想象人类的命运这件事真的是永远都不会感到厌烦。直到今天，一想到"不知道明天又会发生什么事"，我的心还是会感到雀跃不已。

尿味四溢的涩谷公寓

"啊，富士山看起来好漂亮。东京一定有什么好事在等我们。"

山景占满列车车窗。妻子有生以来第一次见到富士山，不禁兴奋地脱口而出。为什么我没有办法变得像她那么乐观呢？一直以来，好事坏事总是一并出现，所谓"有好事在等我们"让我有种预感，它的另外一面很有可能也在对面虎视眈眈。我的性格有一部分是这样，总是会事先去考虑事情的另一面。因此我看事情可以看得更透彻，但是相对地有时候也会不顾一切大胆为之。这种性格真的会让我反复在天堂与地狱之间徘徊。

大阪广告设计公司国际宣传研究所的老板在前往东京之前告诉大家："我希望那些想要去东京自立门户的人主动退出这次计划。"我觉得应该没有人会想要永远留在这间公司工作，只要有机会，大家应该都会想要"自立门户"。我自己也是这种人，可是我没有退出。

虽然人已经到了东京，通过朋友借到一间涩谷的公寓，可是先前从神户寄过来的行李还没有到。在行李抵达之前，我们暂且窝在市区一间小旅馆里面。那个新年过得很寒酸。所谓行李，也只是几件衣服、棉被、厨房用品，还有木头桌子里面搁的几本书。只要把桌子摆好，棉被铺起来，六叠榻榻米大的房间就没有位置可以站。这间小公寓就算白天也是阴阴的，而且尿味四溢。住在里面的人从房东算起，有脱衣舞娘、酒吧妈妈桑和陪酒小姐、话剧[1]演员、中国医师夫妇、寡妇，还有刚来东京的平面设计师，总共七个家庭。这些公寓的邻居好像以为我们夫妻俩是姐弟。

第一天到涩谷街头走动就遇到很多事。一开始在公寓门口，就有一个开红色保时捷、戴太阳眼镜的年轻人突然跑来跟我问路。这件事情稍微引发了我的优越感。我们刚到东京根本还搞不清楚东南西北，结果却被走在流行尖端的都会年轻人当成是本地人，这件事情真的很爽。顺着荣路往下走，馒头店门口的箱子上堆满馒头，有个走在我们前面的年轻男子唱着《潮来的伊太郎》[2]，瞬间出手偷一个塞进口袋，若无其事走远。这让我觉得东京真是个不得了的地方。晚餐我想要去涩谷食堂吃猪包，可是女店员却一直在那边窃笑，完全没有办法跟她沟通。神户叫猪包的东西在东京叫肉包，[3]对我来说真的是很大的文化冲击。回家路上买了黑白电视机。当时还不像现在这样家家户户都有电视，更别说彩色电视机都还没有发明。因为我希望在东京生活一定要有电视，所以买得很开心。回家马上把电视装起来，桥幸夫的影像出现在映像

1　话剧：原文"新剧"。日本在江户时代发展出"歌舞伎"这一戏曲形式，随着时代演变，明治中期开始出现"新派剧"的改良戏曲，将当代庶民风俗和政治宣传等主题引进表演当中。随后，随着西欧表演概念传入，明治末期又出现写实主义风格的"新剧"，主张艺术性，反对商业性的传统戏曲，发展出现代小剧场。——译者注。本书注释如无特殊说明，皆为译者注。

2　《潮来的伊太郎》：日本畅销演歌单曲，原曲名《桥来笠》。1960 年，桥幸夫以这首歌出道并夺得第二届日本唱片大奖新人奖。

3　猪包、肉包原文作"豚馒""肉馒"。

管上，摇头晃脑正在唱刚刚馒头小偷唱的那首歌。

我在六本木新办公室的工作是Gunze造丝股份有限公司的广告设计，我从以前待在大阪起就开始负责他们公司。

一同来东京的同事里面有位名叫横沟敬三郎的平面设计兼插画家，同时荣获"日宣美展"[1]的特选和鼓励奖，也是日本宣传美术协会的会员。虽然我也在同一个展拿到鼓励奖，自己也是会员，可是面对他的才华真的是甘拜下风。他身材瘦小，可是长得相当英俊。习惯把手放在嘴唇上说话，显露出某种乳臭未干的孩子气。他毕业于京都艺术大学，大我一岁，是个非常亲切的男人。我最后一次见到他大概是距离当时十年，在某个UFO研究社主办的演讲场合遇到。我完全不知道他会对此感兴趣，有点惊讶。当时我觉得自己喜欢UFO有点丢脸，在会场刻意回避他，没想到再过几年就听说他过世了。

公司刚开始运作时，有一个在地录取的插画家山藤章二[2]加入。他是在日宣美展拿过特选的会员，记得比我小一岁。声音很好听，看起来非常认真。那时候东京好像在召开世界设计会议[3]。可是我们才刚到东

1　日宣美展：日本宣传美术协会（1951—1970）举办的美术展。日本广告界从1938年就开始组织业界社团"东京广告创作者俱乐部"（东京広告作家クラブ）。1951年创设日本宣传美术协会，是第一个全国性的平面设计团体。从1953年开始对外公开征件，建立起一个新人鱼跃龙门的平台，每年在全国各大城市举办展览，并积极地海外交流，渐渐建立权威。粟津洁、和田诚、浅叶克己、田名网敬一等知名画家、设计师都曾获奖。1960年代末，美术系学生们组织"革命的设计同盟""美共斗"批判日宣美展。1970年，日宣美发表解散宣言，于东京、名古屋、大阪举办"解散展"。由于其对平面设计界的影响力，许多重要作品通过它在设计史上留名。
2　山藤章二（1937— ）：生于东京目黑区，日本插画家，擅长肖像画、讽刺漫画。
3　世界设计会议：日本设计界首度为了进行国际交流，于1960年在东京召开这个会议。以赫伯特·拜耶（Herbert Bayer）、尚·普鲁威（Jean Prouve）等人的演讲为基础，布鲁诺·慕那利（Bruno Munari）、索尔·巴斯（Saul Bass）等平面设计师也获邀前来日本。27国、200多名设计师与建筑师齐集于此。

京，很难知道这些消息，感觉横沟、山藤和我都还在圈子之外。

日本设计中心成立的消息

当时在东京设计界蔚为话题的除了世界设计会议之外还有一个大新闻，那就是有人成立了一间设计公司名为"日本设计中心"[4]，其中包含十几位日本顶尖设计师参与。这条刺激的新闻好像在预言时代改变，让我开始感到焦虑。我的注意力被强烈转移，随着自己在东京工作，内心同时开始质疑自己："这样继续待在这间公司好吗？"

我想要再多收集一点详细的信息，顺便跟田中一光[5]先生打声招呼说我来东京工作了，就跑去他位于南青山的家拜访。我们以前曾经在关西碰过一两次面。他家放的音乐是我最不懂的爵士乐。那时我还去松屋百货的优良设计专柜买了一千三百日元的六色茶碗套组当伴手礼。

日本设计中心的成员包含龟仓雄策[6]、原弘[7]、山城隆一[8]、田中一光、

---

4 日本设计中心：日本デザインセンター，日本的广告制作公司。在"新的设计时代，共同拥有各公司的宣传部"这个宗旨之下，以设计师龟仓雄策、原弘、田中一光、山城隆一等人为核心，取得丰田汽车、朝日啤酒、新日本制铁等公司出资而于 1959 年所设立的广告制作公司。

5 田中一光（1930—2002）：生于日本奈良县奈良市。昭和时代起即作为平面设计师活跃于业界。平面设计、广告之外，也以设计师身份大大影响了日本设计界。

6 龟仓雄策（1915—1997）：生于日本新潟县，平面美术设计师。代表作品有日本电信电话（NTT）的标志（动态循环）、1964 年东京奥林匹克运动会的海报等。

7 原弘（1903—1986）：昭和时期日本平面设计师的代表人物之一。一生亲自设计的出版物，包含杂志的封面设计等，大约有 3000 件。特别在装帧上享有很高的评价，美术评论家胜见胜曾评论他为"书本设计的天皇"。

8 山城隆一（1920—1997）：生于大阪，本名三宅隆一，曾于阪急、高岛屋百货宣传部工作，1959 年参与创设日本设计中心。1973 年独立，成立设计事务处 Communication Arts R（デザイン事务所コミュニケーション・アーツ・R）。以字体设计的海报《森》引发注意，并曾获许多大奖。作品被纽约现代美术馆、阿姆斯特丹斯特德立克美术馆等永久收藏。

永井一正[1]、宇野亚喜良[2]、木村恒久[3]、片山利弘[4]、田中博[5]、植松国臣[6]、白井正治、铃木良雄[7]、山下芳郎[8]、安斋敦子[9]，等等。从大师到响当当的中坚设计师和插画家都罗列在名单之上。

想要加入这间公司的强烈冲动在我脑中盘旋然后开始高速运转。一旦被这个念头抓住，我就完全没有办法思考其他事情了。虽然我应该要对一光先生直接表达这个想法，可是当天我只能迂回在话题旁边没有办法启齿。一想到我的意志不知道传达到几分，就觉得非常焦虑。这烦恼持续了好几天。就算在做公司的工作感觉自己好像也没有在动手。

为了再次正式拜托他帮忙，我在涩谷的香颂咖啡馆"GIRAUD"[10] 和

---

1 永井一正（1929— ）：生于大阪，日本平面设计师的代表人物之一，海报设计风格以单一形态的动物或图案为特征。
2 宇野亚喜良（1934— ）：1960 年代、1970 年代日本插画界巨匠。崇尚 1960 年代的迷幻摇滚，赞扬 Pink Floyd（英国摇滚乐团），并深深受其影响。"爱奴"是他创造的有名女性形象：诡谲迷幻的眼神，瘦长的身形，带着性感与叛逆，呈现出大胆强烈的视觉风格。1999 年受日本政府颁发紫绶褒章。
3 木村恒久（1928—2008）：生于大阪，东京造型大学客座教授，2008 年因肺癌过世。在其作品中，经常可见大胆又创新的设计，仿佛为人们开启了一个光怪陆离的世界。
4 片山利弘（1928— ）：生于大阪，日本画家。
5 田中博（1931— ）：美术指导。1960 年加入日本设计中心。1986 年到 1996 年任董事长，1998 年到 1999 年任董事顾问。
6 植松国臣（1927—2006）：平面设计师、美术指导。曾于伊势丹宣传课工作，1960 年到 1962 年任职于日本设计中心。
7 铃木良雄（1916—2006）：原文为铃木松夫，应为作者笔误。生于静冈。曾任职朝日报社记者，创立日本设计中心。1975 年升任董事长，1996 年任名誉董事长。
8 山下芳郎：经典设计是 1964 年东京奥运时替每种运动项目制作小图标，奠定之后奥运图示的基础。
9 安斋敦子：日本设计中心成员，曾在《idea》设计杂志负责编辑一本名为《现代插画》的别册。
10 GIRAUD：这间法国香颂咖啡店创设于 1955 年东京神田神保町。1960 年代后开始拓展郊外型的家庭连锁餐厅和披萨店。1970 年代由于札幌啤酒等公司投资，不仅扩大营业，还设立了 GIRAUD 歌剧奖，成为日本歌剧界的重要奖项（1937—1997），培育出众多歌手。

一光先生碰面。

"咖啡和红茶，你要哪个？"

"都可以。"

我的个性总是优柔寡断。

"我跟你说，在东京说话要黑白分明，要不然是行不通的。"

一光先生的话一针见血碰触到我的本质，听起来很尖锐。不过我真的是觉得两者都好。我觉得自己做决定很麻烦，交给别人做决定比较轻松，这种心态后来也一直不容易改掉。

话说回来，当时田中一光的设计作品当中确实毫无妥协或暧昧，是非常简洁、神清气爽的设计。

我觉得实际面对一光先生明确表达自己想要加入日本设计中心的想法，需要相当的勇气与自信。为了鼓起勇气，在和一光先生见面之前，必须先辞掉现在国际宣传研究所的工作才行。因为我觉得如果不把自己逼到穷途末路的状态让自己站在悬崖边上，就没有办法说出肺腑之言，也没有办法打动一光先生的心。所以我设法找借口说乡下老母生病不得不回家，说谎辞掉了工作。我觉得自己这样做还真是大胆。每次好不容易弄到一样东西，我都会像这样用自己的手把它搞垮，我有这样的恶癖。

虽然辞掉了国际宣传研究所的工作，可是我完全不知道自己到底能不能进日本设计中心。他们决定要在四月一日成立，先前早就已经确定所有成员名单，就算一光先生出面好像也没办法知道我到底能不能加入。

因此我就这样在东京落脚，失业了一个月，完全没有收入来源。

我联络上一位以前在神户报社一起工作过、现在也在东京的朋友,试着拜托他帮我找找看设计的工作,可是并不是很容易。可以依靠的唯一一条线就只有日本设计中心。对我来说,这个目标或许太大。万一失败的话,我一定会后悔自己辞掉国际宣传研究所的工作。那时我的口头禅"啊,总是会有出路"完全没有办法排解我的心情。终于,二月结束了,再过一个月日本设计中心就要开始运营。

初次和田中一光合作

就在我变得越来越烦躁的时候,一光先生招呼我说要不要替神户劳音[1]的《茶花女》海报画插画。能够和田中一光合作,光是这样就让我产生了自己已经变成一流插画家的错觉而爽翻天。那时候,我画了一张头戴山茶花、脸部瘦长的莫迪利亚尼[2]风格女性肖像给他。可是他不喜欢,叫我再画一张。这次我画了好几十张带去。到头来,他选的还是我最初带去的那一张,感觉好像无可奈何只好用这张。一光先生苦心经营如何使用这张插画的结果,就是让插画横躺,整张图的感觉彻底改变。这种炼金术般的杰出构图让我死气沉沉的插画起死回生。后来一光先生和永井一正先生描述当时的状况说:

"横尾用一种乱枪打鸟的做法,用陈旧的信封背面和粗纸画了好几

---

1 神户劳音:指的是日本神户的勤劳者音乐协议会(きんろうしゃおんがくきょうぎかい),采取会员制。
2 莫迪利亚尼(Amedeo Modigliani, 1884—1920):意大利艺术家、画家和雕塑家。受到 19 世纪末期新印象派影响,以及同时期的非洲艺术、立体主义等艺术流派刺激,创作出深具个人风格、以优美弧形为特色的人物肖像画,是表现主义画派的代表艺术家之一。

十张插画来给我。"

和这工作几乎是同一时间，Gunze 那边也有工作来委托我帮忙。因为先前我在公司负责他们的杂志广告视觉形象，对方觉得不可以突然大改，希望我可以接手继续设计。他们表示说已经和我先前的公司好好谈过，我可以不用担心。虽然我意识到这样子人家可能会想说我把公司的广告主一起带走，心里有点在意，可是毕竟我陷入经济危机，只能把这个工作当成是上天赐给我的礼物。

每次我被逼到绝路，都会有人伸出援手，真的是很不可思议。这件事情不知道从什么时候开始变成我人生的特征之一。Gunze 和我的关系之后持续了一段时间。总之透过这个兼差我总算还是可以苟延残喘。虽然拜别人之赐我得以解除经济危机，不过精神焦虑却越来越严重。先前虽然托一光先生帮我接洽日本设计中心的工作，可是或许进展不顺利，一点眉目都没有。除了一光先生之外，永井一正先生那边，也积极帮我向原弘、龟仓雄策、山城隆一等三位董事打听，可是还是无法得知有没有工作。

刚从多摩美术大学毕业的和田诚[3]，以及当时还在多摩美大读书的原田维夫[4]经常会去一光先生家。和田还在学校的时候就已经拿下日宣美展的特选，已经决定去 LIGHT PUBLICITY[5] 工作。他和我同年。我在

3　和田诚（1936—2019）：生于大阪，日本知名插画家、散文家、电影导演；另外还从事平面设计、书籍装帧设计，以及词曲、小说创作、翻译等。
4　原田维夫（1939— ）：插画家、版画家。1963 年至 1964 年任职于日本设计中心。1964 年与宇野亚喜良、横尾忠则共组 "Studio Ilfil"，解散后成为自由工作者。经手了许多小说插画。
5　LIGHT PUBLICITY：1951 年成立于东京银座的日本第一间专业广告制作公司。

日宣美展得鼓励奖的前一年，他就已经拿到首奖的日宣美奖。那是名为《夜之玛格利特》的剧场海报，由稻垣行一郎[1]替和田诚的插画做版面设计。当时设计师和插画家才刚开始用这种方式合作，后来这种方法变成一种理所当然的流行。擅长似颜绘[2]的和田诚替日活戏院免费制作海报。受他刺激，我也去涩谷的东急戏院毛遂自荐问他们要不要请我设计海报。虽然推销成功，可是当时绢印技术还太粗糙，我只做了五六张就放弃了。

　　整天没事可做。Gunze 的工作顶多每个月做两三张就够了。无论如何最痛苦的还是每一天如何运用时间。我自己完全没有任何可以全心投入的事情。我对读书没兴趣，就算看电影也还是定不下心。根本上而言，一旦精神陷入紧绷，兴趣也会跟着不见。过剩的时间开始引发痛苦。我的不安、焦虑，还有极度的孤独，没有办法透过任何事情或任何人解决。总觉得再这样下去我的心或许某一天就会封闭起来吧。当时我不知不觉走到的地方，是道玄坂的脱衣剧场。只有这里不一样。我的心可以静下来，非常不可思议。每次官能的浪潮逼近都会让我接触到宇宙……这种说法有点太夸张，不过我知道每当我陷入低潮，官能的热情都可以让我暂时获得解放，所以我还是常常去。

　　辞掉国际宣传研究所的工作已经三个月。日本设计中心就这样在四月成立，完全没有下文，一光先生看起来也比过去更忙。不知何时焦躁开始转换为放弃的念头。我觉得与其抱着难以预测的期望，不如

1　稻垣行一郎（1935— ）：历经三得利宣传部等业界工作之后，回归学界，于多摩美术大学、九州艺术工科大学、广州美术学院（中国）等地担任教授。
2　似颜绘：一种模仿真人脸孔特征的漫画表现画法。

放弃还比较能够从痛苦里面解脱。总而言之一切都已经到达一个极限。

父亲突然过世

四月八日。佛祖诞辰这一天，我人生第一个悲剧降临了。我前一天买了一张火车票，想回故乡西胁走走，顺便转换心情。可是当晚睡得很不好，觉得是枕头害得我睡不着，试着把枕头拍松，最后甚至把枕头丢掉，结果烦了一晚天就亮了。隔天早上，消防车响着吵得要死的警笛通过公寓前面撼动整栋建筑的时候，我家的电话响了。话筒中的声音叠着警笛声听起来非常不清楚："这里是涩谷电报局，这是电话电报……"我就这样收到了父亲突然过世的消息。[3]

我眼前突然一片漆黑。感觉好像松了一口气，脑袋空空，待在安设电话机的公寓走廊，穿越玄关盯着好几台消防车经过。那眼不是肉身之眼，仿佛是用意识之眼在看，消防车的红看起来艳丽非凡。我为那个画面感到心醉神迷，自己真的是觉得非常难以置信。我知道每次当我遇到极端惊慌的状况都会这样，那双冷静观察事物的眼睛都会动起来。我事先准备好当天的火车票，仿佛像是预知到父亲的死亡，这个共时性的巧合也太讽刺了。回老家之后，我才知道父亲是因为脑出血过世。根据母亲的说法，父亲半夜坐在棉被上，好像要用手把自己的枕头打包起来那样说："小忠想要这玩意儿，现在应该给他送过去。"

---

3 横尾忠则生于兵库县多可郡西胁町（现在的西胁市），从小进入叔父横尾家做养子。这里过世的，是他的养父。

母亲心里想说："是吗？"可是父亲就这样砰一声向前倒下断气了。就在那同时，我在东京和枕头对抗度过难眠的夜晚，说不定中途父亲的意识就开始脱离肉身，所以思想才会和我同步。

父亲突然过世这件事情完全颠覆了我的日常生活。父亲在棺木里，全身包覆白衣，口鼻耳的孔洞都塞了棉花，像幽灵一样头上缠着三角巾，套着草鞋。胡须和手脚指甲长得有点夸张，大概是死后突然变长的吧。父亲变硬变冷的身体简直就像蜡像一样，让人感觉带着奇妙的重量。

当我最害怕的事情在现实当中发生，那就已经不能够称之为是现实，我会觉得它好像已经被替换成一种虚构。而且我也确确实实感受到自己会从某个地方冷眼旁观，享受这样的感觉。平常毫不起眼的事物，譬如壁龛摆设之类的东西会突然变得非常有存在感，窜进我的意识当中靠近我。父亲的死变成一种媒介，各式各样的事物、事件借之破坏自然法则，各自独立存在，仿佛创造出一种独特的宇宙观。我会出现这样的感觉，应该是因为我的意识灵体化造成的。

我在父亲往生这段时间恍惚神游，结束之后，又再度被拉回到令人头疼的现实当中。不能让年事已高的母亲独自住在西胁的家里。然而我也不可能退掉东京的公寓重新回到家乡去住，结果最后只好把老宅处理掉将妈妈接到东京。妈妈对于离开过去住惯的地方心里一定感到非常犹豫又不愿接受，可是到头来她最期望的还是和我一起住。

我自己当时完全没有办法预测今后的生活究竟会往哪个方向走，就这样把妻子留在西胁，自己一个人先回东京了。想到将来的生活或者人生就觉得心情郁闷，心想不知不觉之间梦想啦野心啦都已经和我无缘了。可是不管我心情有多低落，内心某处总是有一股不可思议的平静沉淀在那里。这种感觉究竟是从何而来，我自己也完全搞不清楚。

六月，当我终于从父亲过世的悲伤混乱当中重新站起来的时候，先前半放弃的日本设计中心突然通知说我被录取了。

胎動の日々

"横尾忠则前往东京之后不久，一九六〇年加入日本设计中心。那是日本平面设计最健康的市场鼎盛时期。就在那年，他父亲辞世。准备回老家做法事，启程回故乡兵库县西胁市那一天，他找我碰面。春阳和煦地洒进银座的水果吧，他像少年一样有些紧张，告诉我他想要加入日本设计中心。立于当时关西设计界其中一角来观察，我们会看到利落、商业至上的广告执行，以及与此相对仿佛在竭力抵抗的软弱灵感派。

"他一边谈论自己对这方面的不满，谈及放弃过去优渥的工作，以及父亲过世的事，一边平心静气舔着奶油。横尾忠则这个人身上真的是带着一种关西特有的模棱两可的迷彩，无论面对设计会议那种压迫性的气氛，还是参与设计中心这个精锐设计师集团，脸上完全没有出现任何表情变化。"

以上是一九六七年《Design》（デザイン）五月号中，田中一光撰写的《横尾忠则其人及其作品》的开头段落。虽然有时间点上的误差和不符事实的部分，不过可以由此看出我所了解的自己和一光先生眼中所看到的我并不相同。

有件事情是我读到富山现代美术馆[1]前馆长小山正隆先生写的文章才有的新发现。日本设计中心设立当时聚集了十名左右的设计师，然而将我列名其中、积极推荐我的，其实是行事作风和我完全相反的原弘董事。这么令人开心的消息以前从来没有任何人跟我提过，让我大吃一惊。原来自己申请加入这间公司之所以会耗上那么久，是因为被人提名之后落选，所以后来才那么难有结果啊。虽然这件事情有点启人疑窦，可是，假设文章描述属实，而且当时我就知道这个消息的话，真不知道我会多么兴奋，又会多么失望。不过不管怎么说，结果是我如愿以偿了。

前往日本设计中心上班那天是六月六日。公司位于银座三原桥的国际明裕大楼六、七层。分配到的案子是"大和证券"。我没立场抱怨证券公司的广告设计根本不可能有趣。靠着一光先生的口才我才得以加入这间天下第一的日本设计中心，光是这样我就必须感恩了。

"大和证券"的设计总监是铃木良雄，不过那是因为没有人想要负责这个案子，所以铃木才硬是接下来。其他案子的总监位置都被日宣美会员占去了。我也是日宣美会员，可是毕竟在东京地区的会员之间籍籍无名，心里面虽然觉得很憋闷，可是自己就是这样一个没有头衔的设计师。我刚开始的薪水记得是两万五千日元左右。总监等级是八万日元，听说特约等级是二十万。然而，我的薪水还是低得非比寻常。

1　富山现代美术馆：位于日本富山县富山城的城南公园内，常年陈列着毕加索和夏加尔等20世纪极具代表性巨匠们的作品。

身处一九六〇年反对安保条约的示威旋涡

我加入公司第十三天的时候发生了一件事。只能用犯太岁来形容，出现了一个最糟糕的状况等我跳进去。一九六〇年六月十九日——在这几个礼拜期间，反对日美新安保条约[2]的人连日在国会周边集结。十四日聚集到十万人，十五日全学连[3]的示威游行队伍有千名参加者打算冲进国会，和警察部队、右翼团体发生冲突，造成东京大学学生桦美智子[4]死亡这个最糟的结果。

设计师们平常对政治毫不在意，可是神经还没有大条到完全不把安保问题放在眼里。当年召开完世界设计会议之后，虽然设计师不再只替商业主义抬轿，会更主动积极介入社会问题，往"有想法的设计"这个方向靠拢，可是我并不认为个别的设计师之间有人在特别注意这件事。

---

2 安保条约: 指美国与日本签订的安全保障条约（日本国とアメリカ合衆国との間の相互協力及び安全保障条约，Treaty of Mutual Cooperation and Security between the United States and Japan），简称日美安保条约，于1960年1月19日在华盛顿签订。宣示两国将会共同维持并发展武力，以抵抗武装攻击，同时也将日本领土内一国受到的攻击认定为对另一国的危害，还包括美军驻日的相关条文。此条约在冷战时期强化了美日关系，也包括了后来进一步的国际合作与经济合作的相关条款。

3 全学连: 1948年成立的"全日本学生自治会总连合"（全日本学生自治会総連合，ぜんにほんがくせいじちかいそうれんごう，All-Japan Federation of Students' Self-Governing Associations）之简称。第二次世界大战后，学生们为进行教育复兴运动而结成之组织。1960年6月1日，为了反对政府提出的大学理事法案、国立大学学费高三倍等法案，学生们除了在东京、日比谷野外音乐堂召开"教育复兴学生奋起大会"外，还对文部省进行示威活动。在此机会下，"全国官公立大学高等自治会联盟"诞生，并决议所有学校同时进行罢课。私立学校系统的"全国学生自治会连合关东支部"对此决议亦采赞同配合，结果从6月23日开始，共有全国114校、20万学生陆续加入，号称战后学生运动史上规模最大的罢课活动就此展开。在此期间，学生们连日不断至国会进行陈情示威，或在山手线的各车站进行街头宣传。

4 桦美智子（1937—1960）: 在日本安保斗争中死亡的东京大学女学生。

日本设计中心是一间公司，同时也是一个创作集团。安保运动对于测试设计师的社会化程度还有政治意识来说，是非常棒的一个机会。那时我们做了很多蓝底白鸽剪影、不书文字的警示牌——图样由董事龟仓雄策设计，大伙跑到银座大道上游行示威。设计师打造的跨性别奢华造型，搭配上这个漂亮的鸽纹警示牌，就算路人误以为这群人是牛排馆或酒吧改装开幕派出来的兼差广告牌人[1]大队也完全不奇怪。在路人眼中，我们看起来应该距离激烈的政治斗争非常遥远。

太阳西下的时候，这支穿着古怪人丁又稀少的示威队伍走到国会附近，便遭遇到当天号称十万人或者是三十万人的巨大人潮旋涡，歪七扭八的示威队形瞬间就被冲散。我们位于旋涡最外侧，后方警察部队和右翼团体马上逼近过来。我们看了看手上那面举棋不定的鸽子警示牌。

"你们是右派还是左派？"手持木刀应该是属于右翼的男子大叫。

"是，是，我们都一样。"

"说一样我听不懂。"

"是，这个——我们是右派。"

我们这个示威队伍真的是变成只能用丢脸来形容，这么说来鸽子的图纹也不是不能被理解成右翼的象征。虽然捡回一条命，但是内心觉得不参加游行比较好，以后都不要跟了。这就是"有想法的设计行为"吗？我在心里碎碎念。

好不容易终于瞒过右翼，紧接着，头戴钢盔、毛巾蒙面、手上握

1　广告牌人：sandwich man，前后背着广告牌的人身广告装扮。

着棍棒当武器、杀气腾腾的全学连队伍又浩浩荡荡开来。他们对这面身份不明的鸽子警示牌也相当不信任。这次我们在对方开口询问之前就主动发言。

我们的想法和你们一样。对吧，是这样吧？还征询左右伙伴的同意。这已经超越丢脸，只能说是悲哀了。然而我在这时感觉到鸽纹警示牌的魔力和它所伴随的危险。我了解到超越语言和逻辑的视觉语言里面蕴含的心理影响力有时候足以扰乱人们的想象，同时，依据不同的对象也可以指向完全不同的方向，它具备这样的性质。

总而言之，龟仓雄策设计的这个鸽子警示牌既有可能变成攻击对象，也可以瞬间变成护身符。砖块碎片从某处飞来，警察部队的喇叭大声叫嚣，直升机的噪声，口号的呼喊，记者们的相机闪光和电视台的照明此起彼落地点亮，我的神经因此亢奋异常。激发这种暴力狂乱的能量似乎带着节庆的气氛，将我的意识提升到高亢的境界。

手上的警示牌不知不觉掉了。伙伴们彼此之间如果不排好阵形就会陷入非常危险的处境。我们就这样组着阵形被巨大旋涡的核心吸进去。我右手揪着永井一正，左手勾宇野亚喜良，他侧边是田中一光，我在这样的姿态下陷入一种错觉，仿佛这些日本设计界的核心人物正在引领我前进，真的是非常陶醉。

当天凌晨零时，新安保条约在参议院没有进行决议的状况下自然获得承认。总而言之，我不知道参与这个国民运动（？）是否真的能让设计师更加具备或者拓展社会意识，可是就我而言，在这事件之后悲剧就发生了。

拇指被"TOYOPET"的门夹到受重伤

游行结束，我和田中一光、永井一正、宇野亚喜良他们一起搭出租车回家。我坐副驾驶座的时候，明明右手拇指还在门外，自己却毫不留神直接关门，造成关节破裂。我滚到车外，应该是痛到失神。一光先生看到这样还说："横尾怕痛痛哟。"他就算只是要嘲笑人也要引人注目。"就算我的手肿到像戴手套一样，我也从来不会喊痛喔。"虽然我这样笑着回答，可是事实上这个伤重到花了两个月才康复。

"当晚'Toyopet'[1] 出租车的门正要关上的时候，他的拇指被门夹到骨折。我已经记不太清楚当时还有谁在旁边，只记得刚好看到他摔下去。那是他进公司第十天的事。就身为目击者和领导者而言我对他有责任，就身为保举他进公司的推荐人而言，我又必须顾及自己的面子，这让我非常困扰。"（同前引自《Design》）

这是田中一光对当时状况的描写。

受伤虽然痛到我晚上几乎不能入睡，但是毕竟刚进公司加上必须顾虑一光先生的立场，我没有请一天假。当时每三天跑一趟医院，可是我说"病院"[2]的发音别人听起来好像是"美容院"，大家好像都笑我，觉得我干吗那么常跑美容院，真是个怪人。状况就像一光先生文章写的那样，不仅我自己本人对右手不能用感到困扰，就董事的立场而言，我也确实造成一光先生很大的麻烦。明明这是我自己不小心，但还是

---

1 Toyopet：丰田汽车开发的车种，后来还专门针对出租车商用开发系列车款，特色在于前后车门是左右对开。
2 日语中，表示"医院"的单词，汉字写作"病院"。——编者注

自然而然开始躲一光先生。

不单是我，很多人都很重视田中一光。永不妥协的田中一光对自己要求很严，对其他人也不放松。譬如说，他在公司某位知名的摄影师面前把刚显像出来的底片剪掉；助手把手撑在桌上和一光先生说话，他就拨开他的手。证明一光先生有多严格的例子非常多。然而，很明显大部分的状况都是对方没有把事情处理好。

某天晚上我一个人在家的时候，一光先生和永井先生跑到我那间破烂公寓来。为了告诉他们两位怎么过来，我跑到我家附近接他们，回家路上，一光先生在杂货店买了草莓给我。"横尾，你会洗草莓吧？"一光先生问。我完全不会做家事，没有自信，就用一光先生听不到的声音小声问永井先生说："一光先生很会做菜，可以请他帮忙洗草莓吗？"没想到我的话被一光先生听见了。

"面对前辈你说的这是什么话！"

"对不起，对不起"，不管我道歉几次好像都没有办法被他原谅。当晚，我在心情不好的一光先生面前变得非常渺小。隔天，因为永井先生跟我说再说一次抱歉比较好喔，我又去找一光先生低头赔罪，可是他的心情好像还是没有恢复。

和老婆吵架的时候，面对我无理取闹的言行举止，妻子经常会威胁我说："我会把一切都告诉一光先生。"

一光先生某天在公司手拿两张正片³透光在看。这时外送面店的小伙子靠到旁边，越过一光先生的肩膀盯着底片，指说："这边这张比较

3　正片：摄影底片的一种，底片本身冲洗出来成色即为正常颜色，就是一般俗称的幻灯片。

好。"虽然语出突然，可是这时候一光先生对他的反应却非常友善，让周遭的人都笑了。

田中一光会贯彻自己的信念不容妥协，这是事实。相对而言，这也反映出设计师当中贯彻信念的人真的很少。就这个层面看，一光先生是少数值得尊敬的设计师之一，同时一光先生对于设计所投入的热忱和社会使命感也是别人的两倍。不管怎么说，我最欠缺的部分就是礼貌。面对一光先生的宽容，我常常都会借此要赖。

夏天来临，日宣美展的季节又到了。一到这个时节，设计师都不去处理日常的工作，董事底下所有的员工都开始制作日宣美展的参赛作品。我手指受伤两个月还是完全没有痊愈的迹象，剧痛一如既往。因为没办法拿笔，只得以口衔笔画女人的脸部肖像。我替约翰·布雷恩（John Braine）的《金屋泪》（Room At The Top）制作海报，过去和一光先生合作《茶花女》海报时，他曾经横摆我的插图来设计版面，我借用了相同的方式来做了设计。这是一光先生最厌恶的做法，不过当初《茶花女》给我的冲击很大，一时没有办法跳脱一光先生的影响。

当年日宣美展迈向第十届，各界开始发出声音，觉得已经走到一个转折。这表示说，设计师缺乏想法已经变成一个问题。大家认为在担任一个设计师之前，必须要去追究身为一个人应该要如何生存。他们觉得大部分的设计师都身受制约和条件束缚，妥协的结果，造成大家都封闭到小市民心满意足的生活当中，而且似乎都觉得理所当然，甚至对此毫不怀疑。单单用画面表面的一些细节来吸引人，内在究竟想要表达什么，焦点被模糊掉……这类作品充斥会场、俯拾即是，现况就是这样。事情甚至不仅如此。这个展览是基于所谓日宣美风格这种统一的创作路线将其制度化的结果，其实设计师自己也耽溺在这个潮流当中。

创伤康复

我的指伤到秋天突然康复了。再也不需要"像智力不足那样，带着小丑的表情抱着化脓的手指东奔西跑。"（田中一光语）不过这段时间我可不是完全在打混。以前国际宣传研究所承接下来兼差的"Gunze造丝"需要我替他们做袜子的杂志广告设计。虽然这个工作不是非常吸引人，可是还是填补了我羞涩的阮囊。我还翘班跑去早田雄二[1]的摄影棚进行Gunze专属广告代言人——歌手雪村泉（雪村いづみ）的拍摄工作。

由于"大和证券"没有什么工作，空闲时间很多，我几乎都不在自己的座位上，而跑去其他部门玩。特别是经常跑去宇野亚喜良负责"旭化成"的办公室。他染一头红发，坠饰自脖子奔拉到背上，脚套窄筒粉红华丽西装裤，还喷古龙水，在公司里展露神秘的魅力。他的左手流泄华丽纤细柔美的铅笔线条，创造出不可思议的超现实世界。宇野先生是日本设计中心里面唯一广受大众媒体瞩目的名人。他是碧姬·芭铎（Brigitte Bardot）和导演罗杰·瓦迪姆（Roger Vadim）的狂热粉丝，总是心仪恶女和邪恶而残酷的耽美主义者，喜欢"ennui"（倦怠）这个

---

1 早田雄二（1916—1995）：早田身为重要电影杂志出版社发行人之弟，担任《电影之友》（映画之友）、《电影迷》（映画ファン）杂志的专属摄影师，拥有相当多接触明星的机会。1959年电影杂志休刊之后，早田依旧以女明星们最信任的摄影师身份替许多杂志提供彩页摄影。同时他也是日本重要的电影剧照摄影师之一。位于东京银座的"早田摄影工作室"更是日本电影黄金年代重要演员们的必经之地。

字眼。我早在高中时期就知道宇野亚喜良这号人物。那时候咳咳口化[1]举办青蛙图案的公开征选，获得特选的只有他和和田诚。当时我拿到了佳作，不过完全没有想过八年后竟然会见到这两位功成名就的创作者。

将近年底的时候，组织进行变动，主管"大和证券"的铃木良雄转到"东芝"，负责"日本光学"的永井一正调来"大和证券"。到头来对我来说只不过是老板换人。由于"大和证券"上稿的机会不是很多，我自己开始积极针对广告营销的概念进行提案，再依据永井一正和文案梶佑辅[2]的艺术指导，推动以插画为主的 DM 传单营销。由我、兼差的原田维夫和后藤一之[3]三个人共同负责插画。

原田外号叫"Haracho"，后藤叫"Dora"。这两位该年拿下日宜美展特选获得肯定，受雇成为兼职人员，后来成为正式员工。Haracho 和 Dora 还都很年轻，但是已经拥有自己的绘画风格，相对而言我却没有。为这个传单企划绘制插图的时候，我自忖自己是否能够画出那样的风格，不过在制作过程当中风格还是不停在变。

新的一年开始，一九六一年和前一年相较是比较平静的一年，我的插画和设计不仅在公司之内，还在业界渐渐获得肯定。借由一光先生的介绍每个月替京都劳音制作海报。我对一光先生很没有礼貌，一天到晚给他添麻烦，可是他再次给我机会还助我一臂之力。这个工作

---

1 咳咳口化：コルゲンコーワ（Korgen Kowa），以药局门口摆设的青蛙代言角色闻名。

2 梶佑辅（1931—2009）：广告文案、艺术指导。历经电通广告公司工作之后，参与创设日本设计中心，2001 年担任最高顾问，同时经营梶佑辅广告事务所。以丰田汽车和朝日啤酒的广告广为人知。

3 后藤一之（1937—2009）：生于伪满州。美术指导、插画家。1962 年到 1975 年任职于日本设计中心。独立后经手许多的唱片封套设计等工作。

起初是由同事菅谷贞雄进行设计，我负责画插画，但是在进行过程当中我也开始想要自己做设计，所以我们分成古典和流行两个类型分别制作。我选了流行的风格。这个工作不是公司的业务而是兼差。虽然公司禁止在外兼职，董事山城先生也警告我不要兼差、不要再画插画，可是对我来说这个工作很有意思，所以我还是继续进行。

长男出生

五月我家大儿子出生了。因为距离预产期还有两个月，我觉得妻子在日赤医院做完检查就这样直接住院非常奇怪，可是某一天在公司就接到电话通知说孩子出生了。这时孩子已经出世两天。我非常吃惊，跑到医院，结果柜台说只有孩子的爸爸才可以会面，不相信我是孩子的父亲。公司也一样，我禀告说小孩出生他们也当成是开玩笑，完全没当一回事。

对于老大的名字我一直拿不定主意，最后在姓名申请期限最后一天下班前十五分钟冲到了区役所。如果不在十五分钟之内做决定，就必须要更改出生日期。然而到了这个时候我都还没决定名字要叫什么。我想要取一个时髦的西洋风名字，身上带着英和字典，一边盯着区役所的时钟一边想，可是还是很难做抉择。虽然真的很焦急，可是在这种状况之下决定孩子的姓名，老大带着这个名字步入人生到底会遭遇什么样的命运呢？一想到这点我就非常担忧。就在我认为什么名字都好，A也好B也好的那个瞬间，A这个符号激发出英和辞典的"英"这个字，我直觉感到"对，就是这个"，于是决定将我的长子命名为"英"。

妈妈处理掉乡下老家前来东京，长子刚出生，一天到晚在哭，再加上我们夫妇俩，四人住在六叠榻榻米大的房里。就算大家是一家人，蜗居的局促还是让人感觉窒息。这时候老妈说要再回乡下去住亲戚家，我也只好接受。加上孩子一哭我就开始感觉烦躁，待在房间里面变得很痛苦，所以又跑到涩谷，逃进电影院或者脱衣剧场里去。

公寓狭窄，房租又高，我试着申请了好几次公团住宅[1]都没有成功。就算回到家也没有办法放松，结果变成每天都拖到很晚才回家。公寓邻居里，脱衣舞娘那间，有位大家叫他"老师"的男人每天都会来上舞蹈课；寡妇那一间，开始有位比她年轻的青年跑来跟她聊天拌嘴；酒吧妈妈桑房间深夜会有客人来访；楼下话剧演员老是在大声练习对白；我们家，则会传出婴儿的哭声——你看这多热闹。

某天，透过公司管理部门朋友的介绍，我跑去拜访练马的不动产公司。

"我想要买地……"

"是你想要买吗？"对方露出惊讶的表情。

"当然。"我充满自信，用非常肯定的语气回答。心想就算把口袋里的现金掏出来给他看也没问题。因为继承父亲的遗产加上卖掉乡下的房子和土地，身边多少有点钱。

可是如果没有介绍人的话，对方一定不会搭理我吧。他驾车带我前往杜鹃花丘看地，说现在虽然是农地，可是申请做住宅用地很简单，一坪不到九千日元。我非常冲动，当场就买下七十坪。

可是那块土地一下子就撞到道路计划，结果变成没办法盖房子。我没有马上要盖房子，所以就要求东京都厅提供替代土地。都厅给我

---

1 公团住宅：一种政府支持的廉价公寓，类似于国内的廉租房。

的土地名叫野野谷，比杜鹃花丘更远，是一个竹林丛生的地方，简直像位于田园郊野正中央。我一点都不想在这么偏僻的地方盖房子，不过毕竟没有损失土地，所以就忍了下来。不管东西大小，我购物都是像这样凭一股冲动。明明现在连一个自己住的地方都没有，却买下一块不能盖东西的无用多余之地，想法真的是很跳跃。

无论如何，老大出生之后我们家必须要搬到大一点的房子。现在的地方距离涩谷很近虽然很方便，可是要宽阔一点就一定会离市中心更远。这时我找到一个面对淡岛路、名叫池尻的地方。住屋有个六叠榻榻米大的房间和一个四叠半榻榻米大的木地板房间。永井先生、Haracho、Dora都来帮忙搬家。

搬家那天电视在播职棒明星大赛，永井先生他们在忙碌的搬家过程当中无视我黏在电视前面的行为。在老大哇哇的哭声中，永井先生他们以惊人的高超技术进行搬家工作。平常永井先生连把右手边的东西移到左边都懒，他在冷冽的空气中只穿一件POLO衫，一条为当天准备的新牛仔裤，以一身轻快的装扮担任Haracho和Dora的总指挥，一下子就搬完了。

掌握自己的风格

日宣美展从这一年开始，针对会员投稿规则做了大幅度的改革。挥别长久以来都用原创新作投稿的惯例，改成"我的工作"（实际获得采用的印刷作品）和"我的提案"两大类别。要说和自己相关的"我的工作"，只有兼差制作的京都劳音海报而已。至于"我的提案"这方面则是团队合作比较突出。我在这个类别协同木村恒久、宇野亚喜良、片山利弘等人共同进行制作。虽然现在已经完全想不起当时做了什么作品，但印象中是曾请一位年轻建筑师帮忙。在这个共同制作的过程当中，我也记得自己好像曾和团队里面的谁吵架。

过去海报展示的展览会比的是表现手法有多新奇，"我的提案"这个项目则想要进一步蜕变，透过主动性的整合，用更新的观点来进行工作，所以才会设立为竞赛类别。然而我对这个"提案"完全没有兴趣。实际投稿的大部分"提案"作品不管从什么角度来看，都缺乏个性又无聊。我觉得就算不大费周章用这种形式来提问，只要设计本身可以具备独立存在的作品价值，它本身就足以成为一个"提案"。重点是，这个问题关乎每位设计师的个人想象力，这样一来，日宣美假使抱有什么奇怪的"思想"反而会造成大家的困扰。这样一想，看到龟仓雄策、原弘、山城隆一这些大师共同制作的"提案"光荣落选，不禁松了一口气。

这段时间，日本设计中心的设计师以某种形式接收到两种相对的设计风格影响：瑞士卡尔·格斯特纳[1]提倡一种名为"新图像"[2]的抽象

---

1 卡尔·格斯特纳（Karl Gersther，1930—2017）：瑞士知名平面设计师，瑞士字体设计（Typography）风潮第二波代表人物之一。他曾求学于巴赛尔设计学院（Basel School of Design）鲁达（Emil Ruder）与霍夫曼（Armin Hofmann）门下，经历了最有创意的字体设计时代。1959 年，他与库特（Markus Kutter）创设平面设计与广告公司 GGK（Gerstner, Gredinger, and Kutter），发展成瑞士最大的知名国际广告公司之一。

2 新图像：Neue Grafik。le nouvel art graphique die neue Graphic / the new graphic art / Neue Grafik 是一本"二战"后的瑞士设计杂志。继包豪斯（Bauhaus）之后掀起人称"瑞士派"的平面设计风潮。主要创作者包含布洛克曼（Josef Muller-Blockmann）、鲁达、霍夫曼、格斯特纳等设计师，以及插画风的科林（Paul Colin）、罗平（Herbert Leupin）、萨维拿克（Raymond Savignac）。

构成主义，延伸发展自包豪斯的造型思想。而美国广告公司 DDB[3] 和乔治·路易斯[4] 则代表概念先行的"零图像"[5]。

　　我对"新图像"的抽象设计或"零图像"的广告设计都没多大兴趣，只有《时尚先生》（*Esquire*）中乔治·路易斯运用照片加上大胆的美术指导所创作的封面设计强烈吸引到我的注意。当时我最关心的是"图钉工作室"[6] 的梅顿·戈拉瑟[7]、西摩·切瓦斯特[8]、保罗·戴维斯[9] 这群插画家的活动。他们共通的风格是以美国黄金时代的怀旧意象为原型，那种复古的质感鲜活到让我怦然心动。

3　DDB：DDB Worldwide（Doyle Dane Bernbach）。1949 年，威廉·伯恩巴克（William Bernbach）与道尔（N. Doyle）及戴恩（M. Dane）在纽约共同创办 DDB 广告公司，以互动广告打破传统的单向传播。在全球 96 个国家设有 206 个分公司或办事处，世界十大广告公司之一，全球营业额达 180 亿美金。

4　乔治·路易斯（George Lois，1931— ）：美国广告大师。驰骋业界五十多年，帮无数企业做过形象广告，与许多名人打过交道，尼克松、伍迪·艾伦、拳王阿里、歌手鲍勃·迪伦都做过他的广告模特儿。

5　零图像：Non-Graphic。将概念传达放在首位，强调知性讯息，图像与照片必须符合文案的要求。DDB 知名文案伯恩巴克 1957 年替以色列航空制作广告宣传启用喷射客机，算是先驱代表作之一。画面上只有汪洋一片，右侧撕破的纸面下，写着文案"自十二月二十三日起，大西洋会缩小百分之二十"。引发知识阶层的广泛注意。

6　图钉工作室：Push Pin Studio，创建于 1950 年代初期，由西摩·切瓦斯特、梅顿·戈拉瑟及雷诺·鲁芬（Reynold Ruffins）和其他来自库珀联合艺术学校（Coo-per Union graduates）的学生所组成。最初是一个松散的联盟，透过联合出版系列小册子《图钉年鉴》（*The Push Pin Almanack*）以推广他们的设计和插图作品。1957 年，《图钉年鉴》更名为《图钉平面设计》（*The Push Pin Graphic*），其设计构想更加雄心勃勃，每一期杂志都有不同的版型、尺寸和主题。杂志一年出版 6 期，后来发行量高达 8000 份，其中包括 3000 个遍布世界各地的固定订户。《图钉平面设计》杂志展示了工作室主要成员的作品，同时也迅速传播他们的创作设计理念。

7　梅顿·戈拉瑟（Milton Glaser，1929— ）：美国著名平面设计师，也是图钉工作室的创始人之一。著名的"I ❤ NY"标志即为其作品，曾在纽约现代美术馆和蓬皮杜中心举办个人展。2004 年获颁国立库休伊特设计博物馆（Cooper Hewitt National Design Museum）终身成就奖。

8　西摩·切瓦斯特（Seymour Chwast，1931— ）：生于美国纽约，十六岁便在杂志上发表插画作品，是美国平面设计师、改革者及字体设计者，也是图钉工作室的创始人之一，其设计理念及其设计作品所取得的成就，对当代平面设计界产生了深远的影响。

9　保罗·戴维斯（Paul Brooks Davis，1938— ）：美国平面设计家，生于俄克拉荷马州。

当时日本插画深受美国画家本·沙恩[1]、漫画家索尔·斯坦伯格[2]，还有以电影《日安忧郁》(Bon-jour Tristesse)、《金臂人》(The Man with the Golden Arm)等字卡(title background)设计闻名于世的索尔·巴斯[3]等现代主义创作者影响。因此"图钉工作室"那种装饰图样的插画相较之下看起来很古典，风格非常通俗，我不认为可以马上被崇尚现代主义的日本设计和插画界接受。可是我从这些人的画作当中获得非比寻常的启示。那就是：插画可以摆脱文章或广告的从属身份，如同绘画一样具备独立存在的价值。

特别是保罗·戴维斯的素朴绘画[4]，还有袭用超现实主义语法做文化批评的插画，他将现代主义长期否定的人类情感反转成为积极表现的对象。基于保罗·戴维斯带给我的启示，我意识到自己确实掌握到了某种感觉。保罗·戴维斯的作风像是亨利·卢梭[5]在模仿雷尼·马格利特[6]，

1　本·沙恩(Ben Shahn, 1898—1969)：生于立陶宛，1906年移民到纽约布鲁克林区，成长过程正好历经两次世界大战，且见证20世纪几场重要的社会动荡，包括经济大萧条。因此作为时代的真相记录者，人民抗议的呐喊、沉痛及哀愁都呈现于他的绘画、壁画、摄影、平面海报等作品中，为跨媒体创作的美国重要社会写实派艺术家之一。

2　索尔·斯坦伯格(Saul Steinberg, 1914—1999)：美国漫画家，极简图形大师，其线条的灵动和穿透力无人能及，以《纽约人》这个作品而闻名于世。

3　索尔·巴斯(Saul Bass, 1920—1996)：美国平面设计大师与电影美术指导、导演，生于纽约市。1946年在洛杉矶创立索尔·巴斯设计公司。他是60部影片的美术设计，并为40部影片设计了极富创意的片头，包括《周末夜先生》《玫瑰战争》《金臂人》等；也曾为著名企业机构AT&T、联合航空、美国铝业、华纳通讯、女童子军、舒洁等设计标志。

4　素朴绘画：Naïve Art，根据法文Naifs而来，意指朴真天真的艺术，也被称为"现代原始艺术"。

5　亨利·卢梭(Henri Julien Felix Rousseau, 1844—1910)：法国后印象派画家，以纯真、原始的风格著称。曾经是一名海关的收税员，是自学的天才画家，其作品具有极高的艺术水平，代表画作为《梦》《沉睡的吉卜赛人》等。

6　雷尼·马格利特(Rene Magritte, 1898—1967)：比利时超现实主义画家，画风带有明显的符号语言，如《戴黑帽的男人》，影响了今日许多插画风格。他的第一幅具有超现实主义画风的作品是在1925年完成，来年他便和麦桑(Edouard Mesens)组成了一个比利时超现实主义画家团体。1929年和阿尔普(Arp)、

我则在思考用比亚兹莱[7]的感觉来画基里科[8]的风景,想画这样的画。虽然想法和技术有很大的冲突,可是借由这种黑白装饰性的钢笔画,我首度成功创造出自己的风格。

我用装点细密黑白棋盘网格的插画风格来制作京都劳音的海报,还有一光先生后续引介的藤原歌剧团系列海报。先前和永井先生合作"大和证券"DM设计的插画,还有神户劳音《东京合唱团》(東京コラリアーズ)的海报获得东京美术指导俱乐部[9]的银奖和铜奖。入行之后首度获得业界的奖项,让我燃起意想不到的强烈自信。和宇野亚喜良合作制作绘本《海之少女》(海の小娘)也是在这个时期。这本绘本用红青两色套色印刷,创作概念像是毕卡比亚[10]"透明时期"的作品那样,将我们两人的插画叠合印刷,以红蓝两色的玻璃纸叠在插画上试着抹平其中一种颜色。观看立体电影的时候会戴蓝红两色的玻璃纸眼镜,我们是从这里获得灵感,可是成品看起来并没有立体的感觉。

我和永井先生一起负责"大和证券"之后,替报纸广告绘制插图

达利及坦基(Tanguy)一起在好友的画廊举办联合画展。

7 比亚兹莱(Aubrey Beardsley,1872—1898):19世纪末最伟大的英国插画艺术家之一,也是近代艺术史上最闪亮的一颗流星。比尔兹莱出生于英国布莱顿,七岁时被诊断患有肺结核。早年任职一家保险公司做小职员。1891年受伯尼·琼斯的鼓励走上绘画道路。其作品创新前卫,唯美却怪诞、华丽且颓废的气氛,简洁流畅的线条与强烈对比的黑白色块,为当时的新艺术运动带来震撼性的冲击,持续影响当代与现代、东方与西方的艺术创作。

8 基里科(Giorgio de Chirico,1888—1978):意大利超现实画派大师,生于希腊东部的沃洛斯(Volos),由西西里裔的父亲和热那亚裔的母亲养育成人。是形而上派(scuola metafisica)艺术运动的创始人。

9 东京美术指导俱乐部:Tokyo Art Directors Club,简称东京ADC,创于1952年,每年会编辑《ADC年鉴》,举办ADC大奖。

10 毕卡比亚(Francis Picabia,1879—1953):法国艺术家。早期崇尚印象主义(Impressionism),后跨出立体派成为抽象艺术的先驱之一。参与达达主义运动,成为最具代表性的激进分子,不久退出达达,接近超现实,一生展现了多重的艺术风格。

的工作增加了，可是我还是一如既往在图书室里面看书，跑去其他部门闲聊打发一天。永井先生也是一天到晚从办公室的窗户盯着银座四丁目服部钟表行的钟楼，嚷嚷"差不多该吃午饭啦"，或者"差不多该下班了，去看看电影吧"之类的话，看起来空闲时间太多。他啥都不干静静待着，结果发现自己开始变胖。

　　永井先生原本不喜欢活动筋骨，突然之间做起了激烈运动。柔道和空手道各练两个月，去白井义男[1]的拳击中心三天，摔跤两个月，在YMCA游一个月的泳，滑雪两次，紧接着上健身房。塑身的时候我也参加了。因为我内心深处很憧憬像是三岛由纪夫[2]那样的身体。我们利用午休时间跑去涩谷日本塑身中心的健身房练三个月。消瘦的我立即见效，练一个月手臂和上半身就鼓起有趣的小肌肉。永井先生一下胖了六公斤，他以减肥为目标，不知为何徒劳无功，一直没有出现什么效果。当时永井先生还吃时尚模特儿在吃的那种洋菜，是一种果冻状的奇怪食物，也尝试和田式美容饮食九品法那种饮食调养，但是到头来都没有办法持续。

1　白井义男（1923—2002）：生于日本东京，职业拳击手。
2　三岛由纪夫（1925—1970）：日本小说家、剧作家、评论家、记者、电影制作人、电影演员，是日本战后文学的大师之一，在日本文坛拥有高度声誉，曾三度入围诺贝尔文学奖，西方文坛甚至有人誉称他为"日本的海明威"，代表作有《金阁寺》《丰饶的海》等。1970年以极端激进的自杀谏世事件，为他身后留下褒贬不一的个人评价。

被客户伤害自尊……

一九六二年三月，公司再次调整编制，永井一正和田中一光、白井正治一起调去"丰田汽车"，我则被分发到田中博领导的"朝日麦酒"小组。"野村证券"取代"大和证券"，成为日本设计中心的新客户。而这个"野村证券"由董事山城隆一负责。

转到"朝日麦酒"之后马上变得很忙。这时候薪水稍微调涨，人家也更愿意把设计工作交给我做。然而，"朝日麦酒"的作品对外公开的时候不知为何没有打上我的名字，只以总监的名义发表。这件事情让我觉得非常在意，很不爽。虽然和客户共同开会我也可以参加，可是客户完全不在乎我的概念或意见，置若罔闻。可是如果是由总监拿我的概念提案，客户一下子就接受。客户的宣传课长是东大毕业，但是他不相信"眼睛"，比较相信"脑袋"，就算提的是同一个概念，他也一定比较相信总监而不是我。我总是不被当一回事，怀抱着一种被害者的心情，同时也觉得自己的能力没有获得对方的认同。

某次，他偶然之间说话伤害了我的自尊。我拿起手边的相框使尽全力就朝他的头打下去。他抱着头趴在桌上动也不动。我打客户，干下不得了的事，该怎么办才好，这样一定会被公司开除，一定是这样，设计师生涯就到此为止了……

表現の可能性を求めて

我做了覆水难收的事。身为公司员工，无论有什么理由，殴打往来客户的宣传课长都太疯狂了。就算马上被解雇我也无话可说。

然而当时就像火山熔岩爆发那样，我内心出现一种难以遏抑的破坏冲动。老实说这种破坏的冲动情绪会撩起一股特殊的快感，我内心某处确实有一种危险的特质会为此感到欢乐。

我犯下殴打事件之后就直接回家了。打算从隔天开始不要去上班，上司田中博就打电话来，说这样下去结果更糟，记得要来上班。隔天，我被田中先生还有文案出口哲夫[1]一起带去"朝日麦酒"总公司道歉。这栋哥特风的建筑历经关东大地震和东京大空袭都毫发无伤，我们进到其中一间阴暗的房间。这间房间弥漫着陈旧郁闷又暗沉的气氛，让我心情更加低落。

我正打算说如果道歉就能了事的话，虽然不甘愿但还是低头吧，没想到对方劈头先赔不是："横尾先生，是我不对，真抱歉。"

突然之间有种被对方先发制人的感觉。不论是田中先生还是出口先生都完全没有料想到这种主客颠倒的状况，霎时一脸呆愣不知该如

---

1 出口哲夫（1931— ）：文案。毕业于东京大学文学院法文系。1960 年加入日本设计中心。1974 年到 1984 年担任董事，1984 年到 1986 年任监察委员。

何反应。这次的事件变成一个转折，对方除了道歉之外，还反过来把一部分相当重要的工作交付给我。我从来没有想过自己的暴力破坏行为竟然会带来焕然一新的转机，一下子没有什么真实感，也不晓得这究竟是不是好运。

又一次冲突

调到"朝日麦酒"部门一年后，先前在"大和证券"一同画插画的 Dora，还有企划部那位来自九州、平时写诗的高桥睦郎[1]也加入我们的工作团队。我和高桥连平日生活中都很常一起行动。感情很好，也经常吵架。某天我为了某件事情对他生气，突然之间就举起茶碗把茶倒在他头上。茶水从他那颗佛祖般的脑袋上顺着脸颊流下来，他嘴巴瘪成"へ"字，不知是在咀嚼此刻的感受、压抑自己的怒气，还是在隐忍这样的屈辱，应该是同时在承受所有这些感觉吧。他毫不抵抗，沉着得吓人。

我完全想不起当时事情发生的经过，后来我还曾问过他。大概是当时真的非常不爽，过了那么多年他还是记得非常仔细，能一口气描述出当时的情况。

"那件事情啊，是我跑去阿藤小姐家，带一个叫阿凑还是叫中岛的时尚男模去拍啤酒广告。晚上很晚的时候回到公司，你说拖这么晚至

1　高桥睦郎（1937—）：日本当代诗人、作家、评论家。生于福冈县，少年时代开始创作短歌、俳句和现代诗。二十一岁出版处女诗集《米诺托，我的公牛》。之后，相继出版27本诗集和9本短歌俳句集、3部长篇小说、4部舞台剧本、13部评论集、9部随笔集。

少打个电话回来吧，害你没回家待在这里等。我说你可以自己回去啊，话一说完你就抓狂，把冷掉的茶倒在我头上。后来两三天我们都不讲话，某天你在图书室开口对我说：'高桥，这种事情不讲清楚不行，我跟你道歉，对不起。但真的说起来是你有错。'"

因为他记得非常清楚，我就笑着跟他说生气的事情赶快忘记比较好，不快点忘掉的话，像你这种人死掉会变成幽灵喔。

我在日本设计中心还干过另一桩暴力事件。在永井一正底下当助手时，负责"旭化成"的植松国臣和安斋敦子也在同一间办公室，每天三点买点心大家一起吃几乎已经变成习惯。某天我外出回来，大家正围在房间中央的大型工作桌旁吃麻糬。我想说回来得正是时候，马上舔舔嘴唇加入。然而可能算人头的时候没有算到我，没有我的份。但所有人应该都知道我是现场最爱吃麻糬的人。一股彻底被排挤在外的疏离感瞬间涌上。

当时植松国臣不是很谨慎还对我露出微笑。一时间让我觉得不能放过这家伙，随即扑向他。然而他高明利落地闪过身，害我使尽全力扑到地板上。事情落到这番田地，我全身血液倒流，细胞一颗一颗化为愤怒的火球，双眼哗啦喷泪。他看到我一边哭一边吼叫可能感觉到情势不妙，脸色发青冲出走廊。我就像追捕猎物的野兽那样奔向他。然而路过的"日本钢管"总监木村恒久用双手从背后把我牢牢架住。后来大家知道了我和植松先生为什么起冲突的原因，所有人都哄堂大笑，可是对我来说这是最纯粹的本能反应。

和细江英公、杉浦康平、寺山修司等人相遇

这段时间我梦里经常会出现像是马格利特画作那样的巨大球体。我的潜意识里面究竟发生了什么事？

〇月〇日

我站在以前工作的神户新闻社的走廊。突然之间，建筑物剧烈摇晃并开始倾斜。走廊上好几个人都咕噜咕噜滑下去。（发生什么事了？）我好不容易才靠到窗边。窗外不知何时已化为泥海。大水淹至六甲山的山腰，不知不觉间六甲山已经变成一座海上浮岛。我待在六楼。褐色的泥水好像快要从窗户涌进来。走廊底下被冲走的人接二连三沉入泥水当中。建筑物仿佛是一艘船顺水漂流。我沿着窗户绕到建筑背面。眼前有颗泛着黑光全长可能有一百米的漆黑巨大球体从水里露出半颗头，遮蔽我的视线。

〇月〇日

我带妻子走在沙丘上。地平线的尽头可以看到一座仿若白骨的废弃城镇。这是海市蜃楼吗？究竟走了多久？突然间，我注意到眼前有条铁链从天上垂下。仰首一望看到一个漆黑巨大物体的底部。（这是什么？）我尽可能与原本那个位置拉开距离，试着掌握锁链和那个物体的全貌。吓死我！飘在天上这玩意是一颗巨大又漆黑的大铁球啊。而且，锁链自它底部垂到距离地面一米左右的地方。搞不清楚状况的妻子抓住锁链，现在正往下拉。

〇月〇日

我和几个人一起推着汽车爬上小山坡。爬到顶上有座池塘，水面呈现半圆的拱形。许许多多人从池边的展望台眺望圆圆鼓起的水面。忽然之间，拱形的水面开始溃散。同时池塘中央有某个黑色的团块向天飞去。然而我认为是天空的地方事实上是天花板。被我看成黑色团块的物体是只切断的手。这只手是 Dora 画的插图变成的立体造型，手像服帖的吸盘那样贴在天花板上。

我中学时期只看适合青少年的江户川乱步[1]和描写丛林的南洋一郎[2]的小说，直到二十岁之前都没在读书，不过某次我看了三岛由纪夫的《金阁寺》之后，就被他的魔性附身。三岛的文学并非引燃激发我的艺术想象力，而是在意识的波动层面上带给我感应。所谓在意识层面有感应，指的是他者感觉起来好像不是他者。基于这样的缘故，无论如何，我开始希望能够接触到这个魅力十足的天才磁场，即使只是片刻。

就这样，某一天，我听说摄影师细江英公[3]正准备出版以三岛由纪夫为主题拍摄的摄影集《蔷薇刑》。我心想，如果有机会的话希望能够接到这本书的设计，就跑去拜访素未谋面的细江英公。细江先生

---

1 江户川乱步（1894—1965）：生于日本三重县，日本推理小说领域的开拓者，本格派的代表人物。1923年在《新青年》上发表了处女作《两分铜币》，受到了高度评价，从此开始推理小说的创作（原来的名称为侦探小说，后来在江户川乱步的倡导下改用现今的名称）。其笔名取自现代推理小说的开山鼻祖——美国小说家爱伦·坡（Edgar Allan Poe, 1809—1849）的日文发音。
2 南洋一郎（1893—1980）：日本冒险小说家，改写亚森·罗平的《怪盗绅士》《海底的黄金塔》等书。
3 细江英公（1933— ）：生于山形县，在日本乃至世界摄影界享有鬼才的盛誉，是"二战"后日本第一代现代派摄影大师，他和舞蹈大师大野一雄、前卫艺术家草间弥生并称为日本国宝级人物。很早就放弃记录式的摄影风格，改以具争议性的话题与冲击性的图像作为创作题材。

他们五位摄影师的共同办公室设在曲町一间公寓的"43号房"，可是房间太窄，所以我们在底下的咖啡馆碰面。面对大名鼎鼎的摄影师我有点紧张。简单做完自我介绍之后，我就表明自己的来意："我非常喜欢三岛由纪夫，细江先生这本摄影集的装帧设计请您务必交给我做好吗？"

细江先生对我叫他名字时把重音放在细江的细上面印象深刻，然后回答："很可惜，可是我已经拜托杉浦康平[1]先生了……"

请到杉浦康平，我想这下没戏唱了。再怎么说他都是编辑设计界的大师，是当时最激进的设计师，我完全没有办法和他竞争，只好放弃。"可是，如果杉浦先生需要人手帮忙的话，不管是照相制版剪贴也好组版也好，我什么都可以做，能不能麻烦您帮我跟杉浦先生说一声呢？"即使如此我还是尽可能争取机会。

"说是可以跟他说一声啦，该怎么做好呢……"细江先生后来曾经像这样描述过当时的状况："《蔷薇刑》对我而言是非常重要的一本摄影集，这么重要的书，我根本不可能交给一个我连他在做什么都不晓得的人去做装帧。"

几天后，杉浦先生本人拨了一通我想都没有想过的电话来，说如果方便的话问我要不要过去玩。我马上翘班跑去杉浦先生闭关工作的旅馆，帮他粘贴照相制版的版面。"如果你昨天来的话三岛先生还在这里，真可惜啊。"不知道杉浦先生是不是从细江先生那里听说我是三岛

---

1 杉浦康平（1932— ）：平面设计大师、书籍装帧师、教育家，神户艺术工科大学教授。以其独特的方法论将意识领域世界具象化，对新一代创作者影响甚大，被誉为日本设计界的巨人，是国际设计界公认的信息设计的建筑师。

由纪夫的粉，才对我说这番话。"耶？真的吗？那为什么昨天不叫我来呢？"虽然我很想提问，可是杉浦先生找我的目的并不是要介绍三岛由纪夫给我认识。毕竟这是在帮忙杉浦先生工作的前提之下，配合工作的进行状况他才会在这一天叫我来，这也没办法。然而直到今天我都还记得非常清楚，在我知道三岛由纪夫曾经待在这房间的那瞬间，我觉得房里的空气好像也因为三岛由纪夫而产生磁场，不知不觉深深吸了一口三岛由纪夫呼吸的空气。

和细江英公碰面几个月之后，某天细江先生突然打电话来，说寺山修司[2]找宫城真理子[3]担任主角的音乐剧要演出，请他拍海报照片，问我说如果我有空的话有没有兴趣来设计海报。细江先生的邀约让我非常兴奋。

透过细江先生的介绍，我在有乐町站前一间狭小紊乱又派头十足、文化人经常聚集的咖啡馆和寺山修司碰面。寺山修司身材魁梧，肤色微深，有点驼背。他理颗慎太郎头[4]，额下一双铜铃大眼垂首盯着我看，面无表情说了一句：请坐。他野性的眼眸看起来像是在阴影中伺机而动那样，混杂着自信与不安。整个人不可思议地融入这个派头十足的空间。我非常乖巧，心怀胆怯坐立不安，就这样静静听着细江英公和寺山修

---

2 寺山修司（1935—1983）：日本剧作家、歌手、诗人、作家、电影导演、赛马评论家。于早稻田大学就学期间开始创作和歌，并在十八岁那年获得第二届"短歌研究"新人奖。一年后休学。离开大学后，于1967年创立演剧实验室"天井栈敷"，以剧作家、诗人、和歌创作家、演出家等身份活跃。寺山修司在艺术上的表现手法，承袭西班牙达利、毕加索的抽象主义、美国波普艺术安迪·沃霍尔，在当时保守的亚洲艺术界开启前卫创作，也率先导航了日本视觉图像艺术的新风格。
3 宫城真理子（1927— ）：日本歌手、女演员、电影导演。
4 慎太郎头：流行于1956年，运动员常剪的一种刘海稍长的发型。石原慎太郎在电影《太阳的季节》中以这款造型演出后被记者称为慎太郎发型。

司对话。

寺山先生起立之后就像石原裕次郎[1]那样变得更高大。明明很高却老吊眼看人，作风也很裕次郎。我想说不定他意识到这一点，在某种程度上试着扮演裕次郎。他在店里遇到认识的客人，和对方说嗨打声招呼，可是眼睛还是一直瞪着对方。我跟在两位名人背后走出店家。虽然我想在道别的时候说个什么妙语吸引他们注意，可是想不到什么好点子。结果问了一个不痛不痒的问题："等下你打算去哪？"

"我要去看拳击。"寺山修司和拳击，单单这样，感觉这件事情就突然具备了某种思想性。

"拳击有趣吗？"

"是啊，拳击是血与泪的蓝调啊。"

驼背高挑的诗人抛下了一句仿佛是黑白外语片台词的话。他伫立在黄昏人群骈肩杂沓的大街，拦下一部时机恰到好处来到跟前的出租车，消失在后乐园方向。先前我一直觉得这个男人怎么这么装模作样，可是这时候真的被他的虚像搞得头皮发麻。我看着他的背影，心想：这就是所谓明星独特的哀愁吗？有种说不出的感动。总而言之，寺山修司在我内心留下了强烈的印象，这件事毋庸置疑。

我和细江英公、寺山修司短暂相遇的时候，意识到自己是把创作和生活方式两者切割开来思考。但是他们两位彼此都是把艺术和人生

1　石原裕次郎（1934—1987）：日本兵库县神户市须磨区出身的著名演员、歌手，与美空云雀被视为日本战后最具代表性的演艺家之一。妻子是前日活头牌女星北原三枝（艺名，婚后引退，本名为石原まき子）。政坛名人石原慎太郎是他的哥哥，在石原裕次郎过世后，石原慎太郎为悼念弟弟，写下传记《弟弟》一书，2004 年由朝日电视台改编为电视剧。

并在一起思考的人。这件事情对我造成非常大的冲击。对于仅仅待过设计师环境的我来说，这是一种文化冲击。我在这时候才第一次被迫感受到艺术和设计之间有着明显的裂痕。想要填补这个缝隙必须将创作和人生平面化，把两者衔接起来，然而在从事设计行业的状况下，这会变成一个非常困难的问题。如果要将设计艺术化，必须打从根本去质疑设计的存在，从否定设计的地方出发才行。然而我究竟有没有这样的勇气呢？我为此感到忧心。

自从我脑海里出现这样的想法之后，想要尽快逃离公司和其他领域的艺术家一起做些什么的这种冲动开始让我坐立难安。渐渐不太关心设计界的动态还有其他人的工作，变成觉得怎样都无所谓的状态了。

另一方面，日本设计中心内部以年轻设计师为核心，开始透过举办变装宴会和扭扭舞大会来痛快缓解平日的欲求不满及精力过剩。当时为了好玩而拍的电影还由我来担任主角。

电影叫作《高中三年级》。高中毕业的“我”和同班女学生在校舍屋顶上为将来的爱发誓，交换初吻。我在毕业的同时开始工作，成为中华料理店的外送员工。某天我要去附近的大公司外送拉面。门口柜台小姐竟然就是当初一起发誓的那个女同学。一个是中华料理店的外送小弟，一个是一流公司的柜台小姐，这之间的落差真是太大了。而且当天还亲眼看到这个女孩已经成为公司上司的情人。我望着两人搭手走在银座路上的背影，豆大泪滴簌簌滑落的特写，最后在舟木一夫《高中三年级》的歌声中打上字幕剧终。这是出非常幼稚的三流通俗剧。担任“上司”的是我的上司永井一正。平光的赛璐珞框眼镜配上惟妙惟肖的希特勒小胡子让人觉得相当好色。"柜台小姐"后来则成了黑田征太郎[1]夫人。

炫目的草月艺术中心

这段时期，草月艺术中心[2]热烈举办现代音乐[3]、爵士、西洋舞蹈、乍现[4]、动画、地下电影等充满活力的前卫艺术活动。设计界有和田诚、

1　黑田征太郎（1939— ）：插画家，生于大阪。《蜡笔小新》作者过世时，许多媒体将其照片误植为臼井仪人。

2　草月艺术中心：草月アートセンター，"二战"之后，敕使河原苍风创立新派插花门派"草月流"。随着 1958 年草月会馆（东京·赤坂）竣工，基于追求前卫的志向创设这个艺术机构，希望跨越创作领域，创造一个平台让艺术创作者得以自由聚集交流、创作、发表与批评。草月艺术中心最具代表性的是建立了一个让创作者自己替自己营销的制度，在保护艺术免受商业干扰上扮演了相当重要的角色。主要活动包含关于 1960 年代各类爵士乐研究的演奏会"草月 Music in"、现代音乐的发表空间"草月 contemporary series"，以及 1960 代后半特别活跃的动画与影像实验空间"草月 cinematic"，以这三条路线为主大量进行互动交流，创造出许多跨界合作。此外，也在此介绍许多美国最尖端的艺术，比如约翰·凯奇（John Cage）和戴维·图铎（David Tudor）的活动，产生巨大冲击，百老汇音乐剧《芬尼根守灵夜》崭新的舞台设计也引发话题。除了剧场的创作活动之外，草月艺术中心在海报、艺术中心刊物 SAC Journal 的编辑制作上起用许多年轻人才。核心人物包含秋山邦晴、粟津洁、饭岛耕一、一柳慧、大冈信、杉浦康平、高桥悠治、武满彻、东野芳明、中原佑介、横尾忠则、和田诚，等等。

3　现代音乐：也称为 20 世纪古典音乐，是指自 1900 年起至今，继承欧洲古典音乐而来的一个音乐纪元，音乐门派繁多，风格多样。

4　乍现：happening，一种表演艺术形式、一种事件或一种活动的情境，这个名词涵盖了许许多多完全不同的表演内容。创作者可以在任何地方以任何形式举行乍现演出，这种演出活动通常只有粗略的流程大纲，带有许多即兴成分，并结合音乐、影像等多种创作形式。演出内容不一定有叙事性，而且往往邀请观众一同参与。乍现创作者想要打破观众和作品的界线，让观众成为作品的一部分，因此每次演出的状况可能会使内容产生很大的差异，每个人都只能在当下接触到，无法重复体验。乍现的艺术性正是奠基于此。1950、1960 年代，乍现活动广为流行，许多艺术家都曾经做过乍现演出，因为这个名词的含糊性，其中也涵盖了一些名不符实比较接近传统剧场的作品。艾伦·卡普洛（Allan Kaprow）是最早提出"乍现"这个名词的人，积极创作与撰文推广乍现美学。他努力发展一种刺激观众产生创造性反应的技巧，鼓励观众以自己的方式和乍现产生关联。他的作品《分成六段的十八

杉浦康平、栗津洁[5]等人参与制作海报或手册。我非常非常羡慕他们可以跨足艺术运动，可是我口才不好，个性又非常怕生，几乎不可能和这些很难讨好的前卫艺术家交朋友。在这点上，和田诚就明确表明自己根本不懂什么前卫，最讨厌前卫了。可是这样说不定反而让这些人对他更有好感。

事实上，前卫艺术是一种概念性的创作，我不像和田，虽然觉得很难进入、有点无聊，而且实在是看不懂，可是我本性认真，即使如此还是设法努力用功去理解，不管看懂看不懂都还是经常跑去草月会馆参加这些前卫活动。在这个过程中，我渐渐被前卫观念洗脑，觉得正因为这是概念性的东西所以才有趣，不知不觉大脑的新皮质开始活性化。

草月艺术中心的活动全部都很有刺激效果，特别是现代音乐和默片对我产生很大的影响。透过这两种艺术，我将达达[6]和超现实主义转变成我的创作意念核心。我之所以会特别在意二十世纪初叶的艺术，

种乍现》（18 Happenings in 6 Parts, 1959）被认为是史上第一次乍现演出，不过也有论者认为应该要追溯到 1952 年他老师约翰·凯奇在黑山学院（Black Mountain College Theater）的《剧场作品一号》（Piece No. 1）。乍现的概念后来风行全球，有许多艺术家继续发展相关作品，成为表演艺术的一环。在华语圈，也有人把 "happening" 这个名词翻成 "偶发艺术" "偶发" 或 "事件"，强调它随机发生的特征。然而随机、偶发是自达达与超现实主义以来艺术家已经发展数十年的一种创作概念，容易混淆。此外，happening 后来延伸出现在许多不同的语境当中，从政治性的抗议到挑衅式的恶搞都可以看到 happening，当代流行的快闪（Flash mob）在概念上与此也有部分共通之处，采用 "偶发艺术" 的译法有点沉重，也不够周延。一般使用这个词的时候只是当成一种表演形式，因此选定 "乍现" 来翻译。

5　栗津洁（1929—2009）：日本平面设计大师，生于东京目黑区。

6　达达：指达达主义，兴起于 "一战" 时期的苏黎世，涉及视觉艺术、文学（主要是诗歌）、戏剧和美术设计等领域的文艺运动。是 20 世纪西方文艺发展历程中的一个重要流派，是第一次世界大战颠覆、摧毁旧有欧洲社会和文化秩序的产物，波及范围很广，对 20 世纪的一些现代主义文艺流派都产生了影响。

最直接的原因是非确定音乐[1]、法国新浪潮电影[2]、法国新小说[3]，还有波普艺术[4]等现代艺术和文学，都是发源自达达和超现实主义。

我绝对不可能忘记的，最具冲击性的一个事件，是一九六二年秋天约翰·凯奇[5]的演奏会。白南准[6]把整座钢琴当成乐器，除了键盘之外，还用铁槌敲打其他的部位，加大音量，用喇叭中传出的巨大暴力声响攻击听众的三个半规管。凯奇也将桌上罗列的各式厨房

非确定音乐：music of indeterminacy。一种音乐手法，广义而言指从作曲到聆听过程之间，引入不确定性要素的乐曲。包括运用概率创作而音乐结果固定的音乐，以及音乐结果会随着表演而不同的音乐。其中最为出名的音乐家为约翰·凯奇。

法国新浪潮电影：影评人对 1950 年代末至 1960 年代的一些法国导演团体的称呼，他们主要受到意大利新现实主义与古典好莱坞电影的影响。法国新浪潮的特色在于，导演不只主导电影，更成为电影的作者和创作人。风格特色包括快速切换场景镜头等创新剪接手法，或是像"跳接"，在整体叙事上制造突兀不连贯效果。法国新浪潮的主要代表人物包括路易·马勒（Louis Malle）、弗朗索瓦·特吕弗（Francois Truffaut）、让－吕克·戈达尔（Jean-Luc Godard）、埃里克·侯麦（Eric Rohmer）、克劳德·夏布洛（Claude Chabrol）与雅克·里维特（Jacques Rivette）等人。

法国新小说：也被称为"反传统小说"，是 1950 年代、1960 年代盛行于法国文学界的一种小说创作思潮，哲学上深受弗洛伊德心理分析、柏格森生命力学说、直觉主义及胡塞尔现象学的影响。虽然严格说来"新小说派"的作家们并不承认自己是一个创作团体，只是有一种创作倾向，但评论界还是根据其间存在着的一些共同理念和特征，将某些作家归为"新小说派"。

波普艺术：Pop Art，滥普艺术是英国 1950 年代中期与美国 1950 年代晚期兴起的一股视觉艺术风潮。艺术家把大量生产的流行视觉商品运用在纯艺术的领域中，对传统艺术概念造成冲击。波普艺术把对象抽离它原本的脉络，或者把它和其他对象并置引发联想，创作态度往往胜过作品实质的艺术内涵。它最大的特色就是从大众流行文化譬如广告、漫画或日常物品当中撷取主题和技巧，这股风潮被视为是一种对当时主导艺坛的抽象表现主义的反动与延伸。他们采用流行的视觉元素而非精英的艺术文化，经常用一种反讽的方式强调既有稀松平常的庸俗事物。最具代表性的例子就是安迪·沃霍尔使用金宝浓汤的商标和产品包装这种现成的广告元素来创作。Pop 这个词有时候也用来指涉艺术家复制或改造的一种技巧。大部分的波普艺术带着一种自我矛盾，他们想要揭露的概念往往让他们更难以被人理解。此外，波普艺术风潮也被认为是后现代艺术的前身之一。

约翰·凯奇（John Milton Cage Jr.，1912—1992）：美国先锋派古典音乐作曲家，最有名的作品是 1952 年作曲的《4'33"》，全曲三个乐章，却没有任何一个音符。

白南准：（Nam June Paik，1932—2006），生于韩国首尔，国际著名影像艺术家、世界级大师、Video 艺术之父、现代艺术大师、激浪派大师、多媒体艺术家。曾于 1950 年代留学日本及德国，主攻音乐及哲学。

用品发出的现实声响转换成简直像是哥斯拉或者是拉顿[7]怪兽的疯狂咆哮，用非常骇人的手法彻底破坏长久以来的音乐概念。他们将听众引入恐慌，让他们感受日常的非日常化、随机性引发的秩序破坏、存在的非存在——以这些效果为目标，彻底改写艺术的价值观。当然，我自己的现代主义设计思考架构也受到强烈冲击，彻底粉碎变成木屑一般。

　　这阵子读的书几乎也都是和前卫艺术有关的东西，尤其是接二连三阅读电影论和法国新小说的作品。其中我特别喜欢阿兰·罗伯-格里耶[8]。然而另一方面我也为和这批前卫作品完全相反的浪漫主义作家三岛由纪夫和涩泽龙彦[9]，为萨德侯爵[10]、乔治·巴塔耶[11]、于斯曼[12]他们所创造的颓废与感官世界倾倒不已。只要是三岛和涩泽书中登场的人物，无论是谁我都照单全收。相形之下，设计领域没有任何一本书或一种思想会吸引我的注意。

7　哥斯拉、魔斯拉、拉顿并称东宝怪兽片三大怪兽。

8　阿兰·罗伯-格里耶（Alain Robbe-Grillet, 1922—2008）：法国作家和电影制片人，也是新小说代表人物之一。生于法国布勒斯特，1944年毕业于法国国立农艺学院，1953年，出版了首部小说《橡皮》（Les Gommes）后，成为全职作家。1961年，他编写的电影剧本《去年在马里昂巴德》（L'Année Dernière à Marienbad）由法国新浪潮导演阿伦·雷乃摄制成电影，并获得该年威尼斯电影节金狮奖。

9　涩泽龙彦（1928—1987）：别名涩川龙、兰京太郎，是活跃在日本昭和时代的小说家、艺术评论家、翻译家。因翻译一系列法国作家萨德的异色小说，为日本文坛写下许多历史新页。

10　萨德侯爵（Marquis de Sade, 1974—1814）：法国贵族，一系列色情、哲学书籍的作者，尤以他所描写的色情幻想和他所制造的性丑闻最受瞩目。

11　乔治·巴塔耶（Georges Albert Maurice Victor Bataille, 1897—1962）：法国思想家，对后世德里达的解构主义等思潮有相当影响。

12　于斯曼（Joris-Karl Huysmans, 1848—1907）：法国小说家，生于巴黎。前期他是自然主义的拥护者，后期是现代派的先锋，《逆天》（À Rebours）是他的最重要的作品，在现代文学史中有一定的地位。

High Red Center 的乍现活动

当时日本艺术界新达达 [1] 主义办了很多亮眼的行动。上野东京都美术馆召开独立沙龙展，高松次郎 [2]、赤濑川原平 [3] 和中西夏之 [4] 等人组成一个名为 High Red Center 的团体在街头或列车中展开各式各样的乍现活动。其中一名成员赤濑川原平，艺大出身的佐佐木丰 [5] 曾经带我去他家拜访过一次，所以认识。我是透过日本设计中心一名女文案介绍才认识佐佐木。他在高中的时候是大赤濑川一届的学长。High Red Center

---

1　新达达：Neo-Dada，流行于 1950 年代后半至 1960 年代的美国艺术风潮。1958 年，美国艺评家哈洛·卢森堡在 *ARTnews* 上用这个名词来概括一批当代创作，包含罗伯特·劳森伯格（Robert Rauschenberg）、贾斯培·琼斯（Jasper Johns）之类的画家，以及进行乍现之类表演艺术活动的艾伦·卡普洛、克莱斯·欧登伯格（Claes Oldenburg）、吉姆·戴恩（Jim Dine）等人。这些作品在创作概念和技巧上和过去的达达主义有类似之处，使用现成物（readymade）、废弃物、拼贴流行元素及荒谬对比做主题，反对传统美学。1960 年代艺评家罗斯（Barbara Rose）用这个术语概括当时创作风潮，让这个名词更为普及。新达达和第一次世界大战前欧洲的达达主义最主要的不同在于，达达主义使用现成物等技巧来创作，主要是在进行艺术观念和语言的实验，可是在大量生产和消费的美国 1950 年代，新达达创作者更喜欢使用废弃物来创作，展现出一种更即兴的风格。这些作品被称之为垃圾艺术（Junk Art），既有反艺术的成分在，同时也带着新观点。创作者把这些充斥在环境当中的垃圾视为一种新的自然，从中发掘新的美感，想要塑造一种"工业化社会的自然主义"。激浪派（Fluxus）、欧陆新写实运动（Nouveau realisme）、波普艺术等都在不同脉络中呼应这股风潮。亚洲相关艺术家有赤濑川原平、小野洋子、白南准、筱原有司男等。

2　高松次郎（1936—1998）：生于东京，本名新八郎，日本前卫美术、现代美术家。

3　赤濑川原平（1937—2014）：日本前卫艺术家、作家。1979 年开始创作小说，并倡导独特的"路上观察"活动，在日本掀起一阵风潮，主要作品有百万畅销书《老人力》《赤濑川原平的名画读本》《日本拥有的世界名画入门》《新名解国语辞典之谜》《千利休：无言的前卫》《中古相机大集合》《眼光锐利的秘诀》《京都：大人的修学旅行》《日本美术应援团》《路上观察学入门》《东京路上探险记》《猫的文明》等百余册，主题广泛。

4　中西夏之（1935—　）：日本知名画家。

5　佐佐木丰（1935—　）：东京艺术大学油画科毕业。国画会会员、日本美术家联盟委员。作品主要以女性与蔷薇作为主题。

其他成员我还认识三木富雄[6]和筱原有司男。我经常在展览和美术杂志上看到他们的作品，可是现在完全记不得是在哪里怎么和他们认识的了。首先，我不认为他们对设计或日宣美展有多少兴趣，应该没看过我的作品才对。总之我还是去过他们家玩，也去参观过他们的工作室。

我只记得一个关于赤瀬川和小牛（筱原的昵称）的回忆。我想应该是小牛在新桥车站背后那间内科画廊办个展，我逛完准备回家时发生的事。画廊附近有一家质量没有保证但是价格很便宜的咖喱店，赤瀬川、小牛和我三个人跑去那里。我记得价钱应该是三十日元。因为实在太便宜让我有点怕，可是不知道是不是他们一天到晚吃饭都是这种价格，面对这种超低价咖喱他们也面不改色。

狭小阴暗的咖喱店中，只有店东一个老伯伯，客人只有我们几个。送来的咖喱味道很恶心，不知道是什么总之闻起来很臭。吃完之后小牛走去厨房后面的厕所，但是马上脸色大变跑回来。"惨了，厨房挂着猫肉啊。"我们三个不知不觉面面相觑，慌忙把各自的三十元摆在桌上逃出户外，冲进新桥车站的厕所，用洗手台的水不停漱口。

回家路上，赤瀬川问我要不要加入他们组的那个 High Red Center，我说我不想要成为必须吃猫肉度日的前卫艺术家，虽然嘴上回绝他，可是心里很开心。我开玩笑说如果我加入的话，就要把横尾的"横"换成英文，团名就必须要改成 High Red Side Center 了。

一九六四年一月某天，我收到一封 High Red Center 的邀请函。

6　三木富雄（1938—1978）：生于东京，日本雕塑家。

（前略）High Red Center 根据 S·P·C（Shelter Plan Conference）的委托，负责主持 Shelter 计划。

我们在接下来的一月二十六日、二十七日两天会驻留在日比谷帝国饭店本馆，接待各位嘉宾。

过去 High Red Center 通信是针对一般大众广发，然而这次我们有限制份数，基于 S·P·C 来进行筛选，您是特别获选的嘉宾，因此我们才发布 Shelter 计划的通知给您。

我们由衷期待您以贵宾身份大驾光临。大家提供协助的计划数据及结果，将在四个月内个别透过 S·P·C 及 Shelter 计划公开。

这个通知事属突然，或许有说明不清难以理解之处，在您光临之时，我们希望能够针对 S·P·C 对您进行更详尽的说明。

一九六四年一月十七日

信中用冠冕堂皇的说法标示"您是特别获选的嘉宾"。内容简直像是江户川乱步笔下怪人二十面相发来的信，然而还是带着一种古怪的魅力，让人心跳加速。可是这活动毕竟是这群人搞的，完全无法想象他们到底有什么企图，如果就这样变成他们作品的素材那就中计了。我意识到有某种危险，就打电话给赤濑川确定一下状况："这到底是在做啥，这样乍看看不懂啊。"

"嗯，是啊，我们也不太清楚，你可以拉人一起来，只是看看。"

"可是信上写说'您是特别获选的嘉宾'。"

"嗯，是啊，可是找人一起来也没关系喔。"

结果还是问不出什么可靠的信息，但他那种故作玄虚的口吻反而掳获我的心。自己一个人去感觉真的很恐怖，所以我想邀宇野亚喜良和和田诚一起去。可是仔细想想和田对前卫艺术非常过敏，宇野先生接触的程度感觉没我这么深，可是他是一个很有自觉的品位人士，我想他一定会答应。

　　"宇野先生要去吗？"

　　"好啊，好像很好玩。"

　　"可是我不知道会发生什么事喔。"

　　"嗯，我是觉得不会怎样啦，横尾小弟你要去的话我就去。"

　　这种应对法是宇野先生的固定模式。

　　除了邀请函之外，信封里还装了一份"参加者须知"，描述像是要打领带、戴手套啦，或者要从帝国饭店旧馆正面入场，等等好几条注意事项。我依据须知跟饭店前台问路，结果对方说这个人没有人住。我心想奇怪，和宇野先生在大厅东张西望，结果一个身穿皱巴巴黑西装脸戴太阳眼镜的男人一副神经紧张的样子靠过来，说他们是秘密借用房间快点过来，催我们赶快到某号房去。

　　敲门之后，有人开一个小缝瞄了一眼，赶紧把我们拉进房间。感觉戒备相当森严。我跟认识的前卫艺术家打了声招呼，介绍了一下宇野先生，可是他们好像只能说明基本事项，禁止私下交谈。全体不过才三四个人，记得他们身上穿着某种像是白色实验袍的衣服。墙上贴着巨大的照片，三个日本人像标本一样，典型身长腿短的身材背对画面全裸。是 High Red Center 成员高松、赤瀬川和中西的裸照。看到照片的瞬间我觉得自己像是被逼到绝境，有种性命垂危的感受。我的身体和他们不一样，是身短腿长的欧美人体型，可是如果对方要帮我拍裸照我还是很难接受。还好不用脱衣服就这样穿着西装上下前后左右拍六张照片，接着一一测量我们的尺寸；嘴巴尽可能把水含住，然后检查吐出来的含水量；脱下衣服泡到浴缸里面计算体积……像玩具一样被彻底操弄之后，对方说要做一个可以和我完全吻合的棺材（他们把它称之为 Shelter）送给我，用现在的物价来看大概跟我们收了三万日元左右。赤瀬川当时正在做千元钞的仿制试验，说不定这玩意只值一千元。

登记名簿上面泷口修造[1]、白南准、小野洋子[2]、筱原有司男、冈本太郎[3]等

1　泷口修造（1903—1979）：艺评家、诗人，近代日本最具影响力的艺术推手之一。泷口就读庆应大学英文科时，深受西脇顺三郎引人的当代欧陆创作思潮影响。1926 年，泷口加人同人志《山茧》，开始发表《地球创造说》等诗作，刊物创作群包括后来成为日本思想大师的小林秀雄等人。1928 年，泷口参与创办超现实主义杂志《衣裳的太阳》，并为前卫杂志《诗与诗论》撰稿。1930 年，翻译了布勒东的《超现实主义与绘画》（Le Surrealisme et la peinture），这是日本第一本超现实主义的正式著作，泷口借此建立自己在艺坛的声名，并开始与布勒东等欧陆艺坛人士通信。"二战"之前，日本文艺发展和西方相当同步，信息和欧美只有一个月左右的时差。泷口透过这些交流在东京策划"海外超现实作品展"。1941 年，泷口因推广危险前卫思想违反治安维持法的嫌疑遭日本特高逮捕，拘禁近八个月。战后，泷口参加日本前卫艺术家俱乐部，并继续与米罗（Joan Miró）、塔皮埃斯（Antoni Tapies）、杜尚（Marcel Duchamp）等人接触，站在国际艺坛最前端。1950 年代，泷口开始推展"竹宫画廊"并为日本重要前卫创作团体"实验工房"命名并担任顾问。实验工房是齐集美术、音乐、表演艺术等跨媒体的创作团体，率先进行梅湘（Olivier Messiaen）和勋伯格（Arnold Schonberg）的日本首演，并举办美术展、创作前卫芭蕾舞剧与具象音乐（concrete music）作品等等。当代作曲大师武满彻、汤浅让二等最初都是在此团体发表作品。此外，泷口也参与策划"读卖独立创作展"（読売アンデパンダン展），藉巨型媒体《读卖新闻》之力推动完全无审查规范的美术展。这些企划当时许多新进艺术家提供自由表现的空间，泷口因此获得年轻文艺创作者们绝大的信赖。晚年，开始召开个人画展、出版诗集《诗的实验·一九二七—一九三九》与米罗合作出版诗画集《手工格言》（手作り諺）、并担任威尼斯双年展的日本代表。过世后，多摩美术大学特地成立泷口修造文库，收藏他遗留的众多宝贵史料与文献。

2　小野洋子（1933— ）：日裔美籍音乐家、前卫艺术家，约翰·列侬的第二任妻子。在披头士时代晚期，她和列侬的合作了第一张作品，名为《两个处女》（Two Virgins），随后又组建了"塑料小野乐团"（Plastic Ono Band），并继续合作了许多音乐作品，其风格与披头士差异极大。她本身的艺术成就也足够令人瞩目。

3　冈本太郎（1911—1996）：日本抽象派艺术家，以抽象和前卫的绘画和雕塑闻名。受漫画家父亲影响，很早就展现他在艺术方面的才能。除了绘画、雕刻、壁画和雕塑等大型公众作品之外，也从事家具、陶瓷的设计，还为电影做道具，晚年则以写作为主。他最有名的作品太阳塔，是 1970 年日本大阪世博

鼎鼎大名的艺术家都已经来过签过名。更令人震惊的是隔天朝日新闻社会版头版大篇幅报道赤濑川原平印刷千元伪钞接受检方调查的消息。在此，日常、艺术和犯罪的分别即将消失。

从插画到设计

我一边向往前卫艺术，一边照老样子在日本设计中心做"朝日麦酒"的工作。可是觉得公司的工作终究不是自己的工作，所以尽可能全心投入兼差接案的京都劳音和藤原歌剧团的海报制作。劳音的贝多芬、歌剧团的普契尼，还有《蝙蝠》的海报渐渐发展出新的路线，我开始做出感觉。想要摆脱先前创造出来的独家格纹风格。因为我对画格纹看起来就像我的图这件事情产生不满与困惑。对我来说，历尽艰辛找到一种形式把它内化成为自己的风格之后，这种形式就不再那么具有魅力了。困在单一的形式当中我无法忍受。这不单是因为我的个性喜新厌旧，还因为到头来，我要的形式其实存在于追求的过程当中。

我在创作中所获得的快乐包含追求形式。所谓追求形式，包含拓展表现的可能性，也包含追求自由。形式的破坏总是随同快感一起发生。摆脱对自己而言最重要最执着的事物重获自由，没有任何经验可以比这更爽。此刻对我而言，就是要抛弃格纹风格这种注册商标。

我在画插画的同时发现自己对设计更感兴趣。想要从这阵子以插画为主的设计转换成试着用摄影或字形为主体来做设计。我的灵感来

会的标志，象征人类的过去、现在和未来。太阳塔至今仍然矗立在世博会纪念公园。

自达达和俄国构成主义[1]的字体设计与摄影用的蒙太奇和拼贴技巧。然而将这种技巧引进设计就某方面而言也有其危险之处。因为这种艺术思潮最重视的特质是随机性。现代设计的造型思想在无意识当中包含着一种义务：必须要带给观者秩序、平衡与安定感。随机性会把破绽带进画面当中，带着让观者感到不安的性质，在根本上和设计的思想是对立的。

一九六三年快结束时，我下定决心要辞掉日本设计中心的工作。由于龟仓雄策、田中一光已经离开，后继辞职在心情上比较没有负担。我先前就跟宇野亚喜良谈过想要开一间类似纽约图钉工作室那样由插画创作者组成的公司，再加上支持这计划的另一位插画家 Haracho——原田维夫总共三个人，终于在第二年二月离开。

1　构成主义：Constructivism，又名结构主义，发展于 1913 年到整个 1920 年代。是指由一块块金属、玻璃、木块、纸板或塑料组构结合成的雕塑，强调的是空间中的势（movement），而不是传统雕塑看重的体量感。构成主义接受了立体派的拼裱和浮雕技法，由传统雕塑的加和减，变成组构和结合；同时也吸收了绝对主义的几何抽象理念，甚至运用到悬挂物和浮雕构成物上，对现代雕塑有决定性影响。

フリーランス宣言

宇野亚喜良、原田维夫还有我三个人，在日本设计中心附近、银座一丁目一间没有电梯的大楼六楼设立 Studio Ilfil[1]，虽然发表冠冕堂皇的独立宣言，可是完全没有工作上门。先前觉得宇野先生已经是畅销插画家，一定马上就会有工作，可是我们的期待完全落空。宇野先生替《新妇人》这本杂志画封面，我接京都劳音的海报，这是我们唯一的定期工作。原田有认识的广告公司在背后支持，至少勉强可以维持生活。

　　虽然名为工作室，可是这并不是一间正式的公司，只是一个大家均分房租的共同办公室。我们把日本设计中心的柜台小姐拉来当行政。她在先前提过的那部独立电影《高中三年级》中演我的心上人，大家都叫她"小朋友"。一到发薪日我们三个人就会在她面前从口袋掏出现金凑给她。

　　总而言之没有工作，每天都无聊得要死。电话铃一响我们全部都会神经紧绷期待工作上门，可是每次都是小朋友的私人电话。只有原田因为有广告公司的工作，所以出去开会的时间比待在工作室的时间

1　Studio Ilfil：スタジオ・イルフィル，根据《开创平面设计时代的 20 人》(グラフィックデザインの時代を築いた 20 人の証言) 这本书描述，这是将日文"古老"(古い) 倒过来念所得到的名字。

多。有时候我们三个人凑在一起会跑去银座一间"美人咖啡店"。去美人咖啡店是原田的嗜好。他长得很像当时一位很受欢迎的流行歌手新川二郎，所以在那间咖啡馆很受欢迎，有时候甚至会有人跑来要签名。宇野先生和我被迫看他受人拥戴的样子觉得很不舒服，常常批评他的女性观和审美意识。

原田未婚，有个大他一岁的女朋友。两个人感情不错，可是一天到晚吵架。他不在的时候，他女朋友常常叫我去附近的咖啡馆说想要征询我的意见。他很受欢迎，所以女朋友很难不烦恼。我的结论总是叫她"分手吧"。这是因为我总觉得与其去整治现况，破坏它还比较有意思。可是她就在咖啡馆里哭起来，真的是拿她没辙。想到这在旁观者看起来简直就像是我和女人在吵架，就觉得心情很差。

她顺着我不负责任却又似乎很有说服力的建议响应说："我会离开。"可是过几个小时，又会搭着情人的手，感情融洽地回到工作室，老实说一点都不好玩。这种事情不只发生一两次。宇野先生好奇心也很强，和我一样陪这两位谈过很多次他们的个人问题。

我和宇野先生两个人经常去看电影。小朋友的爸爸是专门设计外语片电影海报的设计师，经常可以拿到试映或免费的电影票。我们两个特别喜欢欧洲片。对我而言电影是现实世界的延伸，是现实与虚构这两把梳子咬合在一起的结果。透过电影屏幕来看，会让人觉得现实世界浅薄又单纯，好像少了什么。我们两个都很喜欢罗伯特·何森（Robert Hossein），跑去银座一流的裁缝店赊账定做他穿的意大利欧式西装（Italian Continental），虽然叶山的海滨小屋不是圣特罗佩（Saint-Tropez）的度假别墅，我们还是花光手头所有的钱租一个夏天。老实说我们没有本钱这么做，可是这也是受到电影影响，至少希望能够试着假装一下精神贵族。结果到最后宇野和我都没有去过那间花钱租的海滨小屋玩，这趟游戏就结束了。最常使用那间海滨小屋的，还是负责接电话的小朋友。

我和宇野两个人过去曾经一起接过宝石出版社的案子，出版社倒闭，通知说虽然金额很少但还是会发稿费，我马上派小朋友去帮我们领两个人的稿费。因为我们已经很久没有进账，宇野先生和我都很期待，没想到小朋友说："因为没有多少钱，我就用稿费买西瓜回来啦。"我们两个大眼瞪小眼觉得非常失望。两个人的稿费加起来只能够买一颗西瓜实在是很丢脸，不过这也是因为对方倒闭只能付十分之一的关系。

宇野先生和我打从一开始就没有工作，已经很习惯这样的状态，但是原田只要工作稍微空窗就会感到不安，会一天到晚碎碎念。和田诚，还有从神户跑来东京加入早川良雄设计事务所的滩本唯人[1]，他们两个人都在银座上班，经常跑来我们工作室玩。

我和滩本唯人第一次碰面，是十九岁加入神户新闻社那时候的事。当时神户新闻有一个名为"读者投书"的投稿版面，我也经常投稿照片。那时四位经常入选的作者聚在神户市的一间咖啡馆办联展，滩本先生偶然经过看到我的作品，帮我跟神户新闻社宣传部的人推荐，给我工作，我们有这样的缘分。对我来说，滩本先生像是一个可以推心置腹的大哥。

滩本先生跑来东京住在赤羽区的时候，我跟车站前的摊贩买了十个今川烧去找他。

1　滩本唯人（1926—）: 生于日本兵库县的插画家。

"滩本先生，我带土产来啦。"

"怎么这样，你带土产来真是太难得啦，真的不用这么客气，没有关系啦。"

"请你泡一下茶吧。"

"稍等一下，水马上就开了。"

茶端上来的时候，包裹今川烧的报纸突然破掉，烤好的饼咕噜咕噜滚到滩本先生的身边。他看到这种状况瞬间变脸。"这是什么玩意，知道别人讨厌还特地带来未免也太厉害，真是够胆! 带自己想要吃的东西跑过来，怎么会有这种人？"

他的反应非常吓人。滩本先生内在竟然暗藏了这么愤怒的能量，我大吃一惊愣在那边，饼突然就朝我飞来。我也不服输滚到榻榻米上捡起饼丢回去。光是这样滩本先生还是没有消气，接着把嘴边点着的烟朝我扔过来。我又捡起来丢回去。虽然最后变成像是一种亲昵的打闹，可是我想当时滩本先生有一半是认真在生气。我自己喜欢甜食，就一厢情愿觉得滩本先生也是一样。

京都劳音海报的风格越来越激进

虽然知道我们早晚会面临经济危机，可是我没想到宇野亚喜良会第一个碰上。宇野先生在日本设计中心领的薪水是我的好几倍，二十几岁就有盖房子的经济能力，我一直以为他有很多积蓄，所以觉得非常意外。完全没料到宇野先生会走到这一步。就我个人而言，我也搞不清楚家里有多少钱。因为当前工作的稿费还没下来，所以我先借宇野先生四万日元。如果真的要认真拼，我们两个要赚生活费并没有那么困难，可是君子箪食瓢饮不改其乐——我们有这样的尊严。当然在这样的情绪背后，也是我们对自己越来越多的自信在支撑。社会大众对于插画的认知及必要性想得没有插画家这么多，委托案当然有限。此外我觉得我的创作风格越来越激进，这也是工作委托不多的原因。

就在这时，我摸摸自己的胸口，发现长了一个会痛的小肿瘤。近年来癌症死亡率大幅上升在社会上引发话题，我把自己的肿瘤和癌症联系在一起，非常担心。我鼓起勇气和两位同事谈了谈，结果三个人跑去原田以前看过诊的一家位于生田的医院。宇野和原田都好像是要去郊游野餐一样一副兴高采烈的模样。他们对于我的身体状况毫不关心，真的让人有点不爽。

宇野亚喜良回想当时的状况，曾经这样写过：

"这位 enfant terrible（恶童）的个性有一部分有相当强烈的被害妄想症，譬如说，发现自己胸口长出小肿瘤的时候，会认真表示：'这该不会是乳癌吧。'当时我们三个还聚集起来浩浩荡荡跑到原田以前去的生田那边的医院，即使医生说'这只是普通的疙瘩'，他还是主张：'医生大概是不想让我担心所以才这样说，我是得癌症了啊！'但是没过多久又改变了态度。结果到最后原田和横尾都非常健康，只有我被医生诊断说心脏肥大。看到横尾回家路上充满活力的脚步，我实在很生气。横尾那种异常的强迫观念和他所描绘出来的世界有共通之处……"（《横尾忠则图像大全》[横尾忠则グラフィック大全]）

就这样，宇野先生和我的立场颠倒了过来。后来不管我发烧多严重甚至昏倒，他们两个人都不再关心我了。癌症的疑虑虽然获得消除，紧接着面对的问题是我唯一的定期收入来源 ——京都劳音的海报开始遭到抱怨。由于这个工作是透过田中一光介绍才开始的，劳音事务局的抱怨也先传到一光先生那边。

"虽然普契尼很好，但是谈到贝多芬，就算你不是音乐迷，都还是会吹几句或哼上几句。横尾打破音乐会海报的既定印象，让乐圣形象扫地。可是这件作品却带着一种狂暴的新鲜感，也符合一般的美感。他做下一件作品《春日八郎》时，京都那边接二连三打电话来。姑且不论市民的反应，表演者本身就很讨厌海报，这造成主办单位很大的困扰。歌谣曲的歌手们想要尽可能摆脱浮夸的商业风格成为庶民百姓的艺术家，横尾的意图却是面对大众就要用更普罗大众的包装手法，两者没有交集。放到今天来看，这个海报展现出一种纪念性的风格，千鸟在波涛上飞扬，春日八郎背后金光闪闪，身披 star（星芒图案）的服装。套色不是很讲究，加上网版[1]做粗糙的双色印刷。我想，这也难怪劳音办公室会提出这样的反应，说：'就算拜托路边随便一个美工[2]都可以做得更漂亮。'"（田中一光《横尾忠则图像大全》）

"路边的美工"应该会很开心吧。我把它当成是对我的赞美。我的企图非常成功。超爽。说到流行歌手，他们好像都很不喜欢被人家看穿自己的本质。这时候我感觉到设计的本性就是在遮蔽事物的本质。结果念头一转，我的设计就快脱离设计了。事情变得越来越有趣了。

这年日宣美展我以一张名为《虹》的音乐会海报挺进角逐会员奖

---

1 网版：アミ版，丝网印刷是厚涂油墨颜料来印制图样，运用网版可以在单色中制作出渐层或浓淡。
2 美工：原文"案屋"，指的是专门负责设计图案标志图纹的设计师。此处带有贬义，中文也没有相对应的职称，取其文意翻成美工。

的资格，可是最后没有获选。这一年如同上一年，日宣美展还是受到相当严厉的批判，说缺乏创作个性、缺乏人性。劳音海报系列以《春日八郎》为代表，是在现代主义最厌恶的低俗大众媒体的刻板印象上增添风土性的表现。面对日宣美展的舆论批判，这系列作品算是我个人的回答。

正当我虚张声势高呼无聊正是贵族特权的时候，突然之间，巨大的工作从天而降扑向我的懒散。过去曾经合作过的"Gunze造丝"说想要用动画来拍电视广告。虽然我过去从来没有接触过这种媒体形式，可是身为一个电影狂，我对这件事情很有自信。第一次看到自己作品出现在电视映像管上的时候，真的是非常兴奋。

广告发布之后反应很好，接着继续制作了第二部、第三部，开始以系列方式来进行呈现。NHK《大家的歌》（みんなのうた）这个节目看到动画之后，也来委托我拍动画，连续制作了好几部作品。

长女出生、搬家、成为捕蝇专家

这一年，长女出生了。由于长男的名字从A产生联想命名为"英"，这次就想以B来命名。我将碧姬·芭铎的昵称BB转成日文读音，将她取名为"美美"。

长女出生的时候我们从池尻的公寓搬到在祖师谷新建的独栋楼房。说是独栋，其实周边都被农家和田园包围，神社近在咫尺，不管怎么看都像是搬到了田野的正中央。可是一方面希望让孩子可以体验接触土壤的生活，一方面考虑到要把寄居乡下亲戚家的老妈接回来一起住，所以又觉得说不定这种乡土的空间更好。

和过去狭窄的两房公寓相较，单单增加一间房间感觉就好像已经搬到了很大的地方。屋内设有浴室，妻子也非常高兴。可是聚集在周遭田野肥料当中的无数苍蝇也会飞进家里，随便挥手就会挥到苍蝇。因为状况如此，不知不觉之间我变成了捕蝇专家，直到今天抓苍蝇都还是我的特技，我有自信绝对不会输给任何人。

捕蝇专家的本领不是打苍蝇让它掉下来这么稀松平常，是可以空手捉住驻留的苍蝇。首先将手掌内侧弯成 C 字形，手从苍蝇前方伸过去，在它头上像是捞空气那样握住就可以抓到。因为握住的时候苍蝇已经瞬间移动到掌心拱起的空间里。关键在于先调整好苍蝇和自己的呼吸节奏。状况很像相扑力士起身对决时的呼吸。想要用这样的技巧让苍蝇自动飞进手中需要相当程度的修炼。因为动作太快，大多数人都没有办法看到我抓到苍蝇的刹那。要抓飞翔的苍蝇，技巧也和这一样，只要从苍蝇行进的方向突然挥出 C 字形的手掌就没问题。顺着加速度前进的苍蝇会突然嗡嗡叫着在空中紧急刹车，加上前方迎面而来的掌风，苍蝇会瞬间停在空中。看起来就像打闪光灯那样静止不动。掌握这些后去抓苍蝇的话，实在是轻而易举。

不管你们信不信，某天吃饭的时候，苍蝇停在我眼前装腌渍海带的容器边上，被我用筷子夹住了。透过我的行为，可以印证宫本武藏用筷子抓苍蝇这个历史记载不是夸大其词。某天有位邮差知道我是捕蝇专家还跑来跟我挑战。因为我百发百中完全不失手，不可能会输，胜负不言而喻。这位邮差先生说是细江英公的亲戚，最后垂头丧气拖着沉重的脚步离开。

东京奥运期间前往欧洲旅行

说起一九六四年，就是东京奥运之年。参加奥运的选手从欧洲搭乘专机前来日本，飞机回航路上没有载客未免太可惜。若是运用这趟班机去欧洲的话旅费会便宜一些，所以日本广告协议会这个组织策划了一次行程。我知道这件事情之后邀和田诚一起去欧洲。和田诚公司LIGHT PUBLICITY 的同事筱山纪信[1]也跑来参加。我也邀了宇野先生，可是他说没有办法凑到旅费所以没去。幸好我拿到"Gunze 造丝"电视广告的薪水，再加上卖掉乡下老家所剩的钱，就有了旅费。

虽然某位知名作家写说："日本在举办奥运，有些笨蛋还特地跑去欧洲。"可是就算待在日本也只不过是被一起卷进奥运大庙会，贩卖虚假的和平、友好、繁荣。如果两边一样无聊，那去欧洲顺带小便上个厕所还比较有意思，总之随便找了个说服自己的理由就从羽田出发了。

这趟旅行是在三周当中周游欧洲六国，所有看到和触碰到的事物都很珍贵，感觉全身的毛孔都跟着打开。我和人人内心向往的艳遇无缘，走了一趟认真画画的观光之旅。虽然内心偷偷期望在伦敦说不定可以看到披头士的演唱会，可是他们正好在英国各地巡回。只好将就跑去皮卡迪利广场（Piccadilly Circus）附近剧场的冒牌披头士摇滚演唱会。

---

1 筱山纪信（1940— ）：日本知名摄影师，在学时即崭露头角，初出茅庐就获得不少奖项。他的拍摄创作量和主题的范围相当宽广，远远超越一般摄影师。1969 年他和摄影师泽渡朔、林宏树等人共同组成全日本耻毛露出联盟。1991 年拍摄当年当红偶像宫泽理惠的露毛写真集引爆露毛裸照风潮。筱山的创作理念通常很机灵，又能吸引一般大众，追求话题性。然而他的话题概念往往胜过一张一张照片的好坏，因此在摄影界毁誉参半，不过本人对此完全不以为意。在他商业形象的另一面，由于他童年拜师学习落语的关系，长年替落语家和歌舞伎演员摄影，也留下许多宝贵的记录。

偶尔在路上发现剪拖把头的年轻人，我简直就把他们当成披头士本尊那样兴奋地拍照。可是伦敦还是几乎看不到年轻人留长发。和田不知为何很讨厌披头士。

伦敦是这趟旅行的最后一站，我竟然在此犯下大错，把沿途用心描绘的素描本忘在出租车上。感觉旅途中的视觉记忆和感情就这样跟着这本素描簿一同消失，在最后一段旅程的路上，我体验到难以忍受的寂寞与悲伤。

在我回国之后，母亲因为胰脏癌病倒了。

憧れの三島由紀夫

一九六四年，Ilfil 成立的前半年确实是空闲无聊到让人想死。可是神明没有那么慈悲让我这样持续懒散下去。虽然赚钱的工作不多，可是借由制作"Gunze 造丝"电视广告动画这个案子，开始慢慢有工作上门。《Design》和《美术手帖》也是在这时期开始委托我创作插画。这是我第一次接到专业杂志的工作，非常开心，尤其是《美术手帖》从艺术领域跑来接触我，更出乎我的意料，让我非常兴奋。

这阵子艺术圈的新风潮正是波普艺术，感受到它们爆炸性视觉冲击的平面设计师绝对不只我一个。我们设计师在平日工作中发展出许多大众媒体技术，应用到很多工具，那些艺术家把这些工具和技术直接拿去用就是所谓波普艺术，这件事情我们不能否认。对于艺术家来说，大众媒体是一种新的现实体验，是一个当下非常重要的议题。

面对这股波普艺术揭示的崭新写实主义，身为一个设计师，我直觉认为必须正面迎击。这个概念在《春日八郎》等劳音系列海报中出现过，在《美术手帖》的插画委托案当中，我也必须针对这个从艺术界延伸到设计（大众媒体）的波普艺术攻势想出属于我个人的游戏手法。

首先就主题而言，我选了龟仓雄策设计的东京奥运海报。这张充满张力的海报是成就战后现代主义的巅峰杰作。早崎治[1]用闪光灯拍下六位跑者从起跑线一同跨步的瞬间，龟仓以这张照片来做设计，创造出简洁有力而令人叹服的作品。这五位跑者，我分别用毕加索[2]、鲁奥[3]、毕费[4]、修拉[5]的风格将他们画成穿西装的男人，并且利希滕斯坦[6]的美国漫画风格来处理拔得头筹的选手。接着我在他的对话泡泡当中写"POP

1　早崎治（1933—1993）：生于京都，日本摄影家。

2　毕加索（Pablo Ruiz Picasso, 1881—1973）：西班牙画家、雕塑家。和乔治·布拉克（Georges Braque）同为立体主义的创始者。毕加索是20世纪现代艺术的主要代表人物之一，遗世的作品达两万多件，包括油画、素描、雕塑、拼贴、陶瓷等作品。毕加索是少数能在生前名利双收的画家之一，一生经历了许多不同的风格时期。他受画家父亲影响，很早就开始学画，早期受象征主义和埃尔·格列柯（El Greco）影响，变形的肢体与神秘的表情深深吸引毕加索。他吸纳尝试各种风格，广泛涉猎立体主义、非洲原始艺术、超现实主义以至古典主义等不同创作方式，难以归类。代表作有《亚维侬少女》《格尔尼卡》《哭泣的女人》等。

3　鲁奥（Georges Rouault, 1871—1958）：法国画家、版画家，生于巴黎一间地下室，环境贫困，是个擅长处理苦难议题的艺术大师。他透过小丑表达人世最深的悲苦，画出张张在人前制造欢笑、人后痛苦的脸。画风粗犷，每一幅画都会表白一个事情的真相。他除了画小丑，还画侏儒。因为当时的侏儒，命运就是被送入马戏班当小丑。

4　毕费（Bernard Buffet, 1928—1999）：出生于巴黎，法国画家，为反抽象主义中具象画家之代表人物，瘦长的粗犷有力黑轮廓线为其风格。初期作品多为单色调，以社会写实为主，深刻描写战后的哀愁、苦闷。之后开始出现少许色彩，白灰底色衬托强烈黑黄红，张力十足。

5　修拉（Georges Seurat, 1859—1891）：点描画派的代表画家，后印象派的重要人物。他的画风格相当与众不同，充满了细腻缤纷的小点，当你靠近看，每一个点都充满理性的笔触，与梵高的狂野，还有塞尚的色块都大为不同。修拉擅长描绘都市中的风景画，也擅长将色彩理论套用到画作当中。

6　利希滕斯坦（Roy Lichtenstein, 1923—1997）：美国代表性波普艺术家。创作风格深受广告文化和漫画影响。曾就读纽约艺术学生联盟的暑期班跟随雷金纳德·马什（Reginald Marsh）学习，之后于俄亥俄大学受雪曼（Hoyt L. Sherman）指导，后来创作概念深受其影响。1960年代，利希滕斯坦在罗格斯大学（Rutgers University）任教时受同为艺术家的同事艾伦·卡普洛影响，并开始发展他对波普意象的兴趣。他第一件用角色线条和本戴网点（Ben-Day Dots）技巧作画的作品是《看，米奇》，这件作品源于他儿子拿漫画挑衅他说："我敢打赌说你绝对没办法画得像他一样好，对吧老爸？" 1961年，里奥·卡斯蒂里画廊开始展示利希滕斯坦这些作品，来年展出个展时，所有展品甚至在展览开幕前就已被买家收购一空。利希滕斯坦使用油彩和丙烯颜料作画，用粗线条、浓密的色彩和本戴网点取代原本的颜色，营造一种照相版的粗糙感。虽然利希滕斯坦的作品往往和原本的漫画很相近，但是他从来没有真的完全仿造原本漫画框的内容。他最著名的作品有《溺水的女孩》（Drowning Girl）、《轰！》（Whaam! ）等。

拿 TOP！"将"TOKYO·1964"的标题置换为"POP·1964"，然后把太阳旗和奥运五轮图腾（龟仓雄策设计）替换成一个打开盖子的罐头。将波普艺术嵌回奥运海报这一大众媒介，透过这个过程，我学会了如何灵活运用波普风的技巧。

罗伊·利希滕斯坦是将漫画复制放大到画布的尺寸，将印刷的网目夸大扩张到最大的程度来作画。我从他的作品获得灵感，从美国漫画书里面收集无数接吻场景，重新仿画这些画面制作了一部动画。图画从男女交叠的嘴唇中，由画面中央开始向周围破裂，就像毛毛虫啃咬叶片钻出孔洞那样。接着，这幅画面底下第二幅画中的两对嘴唇又继续裂开。就像这样，我将好几十幅接吻场景的画依序以嘴唇为中心打开。

梶佑辅在播放这部短片的动画影展说明手册上提到我的作品，描述如下：

"那天我无意间看到了一部前卫作品。横尾忠则的《KISS KISS KISS》摆明是部反电影。他把人类视为复制的形象，将其可视化。这种做法可以说和让-吕克·戈达尔[7]尽可能拍摄肉身特写来否定人类的手法，基于相同的动机。横尾从美国的廉价杂志撷取画面，顽固地挖出这些接吻场景。他将图案印在轻薄的纸上，透过摄影的制作过程，双唇相交的画面出现一种不逊于现实的新鲜感，不仅冲击人心，还巧

---

7 让-吕克·戈达尔（Jean-Luc Godard，1930— ）：法国和瑞士籍导演，法国新浪潮电影的奠基者之一。他的电影通常被视为挑战和抗衡好莱坞电影的拍摄手法和叙事风格，也把自己的政治思想和对电影发展史的丰富知识注入电影中。

妙创造出一种新效果。说得夸张一点，回归莱热[1]传奇影片《机械芭蕾》（*Ballet Mecanique*）那种造型意象的创作路线，就应该要呈现这样的电影想象不是吗？"

我把这部片长不到五分钟的动画短片和翌年制作的《坚坚岳夫妇庭训》一同秀给达达艺术家汉斯·里希特看，他觉得非常有兴趣，说想要带去纽约大学放映，可是因为寄送很麻烦所以就没有动作。后来在他的名著《达达的历史》（美术出版社）当中，收录了一篇文章提到这件作品。这部作品的音乐是由秋山邦晴[2]负责，他是音乐评论家，自己也作曲。秋山先生透过机械调变迪恩·马丁（Dean Martin）唱的《KISS》这首歌，发出"啾、啾、啾、啾、啾……"像是好几十位男女在接吻的声音。选择迪恩·马丁的《KISS》是和田诚提出的主意。除了《KISS KISS KISS》之外，我还同时将工作至今绘制过的插图作品编成故事，做了一部名为《图集 NO1》（アンソロジー NO1）的动画。并且和宇野亚喜良、和田诚他们一起在草月艺术中心的"动画影展"发表。动画制作的部分，承蒙久里洋二[3]的好意，得以跑去他平河町的实验工房那边使用摄影机。当时的助手是现在相当活跃的动画创作者古川拓[4]。

1　莱热（Fernand Leger, 1881—1955）：法国画家。受塞尚影响，注重色彩，因此被称为"色彩主义的立体派"，可说是分析立体派的巨匠。

2　秋山邦晴（1929—1996）：生于东京，日本音乐评论家、诗人、作曲家。

3　久里洋二（1928— ）：日本西洋画家、动画家。生于福井县，文化学院美术系毕业。作品多有浓厚的色情意味，显示了女权张扬时代男性欲玩反被玩的卑琐，简括的线条、粗放的运笔、圆滑的人物外形及艳丽的暖色调，带有法国动画风格，画面构成和音响运用具有锐利的讽刺性。

4　古川拓（1941— ）：日本动画家，生于三重县上野市。

将前现代的意象引入现代设计

这年年终，田中一光、永井一正、宇野亚喜良、滩本唯人，还有我五个人绘制的《图说日本民间故事》（日本民話グラフィック）绘本由美术出版社出版。我和高桥睦郎合作，做了一部搭配梵歌[5]的乡野奇谭《坚坚岳夫妇庭训》。角色是包含伊丽莎白·泰勒（Elizabeth Taylor）、理查德·伯顿（Richard Burton）、碧姬·芭铎、阿兰·德龙（Alain Delon），还有披头士的豪华阵容，我戏仿英格玛·伯格曼[6]和约翰·福特[7]的电影、先前任职日本设计中心负责的朝日啤酒广告，然后再次运用奥运海报，最后再加上自己的《KISS KISS KISS》等作品将它们编成一个绘本故事，看起来实在是让人很想替它命名为《俗丽传奇》（Roman Kitsch）。和田诚看过这部作品之后给了这样的评价：

"若是从一般常识的角度来看，这是一部画风几乎可以用廉价来形容的彩色作品，然而对向往现代设计走上这条道路的创作者而言，这部作品可以说是彻底转型成功的代表作。我对这点相当佩服，不过也有一些设计师觉得看不下去，说想要把这一页用订书机钉起来。"（《横

5　梵歌：ご詠歌，取梵呗结合和歌之意译为"梵歌"。

6　英格玛·伯格曼（Ernst Ingmar Bergman, 1918—2007）：瑞典电影、剧场及歌剧导演。出生于一个路德会传教士的家庭，最著名的作品包括《第七封印》与《野草莓》。除了导演之外，也为自己大多数的电影作品撰写剧本。他被誉为近代电影最伟大且最有影响力的导演之一。导过62部电影，多数自行编剧，也导演超过170场的戏剧。

7　约翰·福特（John Ford, 1894—1973）：美国著名电影导演，生于缅因州伊丽莎白角一个爱尔兰移民家庭。1928年拍摄处女作《铁骑》（The Iron Horse），至1966年共拍摄140多部影片。福特的创作最能体现勇敢开拓的美国精神，他被誉为美国最伟大的电影导演之一。也是有史以来唯一得过四次奥斯卡最佳导演奖的电影导演。

尾忠则图像大全》)

在这部作品当中我首次描绘像是海军军旗那样的太阳。之前我也画过几张单纯强调光芒的作品,这批作品可以说是我朝日元素的滥觞。然而触发我画太阳的直接灵感来源其实近得出乎意料。那就是当我还在日本设计中心负责朝日啤酒时,天天相见的"浪上朝日"这个朝日啤酒的商标设计。我把这个商标原原本本放大到这本书的对开跨页上展示出来。

和田诚注意到这个朝日图案,在别处谈及这点:"我们在京都劳音的《春日八郎》海报上就可以看到它的前身。"然而事实上,我身为作者并没有意识到这个显而易见的证据。不管怎么说,这个朝日图案明确奠定了我作品的目的和方向。《春日八郎》海报采用了冰店的旗帜图案,这也是启发朝日图案的另一个因素。我会产生这样的灵感,不可不说是受到波普艺术沿用现成媒体的方法论影响。当我意识到信息工业化社会的媒体视觉意象是波普艺术的重要主题之后,我反过来思考抛弃现代主义,以前现代的媒体视觉意象作为自己的表现手法。这种做法必然会成为一种对于现代主义的批判,逼迫我走向和现代设计完全对立的立场。

借由这种引进风土视觉意象的作风,我的设计可以超乎过去至今的作品,更加凸显出个人感、日记感、故事感、历史感、神话感、前现代感、情绪感、无政府性、俗丽感、算计感、谐谑感、庆典感、咒术感、浪漫感、魔术感、残酷感、虚构感等色彩。面对这股喜事将近的预感,我全身暗自颤抖起来。

接触三岛由纪夫

我从欧洲回国之后母亲因为胰脏癌住院，为了照顾她我经常整天待在医院，完全没办法去工作室。我想尽可能待在母亲身边比较好，所以连工作都带去病房做。从我家到医院是走路可以到的距离，生活至少很方便，可是相对来说我待在病房的时间一长，妈妈反而一天到晚担心我的工作。

母亲年纪大了相当羸弱，由于胰脏癌已经到达末期，医生也认为手术相当困难。因为癌细胞已经转移到头部周边，总之就先进行该部分的肿瘤切除手术。手术之后，母亲迅速康复，两个月就出院了，胰脏癌的疼痛似乎也痊愈得差不多，至少可以放下一颗心在自己家里过年。

跑来东京一转眼五年就过去了。虽然工作委托一点都不多，可是心里却一直惶惶不安，总觉得一九六五年好像会遇到什么超乎想象的遭遇。

年初第一个工作是京都劳音《东京古巴男孩·唱吧中尾美绘》（東京キューバンボーイズ•歌え中尾ミエ）的海报。做完《春日八郎》之后，我的海报风格一点都没有回归原本路线的倾向，或许劳音事务局也是备受煎熬，他们决定把《东京古巴男孩》当成最后一个案子，中止延续四年来的海报制作委托。我虽然了解自己和劳音想法有所冲突，还是尽可能客观视之。因为我不想做只是表面看起来漂亮的海报，所以失去这个工作并不觉得真的那么可惜。只不过又给当初引荐我的一光先生带去麻烦了。

接续上一年《Design》杂志的插画委托，我又在同一个杂志与和田诚共同发表一个名为《欧洲观光海报集》的合作企划。我和他曾经一度在东芝的薄膜唱片（sonosheet）[1] 工作案中一起合作过，这次想要做一个实验性的尝试，在单张画面中彼此以连歌[2] 的方式来加笔绘图。这种做法类似于超现实主义者尝试过的自动书写[3]，可是我们并不借助潜意识。我们认为就像是披头士集体创作音乐那样，一张插画有许多插画家一起画一点也不奇怪。在这样的思考基础上，我将过去和宇野亚喜良一起做《海之少女》的工作模式又向前推进一步。

一件工作结束之后，在下个工作出现之前我总是照老样子消磨时间。所谓的设计师啦、插画家啦，只要没有工作上门，不过只是一种花瓶。正当我为自己只是件装饰品而感到困扰的时候，日本桥一间位于大楼走道经营的小画廊——吉田画廊跑来提议说想要举办真锅博[4]、宇野亚喜良、我三个人的插画系列展。

过去大家都没有想过要办插画家个展，这是一种崭新的发表形式。因为这和工作画插画不一样，完全没有任何限制和条件，我想画现实当中不会被采用的情欲风格的图，譬如说金发美女在太阳、波浪和飞机的背景当中摆出诱人的姿势，做一系列这样的作品。此外还可以做强调超现实故事性的作品，或者是用彩色墨水画约翰·凯奇的肖像。这批作品我非常希望能够请到我长年崇拜又憧憬的三岛由纪夫来参观，

1　薄膜唱片：Flexi disc，是以五型聚氯乙烯树脂制成的塑料薄膜为原材料的唱片，分别有直径 250 毫米的大薄膜唱片，每面容纳 16 分钟左右的录音；直径为 175 毫米的小薄膜唱片，每面容纳约 6 分钟的录音。薄膜唱片音质不如密纹唱片，但价格低廉，便于普及。

2　连歌：大约从镰仓时代开始兴起，南北朝时期至室町时代集大成，是日本传统的古典诗歌。

3　自动书写：automatism，心理学中的诠释是"无意识动作"。专指一种不依照历史的传统训练，不接受素材间的性质约束，以创造作用为主，希望从技术的过程中，获得思想的解放，以阐明无意识世界的"无意识的自动作用"。

4　真锅博（1932—2000）：生于爱媛县新居滨市，日本画家。

就请认识他的高桥睦郎千万记得帮我传话。

我拼命压抑自己那种像是少女要和崇拜的偶像会面的悸动，待在画廊里牢牢盯着时钟指针，带着非比寻常的紧张和兴奋等待三岛由纪夫现身。

突然间画廊入口有人大声说话。

"哇哈哈哈，美国女人搭配日本海军旗啊？"

千真万确是三岛由纪夫的说话声。

我慌慌张张从画廊里面跑出来。三岛由纪夫比我想象中矮。不知为何这件事情让我松了一口气。头发剃得很漂亮，让人联想起美国海军水手。粗眉下方炯炯有神的眼睛看起来既像是在瞪人又像是在笑，有时候皱起眉头看起来又像是孩子要哭的表情。他说话的时候嘴巴习惯稍微往旁边歪。后头部异常发达，相对显得脖子很细。上半身可能健身锻炼过，看起来很结实，然而下半身却像另一个人似的让人觉得纤弱。正字商标的胸毛在开襟的 POLO 衫胸口泛光。我心想，五月才穿一件POLO 衫不冷吗，果然不出我所料，壮硕的手臂露在短袖之外生着许许多多多鸡皮疙瘩。左手打完针缠上白色绷带看起来很可怜。洗旧的米色法兰绒 POLO 衫和淡褐色的修长西装裤像是紧身衣那样服服帖帖显现腰身。手上拿着他那个招牌深黄褐色的小皮包。那个包包做成橄榄球的形状长得有点古怪，可是似乎是他自己非常引以为傲的包包。

三岛由纪夫写说见到让·谷克多[5]的时候看到对方散发一股光芒，

5　让·谷克多（Jean Cocteau，1889—1963）:法国诗人、小说家、剧作家、设计师、编剧、艺术家和导演。小说的代表作有《可怕的孩子们》(Les Enfants terribles，1929)，电影《诗人之血》(Blood of a Poet，1930)，《美女与野兽》(Beauty and the Beast，1946)。除写作诗歌、小说、戏剧、电影剧本、评论和散文等作品外，还擅长绘画，素描尤其出色，因此他的许多作品都用自己的素描做插图。

对我而言他也是这样。

"百忙之中能够劳您大驾光临真的很荣幸。我从很久以前开始就是三岛先生的粉丝，一直深受您作品吸引。"

"喔。"三岛由纪夫回得很冷淡。

为什么我会用这么无聊的方式打招呼呢？如果不叫他三岛先生，改叫他老师的话会比较好吗？与其说读他的书，改成称赞他在《焚风小子》（からっ風野郎）这部片的演技很棒会比较好吗？我对自己的招呼没有获得反应非常在意，第一印象是觉得自己再也见不到三岛由纪夫了，这让我变得非常悲伤。

三岛先生似乎只对我的画感兴趣。在所有作品当中，他尤其喜欢一张风格很超现实的画，画面上戴着丝质礼帽和眼镜的男子脸部中空，在巨大浪涛的背景里有位裸女欢笑伫立，海面上有只像猫一样的怪物嘴巴正在喷火。由于三岛先生一直用一种非常佩服的表情盯着这幅画，我想说如果把画送给他，对方应该会很高兴吧，就这样一边思考假使遭到拒绝该怎么办，一边抱着祈祷上天保佑的心情跟他提议。

"耶？真的吗？我很高兴，可是这样很不好意思。"

"不会，不会，没关系，请收下吧。"虽然觉得好像有点在强迫推销，可是三岛先生似乎对我的提议感到非常开心。"展览结束之后我再送去给您。"

"现在我家正在装修，整个五月都会待在 Hotel New Japan。等我回家之后再跟你联络。"

应邀去三岛公馆吃饭

过了整整一个月之后，我在家里接到邀约。介绍三岛由纪夫让我认识的高桥睦郎和我一起前往马达的三岛公馆拜访。杂志上洛可可风格的白色建筑坐落在我的面前，我觉得自己幸运得难以置信，身体微微打战。安设阿波罗像的庭园和三岛裸身做日光浴的相片场景一模一样。会客室面朝庭院，看起来比照片小，可是就是这里没错。我心想，小说《镜子之家》里面出现的大概就是这样的房子。这间房间设在阶梯夹层的位置。这时候，三岛先生身着雪白丝质衬衫卷起袖管，以他惯有的洪亮嗓音自二楼出现，边喊着"呦，欢迎光临"边下楼。他的登场有种戏剧性，散发着电影明星那种华丽的氛围。

他马上引领高桥和我到他书房。书房门口漫画的单行本密密麻麻堆得像是小孩身高那么高，非常引人注目。本来以为这是某种搞怪的恶作剧，可是三岛先生说他真的有在读。一走进书房，他就说："我好好把位置空下来等着挂你的画。"将我的画挂到大书桌正对面的墙上。刹那之间，房间的感觉就完全变了个样。虽然觉得我的画好像有点跑错地方，可是三岛先生非常满意，反复像是确认那般对我说："不错吧，不错吧。"除了我的图画之外，书房没有其他色彩特别鲜艳的东西，这张画简直就像拼花玻璃那样在墙上空隆挖出一个洞，看起来熠熠生辉。在气氛凝重的书房挂上我的波普风插画，说不搭是不搭，可是对我来说没有比这更大的光荣了。三岛先生的书房收容这张图之后，让我感觉到我和三岛先生深不可测的内在世界似乎借由某种回路建立起了连接。画作的回礼，是附带签名的《三岛由纪夫短篇全集》和《三岛由纪夫戏曲全集》两本书。

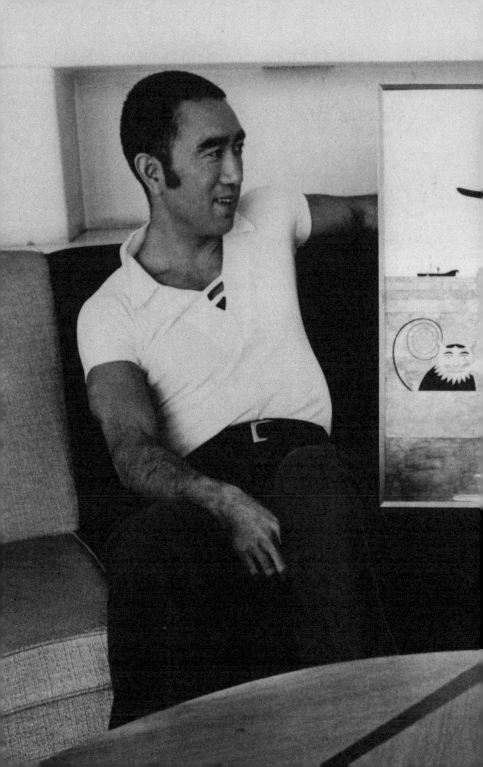

他事先在书上写好我的全名，让我非常开心。书房的画自三岛先生在世时一直到现在书房主人过世，都还是挂在相同的地方。

三岛先生说三楼露台有些人想介绍给我认识，于是带我们往上走。我是在那里初次认识了涩泽龙彦、森茉莉[1]，还有堂本正树[2]等文学家。三岛先生应该不可能晓得我也很喜欢读涩泽先生和森小姐的书这种事，可是想到受三岛先生意识吸引的人，或多或少都会像这样聚集到三岛先生身边，就觉得我好像也成了这群人的一分子，暗自高兴起来。

这间房子被设计成可以从两间双胞胎似的圆形房间自由通往露台。由于三岛公馆位于地势较高的地方，放眼望去可以眺望到远方的山脉。

"那座山的上空出现过飞行的圆盘喔。"他用一种少年般的认真表情做说明，可是夫人从旁边打岔说："我不是跟你说过那是飞机吗？"让三岛没有办法继续这个话题。结果他的视线指向三岛公馆和道路包夹的对面那栋房子二楼说："我曾用双眼望远镜观察过，那边都是像那样用木板把窗户封起来喔。"

三岛先生瞬间从空中的飞碟转移到日常的话题。然而点着烟斗的涩泽先生似乎对于远山曾经出现过飞碟这件事情意犹未尽，又再度把视线转移到那个方向。前一年，三岛先生发表了一部名为《美丽之星》（美しい星）的小说，描述搭飞碟来到地球的宇宙人一家的故事，应该

1　森茉莉（1903—1987）：日本女作家，生于东京。文豪森鸥外和第二任妻子的长女，森鸥外对她宠爱有加。她十六岁出嫁，远赴巴黎，从此未再见到父亲，因此对父亲的怀念，在父亲去世后更加深刻，1957年，以细腻的文笔写了《父亲的帽子》，获得日本散文家俱乐部奖。晚年生活清苦，家徒四壁，但仍甘之如饴，并将精神寄托于想象力。

2　堂本正树（1933— ）：本名堂本正男，生于横滨。日本剧作家及戏剧评论家。

是对飞碟很感兴趣。我记得自己还读过他跑去加入飞碟协会参加观测活动的报道。

我自己那时候对飞碟还没有什么兴趣。突然间，三岛先生转向森小姐说："吉行淳之介³这个男人有那么好吗？"

三岛先生和森小姐他们似乎回到先前彼此聊到的话题。

"他啊，从以前就长得像布里亚利（ Jean-Claude Brialy ）那样很漂亮。"森小姐像是做梦的少女那样出神想象。

"可是最近不是明显老很多吗？"三岛先生还是摆出一副无趣的表情发泄不满。原本以为三岛先生会说什么体贴的话，突然间他又变成一副呛声的口吻。三岛先生这种变化多端的说话方式很吸引我。

当时三岛由纪夫四十岁，我二十八岁。

这年三岛先生拍了身兼原作、编剧、音乐、导演、主演五职的电影《忧国》。然而一直保留到隔年四月才进行首映。背后有其理由。三岛先生打算在短片云集的图尔影展⁴得奖之后再公开上映，可是最后只拿到第二高票。他邀亲近的朋友，像涩泽龙彦、堂本正树、高桥睦郎、我忘记了名字的本片女演员⁵、电影制作人藤井浩明⁶，还有我几个人去特

3 吉行淳之介（1924—1994）：生于冈山市桶尾町，三岁时随父母移居东京。父亲吉行荣助是新兴艺术派的流行作家，母亲是美容师。淳之介是日本现代文坛"第三代"派的主要作家之一。代表作品之一《娼妇的房间》，描写了主人公对自己与妓女的关系的反省，追究了人存在的本质和意义。作品走颓废派路线，透过对男女关系的描写，探索人生的存在、怠倦和丧失。
4 图尔影展：Tours Film Festival，法国图尔影展曾经是世界短片最尖端的竞技场。
5 女演员：指鹤冈淑子，饰演男主角的妻子丽子。
6 藤井浩明（1927— ）：早稻田大学毕业后进入大映电影公司。任职于东京片厂企划部，主要负责制作市川昆与增村保造两位导演的作品。1968 年任企划部长，1971 年任董事企划本部长。1971 年离开大映成立独立制片公司"行动社"。制作的作品包含《键》(市川昆导演)、《忧国》(三岛由纪夫导演)、《时之崖》(安部公房导演)、《利休》(敕使河原宏导演) 等。

别试映会。我记得在黑白对比强烈的影像中，只有一段有台词。此外几乎通篇都在放瓦格纳的音乐。话虽如此，说不定我有记错。然而切腹场面运用猪肠的真实感显现出三岛由纪夫特有的那种复古的时代错置（anachronism），这和我的兴趣有着巧妙的共同之处，让我非常开心。我觉得三岛先生最后一定是因为他想要拍这个场面才拍这部电影。

陪伴三岛先生一起走在路上，比任何电影明星都还要引人注目。不是他穿着打扮特别糟糕，是因为他全身上下会散发出一股性格人物的气场。因为大家都在注意我们，和他走在一起我也跟着心情变得更好，感觉身体仿佛飘浮起来。三岛先生似乎是那种与其绕远路挑人少的地方，宁可挑人潮汹涌的地方走的人。说不定一边走路一边大声说话也是为了吸引其他人的注意。他还会特地搭地铁，即使车厢很空他也会站在大家看得到的地方大声说话。在餐厅之类的地方，如果其他人没有注意到三岛由纪夫的话，他会跑去柜台用很大的声音打电话说："喂？我是三岛由纪夫。"

他的声音回荡在整家店，吸引所有顾客的视线。我意识到我自己的行为举止也有一点像三岛先生那样非常喜欢引人注目。三岛先生这种纯粹质朴的孩子气让我难以抗拒。三岛由纪夫的形象本身就是一种思想。

东京插画家俱乐部

吉田画廊的个展单单博得三岛由纪夫的好评，没有获得其他任何媒体报道。只有和田诚、筱山纪信他们公司的设计师细谷岩[1]买了约翰·凯奇的肖像。我偶尔接接藤原歌剧团的海报和日本设计中心委托LIGHT PUBLICITY 的插画，基本上和过去一样空闲时间很多。想到这种状况不知道会持续到什么时候，就会常常担心。我认为插画家没有被正式认定为一个行业，是我之所以会这么闲的首要原因。日本出版界不把插画当一回事，是因为我们插画家自己没有积极提出主张和要求。关于这一点，我们需要针对社会大众发起一场运动，让他们接受插画这种新媒介也是一种主流文化。因此，插画家以宇野亚喜良、和田诚、滩本唯人，漫画家则以真锅博、久里洋二、长新太[2]等人为主发起、创设了东京插画家俱乐部[3]这个组织，并且进一步决定发行年鉴。

由插画年鉴发刊领军，我在设计杂志《idea》负责编辑一本名为《现代插画》的别册。为了编辑日本史上第一本插画作品集，我也请国外的重要作者提供作品。我打定主意要透过这本书的企划来编一本类似

---

1 细谷岩（1935— ）：毕业于神奈川工业高中工艺图案科，同年加入 LIGHT PUBLICITY。东京 ADC 会员、日本平面设计师协会会员、每日广告设计大奖审查委员。

2 长新太（1927—2005）：日本绘本界的"巨人"，创作作品至今已超过 400 本。一生获奖无数，1957年绘本《多嘴的荷包蛋》获"文艺春秋漫画赏"；1996年《春天来了，猫头鹰阿姨》获"讲谈社出版文化赏绘本赏"。他身兼漫画家、插画家、画家、绘本作家、散文家等头衔，为日本绘本界之奇才。幽默、无厘头、深具儿童观点，是其作品特色。

3 东京插画家俱乐部：东京イラストレーターズ・クラブ。1960年代，日本平面设计师和插画家两者开始分家，日宣美会员于 1965年组织东京插画家俱乐部，发表宣言推广插画及插画家这个专业。由于宇野亚喜良、和田诚、安西水丸、横尾忠则等人的活跃，在社会上引发广泛风潮，成功让插画获得认可成为主流文化。

于我喜欢的插画家精选辑的东西，特别保留了很多页数给保罗·戴维斯，想说将他介绍给日本报章媒体认识就可以替我的宣言背书。虽然说日本插画还是依附于设计之下，然而我这样做是因为我觉得插画应该要完全独立于设计，采取接近绘画的立场。

ぼく自身のための広告

对我创作活动有利的条件	对我创作活动不利的条件
澡堂	SOAP LAND [H]
富士山	高速公路
国贞 [A]	歌麿 [I]
色情影片（blue film）	好莱坞电影
SEX	政治
二十几岁	三十几岁
金田正一 [B]	野村克也 [J]
朴拙原始（primitive）	现代（modern）
性感（glamour）	胸毛
阿兰·罗伯-格里耶	松本清张 [K]
？	！
红豆汤	酒
意大利民谣（Canzone）	现代爵士
现在	未来
偷窃	赌博
戈达尔	安娜·卡里娜（Anna Karina）
精神病院	养老院
个体	集团
黑暗	朝阳中浮现的垃圾

对我创作活动有利的条件	对我创作活动不利的条件
拉洋片 C	TV
照相馆	商业摄影
朝日图案	格纹图案
色	形
设计学生	设计学校
从各个角度来看都很新潮	从各个角度来看都很规矩
一柳慧 D	肖邦
恶魔	天使
日常的	形而上的
原始时代	宇宙时代
不成熟	圆融
费德里科·费里尼 E	英格玛·伯格曼
铁人 28 号 F	阿童木 L
除夕	元旦
自我	妥协
猫	狗
座谈会	演讲
莫尼卡·维蒂 G	黑柳彻子 M
异端	道德

A 国贞（1786—1865）: 指歌川国贞, 日本江户时期浮世绘画家, 又称三代歌川丰国。师承歌川丰国（丰国初代）, 以色情画闻名, 画中女性多颓废好色、忧郁疲惫。他的《原柳桥雪的景象》广为人知。画风自成一格, 号称歌川派, 是日本浮世绘派别影响力最大的一派。

B 金田正一（1933— ）: 前日本职棒投手、总监、球评、企业家, 是日本职棒界唯一的 400 胜投手（298败）, 并投出 4490 次三振纪录, 也是一名强打者, 生涯击出 36 支全垒打, 是所有日本投手之最。

C 拉洋片: 原文"纸芝居"（かみしばい）, 是一种民间艺术。表演者通常一人。使用的道具为四周装有镜头的木箱。箱内装备数张图片, 并使用灯具照明。表演时表演者在箱外拉动拉绳, 操作图片的卷动。观者通过镜头观察到画面的变化。通常内置的图片是完整的故事或者相关的内容。表演者同时配以演唱、演讲, 解释图片的内容。

D 一柳慧（1933— ）: 生于神户, 日本作曲家、钢琴演奏家。1954 年赴纽约茱莉亚音乐学院（The Juilliard School）就读, 1956 年与小野洋子结婚, 1959 年听了凯奇的讲座后思想大受启发, 开始研究音乐的图形乐谱和不确定性。1961 年回国, 在同年 8 月的第四届现代音乐节上演奏自己的前卫音乐作品, 评论家吉田秀认为他的演出对日本音乐界形成颇大的冲击。

E 费德里科·费里尼（Federico Fellini, 1920—1993）: 意大利著名导演, 同时也是演员及作家。生于意大利的里米尼市, 并在意大利电影导演罗伯托·罗塞里尼帮助下, 开始参与电影制作。先后以《大路》《卡比利亚之夜》《八部半》《阿玛柯德》《卡萨诺瓦》五摘奥斯卡金像奖最佳外语片。

F 铁人 28 号: 是横山光辉 1958 年出版的同名漫画作品, 于 1959 年制作成广播剧, 1960 年后陆续拍摄真人特摄版、动画及真人版电影的科幻作品, 动画版则是日本动画史上的首部巨大机器人动画。2006 年,《金田一少年之事件簿》和《侦探学园 Q》的作者佐藤文也再画新版铁人 28 号, 名为《铁人夺还作战》, 在日本讲谈社的《Magazine Special》连载。

G 莫尼卡·维蒂（Monica Vitti, 1931— ）: 生于罗马, 意大利女演员, 是著名导演安东尼奥尼的御用演员。

H SOAP LAND: ソープランド, 土耳其浴。源自土耳其的一种洗浴方式, 主要在公共浴场进行, 浴者首先在暖内放松休息, 利用室内的高温使身体发汗, 然后用温水或冷水冲洗身体, 并搓洗全身（或做全身按摩、修须、修指甲, 等等）, 最后在温室中擦干身体, 结束洗浴。

I 歌麿（1753—1806）: 指浮世绘大师喜多川歌麿。日本浮世绘最著名的大师之一, 擅长画美人画。生于江户（今东京）农家, 是"大首绘"的创始人, 也就是有脸部特写的半身胸像。他对处于社会底层的歌舞伎、大阪贫妓充满同情, 并且以纤细高雅的笔触绘制了许多以头部为主的美人画, 竭力探究女性内心深处的特有之美。

J 野村克也（1935— ）: 前日本职棒捕手、总监、棒球解说员、评论家。职棒退休后曾担任养乐多燕子队、阪神虎队及东北乐天金鹰队的总教练。

K 松本清张（1909—1992）: 日本著名推理小说家, 他的创作打破了早年日本侦探小说界本格派和变格派的固定模式, 开创了社会推理派小说的领域, 著有《砂之器》《零的焦点》等书。

L 阿童木: 日本漫画界一代宗师手冢治虫的首部长篇科幻漫画连载作品, 于 1952 年至 1968 年首次于光文社的《少年》漫画杂志连载。故事讲述少年仿生人阿童木在未来 21 世纪里为了人类的福祉而活跃。2003 年, 日本漫画家浦泽直树开始重新绘制原《阿童木》"地上最大机器人"一章, 漫画命名为《PLUTO》（中译《冥王》《布鲁图》）。

M 黑柳彻子（1933— ）: 日本女演员、艺人、主持人、随笔家、联合国儿童基金会亲善大使、和平运动家。自日本电视开播以来, 一直活跃在第一线超过五十年; 担任"彻子的房间"节目主持人, 已超过三十年, 是日本电视史上最长寿的节目。自传《窗边的小豆豆》累积超过 750 万册, 也是日本第二次世界大战后最畅销的书籍。

以上两栏对照表是根据萨尔瓦多·达利[1]的做法将有利与不利于我创作活动的条件相互对照做成的。有些项目直到今天都没有改变，不过其中也有一些项目就算利弊颠倒过来也不足为奇，此外，现在也必须再补充一些新项目。不管怎么说，大家可以将这张表视为我当时的部分想法。

接下来，我想要局部引用我在这段时间写的一篇文章《我的创造哲学》。"做设计的时候不要去理会客户的要求。与其去进行沟通，不如切断沟通做设计。做设计的时候应该要抱着一股狠劲，用广告本身的力量来压倒客户。"

虽然这篇文章批判广告行业沟通的虚伪性写得很激进，可是我的想法至今依旧没有改变。过去我从来没有写过完整的文章，可是设计杂志或艺术杂志偶尔会零零星星委托我写散文或进行对谈。对于不善言辞的我来说这种工作很棘手，可是因为我心里积压了很多想要说和想要表现的事情，不论是文章还是任何工作，只要别人委托我都会接

1　萨尔瓦多·达利（Salvador Dali, 1904—1989）：西班牙加泰罗尼亚超现实主义艺术家。他融合了高超的绘画技巧描绘想象中的风景，积极与各个不同领域的艺术家合作，创作影像、雕塑、摄影等作品。然而他哗众取宠的怪诞行径又使得艺评家、同行和支持者对他毁誉参半。他最著名的作品形象是《记忆的坚持》（ The Persistence of Memory ）这幅画作中的软钟。

下来。对我而言工作完全没有好坏的区别。

披头士的形象

一九六五年对我来说是变化很大的一年，同时也正好遇到时代的转折。越战增温，美国自二月开始轰炸北越，战局突然扩大，餐厅的电视播出非常骇人的影像，美军士兵手拎十七岁越南少年人头边笑边走，华盛顿的反战示威游行状况也几乎天天博得版面。然而另一方面，电视同时也播映美到令人难以置信的画面——美苏两国像是竞赛一般在宇宙空间成功进行太空漫步。

越战和宇宙开发——在科学同时导致破坏与进步这一自相矛盾的状况下，摇滚乐反映出时代的潜意识。这年伊丽莎白女王颁发勋章给披头士，滚石乐团的《（I Can't Get No）Satisfaction》风靡全球，鲍勃·迪伦从民谣转向摇滚……摇滚界突然之间开始热闹起来。

就我个人而言，我只关心披头士。我是一九六二年待在日本设计中心时才第一次知道他们。公司图书馆空运来日的外国杂志彩页上刊着一张色调黯淡仿佛黑白摄影的照片，四个名为"BEATLES"、顶着马桶盖头的年轻人在利物浦的砖造平房前笑得有点腼腆。

我从他们的表情当中看到各式各样的矛盾：男与女、统治者与劳动阶级、乐观主义与悲观主义、自信与不安、优等生与坏学生、天使与恶魔、天才与白痴、和平与暴力……他们背后隐含的气息带着某种充满魅力的能量。我不知道"BEATLES"这个词究竟是什么意思。跟公司里面几位对青年流行文化比较敏锐的设计师请教"BEATLES"到底是什么意思，也完全没有人能够回答。然而这四个人的形象展露出一种不可思议的平衡，让我完全拜倒在他们面前。在没有任何人发现的情况下，我偷偷把杂志上刊载"BEATLES"（是团名吗？）四人照片这一页拆下来带回了家。

后来我感到一种骄傲，自己是在还没有人知道他们是谁的时候就认识了他们，几乎想要告诉别人说披头士是我率先发现的。对我来说，我是先认识披头士的形象，音乐是后来才补的。不过这也是因为我认为形象本身就是思想的关系。三岛由纪夫、安迪·沃霍尔[1]、让-吕克·戈达尔皆是如此。我非常迷恋披头士的形象，甚至会去搜集他们的照片，可是却不太能够投入他们的音乐。我没买唱片，不过这也是因为我没有唱机。透过广播听他们的歌就够了。

动画《坚坚岳夫妇庭训》

Ilfil 三名成员集体在工作室共聚一堂的机会渐渐变少。原田维夫在创立工作室之初就经常往外跑，晚上好像会回自己家工作。宇野亚喜良经常和我一起行动，不过从第二年开始他接到蜜丝佛陀（Max Factor）

---

1 安迪·沃霍尔（Andy Warhol, 1928—1987）：美国艺术家，波普艺术的代表人物。代表名言为："在未来，每个人都可以成名十五分钟。"早年沃霍尔是个不错的广告插画家，他在 1962 年首度举办艺术个展，并且开始运用广告品牌和名人肖像制作版画。这时他也成立著名的工厂工作室（The Factory）吸引各个领域的艺术家。他"大量生产、唯钱是问"的作风引发相当大的争议，作品内容也引发讨论风潮，令人质疑"什么才是艺术创作"。沃霍尔的版画以美钞广告商品等日常符号、社会新闻照片，或者明星肖像为主题，采用华丽的配色，以丝网印刷的方式大量生产。这些流行的图案博得大众的欢心，也显示出美国资本主义大众文化大量消费的气氛。他毫不掩饰自己追名逐利的企图，表示自己就是只有表面这么肤浅，把扮演公众名人形象视为重要目标。

的工作突然变忙，就几乎很少在 Il6l 露面。和他们两人相比，我工作没那么多，不过亲朋好友时不时会委托工作给我，至少没有断炊之虞。由于我一如以往空闲时间很多，就花了一个月来做投稿给日宣美展的作品。我以手绘地图的风格把对欧洲旅行的印象画成工笔画，没想到五年前骨折的右手拇指竟然又痛起来。我只好一边用热水热敷一边工作，简直就像是拷问或者修行那样非常痛苦。一方面，当年日宣美展的整体评价还是和往年一样惨。从设计师普遍无知和缺乏社会关怀开始，到作品缺乏饱满生命力、呈现荒芜的景象，让人觉得没有未来走到死路……听到的都是这类的严厉批判。另一方面，设计师这边大家也异口同声表示不得不承认"自己缺乏主体性和人文关怀"，只是做一下自我批判，也完全没有做什么从根本上解决问题的事情。

日宣美展结束之后，我开始制作要在十月的草月动画影展上映的作品。因为我找到愿意提供制作费的赞助者——羽仁进 [1] 那家做过电影的制作公司。我想将先前出版的《图说日本民间故事》和《坚坚岳夫妇庭训》动画化，自己改编高桥睦郎的原作写了新脚本。登场角色和原来一样，用了伊丽莎白·泰勒、理查德·伯顿、碧姬·芭铎、阿兰·德龙，还有披头士。

"本片中登场的角色全部都是伪造的知名电影明星。故事和民间传说《坚坚山》[2] 完全无关，完全是虚构的。我想要编一个虚构的传奇故事来描绘现实的根本样貌。由于我自己已经变得过度虚幻，真实的事物

---

1 羽仁进（1928— ）：生于东京，日本电影导演，1947 年毕业于自由学园，曾担任记者。

2 《坚坚山》：かちかち山，坚坚山是一则讲述一只兔子代替老爷爷为被狸所虐待并杀害的老婆婆复仇的日本民间故事。

在我眼中反而看起来像是虚构一般。"(《动画影展》手册)

舞台大幕左右揭开,手持死神大镰的伯顿(谐仿伯格曼《第七封印》)和手持沙漏的泰勒露出贼贼的笑容站在场上。场景转换,阿兰·德龙不知为何口衔万元纸钞在开车。伯顿和芭铎在亲热。德龙现身,从伯顿手里抢走芭铎,驾马逃往美国西部(一柳慧替这场景做的音乐真是太棒了)。伯顿和披头士骑马紧追其后。远方可以看到坚坚山和烧烧山。脱逃的两人开始开飞机。然而追兵开着飞机编队追上来(模仿《007》)。两人的飞机被追兵击落。两人打开降落伞坠落。两人掉到海上搭着橡皮艇在太平洋漂流。伯顿和披头士搭乘潜水艇(戏仿披头士的《黄色潜水艇》)用潜望镜锁定两人。发射搭载核子弹头的鱼雷击沉两人的救生艇。即使如此,命硬的两人还是被浪潮冲上岸,而且终于逃离追兵的魔掌,在新干线的车里优哉地下将棋(戏仿伯格曼《第七封印》),背后流泻广重[3]的风景。新干线像毛毛虫一样跑上富士山(模仿《魔斯拉》[モスラ])。德龙和芭铎开始在富士山山顶做爱。背景悠悠响起高桥睦郎的梵歌,"END"字幕出现。

九月四日——我看了威廉·惠勒[4]导演的《蝴蝶春梦》(The Collector)。我小时候就会想象订下姻缘的女性被别人抢走或者兄妹结婚

---

3 广重(1797—1858):指歌川广重,日本浮世绘画家。出身于江户的消防员家庭,1811 年他在江户成为浮世绘大师歌川丰广的学生。1833 至 1834 期间的《东海道五十三次》系列风景画确立了他的浮世绘画家地位。

4 威廉·惠勒(William Wyler, 1902—1981):美国电影导演,执导了《罗马假期》《宾虚》等 69 部电影,曾 12 次获得奥斯卡最佳导演奖提名,1976 年获颁奥斯卡终身成就奖。

之类的情境。这部电影的男主角就是保留我童年那种感性长大的大人。他囚禁女性的房间看起来像子宫一样，青年蹲坐在里面的小小身影看起来和胎儿如出一辙。佐藤重臣[1]写了篇影评（回归母体的思想），然而种村季弘[2]严厉抨击了那篇文章。

九月五日——我连续熬夜两天进行动画《坚坚岳夫妇庭训》的拍摄。头疼欲裂，感觉好像有根铅棍在头顶和脖子之间进行活塞运动。和吉冈康弘[3]一起跑去看德·西卡[4]的《意大利式结婚》（*Matrimonio all'italiana*），可是一下子就睡着了。完全不记得电影内容。

九月六日——在高桥睦郎家和一柳慧讨论《坚坚岳夫妇庭训》配乐。

九月七日——这个月为了制作动画，完全没有和任何设计师伙伴碰面。晚上参加完"激流派"[5]活动回家路上，和草森绅一[6]讨论戏仿的概念。非常开心。

九月八日——为了复制我在三岛由纪夫书房那张画，我和《美术

---

1 佐藤重臣（1932—1988）：日本电影评论家。

2 种村季弘（1933—2004）：日本德国文学家、评论家。除了翻译德国文学，还对幻想小说、美术、戏剧有精彩的评论，有关神秘学的思想研究也颇为知名。

3 吉冈康弘（1934—2002）：生于日本冈山县，电影摄影总监、摄影家。

4 德·西卡（Vittorio De Sica, 1902—1974）：意大利演员，也是电影史上一位相当重要的导演，电影作品有《偷自行车的人》（*Ladri di biciclette*）、《昨日、今日、明日》（*Ieri, oggi, domani*）、《费尼兹花园》（*Il giardino dei Finzi-Contini*）等。

5 激流派：Fluxus（フルックス），这个词是从拉丁文演化而来，意为（河水）流动，是指1960年代一群艺术家、作曲家、设计师混合各种不同艺术创作媒介和方式而闻名于世的流派。他们在新达达主义、喧闹的音乐、视觉艺术、文学、市政规划、建筑和设计等领域都非常活跃。其中有相当多行为艺术的做法，如乘火车故意不买票、保持一天的沉默、吃饭、把身上所有的毛发剃光，等等。因此这个组织基本上被看成从事行为艺术的组织，它同时也出版刊物，举办音乐会、艺术展，展览自己成员的作品，这些作品五花八门，但精神是比较一致的——把艺术弄得不像艺术。

6 草森绅一（1938—2008）：日本评论家。以漫画、广告为始，有关摄影等周边文化的论述著作很多，可说是漫画和电视广告等评论的先锋者。

手帖》的编辑一起造访三岛公馆。深夜，和寺山修司电话讨论工作。

llfil 解散的冲击

某天，和田诚带着一位名为矢崎泰久、理个流氓头、形迹可疑的男子出现。然而他的姿态却和外形不合，一直低着头。后来我才听这位矢崎泰久说，当时和田好像认真告诉他："等一下我们要见的横尾忠则是非常难搞的插画家，你要表现得非常有礼貌。"和田脸上还残留着少年的痕迹，但是这个乍看之下有点危险的男子相当敬重他。他委托工作给我的时候屡屡窥探和田的表情，让人感觉很怪。他们要为了《LL》（エル・エル）这本休闲杂志创刊做一本宣传用的试阅本，想要请我画封面插画。我正愁没有工作，接到这个案子非常开心。然而女编辑把图带回去的路上却把它忘在出租车里，就这样丢了。

不是我在说，那么可疑的男子，真的是很怪，结果不出我所料。后来他就不知道躲到哪里去，结果杂志也没出刊就胎死腹中。当然我也没有拿到稿费。原本还以为接到定期的工作觉得很开心，结果真是令人失望。可是更让人丧气的是耗费时间精雕细琢的图就这样丢了。

总而言之，我当时很想接案，不管什么工作都好，所以拜托日本设计中心一位文案朋友帮我找工作，结果他找了《周刊女性》卷首彩页的版面构成（layout）给我做。一般女性周刊杂志的版面构成都很恐怖且丑陋不堪。因此它的设计需要反过来用现代主义的风格来编排。在我接管设计的同时，《周刊女性》的卷首彩页出现令人震惊的转变。照片后制编辑简直就像是美国《VOGUE》或《BAZAAR》的风格。可是最可怕的还是编辑部收进来的照片都让人怀疑，这真的达到专业摄影水平了吗？这些照片和设计非常不搭，根本合不起来。编辑部的成员一点审美都没有，不管照片再怎么烂起来都面不改色。他们做事的神经很粗鲁，只要来得及截稿就够了。这样下去做什么都是白搭，所以在拍摄之前我就跑去指挥摄影师。虽然质量因此稍微有所提升，可是他们拍的照片还是没有办法符合我的需求。

　　周刊杂志的工作没日没夜。有时候留给我的时间连一天都不到，必须整天待在编辑部等原稿进来，所以越来越难在Ilfil露面这也是理所当然。这个当口，宇野突然打电话来编辑部说想要离开。他在蜜丝佛陀的工作变忙，变得必须要在其他地方找工作室才行。这真是晴天霹雳。然而我却以惊人的镇定接受了这个事实。不过，我完全没有自信可以在宇野亚喜良退出之后让Ilfil继续营运下去，而且觉得这样没有什么意义。总之，必须通知原田让他知道这件事，打电话给他之后，他非常惊讶又慌张。

　　"啊？真的吗？那怎么办？"

　　"宇野退出之后，Ilfil只好解散，没有其他办法啦。"

　　"等一下，这样就糟了，你设法劝劝宇野先生不要退出嘛。"

　　"宇野先生只要开口说要走，就会离开啦。"

　　"那，我们就两个人继续嘛。"

　　"两个人不够啊。就趁这个机会解散吧，反正Ilfil这个名字没有什么用处，我们三个人也没有真的一起完成过什么作品，最近大家也都在不同的地方工作啦。"

　　因为原田和我都非常仰仗宇野亚喜良的名声，这次Ilfil解散事件确实对我们造成很大的冲击。然而就如同往常一样，我自己内心某处似乎也期待着某一天状况会如此演变。说起来我们彼此有些部分相互依赖，因此也放弃了主动好好去凝视自己，这个解散事件说不定正是一个让我们学会独立的机会。

土方巽的海报让我建立自信

Ilfil 的解散让我产生一种紧张或者说是危机意识。突然之间感觉自己被迫和社会直接碰撞，必须面对严酷的环境。况且工作一个接一个，负担突然越来越重，让我觉得自己内在的熔炉开始增温。总而言之，我正全力投入眼前《周刊女性》的工作，我越全心全意投入，和编辑部之间的意见冲突就越多。后来做不到两个月，这个差事就被人家收回去了。

我又再次丢掉了工作。不过还是必须要找一个可以代替的工作空间。这次没办法像之前那样大家分摊三分之一的房租，负担变得很重。加上我连一个常态的长期工作都没有。就在这种完全没有目标的状况下，先在千驮谷鸠森神社附近的牙医诊所二楼借了一间和室。我没钱装电话也没经济能力雇助手，就这样开始了心惊胆战的自由接案生活。

就在我觉得自己又遭受挫折的时候，出现了一道曙光。土方巽[1] 委

1　土方巽（1928—1986）：日本舞踏家，本名元藤九日生。1960 年代，舞蹈界在一片西化浪潮下尊崇芭蕾及西方的现代舞，他认为这种表现方式会让身体有如囚禁牢笼中，虚情并且矫饰，同时为了对文化制约表现出有意识的抗拒，也不愿从日本能剧或歌舞伎传统中找寻动作元素，就在这样的时代背景下，跳出他自己的"黑暗之舞"。强调对内心身体深处能量的探索，与西方追求的外显美感全然不同。内省的精神加上压抑、缓慢的肢体动作，与西方现代舞解放身体的自由奔放呈现明显对比。

托田中一光帮忙设计舞蹈海报，不过一光先生说："这个工作横尾比我更适合。"就把这个工作让给我。像是一光先生这样的设计师应该没有什么题目可以难倒他，我觉得这是他的好意，让没工作坐困愁城的我重拾勇气与自信。

然而这个工作对于我从事平面设计师这个行业来说却成为决定性的转折点，所以说人类的命运真的是让人搞不懂。我内心中长久以来酝酿成熟的概念在这次和土方巽相遇之后，一口气具体成形。

我和土方先生是在他目黑的排练场石棉馆[1]碰面。和他第一次会面的经过我写成了下面这段文字。

"土方巽摆出一张像是歹徒一样的脸，我就像是在蛇面前感到畏惧的青蛙那样全身颤抖，漫不经心地靠近，好像脖子就会被扭断，全身毛发会被拔光，觉得会被他从脑袋一口吞下去，同时又被土方巽像是梵歌或者是咒语那般摸不着头绪又听不懂的语言摆弄，'哎，哎，哎，是，是，哎，哎……'非常努力地去听。回家之后再把一个一个好

1　石棉馆：アスベスト馆。第二次世界大战后，舞蹈家元藤烨子在麻风病医院基地上兴建了这栋建筑。起初聚集邦正美、江口隆哉、津田信敏等战后舞蹈界的前卫先锋，后来元藤和土方结婚，土方将其命名为石棉馆，又齐集大野一雄、若松美黄等男女舞者，奠定这里舞蹈界前卫圣地的地位。自 1960 年代起，日本有文学家三岛由纪夫、涩口修造、埴谷雄高、森茉莉、石原慎太郎、种村季弘、涩泽龙彦、吉冈实、三好丰一朗、大冈信等；艺术家池田满寿夫、赤濑川原平、小野洋子、田中一光、横尾忠则、中西夏之等；剧场艺术家寺山修司、唐十郎；音乐家约翰·凯奇、黛敏郎、武满彻、小杉武久、刀根康尚等；导演大岛渚；摄影师细江英公、东松照明、奈良原一高等 VIVO 集团成员；国外则有诺贝尔奖诗人帕斯（Octavio Paz）、苏珊·桑塔格（Susan Sontag）、威廉·克莱因（William Klein）等曾齐集此地。1974 年，这栋建筑从师生们的排练场改装为可以容纳五十人的石棉馆剧场开始举办公演。由于在地居民发起反对运动指称这些地下演出活动违反东京都条例以及消防法规，剧场从 1976 年"封印"近十年。1986 土方过世之后，元藤又在原处重建新石棉馆，设立土方巽纪念资料馆、排练场及剧场继续经营。然而由于泡沫经济崩溃，施工贷款成为银行坏账等原因，2003 年遭到银行拍卖。

像有意义又好像没意义的咒语拼凑起来又拆开，做了一张名为《A LA MAISON DE M, SIVUSAWA》加尔梅拉公司（ガルメラ商会）的海报。"

我把土方巽描述得像怪物一样，可是另一方面又像下面这样写文章赞美漂亮的土方巽。

"土方巽作为一个生存在这个世界的人来说，真的很美。不知土方巽是否已经见过来世。他的脸简直和涅槃像[2]一样漂亮。然而他的表情绝对不开朗，但也不灰暗。只能说这张脸通透的皮肤像是化蛹前夕一般泛着光芒。单纯把这张脸比喻成像耶稣一样太过简单，但不管怎么说，那都是一种非人的美。"

我依据土方先生的愿望，将中西夏之的画（引自弗拉戈纳尔[3]）用在加尔梅拉公司舞蹈公演的丝网印刷 B 全[4] 海报上面当插画。这张海报与其说是舞蹈公演的海报，不如说是一些和土方巽有关的艺术家（中西夏之、加纳光于[5]、涩泽龙彦、横尾忠则）以他为首所发出的讯息。海报超越它原本传递资讯的功能，成为我第一张具备艺术性目的的作品。透过海报这种媒介，我在无意之间创作出独立自主的艺术作品。

这张海报让我彻底充满自信。借由这张作品，我运用前现代的元素抵达后现代的世界。当时还没有所谓后现代这种概念，因此大家就

2　涅槃像：就是中文中的卧佛，呈现佛陀入灭解脱的姿态。

3　弗拉戈纳尔（Jean Honore Fragonard，1731—1806）：洛可可时期的法国画家，作品题材以风俗画、肖像画为主，构图大胆生动，用色明亮活泼，画风甜美轻盈，充满了享乐主义的乐观色彩。

4　B 全：即为今天的 B1 尺寸。——编者注

5　加纳光于（1933— ）：版画家。十九岁时在古书店偶然买到版画技法书，自学开始制作铜版画，1956 年借由泷口修造的推荐于竹宫画廊举办个展，1959 年于卢比安纳国际版画展获奖，1962 年东京国际版画双年展获奖。

将它冠上现代主义的否定、前现代，或者日本的波普艺术等称呼。不管怎么说，我透过自己的方法论和技术，成功逃出整齐划一又封闭的现代主义设计。我发现一旦掌握到这种感觉，就扫除了所有的困惑，放眼望去尽是自由闪耀的宽阔草原。

参加 Persona 展与母亲过世

同一时间，我又遇到一个大机会。田中一光、福田繁雄 [1]、胜井三雄 [2]、宇野亚喜良、和田诚、永井一正、栗津洁、细谷岩、木村恒久、片山利之 [3]，再加上我，集结了十一人的作品举办名为"Persona"（ペルソナ）的设计展，我有幸得以参与其中。就这时期而言，把我纳入这个日本最强平面设计师的阵容，说不定客观来看并不是所有的人都能够接受。再怎么说，我和其他成员相较之下还没有获得普遍性的社会认可。然而这种机会很少出现，我认为必须要趁这股风潮一口气向上爬，为了参加 Persona 展，我就这样在方才搬入的环堵萧然的牙医诊所二楼投入了原创海报制作。

这是完全为了自己制作的广告海报，这件事很多人都想过但没有付诸实行。这个点子是从诺曼·梅勒 [4]《为我自己做广告》

1　福田繁雄（1932—2009）：日本当代平面设计师、视觉设计大师，长于错视手法，被誉为日本平面设计教父、与冈特·兰堡、西摩·切瓦斯特并称为当代世界三大平面设计师。

2　胜井三雄（1931— ）：日本平面设计大师，毕业于东京大学教育学系，担任 JAGDA（日本设计师协会）会长、武藏野美术大学名誉教授，是日本使用计算机进行视觉设计的开拓者之一。

3　片山利之：应该是片山利弘，此处横尾笔误。

4　诺曼·梅勒（Norman Kingsley Mailer，1923—2007）：美国著名作家、小说家，作品主题多挖掘剖析美

（*Advertisements for Myself*）这本书的书名得到的灵感。以我的注册商标朝日背景为底，我手持玫瑰花自己上吊自杀，左下方在我孩提时期的照片上标示"一又二分之一"，这是沿用自费德里科·费里尼《八部半》这部电影的标题字形，我画上这个，右侧则是将高中的班级合照搭配一个带有性意涵的猥亵手指形状的插画，再用英文标上"我在二十九岁终于到达巅峰，上吊挂了"这种发布死亡宣言的文案，做了一张名为《TADANORI YOKOO》（"横尾忠则"这个名字的罗马发音）的海报。在埋葬过去自我的同时也冀望创造未来的自我，这张海报蕴含了这样的意义，同时也是我和现代主义设计分道扬镳的告别宣言。

除了这张作品之外，还有以宝冢歌剧为主题的海报，替栗田勇[5]《都市和设计》（都市とデザイン）画的插画、这本书的概念海报，还有高桥睦郎《睡眠、侵犯、坠落》（眠りと犯しと落下）的海报……我一张张用 B 全丝网印刷来制作。印刷委托给一手包办著名设计师作品的专业公司——斋藤 Process。我没有自己付清四张 B 全海报印刷费的经济能力，可是跟对方说一旦飞黄腾达我一定会付，获得了对方的同意。

Persona 展十一月在银座松屋召开，除了十一位参展者之外，还有以邀展名义邀请其他作者参加。日本有龟仓雄策，国外则是梅顿·戈拉

国社会及政治病态问题，以描述暴力及情欲著称，代表作是他 1948 年出版的第一部著作、以第二次世界大战为背景之小说《裸者与死者》（*The Naked and the Dead*），曾两次获得普利策奖。

5　栗田勇（1929— ）：日本的法国文学家、美术评论家、作家。

瑟、杨·雷尼札[1]、保罗·戴维斯等三人。对于低迷的日宣美展及其批判来说,这个展览足以成为对它们的解答,每位作者都展出非常有个性的作品。我的作品获得相当高的评价。栗田勇在《读卖新闻》一篇名为《新艺术形式诞生》的评论中提到我的作品,大力称赞:"横尾忠则的作品透过喷发强烈的色彩来描绘现代文明的梦魇,在当今日本波普艺术当中可以说是最优秀的杰作。"我谐仿龟仓雄策奥林匹克海报的插画作品也被刊登在报上。栗田勇在此建立论述,将我的海报转换成为波普艺术的艺术表现形式。虽然这种透过表现媒介来做价值分类的思考方式不是只有日本才这样,可是我觉得就根本上来说,将表现媒介视为问题切入点这种态度本身,就是超越既有媒体论述的某种提问,不是吗?

我把刊登这篇报道的报纸拿给病情恶化再度入院的母亲看,可是她已经出现癌症末期的症状,任何画面都没有办法投射到视网膜。即便如此,她还是用一种很难听清楚、小到像是蚊子叫的声音说:"这是神明保佑。"妈妈信仰很虔诚,这很像是她会说的话。妈妈的症状已经发展到最后的阶段,医生叮嘱我们说她可能随时会走。我想要尽可能陪伴妈妈度过最后这段共同相处的时间,在医院过夜的时候一直睡在妈妈病床旁边,可是处理 Persona 展和其他事情的时候偶尔还是得卸掉床位。结果妈妈跟我说她看到我在工作反而比较放心。

某天,我一定得出席去看土方巽的表演,从傍晚就出门离开。虽然在看表演,可是很在意妈妈的状况,无论如何就是静不下来,表演一结束我马上搭出租车回医院。结果看到两三位护士小姐慌慌张张在

---

1 杨·雷尼札(Jan Lenica, 1928—2001):波兰平面设计师、漫画家。

夜晚昏暗的走廊上来回奔跑。我心想"该不会出什么事了吧"，急忙跑进妈妈的病房。妈妈喘着大气非常痛苦，全身像波浪一样上下扭动。虽然感觉她有时候好像听到我叫妈妈有反应，可是实际上已经失去意识。刚觉得好像有黑色的液体从嘴巴流出来，她的头就叭的一声向右倾，就这样断气了。

「横尾忠則」というメディア

方才咽下最后一口气，冰冷、僵硬又娇小的母亲躯体，躺在医院阴暗太平间角落的棺木中。身旁围着火盆，只有田中一光、永井一正夫妻，还有我和妻子寥寥五人守灵。老实说，真的非常冷清。

　　窗外飘着冰冷的枯叶。微风自建筑的缝隙钻入，虽然日光灯应该不可能受到风吹影响，然而小而混浊的光不时闪烁着。路灯映照树木受风摇曳的倒影，投射在太平间的窗玻璃上，我觉得看起来像幽灵一样，非常害怕。

　　"横尾很胆小啊。"一光先生说完就笑了。

　　就算是白天，太平间的气氛都让人感觉不太舒服，更别说是半夜，何况我们还和真正的尸体待在一起。

　　"光是看到歌舞伎座[1]的阿岩[2]招牌，横尾就会念叨好可怕好可怕。"一光先生是想要安慰心情低落的我才故意转移话题。母亲过世，我等于是在二十几岁的时候就父母双亡，和一般人比起来真的会让人觉得自己非常倒霉。身为独生子，我在双亲溺爱之下长大，是容易

1　歌舞伎座：1889 年建于东京的专业歌舞伎剧场。1914 年开始由松竹直接经营。历经火灾、战乱一路经营到今天，是相当具代表性的知名剧场。
2　阿岩：お岩ちゃん，出自歌舞伎狂言《东海道四谷怪谈》。故事描述丈夫移情别恋，在阿岩食物中下药，使她掉发毁容死去。最后阿岩阴魂不散出现作祟。

害怕寂寞也爱跟人撒娇的类型。双亲过世之后无边无际的孤独将我掩盖。

母亲身上总是缠着贴身暗袋，无论是去哪，甚至是睡觉都完全不脱下。母亲过世时，我们将陷进尸体的贴身暗袋解开。暗袋遭受汗渍油脂浸染变得非常潮湿，里面藏着一本吸饱水分的存折还有几张带着癌细胞似的斑点、折成小方形叠在一起的春画。存折中存了十一万日元的巨款，春画画的则是护士和病人在医院病床上亲热。其他画背面，复写纸描摹之后留下的青色笔迹还相当清晰。我听说母亲二十几岁的时候曾经在医院当过护士，这可能是当时拿到的东西吧。再者，想到复写的痕迹当中暗藏着母亲青春时期那种难以启齿的情欲想象，母亲过世这件事情就让我深深感到某种崇高。

母亲的葬礼上只有几位亲戚从关西跑来，场面真的是寒酸到让人觉得看不下去。家里的隔间拉门和纸门被孩子弄得破破烂烂，看起来简直就像荒废的破屋。再加上我们家既没客房也没棉被，亲戚们等到丧礼一结束就直接匆匆回去了。

"小忠，你妈妈信的是神道[1]，做这种佛教的法事不行啦，要再找黑住教[2]的神主[3]来好好重办一次，不然是没有办法成佛的喔。"

母亲那边一位亲戚批评说妈妈的法事办错，让我非常吃惊。幸好

1　神道：日本自古以来的传统信仰，特征是泛灵崇拜与自然崇拜，后来受儒释道影响分成诸多流派。

2　黑住教：创立于 1814 年，教主黑住宗忠（1780—1850），经典为《黑住教教书》。该教教义认为，天照大神是国家的本源、皇室的祖先，也是创造宇宙、化育万物的大元灵。透过膜拜朝阳，进行阳气修炼，就可达到神人合一的境界。

3　神主：在神社奉祀神明的神职人员。

我知道东京有黑住教的教会，后来又重新正式替妈妈办了一次法事，单纯只有家人参加。

三岛由纪夫认真发怒

这一年年末，和田诚再次带着矢崎泰久出现。这次又说要做其他杂志。我曾经被矢崎这人骗过一次，态度特别小心，可是因为我相信和田所以就接了这个工作。

"不是刻意要骗您，只是因为当初没办法拉到广告所以东西出不来。老实说我父亲在经营一间名叫'日本社'的出版社，有出一本名为《八卦特集》（話の特集）的色情杂志，可是完全不好卖，这次变成让我来改变那本杂志的内容，我和小诚讨论说封面该请谁来画才好，小诚就说没有比小横尾更好的人选，所以我才来拜托您。"

这个男的以前就是这样。刚开始说话时很紧张，可是会慢慢松懈，最后说话口吻变得像是已经认识很久的朋友那样。他年纪当然是比我大，可是面对他这种坦率大方的人格特质，我的警戒心也解除了。

"《八卦特集》这个标题怎么看都像是色情杂志，有没有其他好名字啊？"我对和田和矢崎先生说。

"可是我很喜欢这个名字喔。我想要用这个名字试试看。"

《八卦特集》在一九六六年二月创刊。矢崎先生本身是《内外Times》社会线专门采访暴力集团之类事件的新闻记者，对文化完全没有概念。所以担任这本杂志艺术指导的和田就代替编辑向他文化界的亲朋好友邀稿。此外，他还接二连三举用只在广告界工作的插画家或摄影师,做出了一本所谓"新新闻主义"[1]先驱的杂志。我除了封面之外也和高桥睦郎合作开了一个名为"人物戏论"的梵歌插画连载专栏。

我和和田一样,认为自己算是《八卦特集》的编辑,也和矢崎一起跑去跟作家邀过稿。将进截稿日或开始校对之后,我和和田就会关在大日本印刷那边,分工画插画把闲置的页面填满。

《八卦特集》获得部分文化人、新闻人和学生的强烈支持,然而销售量却比原先料想的差。由于矢崎先生反对套用的编辑方式,我们试着每期改变封面 logo,结果每次合作店家都提出怨言,最后甚至演变到要写信道歉解决。加上我替有点刺激右翼的文章画插画,矢崎先生还遭到手持利器的右翼人士威胁。对于这个杂志来说,各式各样的意外总是纠缠不清如同宿命。《八卦特集》创刊不久,我开始替《女性自身》里三岛由纪夫名为《终了的美学》(終わりの美学)的连载散文专栏画插画。不用说,这是三岛先生提出的委托。由于我从来没有想过这么快就有机会可以和三岛先生一起工作,就在《女性自身》的连载单元使尽浑身解数。这可是从小众的《八卦特集》一口气登上主流周刊杂志,更不用说是和诺贝尔奖呼声甚高的国际作家三岛由纪夫合作。因为事前过于兴奋,一开始插画变得比较生硬,可是读者给予很大的回响,我也觉得非常痛快。

结果我得意忘形,用了《八卦特集》里面"人物戏论"那种反讽的插画风格来画三岛由纪夫。这个做法在我身边的朋友当中获得好评。然而某一天三岛先生找我,我跑去三岛公馆,一进玄关,夫人就跟我

---

1 新新闻主义:New Journalism,亦译新吉纳主义,是一种新闻报道形式。特点是将文学写作的手法应用于新闻报道,重视对话、场景和心理描写,且不遗余力地刻画细节,被认为是 20 世纪实务新闻学最激进的一种报道理论,1960 年代是其发展的高峰期。

说"今天你最好做好心理准备喔"，意味深长地笑了。

她带我到接待室，在三岛先生现身之前，我试着想了想夫人话中的意思，可是完全抓不到头绪。最后三岛先生带着和往常不同的严肃表情出现。

"你画那个画，心里到底是在想什么？"

"呃……三岛先生说的是遭受恶魔施以私刑那张画吗？"

"不止那张，还有其他的。"

"三岛先生先前看到我用可笑荒诞的方式把其他作家漫画化的作品，不是说那是杰作，还称赞我吗？"

"我和其他人不一样。这种事情也不懂吗？你不知道对前辈要有礼貌吗？"

虽然三岛先生看起来好像是真的在生气，可是说不定这并非他的本意，只是表面上的表演，我意识到自己正站在某个地方兴致勃勃观察这种超乎意料的状态。他会特地把我叫来事情一定不单纯。而且照这个状况发展下去，他把我逼到悬崖边上的概率应该比较大。

"你这样不是逼我和你决斗吗？我会借你一套剑道服，出来庭院比比高下吧。"

"比这个我一定输的啊。"因为我一直没有显露认错的迹象，三岛先生就提出非常离谱的提议。可是我完全不知道他到底有多少是认真，又有多少是开玩笑。

"只要你答应我不再画那种图，不决斗也没关系，怎么样？"

"知道了，我不会再画了。"

"好，那你可以回去了。"三岛先生纹丝不动的表情真的很恐怖。

"我家老爷真的生气了。"夫人知道我完全没有进入状况，在我回家的时候偷偷跟我说。

我在回家路上自我反省，可是也非常害怕去改动自己的插画风格。如果三岛先生在画作中出现，我就会很想要用反讽的风格来画他，再者，三岛先生带有恶意的形象具备着吸引人的话题性。要尊重三岛先生，还是追求绘画上的自由表现，我不得不面对这两者之间的矛盾。最后我在这样的状况下得出结论：即使舍弃创作自由也必须遵守对于三岛先生的礼节。

尽管如此，在画图的过程中三岛先生又被丑化，最后成品变得和过去一样。这时候我似乎还搞不太清楚礼节和艺术的关系。编辑儿玉先生夹在我们两人之间，常常有很多地方必须费心。

搬到成城学园

《女性自身》的连载开始后收入跟着增加，我从祖师谷搬到隔壁町的成城学园。那是一栋周边树林围绕、盖在高原避暑胜地、看来像别墅一样时髦的西式木造平房，有只从来没见过的大猫独自住在里面。好像是先前住在这里的外国人将猫留下就回国去了。我替这只猫取名为"魔王"。

这栋屋子的房东是住在隔壁的早稻田大学教授、戏剧评论家河竹登志夫先生。我曾经和他共同工作过一两次，现在搬到逗子觉得很后悔，回想起来当初应该要跟他学习更多歌舞伎的知识才对。

我非常喜欢这个家，房间里装点了很多俗丽的装饰。我在这个地方安顿好之后就将千驮谷牙医诊所二楼的工作室收拾干净，让自宅兼做工作室。继三岛由纪夫之后，寺山修司那边也要我替周刊杂志上的散文画插画，《小说现代》也有连载单元的委托，运气似乎随着搬家而变好，突然之间变得非常忙碌。虽说忙碌，可也不是完全被绑住。和朋友玩乐、享受电影和阅读的时间还是很充裕。

然而这样的时光非常短暂，京桥的南天子画廊[1] 准备要让我召开个展。这间画廊和东京画廊[2]、南画廊[3] 比肩，是以当代艺术为主轴在运作的一流画廊。中央公论社的编辑田中耕平先生在我毫不知情的状况下偷偷跟南天子画廊推荐我，就出现了这个机会。为了这次个展我关在房里一个月不出门，最后完成了十九幅剧画（tableau）。我用原色作画，肌肤粉嫩的裸女仿佛正对观众抛出挑逗的微笑。

个展邀请函中，三岛由纪夫写了以下这样的文字。

"横尾忠则的作品，简直是将我们日本人内在某些无法忍受的东西全部暴露了出来，让人愤怒，也让人畏惧。这是何等低俗而极致的色

1　南天子画廊: 1960 年创立于东京京桥，以"泷口修造展"为开廊纪念展。接着陆续举办"暖光展"、"蓝色绘画展览会"（松元竣介、三岸好太郎、加纳光于、藤松博等）等前卫画家展览广受注目。率先引介米罗（Joan Miro）、贾科梅蒂（Alberto Giacometti）、康定斯基（Wassily Kandinsky）等国外艺术家。1974 年成为首个参加瑞士巴塞尔国际艺术博览会的日本画廊，并积极参与巴黎 FICA 艺术博览会、芝加哥艺术博览会等活动，将日本当时的年轻创作者推荐到世界。

2　东京画廊: 东京画廊 + BTAP。1950 年以日本第一间当代艺术画廊的身份设立于银座。起初以现代日本具象绘画为主，然而后来转向率先开始引介封塔纳（Lucio Fontana）、克莱因、波洛克（Jackson Pollock）、汉德瓦萨（Friedensreich Hundertwasser）等欧美当代艺术家，随之带起高松次郎、白发一雄、冈本太郎等日本当代艺术家。此外，1970 年代还邀请金焕基、李禹焕等韩国创作者策划韩国当代艺术展，1980 年代更将目光转向当时默默无名的中国当代艺术，举办徐冰和蔡国强等人的个展。2002 年于北京开设 B.T.A.P.，同时以东京和北京为据点，以日中韩为主向全世界推广亚洲当代艺术。

3　南画廊: 1956 年，由画商志水楠男（1926—1979）设立。志水楠男起初任职于山本孝的数寄屋画廊，并共同参与创办东京画廊，之后独立。南画廊引介让·福特里埃（Jean Fautrier）等西方当代艺术家，并培育宇佐美圭司、加纳光于等前卫艺术家。

彩啊。恐怖的共通性，潜藏在招魂社马戏团奇观广告的土气色彩和美国波普艺术可口可乐容器的鲜红色彩之间，引爆我们内在那些自己尽可能不想看到的情绪。这是何等粗俗的艺术。真是无礼！

"然而在没有办法被这些鲜明色彩包覆的黑暗深处，似乎暗藏着某种严肃。就像马戏团钢索少女级满亮片的底裤会让人感受到某种悲哀的严肃那样。我们的故乡——子宫就是如此，会露出獠牙来吓唬大家。

"横尾先生对外部世界的关注，让他的作品不至于变成狂人的艺术，他内在世界的强韧发条在驱动这些物质性的讽刺，对世俗进行着残酷的处理。在那幽暗深处，不是一个不断退缩转向内心的疯狂世界，而是一片辽阔而充满讪笑的乐土。就是这片景象，让他的作品最终得以成就健康的结果。

"即便如此，希望今后不管他有多么国际化，都不会抛弃这块我们在此安身立命的不可思议的日本版图。"

这篇令人心跳加速的文章带给我很大的勇气。他直接指出我作品缺乏教养，做事粗鲁遭到批判，这也同时让我感到畏惧。

个展开幕时，文化界可以说是冠盖云集。举一些我想得到的姓名，以二岛由纪夫为首，涩泽龙彦、土方巽、森茉莉、白石和子[1]、高桥睦郎、一柳慧、山口胜弘[2]、谷川晃一[3]、加纳光于、山姆·弗朗西斯[4]、田中一光、

---

1 白石和子（1931— ）：日本诗人。

2 山口胜弘（1928—2018）：1951年与艺术家北代省三、作曲家武满彻等组成跨领域创作组织"实验工房"，1968年担任威尼斯双年展的日本代表。他结合音乐、剧场、影像创造前卫造型作品，也创作灯光艺术（light art）、动态艺术（kinetic art）、录像艺术（video art）等，是非常活跃的当代媒体艺术家。

3 谷川晃一（1938— ）：1963年开始于"读卖独立沙龙展"发表作品。曾在迈阿密版画双年展获奖。

4 山姆·弗朗西斯（Sam Francis，1923—1994）：美国画家、版画家，生于加州圣马特奥，是抽象表现主义中趋于行动派的画家。他沿袭并发扬了莫奈、博纳尔和马蒂斯晚期的画风，尤其在色彩的使用上，对空间、光和空气的理解上尤为出色。

永井一正、宇野亚喜良、和田诚，等等。以涩泽龙彦为首，作品半数是被设计师朋友们买下来。其中也有外国人买了带回国的作品。然而我只是为了要在个展发表作品才制作剧画，接下来又重新回到了设计工作上。后来有时候会想说如果在那时候转向当个画家不知道会如何。一旦自问我单作剧画是否真的有办法获得满足，就觉得像我这种没有定性的性格应该是没有办法被单一的生活形态束缚的。

披头士在我个展期间来到日本。我在个展展出的其中一件作品画了披头士身披日本法被[5]站在羽田机场，虽是偶然，可是看到他们真的这样穿着法被走下飞机阶梯，还是让我非常惊讶。

披头士在武道馆进行的公演真的是太精彩了。环顾四周，观众都很年轻，三十岁的我几乎可以说最老。这场演唱会只持续三十五分钟，唱了十二首歌，观众们兴奋惊叫，其中还有粉丝陷入失神状态完全没听到披头士唱什么。然而他们还是评论说：“日本人是全世界最文静的观众。”三岛由纪夫在《女性自身》写了观战记，我也在搭配的插画上画了粉丝从披头士嘴里伸出手挥舞手帕的画面。

和寺山修司、唐十郎迅速拉近距离

东京的第七个夏日来临，日宣美展的季节又到了。会场从以往的日本桥高岛屋转移到新宿京王百货。

针对日宣美展死气沉沉的状态，将会场迁到吸纳年轻人重新注入

5　法被：一种罩袍式的传统服装，通常在节庆庙会的时候穿。

活力的新宿，应该是打算要改头换面。迎接转变的第十六届日宣美展宣传海报在我毫无预期的状况下交付到我手上。我画樱花背景叠合浪涛朝日，鲑鱼平涂印刷油彩飞跃腾空，像是一张反现代主义的海报。虽然好像有些会员批评这张海报显示日宣美展已经走投无路，可是也有人从相反方向解读，把这当成是对日宣美展的批判，说这是想要显示生龙活虎的（？）日宣美展一个时期有一个时期的动态。

这一年，我头一次看到日宣美展审查的现场。后来我才知道，由于我在《Design》上写了一篇长文批判不负责任的审查方式，地方上的会员以检讨组织内部的理由发起运动要将我除名。然而日宣美展当局只把我的文章看作"反讽的行军喇叭哗哗叫"不当一回事，这也是个问题。明明是直接陈述事实，为何逃避话题说我是在反讽，我实在无法理解。同一时期，有篇评论文说我画的《宣传会议》，刊物封面"既怪又不正经，跳不出个人的兴趣领域"，刊在同一本杂志。可是我对这篇文章的反驳意见简直就像炸弹爆炸一样多。

设计和广告界率先开始批评我的作品，可是对我来说，所有批评的声音都会转化成我的创作能量，所以我非常欢迎。话虽如此，神经比别人纤细一倍的我还是会受伤。不过终究有人可以理解我。

这一阵子为了周刊杂志的连载工作我经常和寺山修司碰面。正当我们两人在 TBS 阴暗的大厅接二连三回忆哼着美空云雀的歌，"状况剧场"的唐十郎[1]现身，寺山修司替我们介绍。我完全不知道唐十郎是做什么的。

唐十郎和我迅速拉近距离。我也替他主导的"状况剧场"制作《腰

1　唐十郎（1940— ）：日本演员、编剧、导演。

卷阿仙》（腰卷お仙）的海报。我个人认为这张海报是杰作。一个默默无名的地下剧团竟然做奢侈的 B 全丝网印刷海报，在日本这应该是头一遭。单单借由这件事情就可以知道我对唐十郎这出戏有多用心。新宿户山 heights 户外演出《腰卷阿仙》第一天，观众包含受邀的涩泽龙彦、土方巽、松山俊太郎 [2]、细江英公等，没几个人，手持一升瓶围成圆圈，一边倒酒一边看戏。剧场演员的数量远远多于观众，舞台和观众席之间甚至可以调侃吵架，空间非常亲密。到头来三天内只有四十个观众进场。

附近的人说这里好像在做什么可疑的活动而通报给了警察，结果巡逻车就跑来了。警察看到松树上半裸扮演腰卷阿仙的女演员不可能保持沉默。面对这些打算阻止演出的警察，唐十郎在舞台上用歌声迎敌："快点回家，搞搞老婆去睡觉……"

这出今天已然成为传说的《腰卷阿仙》是一个文化事件。它将日常生活彻底剧场化，破除现实与虚构领域之间的围篱。

这一年，当代艺术家、建筑师、音乐家、设计师全聚集起来，在银座松屋举办"从环境到空间，Environment"展。这个当代艺术首度举办的跨域联展获得相当高的评价。我比照先前展做了几张丝网 Persona 的原创海报参展。从这个展览延伸，草月会馆也举办山口胜弘的乍现演出，其他领域也陆陆续续加入。

然而另一方面，我对东映黑道电影非常着迷，方向和当代艺术简直完全相反，尤其是对高仓健，我自认热情绝对不落人后，甚至不用别人拜托我就会主动替他做海报。他的沉默、寡言，还有极其节制而

2　松山俊太郎（1930—2014）：生于东京的印度学学者、幻想文学研究者。

禁欲的演技，无来由地令人全身发麻。三岛先生不喜欢这么潇洒的高仓健，反而比较喜欢下眼睑松弛的鹤田浩二那种若有所思的表情。我心目中的偶像明星就男演员来说是高仓健，女演员是浅丘琉璃子，我将他们置于思想的核心。我在《八卦特集》十二月号封面画圣诞老人上吊，结果仿佛预感成真，杂志在那一期之后就停刊了。

时间跨进一九六七年，突然之间国外开始注意到我。起初是美国设计杂志《Print》做了我的个人特集。同时我也在迈阿密的画廊举办个展。接着纽约现代美术馆[1]忽然将我十五幅海报纳入馆藏。然后《Life》杂志做了日本前卫艺术的特辑，其中也有介绍我。接下来《Time》杂志委托我制作封面。虽然最后没有获得采用，可是同样是Time-Life 出版社的《财星》杂志用了一整页大幅刊登这张替《Time》画的画。此外，德国法兰克福也替我举办个展。在日本设计界犹豫于如何看待我作品的时候，国外就先把目光集中到我身上了。因为土方巽和"状况剧场"的丝网海报全部落选没被收录进日本《ADC 年鉴》，这样的认同让我觉得更快乐。

我和三岛由纪夫在《女性自身》合作《终了的美学》连载结束之后，再度在同一本杂志开始第二个专栏连载《书信的写法》。尽管我曾经触

1　纽约现代美术馆：The Museum of Modern Art（MoMA），创立于1928 年，纽约收藏现当代艺术的重镇，被认为是全世界最重要的现代艺术美术馆之一。除了各式媒材的创作之外，还收藏了许多重要的一手艺术史料。馆内收藏超过15 万件作品、2.2 万部影片，重要收藏有毕加索《亚威农少女》莫奈《睡莲》、梵高《星空》等。需要注意的是日文所谓"近代美术"指的是"现代艺术"（modern art），"现代美术"指的是中文的"当代艺术"（contemporary art）。这直接反应在日文原文，MoMA 其实是写作"纽约近代美术馆"，本书翻译时会直接以中文标准全部改动，将"现代美术馆""现代美术展"等名作都改为"当代艺术馆""当代艺术展"。

碰到三岛先生的逆鳞搞到事态严重，但还是再度丑化三岛先生画起了插画。面对我的顽强抵抗，三岛先生或许已经放弃，再也没有对此说过一句话。

享受杂志和电视的虚名

三岛由纪夫、寺山修司，加上《八卦特集》的工作很引人注目，各式各样的杂志都开始跑来找我画插画。最受年轻人欢迎的《平凡PUNCH》姊妹版《Deluxe》用了十几页彩页来报道我的日常生活。这种报道方式简直是在替一个明星造势宣传。搬出三岛由纪夫、寺山修司、土方巽、唐十郎、浅丘琉璃子、绿魔子[2]等文化、演艺人士，用照片巨细靡遗介绍我的工作与生活。这篇报道引起意料之外的巨大反响，接着《平凡PUNCH》几乎每个礼拜都要报道我。"什么都好，让横尾上版面！"出版社似乎发出这样的命令。因此如果没有话题，编辑就会把我带去餐厅让我抱怨餐点，挂上"横尾忠则挑剔术"的标题做个跨页报道。总而言之，只要做一些奇怪的发言或行动，马上就会有文章出现。虽然我有在抵抗，可是心情上却期待多一点再多一点，我把《平凡PUNCH》这个虚名制造机的工作当成像是在玩游戏一样乐在其中。

同一时期，我成为 TBS 晨间节目《Young 720》的固定嘉宾。《平凡PUNCH》和《Young 720》这两个媒体让我在部分年轻人心中成为

2　绿魔子（1944— ）：原名时桥良子，是中国台湾出生的日本女演员。于1964年出道并加入演艺圈，同年以《二匹的牝犬》夺得蓝丝带奖最佳新人奖。

一种流行象征。一般人还不是很清楚插画家这个职业是在做什么，大部分人都觉得我是电视上的艺人。

大家都以为《Young 720》是现场直播的节目，其实那是故意引诱大家这样想，所以才会大费周章一边吃早餐一边聊天。这个点子是我想出来的。可是最后演变成录像当天晚上只能吃早餐的食物，真的很痛苦。

我在这个节目当中几乎不开口。原本我就很不擅长在别人面前说话，单单想象荧光幕对面有好几千万的观众在看就让我怕得什么都说不出来。横尾忠则带给一般人的印象应该是专心吃东西。主持人是关口宏，助手是由美熏，虽然后来换成黑泽久雄和高山夏树，但我还是继续担任固定嘉宾。当时好像几乎没有艺人之外的文化人士成为电视谈话节目的固定班底。我原本就很喜欢跟随潮流，当自己成为别人跟随的对象时让我有种快感。可是有很多认真的设计师和文化人不接受我这样做。因为他们把作者和作品分开来看，认为作者本身成为一种传播媒材并不是好事。我基本上是怀疑工作、生活和人类本身是否有可能这样做切割，对我而言，自己成为媒材反而是非常自然而然的结果。

九六七年对我来说是第一个转变的年份。我切身体会看不见的命运推动一切，自己完全不能抵抗。

这一阵子我几乎天天和寺山修司碰面。没有碰面的日子一天会讲好几通电话。某天，寺山家的电话突然变成录音机的声音。我不知道电话有留言答录功能，吓了一跳，可是因为有趣，所以我打了好几通，还对录音机唱歌。

当晚寺山夫人九条映子打电话来说："横尾，是你唱歌把录音机当玩具全部录完的对吧！你这样算是妨碍工作喔！你自己过来听听看！"

因为对方真的生气有点恐怖，可是我很想要听听看自己的歌录起来到底是什么样子，半夜还是跳上出租车跑去世田谷下马町的寺山家。寺山修司走到玄关一脸担心的表情说："小横尾，你来不好吧，我老婆还在生气。"当时我一时兴起太过兴奋，像是狂风巨浪北海之吼般喊着："好，接下来是西乡辉彦的《星星的弗朗明哥》（星のフラメンコ）！"用这样的口气兼当主持人一路唱到录音带全部录完。寺山先生原本想要把这个录音留下来，可是太太反对，删掉了。

寺山修司的好奇心有点不正常。只要跑来我家玩，就会在房间里面四处搜刮。只要看到自己感兴趣、手上没有的书就会把标题和出版社牢牢记在脑海里回家。后来他偷窥别人家，遭到警方以非法侵入罪嫌逮捕，可是就他而言这并不是什么特别奇特的行为。只不过是因为他对他人过度好奇罢了。

和寺山修司、东由多加一起创立"天井桟敷"

在这段关系非常亲近的蜜月期，寺山修司、我，还有东由多加[1]三个人创立了宣扬奇观正当性的戏剧实验室"天井桟敷"。我负责舞台设计和海报制作。当时我已经在替唐十郎的"状况剧场"制作海报，所以就变成两边一起进行。"天井桟敷"欢迎奇人、怪人、侏儒、驼背来参与演出，对外公开进行招募，由于有一些男孩女孩受到寺山修司《离

---

1 东由多加（1945—2000）：日本剧作家、表演者。在中国台湾出生，毕业于长崎县高中，早稻田大学教育系中途退学。曾与寺山修司等人组成"天井桟敷"。演出由自己创作的音乐剧达 80 部。

家出走的建议》(家出のすすめ)这本书影响真的离家出走跑来，所以剧团成员马上就召集完成。

第一次公演的寺山修司作品《青森县的驼背男》(青森县のせむし男)由丸山明宏[1]（现名美轮明宏）主演。由于必须在很低的预算之内达到最棒的效果，我在舞台设计上煞费苦心，可是看到平面插画变成像是全景装置那样的立体作品，我还是非常兴奋。所有的剧评都有提及舞台设计也让人开心。

由于工作越来越忙，及川正通[2]开始帮我。他是在主妇与生活社工作的设计师，是我在做《周刊女性》彩页单元版面构成的时候认识的。他在先前日宣美展做了批判日宣美展的展板作品参赛想要引发争论，可是那些对这主题没有概念的审查委员完全没把他放在眼里，结果潇洒落选。然而他并不就此罢休，他把这件作品带到日宣美展的展场里面不求大会许可自行展示，一路做到这个地步，是个毅力相当令人敬佩的男子。

我和及川长期驻留在一间美军士兵自越南休假经常出入的涩谷饭店工作，那时有一位离家出走的女孩跑来找我说想要成为模特儿，希望我帮她介绍《平凡PUNCH》。她过去好像曾经在日本剧场舞蹈团（日剧ダンシングチーム）里面跳舞，可是不喜欢和大家做一样的事，加上双亲每天一到晚上就吵架让她觉得非常难受，所以就离家出走。她还说如果方便话她可以帮忙洗衣打扫，希望我们可以让她住在这间

1　美轮明宏（1935—）：日本演员、编剧，生于长崎县长崎市，本名丸山明宏。

2　及川正通（1939—）：1968年与横尾忠则共同设立 The End Studio，成为自由插画家。经手剧团"天井栈敷"的海报等，并替《平凡PUNCH》《GORO》等杂志连载剧画风的插画。1975年开始负责绘制电影杂志《PIA》的封面插画，以单一杂志封面插画累计张数创下吉尼斯世界纪录。

旅馆里面。要说不舒服我是满不舒服的。最后我把她介绍给一个认识的《平凡PUNCH》编辑。

后来我才知道那个编辑随便使唤那个女生，威胁她说没有钱你现在就该去卧轨自杀，让那女孩过得很惨。

这间旅馆有位美国士兵和我后来变熟，他的战友有一天跑来告诉我他战死的消息，听到的时候真的非常悲伤，难以接受。

我的日常生活变幻迅速，周遭出现的人多到难以置信。杂志彩页摄影和采访络绎不绝。我完全不讨厌这种忙碌的日常状态，反而觉得比较充实，可是有时候也会突然感到不安。好不容易获得千载难逢的幸运想要好好把握，可是却不知为何心头出现畏惧死亡的阴影。话说回来，我几乎是在无意识的状态下将死亡元素画进作品当中。除了对死的恐惧之外，不得不说，我对死也有种乡愁般的感受。那是前世死亡的记忆吗？仿佛是一种对我自己的预感。

二十九岁的时候我做了一张死亡宣言的海报告别我内在的现代主义，两年过后，我又不得不再次在报上刊登死亡广告。这是发表在《Design Journal》这份业界刊物上的作品，可是有很多人真的相信了。这份二度死亡宣言和最初那份的意义不一样。为了超越对于死亡的恐惧，我必须让自己成为恐惧的对象。此外这个作品说不定还包含了另外一层意思：或许我必须借此告慰我自己的灵魂，才能够接受死亡是另外一种现实。

ニューヨークの仲間たち

我忙到觉得好像全世界的工作全部都集中到了我身边。大众媒体的采访接二连三、持续不断。杂志、报纸想要进行彩页报道和访谈的要求连续几天杀来，让人觉得自己好像被卷进了什么惊天动地的事件。我对于自己迅速拓展虚名、成为媒体符号有点困惑，可是提升知名度的演变过程真的会让人有一种独特的快感。

　　照这样下去，自己内心的某个角落确实也会担心自己会不会就这样被潮流带走。所以我开始认真思考这阵子好像应该要改变生活前进的方向了。这时，我想暂时离开日本应该可以创造机会让自己再次慢慢集中关注焦点吧。

　　一九六七年九月十九日，我从羽田机场出发，预计单身前往美国和欧洲二十天。一光先生、TBS《Young 720》的导演、《平凡PUNCH》的编辑都跑来机场。先前我在电视上说过如果有机会的话，我很想要在伦敦和约翰·列侬碰面，结果三名自称是他粉丝的高中女生一大早就在机场等我，希望我将三封信和花转交给约翰·列侬，还出现了这样的托付场面。

　　羽田机场的跑道上细雨蒙蒙。我在机内带着怯懦的心情走到座位坐下。昨日种种像走马灯一样出现在脑中。虽然也会想"明明没有什么重大理由或者是必要性，为什么硬是要出国"，可是已经没有办法回头了。我对这样的状况感到有点后悔。我有一种怪癖，经常会像这样一时冲动就破坏掉理所当然的舒适日常生活。

抵达纽约第一天，进旅馆之后或许是因为疲惫，一路睡到了天明。隔天我和作曲家一柳慧共进午餐，他受洛克菲勒基金会邀约现在住在纽约。"纽约这个城市就工作而言是最棒的地点。不过现在地下文化没有什么。音乐也很普通。艺术和时尚应该是最棒的了。"纽约当时应该有种日本称之为"New Rock"[1] 的音乐最有趣，听一柳先生说普通感觉有点怪，不过他指的音乐应该是现代音乐吧。他看起来和时尚无缘，所以从他口中听到时尚很有意思这种话让我觉得很意外，后来我亲自跑去格林威治村走了一趟就理解他的说法了。格林威治村那边聚集了一大堆长发嬉皮，似乎想要用特异的服装来掀起意识革命。我和他们很有共鸣，受到一股冲动刺激，自己也想要成为嬉皮。这些跳脱资本主义社会的嬉皮装扮为什么如此官能、如此刺激、如此美丽呢？

在离开日本之前我完全想象不到美国正在掀起意识革命，让我非常震惊。同时也让我预感到自己内在也会掀起一番革命。"来到纽约真是太好了。"内心不禁大叫。

这年年初披头士发行了一张将 LSD 经验转换为音乐的专辑，名为《佩伯军士寂寞芳心俱乐部》（ Sgt. Pepper's Lonely Hearts Club Band ），可是我感兴趣的不是作为专辑内容的音乐，而是专辑设计的设计费，他们竟然付了三百万日元的巨款给设计师。在我为这种物质层次的事情

1　New Rock：所谓的新摇滚，主要指在 1970 年代前后期为了分类带有特定要素的摇滚乐团的作品所使用的名词。

感动的时候，全世界年轻人的思想确实透过音乐正在进行转变。

虽然我自认是披头士迷，可是反而像是在隐藏什么那样，身边一张披头士的唱片都没有。当我接触到纽约的嬉皮文化，我才第一次听懂披头士的音乐或者他们重要的思想意涵。在纽约接触到各式各样的嬉皮风潮之后，我也才第一次发现，披头士的思考在不知不觉之间已经奔向自己伸手无法触及的远方。

我到纽约后，第一次接触到了迷幻[2]（psychedelic）这个字眼。我在日本从来没有听过。透过朋友约翰·内森[3]（以三岛由纪夫、大江健三郎小说译者与电影制作者身份闻名）的说明，他告诉我说迷幻是借由LSD或大麻等药物引发幻觉，产生一种拟似艺术体验或者宗教体验的状态，直接翻译这个字意思会变成"脑袋很美妙"[4]，也就是"拓展感官和意识"的意思。

话说纽约有一大堆海报店，里面也在卖用原色或荧光颜料把幻觉意象具象化、描绘神秘不可思议图案的迷幻海报。竟然有将海报商品化来卖的这种店！这件事情本身就已经先让我感到惊讶。海报从原本的功能性独立出来，已经和摇滚共同确立自己的地位，成为嬉皮文化最重要的传播媒介。

2　迷幻：是指使用迷幻药物，或者从事迷幻艺术、音乐创作的亚文化专有名词，起源是一种另类的体验，利用高度扭曲与超现实的影音效果、回音、鲜艳色彩、全色谱、动画（包括漫画），去刺激、传送艺术家在使用迷幻药物之后的经验感受。

3　约翰·内森（John Nathan，1940—　）：加州大学圣巴巴拉分校日本文化研究教授。曾撰写日本小说家三岛由纪夫的传记，并将三岛由纪夫与诺贝尔文学奖得主大江健三郎的小说翻译成英文，也曾获颁"艾美奖最佳制片人奖"。

4　脑袋很美妙：猜测可能是将psychedelic拆成psyche（精神，引申为脑袋）和delic（与delicious[美妙]有类似字根）来解读。

纽约"文字与意象展"海报竞图

纽约唯一一间专门经手当代艺术家创作海报的画廊名叫"原作海报画廊"（Poster Originals Gallery）[1]，他们旗下经营的作品和这些嬉皮海报不一样。不久之前我的丝网海报才在这间画廊贩卖。我一前去拜访，画廊主人法兰夫人就非常高兴，告诉我说："有一大堆人想要见你。"马上电话联络梅顿·戈拉瑟、哥伦比亚唱片、CBS、ABC广播电台等各单位的美术指导说我来了纽约。接着告诉我从十月二日开始的两周要举办我的海报展，请我取消先前预定的欧洲之行。我感觉到好像有什么很棒的事情会发生，就依她的话中止欧洲旅行的计划。

我的预感马上变成现实。纽约现代美术馆正在规划要出版我的海报集。此外还告诉我说来年一月召开的"文字与意象展"（WORD & IMAGE）也决定以"状况剧场"海报《腰卷阿仙》为首邀请我数幅作

1　原作海报画廊：当代艺术尤其是波普艺术界相当知名的重要画廊。当年美国还没有让艺术家设计屏幕或文化活动海报的概念，艾芙琳·法兰（Evelyn Farland）为了推广海报文化，先在公寓一个房间设立海报中心公司（Poster Center），专门出版、发行、贩卖艺术海报。法兰夫人自己收集海报，法兰先生是投资银行的企业财务部长，有在收集艺邮邀请函（ephemera）。起初画廊没有什么生意，只能贩卖热门漫画主角的海报（蝙蝠侠、罗宾、超人）筹措印刷费，到了1966年状况开始大幅改变。由于波普艺术大盛，加上一般家庭开始引爆室内装饰风潮，艺术海报的需求大幅提升，公司改名为 Poster Originals Limited（POL），并于纽约热门地段开店。自1960年代末到1980年代出版以波普艺术为主的美国当代艺术家（安迪·沃霍尔、罗伊·利希滕斯坦、贾斯培·琼斯、罗伯特·印第安纳、罗伯特·劳森伯格等）的原作海报，并发行欧洲艺术家（夏加尔、毕加索、米罗、马蒂斯等）的原作海报，创造一时的荣景。法兰很早就对在纽约创立图钉工作室的梅顿·戈拉瑟、西摩·切瓦斯特等平面艺术家的海报感兴趣，在自家公司型录上（第一卷自1968年开始发行）甚至替他们每个人都设了分类。然而1991年泡沫经济崩溃，过度炒作的当代艺术家版画作品价格暴跌。沃霍尔的版画作品甚至跌到过任意一张都不超过1000美元。许多欧美画廊通知他们要中止版画经营更是让状况雪上加霜。1995年，原作海报画廊做了最后的清仓拍卖，画下休止符。

品参展，除了图录会刊登彩图之外，这次展览的宣传海报还会邀集梅顿·戈拉瑟、彼得·马克斯[2]、汤米·温格尔[3]等足以代表美国的超级大师和我四个人以竞图的形式来制作。这一切全部都已经套好招了嘛！

我终于下定决心要在此地长期驻留。虽然有点在意日本的工作，可是内心那种好像有什么会天翻地覆的预感也一天一天变强。事实上我非常兴奋，晚上几乎都睡不着。

我每天都会和一柳先生碰面，从早上到半夜都一起行动的状况也不少。在日本见过的人也有很多跑来住在纽约。我经常去作曲家兼钢琴师的高桥悠治[4]家玩，尤其是他夫人歌子小姐兼任翻译，经常和我同行。艺术评论家高阶秀尔[5]、雕塑家宫胁爱子[6]、画家元永定正[7]、矶边行久[8]、

2　彼得·马克斯（Peter Max，1937—）：犹太裔美国波普艺术画家。生于德国的柏林，童年在上海和以色列度过，后随家人移民美国。在1960年代和1970年代早期时，他的作品对美国广告设计界、包装设计等影响深远，连带出现了许多明显带有他风格的设计作品。这些高密度与卡通化的丝网作品在今天都还能见到，是波普艺术中相当通俗的代表。

3　汤米·温格尔（Tomi Ungerer，1931—）：法国插画家，生于斯特拉斯堡。1957年发表的处女作《梅隆斯去飞翔》，获Heradi Tribune春季儿童图书节名誉奖。从此广泛涉足儿童读物、讽刺画、广告美术设计等领域，发表了一系列作品，并获得了大量的奖项。为表彰他在儿童读物领域所做出的突出贡献，1998年被授予国际安徒生插画奖。

4　高桥悠治（1938—）：生于东京，是日本近代著名作曲家、钢琴家，改编过不少巴赫的曲子，曾写过好几本图画书，多半和声音、音乐有关。

5　高阶秀尔（1932—）：西洋美术史专家，东京大学文学部教授，国立西洋美术馆长，东京大学名誉教授，巴黎第一大学名誉教授，大原美术馆馆长，京都造型艺术大学院长。

6　宫胁爱子（1929—2014）：日本雕塑家。

7　元永定正（1922—2011）：日本画家，生于三重县伊贺市。他的画作融入了日本绘画的技巧“滴入法”，用铁桶等容器中放置的画具在油画布上施以滴入法的油画作品，吸引了人们的注意，在欧美也获得极高的评价。

8　矶边行久（1936—）：高中时代以最年轻的身份加入人民主义美术家协会（デモクラート美術家協会），拜瑛九为师制作大量版画，连续参加东京国际版画双年展。1960年代中期开始自由拼贴绘画和日常商业影像，1966年前往美国。1970年代在宾州大学研究所主修环境规划，转向环境艺术。近年来在大地艺术祭——越后妻有艺术三年展以河川为主题连续进行大型创作计划。

筱原有司男、作曲家林光 [1]、插画家三桥阳子 [2]，等等，我到纽约之后也都马上去和他们碰面。大家都和待在东京时没什么两样，好像都优游哉在享受纽约生活。

由于原作海报画廊位于里奥·卡斯蒂里画廊 [3] 的上一条街，法兰夫人就顺带介绍里奥·卡斯蒂里给我认识。这间画廊里面陈设着利希滕斯坦、贾斯培·琼斯 [4]、罗伯特·劳森伯格 [5]、罗森奎斯特 [6]、弗兰克·斯

1　林光（1931—2012）：日本作曲家。

2　三桥阳子：插画家，曾任职日本设计中心，后来远赴纽约工作，并替《idea》《an·an》等日本杂志供稿。

3　里奥·卡斯蒂里画廊：Leo Castelli Gallery。利奥·卡斯蒂里（1907—1999）是知名美国艺术经理人。在五十余年的经营岁月当中，他的画廊可以说是美国当代艺术的缩影，各式各样的风潮都曾经在此出现。1951年卡斯蒂里首次策展——第九街展（Ninth Street Show），那是历史性的一刻，未来的大师齐聚一堂，抽象表现主义自此展开。1957年他在纽约开设了自己的画廊，展示欧洲超现实主义、康定斯基，以及其他欧陆艺术作品，同时也纳入抽象表现主义画家，譬如波洛克、德·库宁（Willem de Kooning）、塞·托姆布雷（Cy Twombly）、布鲁姆（Norman Bluhm）等。1958年，劳森伯格和琼斯加入，显示时代开始朝波普艺术、极简主义和观念艺术转变。1960年代、1970年代，弗兰克·斯特拉（Frank Stella）、邦特科（Lee Bontecou）、利希滕斯坦、沃霍尔、贾德等人陆续加入，声势甚至大到另外开了两个分馆。这间传奇画廊现在依旧在纽约继续营运。

4　贾斯培·琼斯（Jasper John，1930—　）：美国当代画家、版画家。最著名的作品是他梦到美国国旗之后所画的《旗帜》（Flag）。琼斯经常运用对比反衬的手法呈现一种反讽的幽默。虽然他的创作主题经常来自流行文化，可是常被归类为新达达主义者，而非波普艺术家。然而琼斯转化传统视觉符号的绘画技巧又让他经常被选入波普艺术的选集当中。琼斯最大的突破在于替大众的视觉符号找到一个适合的绘画语言，启发许多未来的作品。

5　罗伯特·劳森伯格（Robert Rauschenberg，1925—2008）：美国艺术家，他最为人称道的是独创的作画技法，名为Combine Paintings，就是在传统油画上加入日常生活中随手可得的真实对象，如空瓶罐、轮胎、破铁架、木柜、球鞋、时钟，甚至是电风扇，将传统绘画从二度的平面空间带入三度的立体概念，这种结合了具象的生活物品与抽象的油墨水彩，颠覆了人们对"破铜烂铁"的定义，间接将庶民生活带进了艺术里，是美国当代艺术的重要推手。

6　罗森奎斯特（James Rosenquist，1933—2017）：美国艺术家，生于北达科他州。其作品中出现大量的工业产品，是美国波普运动的推动者之一。不同于以往的艺术家，他的作品充斥着中产社会阶级的幻想，诸如美食、女孩、花卉等题材，不仅是呈现美好的事物，还会出现许多具有负面意象的东西，如枪支、军事武器，让观看者有更多的联想。

特拉[7]等人的作品。第一次面对真正的波普艺术原作，我简直像是被定住一样。

纽约生活才刚开始就非常忙碌。去拜访洛克菲勒基金会波特·麦克雷[8]（先前我们曾经在东京见过）的时候，他看到我不会说英文，就替我办好去倍立兹语言学校（Berlitz Language School）的入学手续，也替我制作纽约现代美术馆的免费通行证。

然而倍立兹采用的是斯巴达式的英语教学，上起来非常痛苦。每天连续四小时，一个人要力抗七个英文老师。才去两三天我就感觉快发疯了。我经常必须要和麦克雷先生碰面，总觉得好像是在接受语言测验那样，非常不舒服。

刚来纽约不久我就接下东京神彰[9]委托制作"阿拉伯大魔术团"海报的案子，可是我的心都在纽约街上，完全没有心思静下来待在旅馆里面工作。面对纽约现代美术馆委托的"文字与意象展"宣传海报也是一样。然而截稿期限越来越近，我只好尽可能把它弄得像样一点带去交差。现场梅顿·戈拉瑟、彼得·马克斯、汤米·温格尔的作品都已经收齐了。

7　弗兰克·斯特拉（Frank Stella,1936— ）：美国画家、版画家，极简主义与后绘画性抽象画派代表画家。他受抽象表现主义画家波洛克和克莱因影响，大学结束后搬到纽约。1960 年代开始，斯特拉用色开始多样化，并且把浮雕的技巧和不规则画布引进作品中。他把画作本身视为一种对象，而不是外在世界的再现。他认为图画本身是物理世界的某种存在，或者是创作者内心情感世界的某种表现，自此他开始脱离强调笔触的创作方式。

8　波特·麦克雷（Porter A. McCray，1908—2000）：曾任纽约现代美术馆主席、巡回展总监，在国际博物馆界扮演要角。麦克雷早年曾获耶鲁建筑学学位，他在一次协助建筑师华莱士·哈里逊（Wallace Harrison）的工作中引起洛克菲勒（Nelson Rockefeller）的注意，后来就持续参与洛克菲勒各类的非营利计划。

9　神彰（1922—1998）：生于北海道，日本企业家、国际文艺发起人（策展人）。

147

因为最后要由几位专员做决定，所以我必须在简单的面试过程当中说明自己的作品。"你的作品是在表现什么呢？""我并没有特别表现什么。希望能够交给观众去想象。""我们需要概念一目了然的作品。是否能够请你再做一张概念清晰的作品呢？"

我和原作海报画廊的法兰夫人碰面，抱怨说纽约现代美术馆的专员太讲究抽象概念，提出麻烦的要求让我很想拒绝，可是她反而鼓励我说："这种机会千载难逢，你应该再挑战一次。"我知道要单靠图像说服他们很难，需要某种程度可以用语言解释的概念。这时我针对"WORD & IMAGE"这个标题来做分析。"WORD"是语言的意思，所以我以发出话语的"口"来代表，"IMAGE"和观看有关，所以用"眼"来试着表现，我画了张海报上面有双唇大开足以看见小舌的四张嘴巴和发射放射状光线的眼睛，再次带去美术馆。先前同一批人包围在我的海报周边，吞口口水等我开口说明。"我用口表示'WORD'、眼表示'IMAGE'，来呈现这次的主题。"我自己觉得非常丢脸，好像在说什么层次很低的冷笑话，可是全体评审大叫"哇喔！"一声，当场就决定用我的海报。因为这张海报用丝网印刷在现代美术馆里面贩卖，馆外悬吊的宣传广告牌也用相同的设计，法兰夫人看了非常高兴，说着"太棒了！"扑过来亲我。我觉得美国不用自己的眼睛做判断，要靠我的说明来做决定，真的是很重概念。经过这次竞图制作海报的活动之后，我和梅顿·戈拉瑟、彼得·马克斯、汤米·温格尔他们成为好朋友。这三位艺术家的作品有名到几乎随时随地都可以看到。尤其是彼得·马克斯搭上迷幻风潮的便车，简直就像摇滚明星一样受欢迎，《Life》杂志以"$"符号做背景衬托他的脸来做封面。他说我的海报能在纽约卖,可不可以把他的海报也带去东京卖。跟我提这类生意的话题,真的是个商人。不过我对这种事情没有什么兴趣,就拒绝了。

这就是迷幻

晚上我大多跑去看电影。刚开始我看的是安迪·沃霍尔《我是男人》[1]这部由男同性恋者演出的片。多的时候一天甚至会看四部,其中一部是色情电影。因为日本看不到,所以我天天都跑去看色情片。九月二十五日一柳先生暂时出差跑去欧洲巡回演出,我独自行动的机会增加,看电影的次数也越来越多。

有一天法兰夫人说有个名叫《CHEETAH》的新杂志替我做了一篇很大的报道,邀我去庆祝创刊的欢迎酒会。在那空间宽阔的舞厅里面,迷幻摇滚轰轰回响,黑光[2]和闪光灯点点明灭,裸体舞娘全身彩绘泛着妖艳的荧光……这一切一切我都是初次拜见。这种前所未见宛如费里尼电影场景的画面让我魂都飞了。

“这就是迷幻啊。”

我只能愣在那边发怔。走到户外,时代广场的霓虹灯火比以往更浓烈地映进眼底。每天体验到的纽约都不一样。隔天法兰夫人打电话说东西好像到画廊了。她要拿刚创刊的《CHEETAH》让我看。我的“上

---

1 《我是男人》:原文是 I AM A MAN,横尾可能记忆有误,应该是指沃霍尔 1967 年的《I, a MAN》。
2 黑光:运用长波长紫外线的黑光灯照明,让荧光涂料显像的一种技术。

吊"海报和安迪·沃霍尔、罗伯特·印第安纳[1]等波普艺术家的作品一同大量刊在彩页。"上面写你是日本的安迪·沃霍尔喔,太厉害了!"法兰夫人说得像是自己的事情一样开心。

我总觉得有点不好意思。杂志上连我的丝网海报和沃霍尔的玛丽莲·梦露作品价格一样是一百美元都写了。虽然这篇报道非常美式,可是老实说还是很开心。

法兰夫人似乎比往常更高兴,跟我说希望我以纽约为主题来做原创海报。"可是,是不吐舌头、不脱衣露奶、不伸手探进内裤的纽约喔。"她说着说着用手抚弄自己的胸部,缩头笑了。

这个要求好困难。明明我的作品就是抚摸胸部露奶这样才在纽约获得好评,这个女的一旦变成要由自己来发行海报态度马上就变保守。我没办法继续在旅馆工作,开始寻找适合的工作地点,这时保罗·戴维斯跟我说我可以用他的工作室,可以和他一同并肩工作。当时我们约定要一起合作做一本书,可是到现在都没有实现。

时间倒叙一下。刚来纽约第三天的时候,我听说曼哈顿南端往返史丹顿岛[2]的渡船里面会有一场连续二十四小时的乍现演出,就自己一个人跑去看。报纸上刊着"嬉皮占领渡船"的标题。事实上船内好像是在举办嬉皮聚会。人群当中还有白南准、手一直在空中挥舞的亨德

---

1 罗伯特·印第安纳(Robert Indiana, 1928—2018):美国波普艺术家,生于印第安纳州的纽卡斯尔。其作品构成多源于大众传媒、流行文化和商业广告这些非抽象表现主义的元素,这些在当时与众不同的艺术特征使他的作品更富有诗意和叙事性。他的许多作品都包含字符,例如使用"EAT""HUG"和"LOVE"等,这些字母和数字简明又清晰,也赋予其新的含义。

2 史丹顿岛:Staten Island,位于纽约市的西南方,纽约五大行政区之一。史丹顿岛北方可以远眺自由女神像。

里克斯[3]和日本画家矮呕[4]的身影。人潮太多,完全不知道哪里在表演乍现,可是我在船上往返曼哈顿和史丹顿岛九次,消磨了九个小时。

太阳下山我在船底咖啡店休息,有位中年男子走近邀我下船一起去吃饭。我想多少应用一下英语会话,就在完全搞不清楚对方底细的状况下搭上他克莱斯勒的前座。结果他带我跑去下城区杳无人烟的阴暗仓库区。他在史丹顿岛开诊所,要去下城同性恋人的家,却中途带我一起出现引发奇妙的三角关系,结果我夹在他们两人之间有点煎熬。

这个经验好像可以写成短篇小说,回国之后我把这个宝贵(?)的体验告诉三岛由纪夫,他说:"我听过纽约是真的有这样的地方,可是只有像你这种没有防备的人才会遇到这么妙的事。"相当赞赏(?)我这个经验。

体验梦幻乐团"Cream"现场演出

我的个展获得出乎意料的巨大回响,画廊几乎天天都有人在打探我的消息。因为这个画廊也同时替我处理经纪,感觉我在纽约好像多了一间办公室。

我持续去倍立兹语言学校上课,尽管它们采用的是斯巴达式教育,

---

3 亨德里克斯(Jimi Hendrix,1942—1970):美国著名吉他手、歌手和作曲人,被公认为是流行音乐史上最重要的电吉他演奏者。他的吉他弹奏技巧完全是自学,因为是左撇子,他自行把右手吉他的琴弦安装后用左手演奏。

4 矮呕(1931—):日本艺术家。1958年来到美国,以作品《虹》为人所知。

我的语言能力还是一点也没有进步，只是觉得越来越痛苦。下课之后，我为了转换一下心情就会跑去格林威治村。我发现只有待在这个地方我才能够解放自己的意识。

格林威治开设许多贩卖嬉皮时装和嬉皮海报的精品店和商家。每天我都跑到同样的店里去晃，可是完全不会腻，一到晚上则会跑去东村一家名为"电动马戏团"[1]的舞厅，这变成我每天的功课。这里以举办全纽约最刺激的迷幻演出闻名。此外安迪·沃霍尔将卢·里德（Lou Reed）和妮可（Nico）等人组成一个名为"地下丝绒"（Velvet Underground）的乐团会在这里演出。

有一天，我跑去一间名叫 Cafe Go Go[2] 的 live house，听说伦敦有个比披头士更厉害的乐团要来现场演出。那团叫作"Cream"。是由埃里克·克莱普顿（Eric Clapton）、金杰·贝克（Ginger Baker）、杰克·布鲁斯（Jack Bruce）三人组成的团体。这群人鞋子磨得不成样子，穿着破牛仔裤，看起来一身破烂，可是却杀气腾腾。音响像轰炸机一样用波动震荡空间。听众在没有座位的地板上抱住身子像石头一样一动也不动就这样听。

这就是那知名的梦幻乐团 Cream 的现场，可是我是回国很久以后才知道他们真的有多强。有位摇滚专家曾经告诉过我说，日本人恐怕只有我看过"奶油合唱团"的现场，所以这个经验真的很难得。看过 Cream 的现场之后，我彻底被摇滚征服。不论乐团有名没名我都尽可

1　电动马戏团：Electric Circus，舞厅名，1988 年一个加拿大的现场歌舞节目还沿用这个名字。
2　Cafe Go Go：应该是指俱乐部 Cafe Au Go Go（1964—1969）。位于纽约格林威治村的一间地下室，许多知名的乐团、民谣歌手、喜剧演员都会在这里表演。

能跑去听现场。其中我还记得有 Buffalo Springfield、Vanilla Fudge、Iron Butterfly、Joe Cocker，等等，说不定还包含了一些后来成名的乐团。

安迪·沃霍尔的工厂工作室

约翰·威尔考克[3]是《Other Scene》这本地下刊物的总编辑和发行人，有在收集我的海报（后来他和沃霍尔一同创刊《Interview》）。他说安迪·沃霍尔对我的作品很感兴趣，希望把我介绍给他认识，我就跟他跑去沃霍尔的工厂工作室[4]参观。记得沃霍尔的工厂工作室好像位于一间旧公寓的四、五层。走出铁制的电梯马上就出现一片宽阔的空间。工作室非常宽敞，宛如工厂一般，天花板整面贴满银纸，从中间垂下一面电影幕布。丝网印刷的木框版、知名的花卉系列、猫王（Elvis Presley）持枪等作品都随意靠在四边墙上。而房间四周摆着破破烂烂的沙发，弹簧都露了出来。好像是把别人扔在路边的东西捡回来。沙发上坐着五六位看起来像嬉皮的男子，可是我分辨不出他们是助手还

3　约翰·威尔考克（John Wilcock，1927—2018）：《村声》（Villiage Voice）创办者之一。

4　工厂工作室：The Factory，指安迪·沃霍尔 1962—1968 年间设置于纽约的工作室。他找朋友比利·纳姆（Billy Name）来装潢，用锡片、银漆和破碎的镜子把粗糙的工业空间布置得既俗丽又颓废，借此批判美国人的价值观。这间工作室是"艺术人士"、安非他命使用者，还有沃霍尔巨星（Warhol Superstar）聚集的空间。沃霍尔成名以后为了用资本主义的方式量产作品，把一堆成人电影演员、变装皇后、毒瘾者、音乐家聚集起来担任他的沃霍尔巨星。这些人会协助他创作画作或在他的电影中担纲演出。沃霍尔除了平面作品之外，还在工作室制造鞋子、拍影片、做雕刻、谈授权，设法把一切事物都标上名字拿去卖钱。工厂工作室这种夜夜笙歌、放纵不羁的生活方式散发出一种传奇色彩，工作室运作的这段时期也因而被命名为白银时代（Silver Era）。

是访客。此外还有两位美女，其中一位在我待在工作室期间一直不停敲打字机。另一位女性似乎是正在将录音转成文字。说不定她在做的工作就是在编辑安迪·沃霍尔来年出版的《a'》[1]这本单纯记录对话的小说。房间里放着迷幻摇滚。

安迪·沃霍尔一头金色长发覆着银丝太阳眼镜，银衬衫搭草绿结绳项链，牛仔裤塞靴，站在房间中央的巨大工作桌旁独自印着小幅的丝网作品。威尔考克和我走出电梯之后就直接向他走去。沃霍尔带着太阳眼镜，看不到他的眼睛。虽然他用非常平凡友善的态度跟我问好，可是几乎不说话。明明房间里面那么多男的什么都不干坐在那边发呆，他却自己一个人在做丝网印刷，让我觉得有点奇怪。

我从来都没料到这么容易就可以见到他，很多神话性的传闻都是在拍沃霍尔的马屁。因为从来没有想象过竟然可以亲眼看到他的工作现场，有点难以相信自己真的到了这个地方。沃霍尔工作告一段落的时候，有人把沃霍尔做的《INDEX》这本书带过来说："刚刚完成了。"整本书印满单色而粗糙的摄影，翻开页面就会伸出立体建筑、细长的绳索或气球，是一本有点像是惊奇箱那样的立体绘本。

"这本书是在日本印刷的喔。"沉默寡言的沃霍尔喃喃说了一句话。偶尔开口说的也都是很日常的内容，威尔考克谈到艺术相关的话题，他也只是响应"真讨厌""嗯哼"或"我想也是"，完全不谈自己的意见。安迪·沃霍尔的肖像和玛丽莲·梦露、约翰·肯尼迪、詹姆斯·迪恩、马龙·白兰度、人猿泰山的黑猩猩等并排放在海报店里一起卖，被当

1　《a'》：指的是《a, A Novela'》。

成是美国英雄之一。面对这种角色，我觉得与其知道他在想些什么，还不如不要知道，让他保持神秘更好。

一柳慧介绍贾斯培·琼斯

　　一柳先生去欧洲举办演奏会结束回到纽约，我们又恢复成每天一起行动的模式。我们两个最感兴趣的是收集嬉皮图案的领带。我买了好几十条，可是他应该买了一百条以上。因为我们两个都不去工作，这样购物或许是想要刺激想象力，又或者是在解决自己的欲求不满。我连"一柳先生回国以后来开领带店吧"这种话都出口了，真的是不知道为什么会买这么多花领带，真是个谜。

　　透过一柳先生，我认识了贾斯培·琼斯。第一次和贾斯培碰面是在雀西酒店[2]。似乎家里正在整修，所以住在这间拍过电影的知名旅馆。

　　他带来刚刚才弄到的索尔·斯坦伯格的版画，仿佛像是打开宝箱那样心跳加速从封筒里面抽出画作，秀给我们看。"你看这美丽的线条，这个空间。"贾斯培深深陶醉，仿佛在用手指爱抚这张作品。

　　斯坦伯格是美国知名的漫画家，可是贾斯培将他的作品当成一流艺术作品那样来敬重。斯坦伯格对于日本插画家也造成很大的影响，然而看到贾斯培这种艺术大师为此感动的神色，我对贾斯培这个人的印象更胜于斯坦伯格的作品。因为我发现贾斯培选用美国星条旗作为艺术主题的那种洞察力，延伸到斯坦伯格身上。正如贾斯培的眼光所示，斯坦

2　雀西酒店: Hotel Chelsea，拍电影指的应该是安迪·沃霍尔于 1966 年拍的《雀西女郎》(*Chelsea Girls*)。

伯格后来也在惠特尼美术馆[1]举办个展,成为足以代表美国的艺术家。

认识贾斯培几天后,他带我去拜访罗伯特·劳森伯格的工作室。这间工作室是从教会改造而来。一楼做雕刻,二楼做丝网,三楼画画,用媒材来区隔工作空间。我们拜访工作室的时候,劳森伯格正在设计《Time》的封面。他用丝网技术将电影《邦妮与克莱德》(*Bonnie and Clyde*)的剧照印在透明赛璐珞版上,觉得这也不对那也不对,反复试了很久。

"你是设计师,觉得这两种做法哪种比较好?"他跟我征求意见,感觉相当乐在其中。我待在纽约的时候和贾斯培碰过好几次。此外还认识了摩斯·肯宁汉[2]、白南准,还有几年前罹患艾滋过世的时尚插画家安东尼奥·洛佩斯[3]。

纽约生活一下就过了三个月。到了街头飘散落叶,井盖蒸腾白烟的季节。我撤出七十二街的旅馆,将生活重心转到格林威治村。这趟旅行我待得比原定的二十天多太多,待了两个月都还不回国,妻子开始

---

1 惠特尼美国艺术美术馆:Whitney Museum of American Art,位于纽约,是着重收藏20世纪之后美国艺术的美术馆。惠特尼美术馆相当重视在世当代艺术家的作品,当代艺术家和过去20世纪前半叶的馆藏受到同等对待。此外,长年以来馆方举办的年度展和双年展也是年轻或者未成名艺术家们的一个展示平台。

2 摩斯·肯宁汉(Merce Cunningham,1919—2009):美国后现代舞蹈大师。早年跟随邦妮·柏德(Bonnie Bird)学习葛兰姆技巧,在班宁顿舞蹈节被葛兰姆发掘,进入葛兰姆舞团,然而其创作风格与葛兰姆迥异。其舞蹈动作纯净、抽象,无故事情节,舞蹈动作结合现代、芭蕾舞的技巧,以脊椎为一切动作的中心,在人体结构的许可下,每个身体部位都可以发展动作,朝不同的方向和位置移动,产生多变、复杂、不可预期的变化与组合,具有古典的纯粹线条,更有现代的中性与冷静。到了晚年,老迈行动不便的他,竟然开始用计算机软件来编舞,称他为"舞蹈界的爱因斯坦",一点也不为过。

3 安东尼奥·洛佩斯(Antonio Lopez,1943—1987):美国插画家,在1970年代的巴黎和纽约时尚界是一位领军人物,以鲜艳、大胆的色彩著称。

担心，所以她十一月底突然跑来纽约。当然这也是她有生以来第一次出国旅行。妻子过来之后，纽约生活变得更有乐趣。她完全摆脱东京家庭和孩子的负担，从早晨到深夜尽情享受纽约生活。本来她应该是来接我回去的，结果就这样又留在纽约一个月。

　　我们是在圣诞节十二月二十五日回国。纽约现代美术馆的米尔椎德·康斯坦丁[4]和法兰夫人都问我说："再过一个月'文字与意象展'就要开幕了，为什么要回去呢？"可是我突然想家了。

4　米尔椎德·康斯坦丁（Mildred Constantine，1913—2008）：美国策展人。

映画『新宿泥棒日記』に出演

一九六八年。我自纽约回国后一个月，纽约现代美术馆召开了"文字与意象展"。虽然无法前往参观，可是对方通知我说他们替我的作品安排了一个特别的展间，"状况剧场"《腰卷阿仙》海报也被选为一九六〇年代的代表作。这幅作品也有印制成明信片来贩卖，和罗特列克[1]竞争销售一二名。此外，《Newsweek》和《Time》也用彩页刊登我的作品，报道说"它们被视为是艺术作品而非海报，获得最热烈的注目"。这让我获得非常大的信心。与此同时，《腰卷阿仙》等系列作品投稿日本《广告美术年鉴》全部落选。看到这些作品在美国获得肯定，我真的是非常想要对日本设计界发泄自己难以排解的愤怒。

　　回国之后比以前更忙，让人觉得要发疯。出门的次数也越来越多，从成城往返都心变得越来越辛苦。明明没去喝酒可是每天都半夜才回家。我和过去一样热爱周六深夜放映的东映黑道电影。高仓健超越纯粹的屏幕偶像，就像三岛由纪夫或披头士那样开始在我心中变成一种思想。事情演变到这个地步，我变得很想要认识他。这时透过和田诚

1　罗特列克（Henri de Toulouse-Lautrec, 1864—1901）：法国贵族、后印象派画家、近代海报设计与石版画艺术先驱，被人称作"蒙马特之魂"。他承袭印象派的画风，并受日本浮世绘影响，开拓出新的绘画写实技巧，擅长人物画，对象多为巴黎蒙马特一带的舞者、女伶、妓女等中下阶层人物。

介绍，有机会请到《网走番外地》的编曲——爵士钢琴家八木正夫[1]引见高仓健给我们认识。然而约定那天交通阻塞害我迟到，我搭出租车赶到八木家的时候高仓健已经回去了。

"阿健直到刚才都还坐在横尾现在坐的那张沙发上喔。"

我感觉阿健的体温好像还留在沙发上，真的觉得非常可惜。又拜托八木先生再找一次机会让我们碰面。几天过后，这次约在赤坂某间咖啡馆碰面。我这次更不能迟到，就比约定时间更早抵达现场。然而阿健和随行的侧拍摄影师已经一起在那里等了。

突然间我想起三岛由纪夫，心头一惊。我会这样想是因为以前和三岛先生约在帝国饭店的时候我在约定的时间刚刚好准时抵达，但是三岛先生已经出现在现场。

"横尾，你迟到了吧。"

"可是我刚好准时啊。"

"我早就在这边等了。"

虽然不甘心，可是完全没有反驳的余地。后来又要见面，我想说这次一定要扳回一城，比约定的时间提早十分钟到。可是三岛先生还是早就到了。

"你又迟到啦。"

"今天我已经提早十分钟来啰。"

"那又怎样。事实就是你比我晚到，不是吗？"

只能说他根本完全犯规。三岛先生看起来简直就像是在玩游戏一样。

1　八木正夫（1932—1991）：应该是八木正生，日本钢琴家、作曲家，生于东京。

可是高仓健好像没有这么刻薄。我瞬间心想：该不会是我记错时间了吧。阿健一看到我就起身好好向我致意，露出雪白的牙齿笑了开来。对于阿健来说我不过只是一个粉丝，看到他这么有礼让我觉得手足无措。

我在高仓健面前简直就像女学生一样瘫软下来。完全想不起来当时到底说了些什么。记得好像有提出计划说，有机会的话希望可以编一本收集贴身侧拍的摄影集。这也是因为希望以后可以用某种形式和阿健交流才瞬间脱口说出的想法。回家的时候，阿健准备好两张贴在裱版上的签名照片给我。后来我和当天遇到的侧拍摄影师远藤努变成好朋友，也就有机会经常见到阿健。

首部作品集《横尾忠则遗作集》

我去纽约之前就已经开始编辑第一本作品集，三月由学艺书林出版。这本作品集有个八卦味十足的标题——《横尾忠则遗作集》，是编辑八木冈英治[2]取的，我非常爱这个标题。总之我就是很喜欢死亡的意象。在畏惧死亡的同时用死亡意象装点自己，不知为何让我放松，甚至连带感受到一种难以抗拒的快感。因为我直觉：将死亡日常化，用这种做法来解构生命，生和死就不再有区别，可以让自我超越死亡的恐惧。

寺山修司、九条映子、田中能子这些天井栈敷剧团的成员，田中

2　八木冈英治（1911—1993）：编辑。年轻时曾发表作品，后来长期抱病，于战争期间选择编辑之路陆续任职中央公论社、NHK。战后曾任文艺季刊《作品》总编辑，摸索文学的可能性，并于学艺书林出版社主编《现代文学的发现全集》（全集·现代文学の発見）。

一光、永井一正、栗津洁等设计师，地下电影的金坂健二[1]，美术出版社的羽原肃郎[2]，学艺书林的八木冈英治，自称革命性设计师同盟的安藤纪男[3]，还有被人强迫拉去的妻子全体聚集在青山墓园为我举行葬礼，《横尾忠则遗作集》以大量跨页的篇幅收录这次葬礼过程的照片。这场活动似乎是在我前往纽约的时候举办。《遗作集》是"自杀宣言"海报、"讣告"广告等系列作品的延伸，我自己的葬礼不得不由他人举行，虽说自己扮演死亡感觉很不错，可是改成由别人来进行演出感觉就完全不是同一回事了。

世界第一张彩色唱片

从纽约回国之后第一件大案子，是在伊势丹百货举办的"亨利·米勒[4]插画展"的海报、图录及会场展示设计。我在这些工作当中首度运用荧光颜料和黑光，强调我在纽约的迷幻经验。我想透过这个工作试着整合八大产业与艺术，没想到获得《朝日 Journal》艺评的高度肯定。

---

1 金坂健二（1934—1999）：评论家、地下电影导演。在 1960 年代后半美国青年的嬉皮文化、青年国际党全盛时期活跃发表评论，推广地下文化与电影，针对年轻人散布反体制的文化思想。他被视为日本嬉皮祖师，和安迪·沃霍尔也有交情，留下工厂工作室、摇滚教母帕帕蒂·史密斯（Patti Smith）、诗人艾伦·金斯堡（Allen Ginsberg）等许多深入美国文化的摄影作品。

2 羽原肃郎：曾任《Design》总编辑，战后第一代代表性设计师、设计评论家。

3 安藤纪男（1940— ）：曾任武藏野美术大学平面设计研究室助手，替《设计批评》(デザイン批評)、《美术手帖》撰文，1986 年起主导编辑制作公司 Humpty Dumpty 的设计部门，专攻书籍和杂志装帧设计。

4 亨利·米勒（Henry Valentine Miller, 1891—1980）：生于纽约布鲁克林，20 世纪美国乃至世界最重要的作家之一，也是最富有个性又极具争议的文学大师和业余画家。其阅历相当丰富，从事过多种职业，并潜心研究过禅宗、犹太教苦修派、星相学、浮世绘等各种学问，被公推为美国文坛"前无古人，后无来者"的一位怪杰。作品有《北回归线》《南回归线》《性爱之旅》《情欲之网》和《春梦之结》。

此外，亨利·米勒自己也写了封大力称赞的信给我，让我爽翻天。

我想要设法将迷幻风潮带进日本，就和在纽约相遇的一柳慧，还有当时刚刚认识的滨野安宏[5]一起在草月会馆举办了一场名为"迷魂美妙秀"（Psycho Delicious Show）的演出。摇滚乐团、日本首位女性机车骑士催油门的爆音，再加上我在噪声般的现代音乐录音里发出没有意义的动物叫声，等等，舞台上就是这样混杂的迷幻演出。我们三个都穿得像嬉皮，原本打算向弗兰克·扎帕（Frank Vincent Zappa）的"创造之母乐队"（The Mothers of Invention）挑战，甚至演奏超越他的当代音乐，可是大部分客人都愣在那边完全没有人跟着 high，最后我们只是害自己丢脸而彻底以失败告终。尽管批评大众对此缺乏概念，一柳先生、滨野和我三个人还是没玩够，这次我们挑战电视媒体，独占了"11PM"[6]所有实况单元的时段，做了整整一小时影像、声音和肢体演出（performance，当时还没有这样的名称）。一柳先生收集现代音乐、歌谣曲[7]、民谣、摇滚、民族音乐等各式各样的音乐与声音素材，我则是收集电影、纪录片、演唱会、电视节目等形形色色的影像尝试即兴拼贴创作。

这个演出引起广大的回响，有评论指称我们劫持电视，甚至还有观众以为是电视机故障，大家的意见虽然都表示说不知道发生了什么

---

5 滨野安宏（1941—）：生于京都，生活方式推行者。由他所提畅的新生活运动，名为"质素革命"，主要理念为"回归自然，简单生活"，即是将生活回归于大自然中，扬弃多余无谓的装饰与负担。

6 11PM：日本电视台和读卖电视台于1965—1990 年间交互制作的长寿深夜节目，也是日本第一个娱乐新知综艺节目（ワイドショー）。最初是非常硬的时事议题新闻节目，但是收视率相当低迷，改组之后成功开拓深夜时段的收视观众群，大胆的清凉企划单元是后来所有深夜成人综艺节目的先驱。

7 歌谣曲：指日本流行音乐的一个种类。广义上，指的是日本整体流行音乐当中有歌词者；狭义上，则锁定演歌或心情歌谣。

事，可是好像没有人转台。对于这些没有药物经验的观众来说，就算突然让他们看迷幻演出他们也不可能会理解；就我们自己创作而言也只是在重现纽约的刺激感，不知道会发生什么事。

当时我和寺山修司，都和一柳慧频率完全对盘。基于想要和一柳先生为这个时代做见证，想要共同留下某种纪念碑式的作品的念头，我们两个开始一起制作 LP 唱片。这两张一套的唱片标题为"一柳慧作曲，来唱歌剧横尾忠则"（一柳慧作曲、オペラ横尾忠则を歌う），而且是全世界首度发行全彩唱片（color record）这种产品。所谓全彩唱片，指的是在唱盘上印制图画。

说起唱片的内容，首先，在女澡堂玉体时隐时现的蒸气中，一柳慧弹起古贺正男作曲的《男人的纯情》（男の純情），而我在钢琴伴奏声中做歌唱排练，接下来响起内田裕也率领的"花乐队"（ザ・フラワーズ）演奏迷幻摇滚。然而这张唱片的高潮不管怎么说都是高仓健唱的《高仓健来唱横尾忠则》（高倉健、横尾忠则を歌う）。这首歌由八木正夫编曲，东映黑道电影名配角水城一郎和唐十郎共同作词，阿健把它代换成《网走番外地》的旋律来唱。　听到那魄力丨足的声音唱起"一个名作，横尾……忠喔喔喔……则……"，我全身就酥了。

八大行业"迷幻""地下""插画"教主

这段时间我把工作室搬离成城的家，迁到平河町《报知新闻》背后一栋公寓里。我之所以如此，是因为突然接到大阪万国博览会纤维馆的建筑设计工作，无论如何都必须要在市中心有间工作室。

就经济层面而言我还没有余裕可以在市中心设办公室，不过经手这个计划的广告公司替我负担了部分房租还有女助理的薪水。

我去纽约之前及川正通就一直帮我的忙，我想趁现在有间工作室请他过来。找他谈过之后，他提议说反正都要一起做，房租我们就各自分摊一半把它变成我们共同的工作室[1]。

我觉得怎样都好，就依及川的意见去做。

虽然我们各自负担盈亏，可是及川的工作并没有那么多。他有接一些以前主妇与生活社的工作，可是我担心那种程度应该没有办法负担一半的房租，就把他介绍给我有在来往的出版社和报社。

我从纽约回国之后海报出现巨大的转变。特征就是会反复连续使用相同的形状，画上花朵，描绘宇宙空间象征永远与无限，等等。而且我还引用浮世绘风景画当中晕染水平线和天空的技法，创造比过去更有幻想性的画面。这种风格就算被人家说很有迷幻味我也没话说，幻觉经验（trip）的元素非常明显。另一方面，滨野安宏、灯光制作人藤本晴美[2]在赤坂策划了一间名为 MUGEN（无限）、会举办迷幻秀的舞厅，新宿也出现一家名叫 Flower Children[3] 的海报店贩卖美国摇滚海报等商品，迷幻以一种游乐文化[4]的身份开始在日本流行。

1　工作室：这里指的是 The End Studio（ジ・エンドスタジオ）。

2　藤本晴美：灯光设计、制作人、导演。曾留学巴黎、意大利学习艺术与电影，于 1969 年创立 MGS 照明设计事务所。以日本最初的迪斯科舞厅 "MUGEN""BYBLOS" 灯光设计、展示与制作打响第一炮。并以大阪万国博览会 "政府三号馆""WACOAL-RICCAR 馆" 广受好评。之后陆续参与剧场、演唱会、时尚走秀、美术展、影像等企划、展演与制作。

3　Flower Children：指嬉皮的一个流派，因其常佩花环或手持鲜花宣扬和平与爱而得名。

4　游乐文化：原文 "风俗"，指称广义的娱乐产业，包含酒店、舞厅、柏青哥店与性产业等。

电影也出现一部彼得·方达（Peter Fonda）主演、罗杰·科曼[1]执导的药物片《神游》（The Trip）。而且这部电影的海报是由我来设计。

大众媒体将迷幻（psychedelic）简称为"psyche"，地下文化（underground）简称为"ungra"，插画（illustration）简称为"illust"，把这三种文化混为一谈，当成是一种游乐文化现象。由于以上三种元素我全都具备，媒体把我推举成这些领域的"教主"之一，甚至还替我戴上"寡廉鲜耻"的高帽子。

主演大岛渚执导的《新宿小偷日记》

接下来发生的一件事，对于我的传播媒介身份产生了决定性的影响。我被选为大岛渚[2]导演《新宿小偷日记》（新宿泥棒日记）这部电影的主角，这种事情我想都没有想过。尽管心底某处确实有个梦幻的心愿，想要在这辈子参与一次电影演出，可是完全没料到竟然这么快就实现了。更别说是在每每引爆话题的大岛渚电影里面担任主角。制作人联络我的时候，我还以为是要帮忙做电影海报或电影美术，听到说要我演出吓一跳。单单想象自己的身影大量出现在电影院的屏幕上，就兴奋得全身起鸡皮疙瘩。

---

1 罗杰·科曼（Roger Corman, 1926— ）：美国著名独立电影导演、制片人。执导了50多部作品，并制作了300多部影片，包括探险片、恐怖片、科幻片、公路片、犯罪片等，2009年获颁奥斯卡终身成就奖。

2 大岛渚（1932—2013）：日本著名电影导演，作品屡获国际影展大奖，与黑泽明、小津安二郎同列为日本20世纪国际电影导演大师，作品具有独特的个性，以前卫新锐著称。代表作有《绞死刑》（1968）、《感官世界》（1976）等。

大岛渚的电影虽然我没有全看，可是绝大多数都看过，很清楚他的思想和风格，也知道他每次的主角都会挑些出乎意料的人而获得成功。然而真的找我到底会不会成功，我实在是没有自信。我跟导演表明我的心情，他回说："这就交给我吧，你绝对不必担心，没问题的。"可是我真的还是很不放心。不过我完全不打算拒绝，心想既然要演就要以最佳男主角为目标。由于对方问我说如果有想要找哪位女演员演对手戏希望我可以告诉他们，我马上指定浅丘琉璃子。然而制作人和她洽谈演出的时候，她似乎是考虑到剧本当中描写到性场面，说自己实在是没有办法接受就拒绝了。结果女主角由我完全不认识的横山理惠这位第一次演电影的剧场女演员来担任。配角包含大岛电影的固定班底：佐藤庆、渡边文雄、户浦六宏，此外还有唐十郎和"状况剧场"、四谷 Simone[1]、特别来宾纪伊国屋书店社长田边茂一[2]、性心理学研究者高桥铁[3]，等等。

剧本里面到处都是空白。这些部分一开始就预定采用乍现来处理，依据拍摄过程的发展怎样呈现都有可能。

拍摄的第　天，我们从高桥铁接受横山理惠和我的性爱咨询这场戏开始拍。高桥先生事先就告诉过我们咨询的内容，可是我们两个什

1　四谷 Simone（1944—　）：日本演员、人偶制作师。

2　田边茂一（1905—1981）：创立纪伊国屋书店。

3　高桥铁（1907—1971）：性科学家、性文化研究家、推理作家。战后发表描绘各种体位的代表作《爱的艺术 Ars Amatoria》（あいす・あまとりあ）畅销全国，并参与创立 Amatoria 社、文化人的性娱乐杂志《Amatoria》（あまとりあ）、性科学杂志《人类研究》（人间探究）等刊物。1950 年，高桥创设日本生活心理学会致力于性科学的研究，提供大众咨询性方面的烦恼，并集结性经验记录出版《生心报告》（生心リポート），却被检方以猥亵图书的名义起诉落败。

么都没听进去。更夸张的是，虽然不可置信，可是我完全没有看过剧本就这样进入了第一天的拍摄现场。所以我完全不知道这场戏前后到底发生什么事，完全不知道自己正在演的内容代表什么意义，用一种极其不安的心情在演出。我不可能告诉导演说自己完全没看过剧本，被识破就完了，所以摄影过程当中一直心惊胆战。

咨询师高桥老师突然拿色情图片给我们看，问我们有什么感觉。摄影机在我身旁运转发出"唧——"的长音。我必须说些什么，我要以横尾忠则的身份说话呢，还是要以我的角色冈之上鸟男的身份来说话才对？我心里完全是一片混乱，就在不知道会发生什么事的状况下，以拍摄纪录片的状态不停持续咨询。接着我们两个人突然被高桥老师脱掉上半身衣服。我的胸口最近刚好长了一个疙瘩觉得非常不好意思，可是横山理惠以前从来没有在他人面前裸露过，好像觉得更害羞。她乳房底下有一个伤口，可能有点在意，就开始对伤口进行漫长的说明。坦承说那是小时候被路上的坏人用刀子弄伤的。这部片原本应该是剧情片，再这样继续下去就变成纪录片了，可是导演完全不在意，就这样让影片继续拍。

片子以新宿为主，全部都是在外面勘景的场地拍，每天连续进行。有时候会通宵拍到天亮。因为拍摄过程和故事进流无关，顺序会打乱，我完全搞不清楚自己现在在演哪一场。既没有像自己过去想象的那样体验到演员的心情，也没有因为表演的快感而感到陶醉。总觉得心情有点黯淡，不管怎么想都不觉得自己在拍什么有趣的电影。觉得和过去大岛渚导演的电影不一样。身为主角出场机会确实是很多，可是感觉好像真正的主角是别的东西。主角可能不是人，譬如说可能是新宿的街道、一九六〇这个时代，或者是电影本身。

　　就我看来，我不太懂大岛导演是在创造电影还是破坏电影，恐怕两者皆有吧。感觉他在虚构的情节当中纳入纪录片、乍现，还同时撷取我这个人的实体和虚像。无论如何，这部电影自身变成了一个独立存在的"现实"，这件事情是千真万确。

　　我超越了所谓演员的框架，觉得自己经历了一段非常不可思议的历程。切身感受现实与虚构交互镶嵌结合在一起。肉体和灵魂这两种位于不同次元的元素难分难舍合而为———这也是一种原初的体验。

　　完成的电影简直就像是没有经过剪辑的毛片。部分片段有用彩色，但是整体是黑白片。由于全部都是户外勘景拍摄，记录的元素也很强。在真实的时间运作当中刻意演戏感觉非常奇妙。事实上，电影里面还安插了"状况剧场"的《由井正雪》作为剧中剧，电影本身变成现实与虚构两者并存的一种套盒结构。剧中剧当中也有我参与演出的场面。然而我只关心自己出场的地方，完全没有资格客观审视电影做批评。单单只注意那些现实的样貌，完全没有办法冷静下来看。反过来说，我也发现没有任何其他媒介比电影更能够凸显我的个人本质。

和亨利·米勒比赛桌球

　　在电影拍摄期间，我还是继续处理所有接到的案子。先前提到大阪万国博览会纤维馆的工作，对我来说是第一件建筑工作。这个展馆的灵感概念得于克莱因壶[1]。克莱因壶是四次元的理论之一。建筑的红色地板穿破天花板像是红色的阳具那样露到外面——谁说这种四度空间的概念三度空间不能表现！我的想法就是这样。参与这个计划的艺术家除了我之外还有影像创作者松本俊夫[2]、音乐评论家秋山邦晴、造型创作者吉村益三[3]、人偶创作者四谷Simone、平面设计师植松国臣等。

这一年，因为纽约举办纽约博览会，圣安东尼奥（San Antonio）也召开半球博览会[4]，工作人员各自跟着自己的小组前往美国旅游参访。我和秋山邦晴两个人去。一开始先到洛杉矶，一方面也是为了要和亨利·米勒见面。我打算趁这次旅行留胡子，还考虑由秋山先生每天拍照记录胡子生长的过程来做成概念艺术。然而要去和亨利·米勒见面的话，胡楂乱七八糟就很没有礼貌，我还请秋山先生教我用英文解释为什么脸会这么凌乱，才自己一个人去亨利·米勒家拜访。

打开玄关门迎接我的是亨利·米勒本人。我才打完招呼，就匆匆忙忙把秋山教我的英文背出来给他听。亨利先生露出一脸讶异的表情，虽

1　克莱因壶: Klein bottle，最初的概念是由德国数学家菲利克斯·克莱因提出。是指一个只有一面而且没有内部的闭曲面，若把它分割成同样大小的两半，便是两个莫比乌斯带。在三维空间中不可能构造这样的曲面，但可以构造一个模型，即把一个开口锥形管的细端塞入（按开口的相同方向）粗端，然后互相封口。

2　松本俊夫（1932—2017）: 日本独立电影导演，生于名古屋。1960年代他和大岛渚、佐藤忠男等人创办《电影批评》杂志，直接推动了日本新浪潮电影运动的产生。1968年拍摄了首部剧情长片《蔷薇的葬礼》（薔薇の葬列），被称为日本新浪潮先声之作，也是开启日本电影同性恋文化的第一部作品。

3　吉村益三（1932—2011）: 应该是吉村益信，1960年与"新世纪群"后辈赤濑川原平、风仓匠等人一起组织"All Japan"（オール・ジャパン），随着筱原有司男加入转成"New Dadaism Organizer"（ネオ・ダダイズム・オルガナイザー）。他用展览海报裹起全身在银座进行表演使自己声名大噪。后来参与大阪世博会，并经营日本第一个艺术家网络"Artist Union"（アーテイスト・ユニオン）。

4　半球博览会: Hemis Fair'68，第一个在美国西南部举办的世界级的国际博览会，主办城市是德州的圣安东尼奥，1968年4月6日开幕，10月6日闭幕，为期半年，共有超过30个国家设馆展出。

173

然听到我说英文，可是最后好像听不懂的样子。看到他书房里面贴着我设计的亨利·米勒展的海报，让我非常开心。他还让我看一本书，书上登着他以我海报为背景拍的个人照，让我更加高兴。他最引以为傲的是厕所。厕所墙上满满贴着星罗棋布的照片。每一张都非常珍贵。他暗示我不要告诉别人，把手指挡在嘴巴前面"嘘——"一声秀给我看，乃木将军夫人[1]的照片背后还暗藏了一张阿部定[2]的照片。他看起来好像更喜欢这个神秘的游戏，笑得满心欢喜。后院有个池塘，面对池塘的宽阔起居室里面摆着一张桌球台，台面正上方的天花板层层叠叠贴满一堆我的海报让我吓一跳。亨利·米勒对我说："快点来打乒乓吧。"我虽然打得不好，但是也非常喜欢乒乓球。他摆好架式就这样用他修长的手臂漂亮回击，技巧非常高超。结果平局反复好几次，最后我终于败给这位老文豪。

吃饭途中，亨利·米勒接二连三转变话题。不知是否是因为米勒夫人霍琪[3]跑去东京让他感到孤单，他好像很在意太太的状况。我跟他说我在东京经常见到她，他马上露出寂寞的表情，让我感觉自己是不是说错什么话有点后悔。他还问我："田宫二郎自杀是真的吗？"不知道是听到谁告诉他，然而这时候田宫二郎还没自杀，当我真正看到田宫二郎自杀新闻的时候，心想他的预知能力也太强了。我在三岛先生家见过田宫二郎，对他也很熟悉。后来他还打电话问我要不要在夏威

1　乃木将军夫人：乃木静子（1859—1912）日本陆军大将乃木希典之妻。1912 年明治天皇病逝后，与丈夫一同剖腹殉节。

2　阿部定：这里的摆设暗藏着亨利·米勒的幽默，乃木将军以好色出名，因此乃木夫人心里可能暗藏着一个阿部定也说不定。因为阿部定割掉男友的阴茎，拿"它"当项链在东京逛街炫耀。

3　霍琪（1937— ）：霍琪德田，昭和时代后期爵士歌手。

夷买土地之类的，真是一个很难理解的家伙。亨利·米勒还笑着说："如果我是毕加索你是萨尔瓦多·达利的话，现在我就会在你喝的汤里面下毒喔。"对他而言达利似乎非常难以让人忍受。针对我，他的评语是："婴儿和老人同时住在你脸上。"这个感想让我非常开心。

总而言之他真的非常欢迎我去拜访。当时他正在拍和自己有关的纪录片，联络制作公司说想要和我一起入镜拍摄画面，不巧当天是星期天没办法凑到工作人员，他觉得很可惜。我因为没有办法在亨利·米勒的纪录片中登场感到遗憾。这是我第一次也是最后一次和亨利·米勒碰面。

参观完圣安东尼奥的半球博览会之后，我和秋山先生一起去纽约。虽然这趟旅行的目的是去参观纽约博览会，可是我一到纽约就对这件事情丧失了兴趣。所以我有了个念头，打算装成去过纽约博览会的样子听去参观博览会的人怎么说，回国报告这样讲就好了。一到纽约，我就和秋山先生各自行动。然而第二次到纽约我强烈感觉简直就像是"回到"第二故乡，内心充满难以置信的熟悉感。

抽大麻经历神游

和过去一样，真的是在各方面都很麻烦高桥悠治夫人歌子小姐。一开始我住在旅馆，可是那时刚好没钱，变成只好去歌子小姐家叨扰。这次在纽约最大的事件就是我第一次尝试用药。上次待在纽约认识莎拉（她后来和克劳德·毕加索[4]结婚了），她朋友带了大麻来。

---

4 克劳德·毕加索（Claude Picasso）：毕加索与吉洛忒（Fran-coise Gilot）之子。

抽了之后让我陷入了自己好像变成耶稣的错觉，感觉和耶稣一样留了长发长须。然后我开始对当场几位美国人用英文演讲（原本我明明应该不会说）："用我们的手改变世界的时刻已经到来。"美国人听我的演讲（？）好像听得非常投入，表情都很认真。当晚我和歌子小姐去看路易斯·布努埃尔[1] 导的《白日美人》（Belle de Jour，1967）。

抵达电影院门口的时候听人家说现在才刚开始，请快点入场，我就匆匆忙忙跑进走廊。一直跑一直跑可是怎么都跑不到头，让我非常惊讶。好不容易终于离开走廊坐到座位上。这回颜色开始从电影屏幕黏糊糊地流下来，一直流到我的脚边。正当我心想糟糕的时候，不知道是不是灵魂出窍，变成从电影院天花板的位置鸟瞰自己在座位上沾满颜色。多半是药物引发的幻觉反应还在继续。

看完电影走到外面的时候，看到一张巨大的床被人丢在路边。我在歌子小姐家睡的是小朋友用的小床，就想要把这张丢掉的床捡回去。后来把床载在出租车的车顶上搬回了歌子小姐的公寓。

隔天清晨我在大床上醒来，当时感觉自己仿佛睡在美洲大陆正中央。不知为何自己简直就像是卡夫卡的小说那样变得像小虫一样小。昨天晚上的幻觉竟然延续到隔天。然而事情还不只是这样。有一天我经过古董店前面，脑中瞬间出现一个非常漂亮的女子形象。我想着"咦，这是什么？"而停了下来。接着就无意识走进古董店里面。店内最深处的地方搁着一个画框，看到框里版画的女性肖像又让我大吃一惊。

1　路易斯·布努埃尔（Luis Buñuel，1900—1983）：西班牙国宝级电影导演、电影编剧、制片。代表作有《一条安达鲁狗》（Unchien andalou，1927）、《白日美人》。擅长运用超现实主义表现，与抽象派名画家达利是搭档好友。

那个女人就是我刚刚走在路上脑中浮现的女人。这只能解释成是画中的女人把我叫进店里。我仿佛就像是一见钟情那样把这张画买回了家。

我从那天开始变成她的爱情俘虏。就寝时要将她搁在床边望着她入眠；吃饭时也要把她摆在椅子上盯着看；就算出门，对她的思念也徘徊不去，经常因为心里介意而马上跑回家。那阵子我面对一言不发的她变得越来越疯狂，有一天打算从公寓窗户把画扔到中庭，歌子小姐发现了予以制止。才用一次药，引发的幻觉竟然延续好几天，这种事情真的是完全出乎我的意料。可是那究竟是怎么一回事？直到今天，我还是只能说那次经验真的是非常不可思议。

ぼくの身辺に不思議なことが……こと……が……

刚来纽约时我去西德尼·詹尼斯画廊[1]看过以玛丽莲·梦露为主题的波普艺术家联展。当时我看到沃霍尔融合毛泽东和梦露的作品，以及汤姆·魏瑟曼[2]那张硬边风格[3]的梦露大嘴，受到刺激。我希望这次在纽约可以试着和这位知名的画家碰面，就拜托西德尼·詹尼斯画廊的人说可不可以让我和魏瑟曼碰个面，对方回答说如果我有什么事的话可以留封信给他，下次他来的时候会转交。可是我没有那么余裕的时间，希望直接跟他联络，就在电话簿里面找他的名字。找到名字之后心想反正应该只是同名同姓就打打看，没想到对方真的就是汤姆·魏瑟曼。他说我随时都可以去他工作室找他，我马上和歌子小姐一起前去拜访。工作室里面有好几幅以前在艺术杂志上面看过的大作叠在一起靠在墙边。他一张一张拿出来给我看，真的让我非常感激。我也把日本带来的《横尾忠则遗作集》拿给他看。我想自己的作品是插画应该不在他

1　西德尼·詹尼斯画廊: Sidney Janis Gallery。1948年，西德尼·詹尼斯在纽约开设了这间画廊。他的画廊将美国当代艺术家，尤其是抽象表现主义创作者的作品和欧洲创作者譬如保罗·克利、米罗、波纳尔（Pierre Bonnard）等人一概视之，建立起美国当代艺术创作的合法性。

2　汤姆·魏瑟曼（Tom Wesselmann, 1931—2004）: 美国波普艺术大师。

3　硬边风格: Hard-edge Painting。抽象主义的一个派系，出现在1950年代中期。以几何图形或边缘清晰的造型，与抽象表现主义的注重色彩明暗对比和立体感的风格相抗衡，重视的是色相对比和平面感的大面积色块。

感兴趣的范围之内,然而却意外命中他的喜好,还跟我说,可不可以拿他的版画和我交换作品集。其中,他非常欣赏的是我一九六五年在南天子画廊展出的裸女系列亚克力画。面对这完全不能相提并论的交换条件我有点犹豫,但是自己尊敬的艺术家对自己作品表示兴趣让我非常兴奋。直到今天,我和魏瑟曼交换的那张美国人体画还挂在我家墙上。

滞留纽约期间,我也见到和歌子小姐交情匪浅的索尔·斯坦伯格。他是贾斯培·琼斯很敬爱的创作者。他以漫画家的身份出发,到了今天已经成为代表美国的艺术家,获得崇高的评价。我对要买安迪·沃霍尔的玛丽莲·梦露的版画,还是买斯坦伯格的《面具》(*Masks*)这本书犹豫不决,最后还是买了《面具》。所以见到他的时候完全疯了。他看我兴致勃勃盯着他那些靠在工作室墙边的作品,悄悄对歌子小姐说:"他很佩服我的作品喔。"我都有听到。

这回,原本旅行的目的应该是参观纽约博览会,我却没去,反而像过去一样天天在格林威治村打转。延续先前的纽约生活,我觉得最刺激的还是各式各样的迷幻风潮。其中有一件事神奇地掳狱了我的心,那是在街头搭配伴奏一边唱"神哉罗摩[1]……神哉罗摩"(hare rama hare rama)一边跳舞的克里希那[2]传教士的身影。我对他们甚至抱着一

---

1 神哉罗摩: Hare Krishna, 印度语, 原意是"啊!主啊, 克里希那!"(Oh, Lord Krishna!Krishna)是对克里希那神(Krishna, 梵语为: Krsna, 佛教中译为: 吉栗瑟拏)或毗湿奴神(Vishna, 梵语为: Visnu)的赞颂词。

2 克里希那: Krishna, 梵文的意思是黑色, 中译为"黑天"或"奎师那"。因为黑色能吸收光谱中的七种颜色, 代表具有一切的吸引力, 是印度教崇拜的大神之一。

种向往的心情，每次总是看到出神。我还曾经去过克里希那寺院参加过一次典礼。格林威治村有店专门在卖印度产品，我四处搜罗嬉皮风的印度衬衫、背包、拖鞋，还有印度神明的圣像复制画，等等。为何我会追印度风的事物追到这种程度我自己也搞不清楚。看到披头士去印度拜玛哈里希·玛赫西·优济[3]为师受到刺激，或者是我的药物经验自然而然开启通往内在世界的大门……就算有这类现实的理由，我还是没有办法进一步说明自己的状态。只知道有某种巨大的力量开始推动我，只感觉到这个。

走在街上只要看到书店我就会进去。纽约的书店有一大堆在日本几乎看不到的精神世界、神秘学、自然饮食，还有传奇故事类的书籍，还会为这些书特别设置陈设角落或书柜。盯着这样的书架看，就会觉得有某种改朝换代的预感正在酝酿。"没有什么比这件事情更加千真万确。"这种坚定的信念从我心中浮现出来。

退出天井栈敷

从纽约回国之后，我必须最先解决的是要对大阪万国博览会纤维馆计划成员进行纽约博览会的调查报告。然而我根本没去看那个博览会。我根据其他看过的人的信息，描述纽约博览会里面人气最旺的美国馆的造型，简直就像是自己亲眼看过一样。幸好美国馆人太挤，没

3　玛哈里希·玛赫西·优济（Maharishi Mahesh Yogi, 1917—2008）: 美籍印度瑜伽师。发展出一种简易的瑜伽术，即超觉静坐，是以静为主的气功。

有别的工作伙伴去看，我的谎话就没有被揭穿。

一九六八年从主演电影算起，和一柳慧他们一起办迷幻活动，还制作天井栈敷与状况剧场的舞台设计和海报。此外除了纤维馆之外，还参加了黑川纪章[1]设计的TAKARA椅子馆的展示制作，往返东京大阪之间忙到头昏眼花。

天井栈敷延续去年《青森县的驼背男》，继续推出《大山肥子的犯罪》（大山デブ子の犯罪），《毛皮玛莉》（毛皮のマリー）进行第二、三次公演。然而在《毛皮玛莉》的舞台设计方面，我和代替寺山修司担任导演的东由多加意见不同，到最后，和他大吵一架就离开了剧团。我现在记不太清楚具体争执的理由，根据当时担任主角的美轮明宏先生的说法，我做了一个尺寸大到塞不进舞台的布景，结果导演用锯子去锯，我就气得像着火一般把大道具全部装上卡车搬走。不过不管是锯子还是卡车，其实都是美轮先生自己的添油加醋。但因为这种说法更有趣，我索性不加反驳地视为趣闻。

由于《大山肥子的犯罪》举行公演，新宿末广亭[2]前骈肩杂沓、挤满了人，我和唐赤儿[3]站在那边发"状况剧场"《续约翰·希尔瓦》（続ジョン·シルバー）的传单，为一件小事起争执，结果金坂健二在一旁打圆场。这是因为"状况剧场"下回公演的传单上面写说我会负责

1　黑川纪章（1934—2007）：日本建筑师，京都大学毕业。代表作为中银胶囊大楼（中银カプセルタワービル），是新陈代谢派的代表作、一幢造型特殊的住宅·办公建筑。

2　新宿末广亭：是一个表演剧场，演出的是从江户时代以来的落语、漫才、魔术等节目，维持从1964年开业以来的建筑，也会有知名艺人的演出。

3　唐赤儿（1943—）：生于日本奈良樱井市的演员及舞蹈家。

舞台设计，可是我并没有答应过要接。话虽如此，后来与唐先生、麿先生交情也没有变差。再怎么说我们彼此都血气方刚，很容易就冲动起来。这一年我替状况剧场做了《腰卷阿仙》续篇《振袖火灾之章》（振袖火事の卷）、《由井正雪》、《续约翰·希尔瓦》，还有名为《土方巽与日本人》的公演海报。这张土方巽的海报同时也兼具细江英公摄影展和他摄影集《镰鼬》的宣传。这张海报选用细江先生拍的土方照片来做，不过我想要把土方先生的舞踏也纳入海报当中。我请他来丝网印刷的工作室做肢体演出：两手涂满金色的印刷油墨，在我指定的位置一朵一朵压上土方巽的掌印。

此外我还做了草月艺术中心"黑道电影"系列的丝网海报，以及最后引发争议的"第六届东京国际版画双年展"[4]的海报等。由于我的海报和赢得这次展览大奖的野田哲也[5]的作品主题雷同，以评审小川正隆[6]为首，外国评审们也提议要不要选我的海报得冠军，就此进行了非常热烈的讨论，可是最后他们认为我的海报终究不是参赛投稿的作品，

4 东京国际版画双年展：1957 年至 1979 年，于东京国立现代美术馆（東京国立近代美術館）和京都国立现代美术馆（京都国立近代美術館）每两年举办一次。东京国际版画双年展与前南斯拉夫卢布尔雅那（Ljubljana）国际版画双年展并称是老字号的大型国际版画展。由东京国立现代美术馆和国际交流基金共同主办，依据国别设定人数，由各国策展委员推荐艺术家。东京国际版画双年展举办期间全世界正风行版画，参展艺术家除了版画家之外，还可以见到许多当代艺术明星，如贾斯培·琼斯、劳森伯格、罗森奎斯特、理查德·汉密尔顿（Richard Hamilton）、爱德华·鲁沙（Edward Ruscha）等。1960、1970 年代，除了东京和卢布尔雅那之外，世界各地都陆陆续续开始举办这类的版画展，不过大多都不是在美国和西欧这类艺术先进国举办。这是因为版画就性质上便于运输，经费开销比较容易筹措，不过在版画热潮退烧的今天这些展览的存在价值也开始遭受质疑。

5 野田哲也（1940— ）：版画家。1968 年以日本与以色列的家庭照为题材制作版画，获得东京国际版画双年展大奖，开始在国际艺坛展开活动。之后陆续获得世界各项大奖，是日本当代版画的重要旗手。

6 小川正隆（1925—2005）：日本美术评论家。生于静冈县，东京大学毕业，曾任富山县立近代美术馆第一任馆长。

决定排除资格。虽然我想过如果我的海报不是投稿作品却在版画展赢得大奖的话，就艺坛八卦而言一定很有趣，可惜没有办法。然而这次讨论成为后续设计与版画媒介论的一个发展契机，则是事实。

浅丘琉璃子的裸体画

与此同时，我在《平凡PUNCH》画的《浅丘琉璃子裸姿之图》这幅跨页彩图也引发大争议。我没办法让她真的裸身让我画，就向她打听正确的三围和身体特征，以此作为数据来画她的裸体画。我打电话给她的时候她正好刚刚洗完澡，在这种状况下对我说明自己裸体的身体特征，总觉得有种色色的感觉。在我刊登这张插画的同时，其他的周刊杂志就此捏造八卦报道。报道内容写道她的经纪公司"石原production"的老板石原裕次郎大怒说我这样损害了他们的生财工具。到头来这篇捏造的报道确实是让经纪公司感到困扰，可是没有其他任何人为此感到生气。

二岛由纪大在周刊杂志上针对这张插画做了以下的评论："我非常喜欢这张图。虽然日本浮世绘自古以来被当成是艺术，不过其中也有一些不算是艺术。那些不是艺术，有点下流的图——不是春画——是把撩人的下流感刻意夸大，把它生气勃勃转换成为现代的表现，用这样的方式在画。屁股上残留内裤松紧带的痕迹，看起来非常时髦。真的很潮。让人最开心的，是在臀部啦腰上啦用方框把三围尺寸框起来写有几厘米，可是数字却用平常少见的汉字来标。这张画会变成他否定艺术的象征吧。哎呀，其实什么都不用说，这就是一张古怪又有趣的图啊。"

然而又有另一本娱乐周刊带企划来找我，说这回横尾先生你画自己裸体，让浅丘琉璃子来替你拍照如何？由于当时我的态度是来者不拒，就把这个工作当成是对她的赎罪承接下来。浅丘琉璃子在多摩川河滩地替全裸的我拍照，最后连续四页登在《周刊明星》的彩页上。

有一天，我第一次自己一个人去浅丘琉璃子位于调布的家接受招待。她对我来说是超越偶像的梦幻女神。我进入宽阔的玄关走到左边的客厅，忐忑不安地等她现身。最后出现一位女生。声音和口吻都和浅丘琉璃子一模一样。我以为她是浅丘的某个姐妹。然而我心仪的女神一直没有出现。

"这是我做的菜喔。"

"耶——这样啊。浅丘小姐不会做啊。"

"啊？这是我做的啊。"

我在这牛头不对马嘴的对话过程中突然惊觉这位女性就是浅丘琉璃子。因为她没有化妆，我还以为她是妹妹。发现真相之后我就开始陷入某种惊慌状态。我想要用我的特技去抓盘旋在饭菜周边的苍蝇，可是不知为何一直抓不到。我扑向沙发，在房间里东奔西跑拼命追着苍蝇转。她露出一种不可思议的表情，盯着我。

又有一次，在 TBS 电视台的玄关，有位漂亮的女演员跟我打招呼。我完全不记得这个人，就这样轻轻点头示意，不久我们就面对面站在一起。

"哎？请问您是哪位？"

"你是横尾先生，对吧。"

"是，我是。"

"哎呀，讨厌，我是浅丘啊。"

我天天嚷嚷"偶像！女神！"，完全不在意他人眼光，可是看到本人出现在面前却完全不晓得。某个电视节目有个"○○○○与五位女性"的单元，来宾会邀请五位和主角有关的女性，节目进行方式是提供各式各样的线索，主角猜中对方的姓名就可以和那个女性碰面，可是真正上节目的时候状况很惨。我要猜的对象是我刚到东京马上就迷上的安井一美（安井かずみ），尽管主持人给我各式各样关于她的信息，但我就是猜不到。弃权之后，我们两人座位之间的帘幕缓缓拉开，对方出现在我正侧边，可是真人站在面前我还是不知道她是谁。明明两三个月前还一起吃过饭。如果要细数这种认人白痴式的问题，那真的是算不完。

我和高仓健在"11 PM"干的好事

现在说的这个不是失败经历，是我和高仓健上"11PM"这个节目时的事。这段没有主持人，只有阿健和我两个人椅子并排坐在一起。剧本写说我要把桌子底下事先准备好的白鞘匕首递给阿健，拜托他说："请把我砍了！"被砍之后我就挂在旁边的纸灯上，剧情是这样的短剧。为了套招，我们两个必须要私下谈一谈。阿健第一次参加这种节目感觉好像有点紧绷，我的情绪更是失控。在这种场合我们两个人都很沉默。摄影机拍摄我们的影像播在监控屏幕上。我想阿健应该会先开口就在那边等，可是完全没有这个迹象。时间残酷地溜走。我们两个自然而然露出焦虑的神色。

我豁出去开口说："现在你在拍什么片啊？"问我自己已经知道的

事情对我来说像是在演戏一样，感觉很不舒服。

"《唐狮子牡丹》。"

"啊，是这样啊。"

接着又是漫长的沉默。我知道阿健额头一点一点在出汗。不知是不是耐不住沉默，这次换成阿健突然跟我攀谈："横尾先生很适合留胡子。"

"我是受披头士影响才开始留的。哎呀！"接着我就这样喊一声变得非常害羞，砰的一声低头趴在桌上。

结果我错过了抬头的时机。因为谈话对象突然低头趴下去，变成剩下阿健自己一个人留在那边。藤纯子将当时的画面用录像机拍下来，后来拿给我看：阿健从胸前口袋掏出手帕擦擦额头上的汗，几缕丝线自手帕垂下让人觉得画面非常鲜明，结果直到最后一刻我都一直趴着。

有间制作公司看过这个节目之后，跟我说想要替我制作固定的节目，娱乐周刊也将这个场面在杂志上如实重现。后来另外一次上"11PM"的时候我也曾经犯过大错，我以为现场都是在排练，不管别人问我什么我都反复回答："之后我会好好跟你说。"为什么我常常会出这类问题我自己也不晓得。

自导自演七分钟电影《新宿番外地》

一九六九年之后我开始接触电影的标题设计。处理东映的《日本SEX 猎奇地带》（にっぽん '69 セックス猎奇地带）（中岛贞夫[1]导演）

---

1 中岛贞夫（1934— ）：日本电影导演、编剧、演员。

和松竹的《黑蔷薇公寓》(黑蔷薇の館)(深作欣二[1]导演)这两部电影。虽然这两部片都是片场制作,两位导演也都让我尽情发挥,可是都没有什么时间和经费。

这一年我从过去地下剧场活动转移到电影或电视之类的媒介,开始专注于演艺性的工作。这不是我的规划,是自然而然的演变。当然我潜意识的期望或许也将这类的工作吸引过来。

我在大映电影公司的一部片里登场,片名感觉好像融合《新宿小偷日记》和高仓健的《网走番外地》,叫《新宿番外地》。说是登场,其实只是在和主线剧情无关的序场[2]出现七分钟。所谓序场,指的是电影标题出现之前导入剧情的段落。对方答应我的相对条件是让我在这七分钟里自导自演,自由放手去做。这时我写的剧本是一个小混混手持出鞘的刀,花好几天翻越荒山,渡过溪流,全力奔跑,最后冲进新宿闹市区大楼的某间地下酒吧解决其他帮派的流氓。老实说,是一个单纯而没有什么意义的故事,最后用黑白来拍。

导演当然是我自己。正片导演扛下这个段落的副导职务。虽然故事单纯,可是拍起来相当辛苦,花了好几天。首先最担心的是天气。有时候单是等太阳从云间露出来就得等大半天。我想要驾车拍摄林中奔跑的场面,还要委托人帮忙砍伐树木。奔驰在田间小径的时候,我

---

1 深作欣二(1930—2003):电影导演、编剧。和山田洋次、筱田正浩、大岛渚同属日本战后第二代导演,电影作品极富个人风格,尤擅长动作电影及描写日本黑社会的电影,是至今日本电影史上拍摄商业电影数量最多的导演,多次被电影旬报观众票选为"最受欢迎的导演",也是日本近代电影史的重要人物。

2 序场:avant-title,这个词是日本自创的复合词,指称正片标题字幕开始之前先行演出的段落,英语通常称为 cold open 或 teaser。

一边踏过缓步游走的巨大日本锦蛇一边跑，当时的种种恐惧直到现在都还残留在我的脚底永远不会忘记。渡过溪流的时候，因为水花越大越有魄力，所有工作人员都以我的脚为目标丢石头。然而最辛苦的是跑进新宿车站月台计算火车启动的时机和火车一起跑，这个场面我身穿黑色宽袖套头衫、脚踏草鞋，在人潮纷杂的新宿群众当中全速奔跑。然而因为我把出鞘的刀挂在腰上行动，害得部分搞不清楚状况的行人尖叫。因为摄影机是从很远的地方拍，大家不知道在拍电影，警察发觉有异追过来，让我吓一跳。为了躲警察我冲进地下铁入口，一直躲到工作人员跑来厕所里面找，当时的心情真的是和歹徒一模一样。然而这全部都是自己表演，是必须做的事，所以我没有跟任何人抱怨。

拍摄结束后，TBS 电视台跑来邀请我担任连续剧《新·平四郎千钧一发》（新·平四郎危機一発）的固定班底。如果 TBS 是因为我演过两部电影而认同我的演技的话我当然很高兴，可是后来我才晓得其实和我那些表演完全无关。纯粹是我参与演出可以引爆话题，他们就达成目的。我并不讨厌参与电影或电视演出。对我自己来说变身成为其他人非常有快感。

表演对我而言也是认识自我的一个实践空间。它是一个认识自己对自己有多执着的机会，透过演出，我可以多多少少脱离自己原本的身份，如果可以摆脱自己原本的局限，那就真的太棒啦！我常常像这样用一种很正经的态度在思考这件事情。不管做什么我都会变得很认真。然后我会告诉自己说不可以那样，反过来控制自己。说不定这是因为我不懂得要怎样让自己放松。

《新·平四郎千钧一发》的主角是宝田明。我扮演侦探平四郎的助手，所以经常会和宝田先生凑在一起。我对任何事情记忆力都很差，可是只有台词不可思议般马上就能背出来。所以当说话口吻不像我的时候，我常常会征求导演许可，把台词改成我自己说话的风格。之所以如此是因为无论被分配到什么角色，我都不希望失去自我。现实在虚构当中究竟可以适用到什么程度，还有把虚构瞬间化为现实，这两件事不知为何都让我非常感兴趣。所有演员只要保持平常的状态就好，可是要让我这个现实世界的人具备表演的虚构性，就算运用电视这种日常延伸的媒体让我变得更突出，我看起来还是非常素人。到头来电视和现实还是不一样。

　　参与这部连续剧演出，对我书籍设计和插画的工作造成很大负担。经常要夜间拍摄，也会跑到很远的地方外拍。这部片是动作片，所以我也有好几次必须从事危险的表演。就在这段过程中，设计学生连合[1]的学生要求日宣美解散。日宣美在箱根召开全国大会，可是我当时正在拍电视剧，就这样脸上带妆出席。我对提倡日宣美解散的少数派采取支持的立场。结果日宣美屈服在学生斗争的面前，画下漫长历史的休止符，这也是历史的必然。

1　设计学生连合：1960 年代末，美术系学生们组织"革命的设计同盟""美共"批判日宣美展。武藏野美术大学学生于 1969 年发起"日宣美粉碎共斗"闯入第十九回日宣美展审查会议，导致展览不得不叫停。第二年，日宣美发表解散宣言，于东京、名古屋、大阪举办"解散展"。

唱片工作找上我这个音痴

继电影、电视剧之后，这回 Victor 跑来找我灌录唱片。我的音痴水平已经在《来唱歌剧横尾忠则》中实际验证过，这个总监脑袋到底在想什么。我还在想说至少希望不要录音，跟总监讨论，结果他说这个世界上没有音痴，要我相信他们，希望我交给他办。人家都说到这个地步了，任何人都会感兴趣吧。

事情拍板定案之后马上就开始上歌唱指导课，要去演歌作曲家市川昭介先生那边。接着我的原创歌曲终于诞生，由制作 Peggy 叶山《先别去想南国土佐》[2] 的唱片大奖黄金组合担当，吉川静夫作词、渡久地政信作曲，他们为我做了两首演歌:《啊想要回故乡》(あ故鄉にかえりたい) 和《男人花》(おとこ花)。之后就只剩下录音作业。我听着为新人歌手灌录的试听带进行练习，然而公司的及川正通和女助理记得比我还快。"那边声音要再拉长一点会比较好喔。"像这样指导我。他们抢先在前练得越来越熟。总之单单 B 面的《男人花》东拼西凑好不容易录完，可是 A 面不管怎么练就是唱不好，我就中途放弃了。那个梦幻 B 面录音现在不知道在哪里呢?

我和阿健后来因为编辑《高仓健摄影集》，碰面的机会变多了。此外，我还替当时由藤纯子出场的松下电器电视广告画背景，这次遇到之后，我和她的交情也延续了很长一段时间。她的素颜具有和电影

---

2 《先别去想南国土佐》: 南国土佐を後にして。1959 年由专唱爵士／流行乐的 Paggy 叶山开唱，畅销一时，让叶山拓展更广的听众群。原曲是武政英策作词作曲，横尾忠则或许记错。

中绯牡丹阿龙[1]完全不同的魅力。我觉得电影里的她与现实的她,两者都是她本人。一开始是去京都的旅途中碰到她,简直就像做梦一样。

这年和三岛由纪夫一同工作碰面的机会也变多了。我做了《续不道德教育讲座》的装帧和三岛由纪夫执导、在国立剧场[2]演出的连台狂言[3]《椿说弓张月》的海报。三岛先生和我工作的时候完全就是美术指导的样子。有时候甚至会连草图都画好一并带来找我。而且他的点子全部都从我过去至今的作品里面延伸发展而来,将蕴藏在我潜意识当中的灵感提炼出来,这种力量真的是非常厉害。单是和三岛先生相处,我就感觉自己变成了一个很有创造性的人。

无论是原稿接案、催稿、还是强行征收稿件,三岛先生都可以依据委托人的需求直接亲手执行,这让我非常震惊。而且他事先完全不打招呼就会突然跑来我的工作室。"嗨,你正在做我的工作呀。"明明知道事实不是这样却这样说话真的是很过分。而且直到我开始做三岛先生的工作之前,他都不会离开桌子旁边。不过他每次对我完成的作品都给予很高的评价,对许许多多的人大肆宣传。

---

1 绯牡丹阿龙:绯牡丹お竜。山下耕作导演《绯牡丹赌徒》(绯牡丹博徒)中的女主角。藤纯子在此片中是第一次担任主演并唱主题曲,片子大获好评成为电影系列作。

2 国立剧场:位于东京都千代田区的剧场,由日本艺术文化振兴会营运。有提供歌舞伎、日本舞蹈、演剧等表演的大剧场,以及文乐座、日本传统音乐、雅乐、民俗艺能等表演的小剧场,还有单口相声、相声等文艺的表演场这三种场地所构成。每年四月举行的日本国际赏颁奖典礼,日本天皇、皇后和首相,以及众参两议会议长们都会来此参加。

3 连台狂言:通し狂言。演出歌舞伎之类的传统戏剧时,从序幕直到结局依序演出全本狂言,或者是将近全部的段落。

夺得"巴黎国际青年双年展"版画类大奖

长久以来我都没有做过版画，不过第六届"巴黎国际青年双年展"[4]总策划东野芳明[5]委托我参加。或许是因为有人对我去年"东京国际版画双年展"的海报提出质疑，所以才会让他将我和版画联系起来提名我参加。东野先生仿佛是觉得这阵子日本都没有人得奖，这次无论如何都希望我以得奖为目标。虽然东野先生的请托不会特别带给我压力，可是我几乎没有时间制作。作品是在寄送去巴黎当天早上才印好，直接从版画工房带去了货运公司。

作品概念是呈现版画的制作流程本身。这个做法我在"东京国际版画双年展"图录的封面就已经实验过，所以作品做起来没有那么辛苦。接着，这名为《苦戏》（責め場）三件一组的版画在这次双年展夺得版画类大奖，成功达成东野先生的期望。我正想说总策划东野先生一定很开心，可是他在巴黎书店罗列的电影杂志封面看到我以《新宿番外地》的扮相登在上面，觉得不搭调、很丢脸，还有报纸的"人物"专栏刊出我得奖的专访也太夸张，诸如此类，所以他好像对我没一点

4　巴黎国际青年双年展：Biennale de Paris。1950年代后半，法国在国际艺坛上的地位渐渐下滑，为了和战后纽约派、伦敦波普等竞争前卫主导权，任职威尼斯双年展审查委员的艺评家雷蒙·柯尼亚（Raymond Cogniat）以 AFAA（法国艺术促进会）为母体组织双年展协会，于1959年在巴黎现代美术馆召开巴黎国际青年双年展。第一届展览有42国参加，比威尼斯双年展还要多，齐集劳森伯格、丁格力（Jean Tinguely）、克莱恩（Franz Kline）等后来跃居第一线的年轻艺术家。展览分成各国自行选定的各国部门及法国与其同体部门两大类，齐集艺评家和美术馆相关人士组织国际审查委员依据部门颁发奖学金，不另进行评选。相较于威尼斯、圣保罗双年展主打名家，巴黎双年展则是以二十岁到三十五岁的年轻艺术家为主角。后来陆续随着调整制度，间断数年，于2000年之后又重新开办。

5　东野芳明（1930—2005）：日本美术评论家，生于京都。

好印象。

这次得奖使得版画制作和展览委托的案子迅速聚集过来。我把和《苦戏》思考脉络相同的作品，还有由此发展延伸、叠上几层亚克力板的作品，在一番馆画廊和东京画廊发表。后面这系列的其中一张是将上野动物园一只名叫"花子"的大象拍下来再以原图尺寸来制作，因为作品实在太大搬不进画廊，在展示上造成很多麻烦。作品在东京画廊公开展示之后，透过伦敦的马尔宝罗画廊[1]巡回纽约、伦敦、罗马，在各地获选为馆藏。后来我又进一步将这个版画的概念延伸，加入观点创造出名为《送葬队伍》的这件用亚克力板制作的立体作品。

灵异体验——见到母亲的幽灵

这阵子我的身体还是一直出现不可思议的感觉。应该可以说是一种灵异体验。

有一天晚上我一个人在起居室工作到很晚。心想该去睡了，看看时间已经过了三点。这时，脑海中突然浮现出十年前过世的父亲的身影。这么说来父亲过世的时间也是这个时段。接下来赫然想起今天是父亲

---

1 马尔宝罗画廊: 指的应该是 Marlborough Fine Art Gallery。创立于 1946 年，创办人之一弗兰克·洛伊德（Frank Lloyd）家族已经经营古董业好几代，另一位哈利·费希尔（Harry Fischer）则是有经手买卖珍本书。1948 年，现任伦敦总监戴维·萨默塞特（David Somerset）加入。历经战后萧条，伦敦变成当代艺术的主要市场，马尔宝罗画廊也就此建立起自己的地位。举办的展览质量完全是当代博物馆等级，不但艺评家认真看待，画廊也变成收藏家、博物馆总监、品位人士和艺术史学生的焦点。1952 年，画廊开始销售 19 世纪末的大师作品，譬如德加、莫奈、梵高。1950 年代末期开始，马尔宝罗开始展示表现主义、战前德国当代作品、抽象派、包豪斯画家等新风潮，引介波洛克、席勒（Egon Schiele）等艺术家。马尔宝罗后来在纽约开设分店，并积极经营包含中国当代艺术在内的全球艺术。

的忌日。就在这时候，厨房水龙头的水突然发出巨响，开始流出水来。我大吃一惊准备走去关，结果水马上就停了。我想一定是因为我忘记了父亲的忌日，所以他才用这种方法让我知道，隔天赶紧请黑住教的神主先生来供养他。当时感受到的那种超感官的冲击，证明这件事情不只是单纯的偶然事件。

这是和我父亲有关的事件，不过母亲也曾经在半夜没有任何人在的隔壁房间叫我。我当下的反应是"啊，妈妈在叫我"，可是觉得很麻烦就没回。结果这下子隔壁房间出现椅子翻倒一样的巨大声响，我还是没有特别注意。结果妈妈又再次叫我的名字。虽然我觉得她很吵，但是还是大声回答。然而下个瞬间我就感觉非常恐惧。听到已经不在这个世上的母亲的声音，竟然想也不想地就响应，我为这样的自己感到害怕。

母亲已经过世四年了。听见妈妈的声音好几个月之后发生了一件事。早上我突然睁开眼睛。早晨的阳光从窗帘缝隙照进房间。我发着呆，盯着脚边架上并排的书背看，突然之间全身动弹不得。妈妈闭上眼睛的侧脸简直像要贴到我的脸上那样越看越清楚。然而奇妙的是，我的眼睛应该动弹不得盯在书架上才对，在没有办法转头的状况之下应该不可能看到妈妈的脸，这种惊人的存在感究竟为什么会出现？跟别人谈这件事情，其他人都跟我说是因为我见到妈妈所以很高兴，可是完全不是那样。在这种状况下，前提在于她是幽灵这个事实，除了害怕之外我什么感觉都没有。最后我脑中开始自然反复念"南无阿弥陀佛"的法号。当然，因为我动弹不得所以也发不出声音。

这种事情在我拍《新·平四郎千钧一发》住在修善寺的旅馆时也出现过。为什么这种灵异现象会接二连三地发生在我身上，真的是很不可思议。然而自己五官接触到无法感知的超感官世界让我对现实的感受产生巨大的变化，这倒是真的。

自此开始沉迷于研究死后生存之谜，这对人类来说是最有意思的、永恒的疑问，我耽溺在黑沼健[1]的怪奇书系当中。现在可能没有什么人相信，十四年前这位黑沼健可是这类书籍唯一的权威，那个时代几乎完全找不到其他类似的书籍。由于我遇到过幽灵，完全不用抵抗就能够接受不合理的世界。我从小本来就是在泛灵信仰如同家常便饭的环境下长大，完全不怀疑世界上有幽灵。不过还真是没想过自己会遇到这样的事情，遇到的时候真的是吓到面目扭曲。不过我相信这种宝贵的经验恐怕是为了要让我的人生经历更丰富所以才会出现。如果我连"恐惧"都能够超越，那我真的非常欢迎与这样的异界接触。

未发行的梦幻摄影集《我的偶像》

一九六九年的返乡，离开故乡西胁至今，除了替母亲纳骨进塔悄悄回乡外，已经间隔十年。

《an·an》杂志让筱山纪信替我拍照促成这趟旅程。如果我没记错的话，当时似乎是筱山先生突然问起："我们去西胁拍吧？"双亲过世，老家也不留痕迹，我对西胁的印象不过是一片残酷的旧地，不太想碰触它的真实面。长久以来，我强烈否定自己想要回去的情绪，筱山先

1　黑沼健（1902—1985）：日本推理作家、翻译家、科幻小说家。本名左右田道雄。毕业于东京帝国大学法学系。东宝电影《空中大怪兽拉顿》原作者，大映制作的《海底人882》的原作、剧本、主题歌作词。

生这一句话让我获得了解脱。然而我还是鼓起相当的勇气才回到那片处处是回忆的土地，再怎么说我都还是很害怕。

老家遗迹前，只有过去种的松树和电线杆（现在改成水泥柱了）萧条地杵在那。另一件让我震惊的事是触目所及的风景全部好像老化那样缺乏生气，一副虚弱的模样。我和过了十五年，或者比这更久不见的同学碰面，突然感到时间像瀑布坠落那样烙印在当下这个瞬间，觉得非常感动。筱山纪信用完美的照片将这个瞬间保留下来。这次突然回到西胁，将我对故乡的疑虑一扫而空，返程中我始终沉溺在一种安心的状态，舒适地在过往的记忆汪洋中漂流。

筱山纪信这一系列的照片获得相当高的好评，我也非常开心。过去我曾经和筱山一起工作过许多次，不过这阵子我们还有另一个计划，两人合作一本暂名为《我的偶像》的摄影集。这个计划是让我和我过去着迷的偶像一起拍照，第一次摄影是三岛由纪夫穿着裈裤[2]，一手拔出日本刀一手挟持我的头，像是这种震撼的画面。后来陆续和十余位明星如石原裕次郎、岚宽寿郎[3]、川上哲治[4]、大下弘[5]、高仓健、浅丘琉璃子、田端义夫[6]、山川惣治[7]、鹤田浩二、美轮明宏、滨村美智

2　裈裤：ふんどし。日本和式传统内裤。

3　岚宽寿郎（1903—1980）：日本电影演员、电影制片人。

4　川上哲治（1920—2013）：日本职棒选手，曾担任日本职棒读卖巨人队总教练，率领王贞治、长岛茂雄及其他队员创下日本职棒史无前例的九连霸纪录。

5　大下弘（1922—1979）：生于中国台湾的日本职棒选手，是个天才型的棒球选手，为战后的日本掀起一股棒球热潮。

6　田端义夫（1919—2013）：日本演歌歌手。

7　山川惣治（1908—1992）：原是纸板剧画画家，战后开始投入连环画的创作，引领连环画的风潮，是日本1950年代连环画的代表人物。

子等，还有亲朋好友譬如柴田炼三郎 [1]、卡洛斯·桑塔纳 [2]、土方巽、涩泽龙彦、唐十郎等，再加上外出去印度和纽约拍摄，制作历经好几年。这本摄影集中途更换过出版社，最后不了了之，后来才由讲谈社以《记忆的远近法》(記憶の遠近術)为名正式出版。

---

1 柴田炼三郎(1917—1978)：日本小说家，庆应义塾大学中国文学系毕业。1951 年以《上帝子民》获直木赏，另以三国场景写成的历史小说《英雄在此》获第四届吉川英治赏。其文笔狂放洗练，尤以奇情小说"眠狂四郎系列"广为人知。
2 卡洛斯·桑塔纳（Carlos Santana, 1947— ）：墨西哥吉他手，发迹于 1960 年代。十四岁时举家迁往美国旧金山，开始接触迷幻摇滚，十五岁正式组团闯荡乐坛，1970 年代开始带动拉丁摇滚与世界音乐的风潮。被《滚石》杂志封为"史上百大杰出吉他手"第十五名，同时名列"史上百大杰出艺人"，是乐坛公认的当代伟大摇滚吉他英雄之一。

休業宣言

一九六九，一九六〇年代的最后一年，从大阪世博"纤维馆""巴黎国际青年双年展"版画参展开始算起，我在三岛由纪夫编导的《椿说弓张月》（国立剧场）、东映《新网走番外地》海报、野坂昭如[1]的出道专辑《Poe Boy》（ポー・ボーイ）封面、《周刊安保》（週刊アンポ）封面、美国杂志《财星》的插画等范围广阔的媒体上做了各式各样的实验。

　　就我个人而言，一九六〇年代的总结是十二月二十四日日比谷野外音乐堂与世界各大重要都市同时召开约翰·列侬和小野洋子发起的"爱与和平"圣诞音乐会。活动标题叫作"战争结束，就看你了！"（WAR IS OVER! if you want!）

　　这个活动海报由我来设计。下午四点半开幕之前，会场就已经被挤爆，超级多人。而且包围在这个会场周边的是手持棍棒武装的全学连，台前的摇滚区则被最激进的团体占据，呈现出严阵以待的政治集会气氛。活动主办人是约翰·列侬和小野洋子，响应的文化人有平常看起来和约翰·列侬沾不上边的鹤见俊辅[2]、寺山修司、Nadaynada[3]、小

1　野坂昭如（1930—2015）：日本知名作家、歌手、作词家，同时也是前日本参议院议员。
2　鹤见俊辅（1922—2015）：日本思想家、大众文化研究者、社会运动者。生于日本东京，家世显赫，父亲鹤见佑辅及外祖父后藤新平，皆是日本政界的中坚。
3　Nadaynada（1929—2013）：本名崛内秀，日本精神科医生、小说家、评论家。

田实 [1]、小中阳太郎 [2]、野坂昭如、羽仁进、针生一郎 [3]，等等。此外还有披头士粉丝团滨田哲生 [4] 等二十余人参加，当然我也是其中之一。演唱会以约翰·列侬的《Give Peace a Chance》的演奏开场。会场可以听见有人三三两两跟着合唱。主持人由越平连 [5] 的小中阳太郎担任，当他站上舞台时会场发出了相当激烈的嘘声。小中先生对着侧台的我说："横尾，你上台来跟大家打声招呼吧。"我就开玩笑回他说："那些抗争的学生好吵，干脆唱首歌来让他们冷静一下。"结果他认真起来，跳上台告诉大家："现在横尾忠则要带来一首歌。"会场里欢迎我的掌声和拒绝的嘘声闹得一片喧腾。没有后路可退的我只能像梦游病患那样飘着晃到舞台中央，不知不觉之间就站到了麦克风前面。

说到歌，我只会唱高仓健的歌。我不知道有什么歌符合约翰·列侬的"爱与和平"圣诞集会。于是就唱了《网走番外地》。然而不管再怎么想这都和现场完全不搭。背后的摇滚乐团没有办法演奏这首歌，所以我就在无伴奏的状态下唱："白痴——早就知道白痴——走到这条路——"

我唱出来的时候心想这首歌到底哪里包含爱与和平，可是总而言之我就专心唱。唱到最后一节的时候，我突然想到把一个地方的歌词换掉："反正阮的前途，名也叫爱与和平。"在我唱歌中途，站在最前线

1　小田实（1932—2007）：日本作家，著有畅销旅行游记《什么都去看一看》，1997 年获川端康成文学奖。

2　小中阳太郎（1934—　）：日本作家、评论家、翻译家。

3　针生一郎（1925—2001）：日本美术评论家、文艺评论家。

4　滨田哲生（1946—　）：Produce Centre 的董事，在日本以小野洋子的代理人而知名。

5　越平连："越南和平促进市民连合"的简称。

的抗争学生就开始举起棍棒大肆叫嚣。明明全学连应该有很多高仓健的粉丝才对，所以我搞不懂这是怎么一回事。不知道是不是我把"名也叫网走番外地"唱成"名也叫爱与和平"，所以他们才生气。事实上我在唱的时候觉得非常害怕。但是即使是这样我还是想要好好把歌唱好，就开始继续唱第二段。

这时候从舞台下方砰的一声开始起烟。同时头戴蓝色头盔的抗争学生哄然爬上舞台。烟雾一下就笼罩半个舞台，我看到烟雾中开始燃起黄色的火焰。会场一片哗然，陷入混乱状态。有人把我带到后台。原本应该待在侧台的小田实跑进后台大叫："横尾先生请你从窗户逃走吧。"我从两层楼高左右的后台窗户向外跳。幸好下面有堆干草堆，我从那边轻轻跳下去所以没有受伤。结果变成我的歌把刚开场的聚会破坏得乱七八糟。以前我也有过这样的经验。有一天有十几位文艺人士聚集在状况剧场办酒会。在大家团团围坐觥筹交错的时候，开始一个一个轮流唱歌。轮到我的时候，我唱了坂本九[6]的《如果高兴你就拍拍手》(幸せなら手をたたこう)。结果某位客人大声怒骂："到底谁在高兴! 这里有人那么高兴吗? "说时迟那时快，烟灰缸瞬间不知道从哪里飞过来，把我座位后面的墙壁砸出一个很深的裂痕，掉在榻榻米上裂成两半。这好像是什么信号一样，"状况剧场"好几个演员起立将上半身脱光，摆起架式大叫："要打架吗? "

我唱歌都没在看时间和场合，所以才会遭到灾难波及。歌曲这玩

---

6 坂本九（1941—1985）：日本歌手及演员。生于神奈川县川崎市，本名大岛九。高中时开始唱歌，1958 年加入了日本乐队"The Drifters"成为主唱。《何时有明天》(明日があるさ) 是其代表曲之一。公益方面也不遗余力，《何时都有明天》也是 1964 年东京残障奥运会的主题曲。

意的内涵似乎会随不同场合而改变。然而日比谷野外音乐堂这个事件，上智大学的拉弗先生 [1] 在《朝日 Journal》将它视为是一场由我唱歌所引发的意外乍现，给予相当高的好评。

大阪世博纤维馆的崭新设计

一九七〇年。这一年大阪世博召开。在我负责的纤维馆展馆将近完成的一天，我和制作人一同前往现场勘查。巨大、赤红、宛若阳具的圆顶，自丘陵型的屋顶中央向天空伸展，一柱擎天的景象让我的设计显露异样的色彩。工作用的鹰架像是攻城塔一般包围着阳具拼装，施工进入了最后赶工阶段。

我凝视着毫不稀罕的工作场景，觉得没有比这更美丽的画面了。这时心里突然产生一种冲动，觉得把工作用的鹰架和建筑固定在一起的话一定很棒。然后把鹰架上正在工作的作业员也固定住，像是时间暂停那样，再把鹰架和作业员全部都染成和圆顶一样红。我开始想象如果鹰架各处再装设一些黑色的玻璃，应该会变得更可怕、更不言利。

我虽然接了世博的工作，可是总觉得哪里很愧疚。当时我在某本建筑杂志显示自己反世博的态度写了下面这样的文字："如果有可能的

1　拉弗（Joseph Love，1929—1992）：美国艺评家。1956 年首度前来日本，学习日语并于上智大学修完神学课程，返美之后于哥伦比亚大学专攻艺术史。之后再度前往日本以耶稣会神父身份于上智大学文学院讲授艺术史。替《美术手帖》《水彩画》（みずゑ）等艺术杂志，以及东京大量画廊举办的展览图录撰写论述，涵盖日本、韩国、美国、欧洲的画家、雕刻家、造型作家等个展与群展。同时，他也经常替美国报章杂志撰写关于日本当代艺术的报道，拉弗在日本艺术评论界扮演着相当重要的角色，自 1960 年代末到 1980 年代初，几乎不见其他评论家如此积极投入介绍当代最前线的艺术创作活动。

话我很想要把这栋展馆做得像是剧场景片那样，像虚张声势的纸老虎。万国博览会这种齐集科技精华的假庆典，塑造出光明未来，里面却是空的，我觉得很烦。假使办得到，大家都不要来纤维馆吧！拒绝入馆！无人出入的纤维馆会变成死亡的象征，多么扰人又美丽。冻结鹰架表示停止建筑作业，固定在鹰架上的玻璃当然就是死亡使者。"

纤维馆的委员会当然不可能理解这种想法让我照自己的意思去做。可是我想要尽可能设法让这个点子实现，最后请求和纤维馆最高负责人 Toray 公司的会长面谈。当时这位先生因为"日美纤维协定"[2] 的关系，大头照几乎天天和尼克松总统一起并列出现在报纸上。

我在会长面前坦率陈述我的想法。"你的艺术论对我来说有点困难，我听不太懂，不过倒是充分显现你对这件工作的热情。就本协会而言，我们也很期待看到你尽情发挥的成果。"就凭会长这句话，我的概念获得了委员会的全面认同，最后得以实现。

纤维馆的海报上，有座不祥的展馆浮现在夜景之中，前景部分我则拼贴母亲生前在纪伊半岛岩床上和团团人群聚在一起拍的黑白相片，用华丽的原色人工着色。看起来简直就像是阴间风景，我在天空画上全世界无数的客机，海报周边则用佛教风格装饰。三岛由纪夫看到这张海报评论说："这让我想起空袭的夜晚。"

---

2 日美纤维协定：所谓日美经济摩擦，是指第二次世界大战后日美间发生的贸易摩擦，这是首次为了经济因素而发生的日美政治失和。"二战"后，日本因经济成长与技术革新，加强了国际竞争力，大量的日制产品进口到美国，引起贸易逆差，1950 年代后纤维产品发生了出口摩擦，1965 年后美方为了逆转赤字，问题一举发生，而后有了日美纤维协定。

遭遇交通事故

一月下旬的某个夜晚,我一个人去国立小剧场看文乐[1]。一到座位坐下,脖子就开始剧痛,完全不知道原因。这样的状况根本就没有办法看戏。我听着开演铃声响起,就这样走出剧场搭上路旁的出租车回家。车子在涩谷高速公路出口(当时还在)末端等红绿灯,才刚停下,后面从高速公路下来的小客车就这样一头撞上我搭的出租车。这个冲击让出租车又追撞停在前面的车辆。

车祸瞬间我戴的太阳眼镜咻地朝副驾驶座缓缓滑翔飞出,我凝视右侧窗外"力 Sport Center"[2] 的黄色霓虹灯一闪一闪,仿佛在看什么令人怀念的风景。霎时,地板、天花板爆发的灰尘像烟一样把车里变得朦胧一片。我从座位上飞出去,像是俯趴那样横在车底。

马上有一大堆人聚集到车子四周。

"有人倒在座位底下。"

"没在动。"

"死掉了吗?"

各式各样的声音低声向我传来。我听着这些凑热闹的话,脑袋里意识到这真是无聊。说不定照现在这样暂时继续待着不动才不会违背

1　文乐:原本是指专门演出人形净琉璃的剧场。但现在常被作为日本传统艺能之一的人形剧、人形净琉璃的代称,已被列为人类非物质文化遗产。太夫(一种说唱叙事形式)、三味线、木偶表演被称为文乐"三业",也是构成文乐的三大要素。

2　力 Sport Center:位于东京涩谷,是综合型的运动休闲大楼,主要设施有巨大的大厅,是日本初期职业摔跤演出的常设会场。

他们的期待。

出租车后面的保险杠掉到地上,尾灯撞得一塌糊涂,后备箱的盖子就这样凹起来打开。不可思议的是到处都找不到那位撞上来的驾驶。好不容易救护车抵达现场把我送到大桥的急救医院。救护车警笛响起,我在车里可以观察到路上行人对车里状况的关心。医院替我做了简单的检查。院方说可能会出现颈部外伤症候群,总之先做紧急处理,给脖子贴上贴布用绷带包好。

事故发生前一天我在广岛县的严岛神社抽签。明明是正月却抽到大凶。注意事项还说东边的方位会出现交通事故。此外事故当天清晨我还做了下面这个神秘的梦:时间是江户时代。大量的罪犯被绑住,坐在河滩上。我也是其中之一。时间到了,犯人一个一个被斩首。轮到我的时候,刀锋落下,我的脑袋也脱离身体滚到地面上。一般来说,梦到这里一定会醒过来,可是我的梦还在继续。我不停坠落,像是被一个非常非常深、像井一样的洞吸进去。脖子周边还残留着切断当下那种灼烫的痛。

我心里不禁产生这样的疑问:"既然灵魂永远不会消逝,我会永远这样带着身体的痛吗?"

突然回神过来,我和过世的老妈一起站在故乡西胁的石碑店附近。该说不可思议还是理所当然呢,我的身上没有头,切断的部位缠着白色的绷带。母亲牵着我的手,她是为了替我做墓碑所以才两个人一起去拜访石碑店。拜托对方制作之后,无头的我和母亲上坡往横尾家的墓地走去。

预言交通事故的大凶签文、脖子缠绕绷带的奇妙梦境、在剧场剧烈发作的脖子痛，还有颈部外伤症候群。要说这些怎么想都想象不到的事件，只是个别随机事件的集合，那也太过夸张了。共时性同步到这种程度就只能说事情必然会如此。这是我潜意识运作的结果呢？还是业力呢？还是某位看不见的家伙的计划？这个问题实在超乎我的理解范围。

初次住院体验灵魂出窍

头和脖子的疼痛从隔天早上开始变得越来越剧烈，于是我去了虎之门医院的沟之口分院住院。这是我有生以来第一次住院，所以多多少少有一点开心。我的主治医生是颈部外伤症候群的权威，非常有名。他说脖子上打石膏不好，所以什么都没动。似乎绝大多数的颈部外伤症候群患者都是因为产生幻觉才会养出病痛。所以他叫我尽可能照平常一样生活就好。看电视也好，看书也好，打电话也好，做什么都好，累了就躺下来，他只跟我说这些。

可是煞风景的病房让人心情低落。一白如洗的墙壁让我产生某种强迫症状，所以我在房间里贴上海报。进入病房的护士小姐可能是觉得墙上的海报很怪，明显露出不悦的神情。不久精神医师进来拿出调查档案。他对我提出各式各样的问题，譬如亲戚有没有人得精神疾病啦，笑的时候会不会笑到停不下来啦，诸如此类。这么说来我曾经听过我父亲那边是有亲戚从伪满撤回来之后得脑梅毒住进精神病院的情况。医生还把手上的筷套拿到眼睛高度放开落下，问我说："怎样，好玩吗？"因为这真的很有趣我就笑了。可是不知为何我笑到合不拢嘴。

医生一边观察我笑的样子一边在病历表上记录什么。

接下来我被叫到二楼精神科的一间房间，要求我回答精神科女医师各式各样的问题。咨询时间大约三十分钟左右，结束之后女医师说："你可以对自己进行客观分析，所以没问题的。"此外也有其他医师表示："说不定就是要人有点怪才有办法创造艺术作品。"明明我又没有拜托医生帮我做精神鉴定，这样说真的是很没礼貌。此外还有另一件事让医院对我精神是否正常感到怀疑。

检查脑波的时候，我要保持躺在床上的状态配合节拍器的摆动发出"一、二、一、二"的声音让意识进入α状态，然而在过程当中如果睡魔开始侵袭的话，旁边的护士小姐就会砰的一声拍手发出很大的声音让我不要睡着。这件事情对我来说是一种拷问。这时我的身体突然开始飘离床铺。然后慢慢上升。我因为太过害怕两手拼命抓住床沿避免上升。结果发现自己已经飘到护士小姐的胸口附近，很快就会接近正上方的天花板。我大喊："身体飘起来啦，飘啦！"只听见远方微微传来护士小姐激烈拍手的声音。

这是我第一次经历灵魂出窍现象，可是对于护士而言看起来应该只是精神异常吧。先前写过待在Ilfil的时候，我一口咬定胸口长的疙瘩是恶性肿瘤，拉着宇野亚喜良和原田维夫一起去医院，后来我又开始介意那个疙瘩，所以这一阵子动了手术。明明是个小疙瘩，可是一旦要动手术就要连胸毛都剃得精光，戴上手术用的帽子，用轮床从病房推到手术室，整个变得非常夸张。我从来都没有想过竟然会搞得这么大，觉得很害怕。

我在手术室里面被人搬到手术床上，这回连手脚都用皮带固定住。头上巨大的灯光简直像太阳一样耀眼夺目。无数细小的尘埃在强光中飞舞。我想手术过程中如果这些尘埃从伤口进入体内会很危险，拜托医生等到尘埃清除之后再动手，可是没人理我。主刀医师和几位护士待在我身边，眼睛从帽子和巨大的口罩之间露出来，感觉好像在瞪我。

"你想要切什么形状？"主刀医师突然问我奇妙的问题。我不知不觉回应："啊？"没有办法回答。"譬如说切成直的，切成横的，还是切十字之类。"我回答说请尽可能不要留下伤痕。说不定切除疙瘩根本不算是动手术。大家看起来好像都心情很好的样子。我是第一次动手术。护理人员在疙瘩周围两三处打了局部麻醉。我一想到终于要开始，就因为极其紧张害怕而额头拼命出汗。我意识到胸口发出"扣哩"这样小小的声音，护士戴上橡胶手套的手突然伸到我的胸口忙碌起来。我觉得保持沉默有点可怕就开始说话。我从自己在纽约第一次体验大麻时变成黑猩猩的事情开始说，一路谈到手术结束。切除的脂肪块直径一厘米左右，像珍珠一样闪现淡淡的粉红色。我不禁开口说："真是漂亮。"医生笑着说："你要带走吗？"可是我拒绝了。

根据以上几件行为进行分析，就医院的立场而言，说不定真的是不得不判定我需要做一下精神鉴定。

贴近遭遇乔治·哈里森

住院住到一个月的时候，我的情绪开始出现巨大的变化。心里开始出现这样的想法：如果就此金盆洗手，脱离连续两年左右的创作生涯不知道会怎样。虽然这个概念相当自虐，可是也有某种快感。试着去想象一般人会怎么想的各种可能性也很有意思。然后想到假使又重新出发，到时候作品会变成什么样子，就让我全身打战。这种非比寻常的念头并不会经常在人生的过程中出现，我想如果错过这次机会可能不会再有第二次，就决定收山。如果只是自己心里做决定我没有什么自信遵守，所以就透过大众媒体发布这个消息。接着就在《艺术生活》连载《歇业日记》，并且计划出版工作至今为止集大成的作品展和全作品集，在医院里开始进行筹备。展览决定办在银座松屋，作品集则交给讲谈社。事情这样决定之后就没办法再一直住院了。

最后虽然还没完全康复，可是我还是住到两个月就出院了。展览名为"横尾忠则全集展"，从五月十二日开始连续六天于银座松屋举办。我请筱山纪信替我拍肖像，然后将照片上下颠倒设计成海报。展示则委托栗津洁帮忙。虽说是免费展览，六天当中涌进七万人次也算是创了纪录。前来看展的三岛由纪夫整天坐在前台，看着一位一位客人进来说："如果会有这么多人来，我也要办展。"这一年，他在自杀前一个月于东武百货举办了三岛由纪夫展。

不知是否因为在媒体发布了彻底的休息宣言，完全没有人再来委托工作。有些周刊杂志还自己随便报道说我要引退。在我召开个展期间，彼得·马克斯从美国前来日本。我和他在一九六七年认识，不过他在我美国设计圈朋友之间风评非常之差。结果我必须成为他的搭档，在他来日期间，他的公关公司把我当成是他的营销业务。真的是能理解他为什么评价这么差。

明明歇业休息，创作欲反倒非常高涨。这时，《少年 Magazine》[1] 请我帮忙设计封面。虽然我还在停工状态，可是因为只限定在两个月内完成所以我就接受了。这时《少年 Magazine》以突破百万册为目标正为如何刺激销售感到苦恼。总编辑希望透过改变封面寻求突破，因此他认为需要设计出让人大开眼界的封面。我这时候想的是封面不要用任何颜色，用黑色单色印刷来拼一拼，并且选择热门漫画作品《巨人之星》的飞雄马上封面。结果销量突破百万册。然而我不知道董事竟然在背后说如果用这个封面反而会降低销量，让总编非常焦虑。不过董事的疑虑没有成真，销量确实每个礼拜都在增加。

这阵子我不做设计和插画，想要开始拍照，就依细江英公的建议买了 Nikon 相机，跟他一起去参加山形的野外摄影会。我一开始最想拍的，再怎么说都还是我的女神浅丘琉璃子。这件事情透过《an·an》杂志实现了。此外，借由这本杂志的企划，我还去伦敦和利物浦拍摄、探访披头士的足迹。待在伦敦的时候，我成功在街上拍到偶然前来苹果唱片[2]的乔治·哈里森[3]。当晚我和编辑两个人兴奋到天亮都睡不着。我在暴风雨的日子去肯辛顿公园拍的人体摄影还入选当年《Asahl Camera》的 "Best 10"。最终版本是凑集三十位女性在箱根拍摄人体拍上一整天。后来不知道是否是受到我的刺激，拍团体人体摄影的摄影师

---

1 《少年 Magazine》: 少年マガジン，日本讲谈社出版的少年漫画杂志。1959 年 3 月 17 日创刊，每周三发售（和小学馆《周刊少年 Sunday》相同）。虽然目前总销量落后集英社《周刊少年 Jump》不少，但仍有不少著名漫画家在此杂志连载漫画。

2 苹果唱片: Apple Records，由英国披头士乐团在 1968 年创立的唱片公司。

3 乔治·哈里森（George Harrison，1943—2001）: 披头士成员、电影制作人、音乐制作人。

迅速增加。

"惊传横尾忠则切右脚?!"

我在英国旅行途中小腿肚就开始非常痛,回国马上又到东京医科齿科大学医院再次住院。导致疼痛的直接原因是先前车祸住院过度使用复健步行器,造成小腿肚的肌肉疼痛恶化。疼痛渐渐从脚踵扩散到脚趾,可是院方找不到治疗方法,完全束手无策。只能服用止痛药、精神安定剂和防范副作用的药,根本算不上什么具体治疗。恐怕病情只能这样一步一步恶化下去。

心情很差的某天,医院出现了我从来没有想过的访客。高仓健和浅丘琉璃子在我的病房偶然巧遇。不管是电影还是杂志都绝对不可能同时凑到这两大巨星,这让我感动到忘记难过。《周刊明星》的摄影师不知如何得知阿健和小琉璃待在我的房间的事,马上冲来,做了快速报道。报道标题非常耸动:"惊传横尾忠则切右脚。高仓健、浅丘琉璃子脸色青!"

就这样把这标题登在《周刊明星》头条版面。报纸广告也用明星等级的字体强力宣传相同的内容,结果我的生父从大阪跑来,担心的亲朋好友也接连出现,甚至连很多素昧平生的人都写信过来。不过这篇报道真的是很恶劣。这种商业至上的杂志操作方式在伤害他人人格与名誉的时候面不改色,而且还让病患更加不安,一想到自己被这样利用就非常愤怒又非常遗憾。他们这样做对数一数二的明星来说不是很没有礼貌吗?

三岛由纪夫和集英社编辑两位一起来看我的时候,我与其说是开心不如说是害怕。我负责装帧的细江英公摄影集《新辑版·蔷薇刑》

进度落后，三岛先生针对这件事情责备我，拼命催稿："你要住院住到什么时候？赶快离开把该做的事情做一做啊拜托！"我因为药物副作用肿成月亮脸，胡须乱长改变长相，三岛先生像是在盯我那样看着我。"我很想做可是没有办法啊，截稿期有没有办法延后一下。"我跟编辑拜托，他坐在三岛先生身边紧张地缩得很小。"没有时间啦。"三岛先生从口袋里拿出一本小记事簿让我看，里面行程全部填满。"为什么你这么忙？你又可以进自卫队了吗？"不知是我这句话触怒三岛先生呢，还是他对我不知反省的态度感到生气呢，总之他摆出我从来没见过的可怕表情一直瞪着我。

几天后，三岛先生直接打电话到病房，告诉我说有件事情非常想做，希望我也一起来。那就是三岛先生和我相互扮演死状，然后希望请筱山纪信来拍摄摄影集，连书名叫《男人之死》（男の死）都决定了。我完全没有理由反对三岛先生这个企划，告诉他我非常乐意接受，可是就我现在的体力而言，病情已经恶化到连三秒都站不住。

状况和过去一样，三岛先生催促说："快快快，没时间了。"非常焦急。出版社加入之后，三岛先生和多达四方签订出版合同，对他来说这件工作似乎非比寻常。证据在于三岛先生后来接二连三亲自演出凄绝惨烈的死状让筱山拍，画面看起来非常难以置信，让人联想到幕末浮世绘师芳年[1]的风格。三岛先生这种行动能力简直可以说是冲动，然

1　芳年（1839—1892）：月冈芳年，又名魁斋芳年，晚名大苏芳年，日本浮世绘画家，活跃于幕府末期至明治时代前期。十一岁时进入歌川三代国芳门下学习浮世绘，成为"武者绘"继承者，后来又学习西洋的素描、解剖、透视，并将之融入浮世绘创作。晚年他重新归于传统题材"美人画"，是一位极富传奇色彩的人物。

而对于定在床上不能动的我来说只是继续增添压力和焦虑。

尽管我已经住院两个月，脚部的血液循环还是从脚趾末梢渐渐变差，一开始只有右脚，后来蔓延到左脚，最后连在医院移动都必须坐轮椅。说到这，隔壁病房有一个病患和我症状一模一样，结果这个人后来把脚切除了。再这样继续下去，《周刊明星》的报道一定会成真。

"你再继续待在这里脚就会被切掉喔。"高桥睦郎说着说着就介绍了针灸医生给我，我就出院了。住院的时候走的，但是出院坐轮椅。

针灸医生每两天来替我治疗一次。医院每天都叫我洗澡，可是针灸医生说洗澡是造成恶化的原因，禁止我洗。因为弄湿皮肤是大忌。停止洗澡、接受按摩，在这样的过程中，脚部的水肿渐渐消除。

然而我还是痛到没有办法站着小便。

UFO 在我内心变成现实

虽然回了家，可是什么都没做。这时我先前从来没见过的井上光晴[2] 跑来请我写小说。他好像是看到我在什么杂志上写到妈妈的事情，才想要找我写小说。我从来没有想过会有小说的工作，完全没有自信，就拒绝了。

然而井上先生紧盯不放："写什么都可以喔！写一下妈妈的事情不是很不错吗？就写这里有一棵树，后面有座山……尽量发挥写写看好

---

2 井上光晴（1926—1992）：生于中国旅顺，日本小说家。青年时代曾在钢厂、矿坑工作。第二次世界大战结束后加入日本共产党，以反映日共内部矛盾的小说《不能写的一章》（1950）名噪文坛。

不好？"

　　这个工作委托真的是非常乱来。结果在好奇心驱使下我还是写了。大约一百张稿纸的小说处女作就这样刊在井上先生负责编辑的《边境》这本文艺杂志上。本来想说对方或许会要求稍微修改，可是他说"好像不用改啊"，就直接刊登。后来《读卖新闻》的文艺评论提到这篇作品，秋山骏[1]把它拿来和三岛由纪夫的小说（书名不明）一起并列讨论让我吓一跳。之后作品甚至进到芥川奖[2]的复赛审查，不过好像在这阶段被淘汰了。

　　总而言之我整天赖在床上一直看书。这几年我几乎都没有读书。认识三岛由纪夫之前我有在读三岛先生的书，可是认识本人之后不知道为什么就一本都不读了。我在医院专心读乔治·亚当斯基[3]的飞盘系列和黑沼健的世界怪奇现象系列。

　　我这样看书是因为刚遇到交通事故时做了一个不可思议的梦。

　　岩壁之间包围着一栋古代风格的建筑，阳台连接到海面。我站在阳台上。这时右侧岩壁局部发出红绿的光。感觉像是某种信号。突然之间空中出现一座类似巨人潜水艇的物体，垂直往海面冲来。我吓了一跳，跑进岩洞里的房间。然而我用透视看到那个物体正侵入到大理

1　秋山骏（1930—2013）：早稻田大学法文科毕业，日本文艺评论家、艺术院会员。1950年代起长期在报社工作，1960年以《小林秀雄》一文获群像新人奖。

2　芥川奖：正式名称为芥川龙之介奖，乃是为纪念日本大正时代的文豪芥川龙之介（1893—1927）所设立的文学奖，是由主办单位《文艺春秋》颁发给纯文学新人作家的一个奖项。现今的主办单位已改为日本文学振兴会。

3　乔治·亚当斯基（George Adamski，1891—1965）：波兰裔美国人，因表示拍摄到来自其他星球的宇宙飞船照片，与外星人见过面，与他们一起飞行过，因此在"UFO学界"成名。自认是"哲学家、导师、学生及飞碟研究员"。

石地板底下。那玩意身上画着无法解读的文字图案，可是我透过心电感应知道它的意思是 UFO。

从做这个梦那天开始，UFO 这个概念就强烈地输入到我的脑中。明明以前我对 UFO 完全不感兴趣，一个梦就让我像是洗脑那样被 UFO 附身。亚当斯基的 UFO 遭遇事件非常超现实，可是我认为那是真的。即使事实真相并非如此，这个故事还是撼动了我的灵魂。不管过去我读过多了不起的书，《飞空圆盘共游记》（空飛ぶ円盤同乗記）都比它们更棒。

当时，电视新闻还报道有两名国铁员工目击 UFO 出现在新宿上空，感觉 UFO 从一种遥不可及的议题突然变成近在身边的事物，在我心中彻底化为现实。亚当斯基的书就是我的圣经。这玩意深深联结到我的内在精神世界，撼动我的灵魂，它的真相究竟是什么？我一边想着这个问题一边开始阅读各式各样关于精神世界（这个名词当年还没出现）的书。当时这类的书不像现在这么泛滥，我专心投入阅读的书以印度的《薄伽梵歌》（ Bhagavad Gita ）、《奥义书》（ Upanishads ）、《吠陀》（ Vedas ）之类艰涩的圣典为主。由于我从来没有想过意识会出现这样的变化，对于歇业结束之后会变成什么样子也就变得更加期待。而且我觉得自己的想法最近乎嬉皮的思想。不知不觉之间须发竞相生长，长相也变成嬉皮的模样。

三島由紀夫との別れ

一九七〇年十一月二十五日，正午。我在床上悬着废脚看书。这时住在附近的高桥睦郎打电话来。我从他低沉的嗓音感受到不祥的预兆。"三岛先生冲进自卫队里面了。"

电视画面当中显现三岛由纪夫的身影，他站在陆上自卫队市之谷营区总监室的阳台上，似乎在高声演讲。虽然我瞬间无法思考，可是直觉状况糟糕，就在这同时，"他终于干了"这个念头在我全身乱窜。播报员说话像是在呼唤"三岛"那样，听起来非常可怕。最后报道说三岛由纪夫切腹自杀，可是我觉得非常没有真实感。

因为三天前，二十二日的晚上，我和三岛先生讲了很长很长的电话。我知道以三岛先生的习惯，半夜十二点之前一定会回家，就在半夜十二点打给他。三岛先生还没到家。夫人说应该马上就回来啰，和我闲话家常片刻，后来三岛先生就到了。

"下雨天忙到这么晚真是辛苦了。"我不用大脑说一些言不及义的话。在这瞬间，电话另一侧，三岛先生的颤抖透过电话传了过来，让我觉得三岛先生有些事情不想说。后来我才知道，当天晚上就是他和闯进自卫队另外五位开会的日子。

包含这一天在内，我曾经被三岛先生吓到过三次。第一次是三岛先生演出电影《杀人》（人斩り）的时候。首映会电影播完的当下，坐在我后面的三岛先生突然对我说:"横尾,还好吗,还活着吗? 很可怕吧。"他拿自己切腹的场面当话题。我回他说:"三岛先生,在电影里面切腹死掉真的很猛,但也很可惜喔。"结果三岛先生的表情突然变得很严肃,瞪着我用周遭听不见的声音低声说:"为什么你知道?"

当时我还不是很清楚三岛先生说的是什么意思。第二次是我住院的时候他来探病,匆匆推动摄影集《男人之死》的拍摄。看到三岛先生接连念着"没时间了、没时间了",让我不禁脱口说出:"你要进自卫队吗?"虽然我的感觉很准,可是三岛先生当时骇人的表情直到今天我都还忘不掉。那不是因为我预言他的死,而是我无意之间说的话触碰到三岛先生的秘密。

我和三岛先生最后一通电话的内容大致如下:

"你一天到晚喊不能走不能走。我会把你的脚治好,快点拉你一起让筱山拍《男人之死》。我的部分已经全部结束了。你不要一直拖拖拉拉啊。

"《蔷薇刑》的装帧太棒了。我的裸体是涅槃像吧。一定是这样,那一定是我的涅槃像。版面安排那些印度诸神就是为了这个吧。我觉得你做这个作品好像掌握到了什么。虽然印度有人去得了有人去不了,可是只要透过这本书你好像随时都可以抵达。

"我读你在《艺术生活》连载的日记都胡言乱语。你不变强壮一点不行啊。还有,高仓健来探望你就有写,可是我来探望你连一行都不写。你那是什么意思。"

这阵子三岛先生的言行举止突然右翼化,我怕自己和三岛先生接触会让一般社会以为我也右翼,所以我完全没有提到三岛先生的名字。

我结结巴巴地把上面这些理由告诉了三岛先生。

我和三岛先生打电话打到一半的时候，夫人插话说："今年圣诞宴会欢迎来玩。"三岛先生说："我太太说要邀请你来圣诞趴。"甚至把相同内容重复说了一次。可是事实上，那时，三岛先生应该已经不在这个世界，我一想到当时他是怀抱着什么样的心情去接受太太这句话，就觉得非常心痛。

三岛先生最后好像在告诫我一般反复强调好几次："你要活得更坚强一点才行。"这也是因为他知道这是我们最后一次谈话所以才会这样说吧。

电视报道三岛由纪夫的死讯之后，我家的电话马上就开始响。全部都是媒体为了采访打来的。因为我完全不知道应该要怎样回答，就请太太说我不在。后来高桥睦郎跑来。我们话不成句，有一搭没一搭，彼此都陷进很沉重的情绪。到了夕阳西下时，决定总之先去三岛公馆，可是脚非常痛，好不容易站起来却没办法行走。叫出租车开到玄关里面，高桥和老婆搀着我才终于坐上车。这是出院之后，我第一次出门。

本来以为可以搭出租车开到三岛公馆正前方，可是大批媒体聚集在那边挡住去路，出租车连停车都没办法。高桥说他来背我，可是我觉得不好意思就拒绝了，想说抓着他的肩膀试着走看看。但那痛好像要刺破头一般向上冲。结果三岛家大门深锁，不让任何人进去。

我的脚先前连能不能站都令人怀疑，当天却可以走到户外。"我会治好你的脚。"三岛先生说过这句话。直到现在对我来说，我都还相信那是奇迹。

很多有识之士针对三岛由纪夫的死发表意见。可是没有任何人认同和肯定他的死。结果三岛先生就这样在没有任何人理解他的状态下走了。不过，我个人还是留下一个疑惑，那就是三岛先生为什么要选我当他摄影集《男人之死》的伙伴？现实中，是替三岛先生介错[1]的森田必胜[2]陪他一起走的。三岛由纪夫最后真的过世了，就算先前是在想象世界扮演死亡，还是不可以把生死两隔的两个人凑在一起登在这样的摄影集上。三岛先生可能没有预料到他过世这件事情会让我拒绝扮演死亡。所以三岛由纪夫扮演各种死状的肖像直到今天都还保留着没有发行。

我一直没办法从三岛先生那突然到来的悲剧性死亡中站起来，可是身体的痛苦却像蜕皮那样迅速康复了。

精神在圣俗之间摆荡

无论就自己还是他人而言，不祥的一年终于结束，迎向一九七一年。可以走路比什么都令人高兴，我变得经常出门。可是我的脚还没完全治好。仍然必须继续接受针灸指压的治疗。工作还是处于歇业状态，但我每天都会晃去平河町的工作室。虽然设计和插画工作暂停，可还是会接受杂志采访和散文邀稿，并不是最空闲。只是和过去相较，

---

1 介错：日本切腹时为了让切腹者尽快死亡，会有另一位助手在旁替其斩首，称为介错，以此减轻痛苦折磨。一般而言这个责任是由最亲密的朋友担任。
2 森田必胜 (1945—1970)：日本政治活动家。传说是剑道高手，在三岛由纪夫切腹自杀时，担任介错人，随即亦切腹自杀。

单单不会被工作追着跑就已经让我获得精神解脱。阅读还是以神秘主义类的书为主。一月的时候，UFO又再次出现在我的梦里。两三位外星人（西洋人体格）从降落在房间里的UFO里走出来，就这样咻地消失在空间当中。虽然梦境很突兀，然而神奇的是醒过来之后还是非常有真实感。此外，梦里第一次出现三岛由纪夫，他说他必须再切腹一次，孤单地自我面前离去。

手边还保留着当时的日记，在此抄录如下。

二月二十日：《艺术生活》连载《插画家歇业日记》拍照。在家里和平河町办公室拍大约两小时。摄影集《忧魂·高仓健》（都市出版）开会。半夜两点回家。

二月廿一日：看电视播三岛由纪夫主演的《焚风小子》。半夜十二点回家。

二月廿二日：和筑摩书房讨论今年秋天要发行的单行本。晚上十一点回家。

二月廿二日：在办公室附近的餐厅写稿。《an·an》的椎根先生[3]来访。半夜三点回家。

二月廿五日：去京都看脚。在车里写稿。紧急联络高仓健先生、藤纯子小姐，可是联络不到。半夜藤纯子小姐打电话到旅馆来。写稿写到半夜三点。

3　椎根先生（1942—）：指的应该是椎根和，作家。曾任《妇人生活》《平凡PUNCH》《an·an》编辑，并任《周刊平凡》《popeye》总编，创刊《日刊现代》《Hanako》《Olive》《COMIC アレ！》《relax》等杂志担任总编辑，一生贯彻编辑的道路。

二月廿六日：去东映片场拜访高仓健。在阿健的房间吃午饭。因为阿健介绍跑去嵯峨山里的酵素浴场[1]医脚。晚上又回到片场参观《组长之路》（総長への道）阿健砸场结局的拍摄。

二月廿七日：前往酵素浴场。傍晚去神户。跑去看午夜场《未亡人杀手之王牌至尊》（未亡人ごろしの帝王）、《淫邪妖僧之吃喝嫖赌》（極悪坊主飲む打つ買う）。

二月廿八日：从神户搭出租车冲到京都。前往酵素浴场。和高仓健在三条的咖啡馆碰面，之后一起吃晚餐。《女体诈欺师·淫色狂魔爱爱记》（女体サギ師·いろ餓鬼交情記）、《性的执念》（性の執念）、《金毛欲体女王蜂》（金髪欲裸の女王蜂）三连杀。

三月一日：泡酵素浴。在旅馆读圣典。

三月二日：在酵素浴场遇到青川虹子小姐[2]。藤纯子小姐的姐姐开车来接我，一起去平安神宫参拜。抽签得到"久病长拖，终归痊愈"。前往纯子小姐的家。晚上读《迎向世界，东洋发声》（世界によびかける東洋）（中村元[3]著）。

三月三日：拜访大津的灵能者。对方说看到三岛由纪夫的幽灵。乘车兜风绕琵琶湖一圈。

三月四日：泡酵素浴。右手小指酸麻不退。去"千中 Music"[4]看脱

1　酵素浴场：酵素浴是一种利用酵素发酵进行的干式泡澡。这些酵素是由木屑混合药草和酵素制成，发酵温度可以达到 50 至 70 摄氏度。将全身埋进自然发热的酵素当中，可以促进血液循环和新陈代谢，提高人体自身拥有的自然治愈能力。
2　青川虹子（1912—2002）：日本女演员。
3　中村元（1912—1999）：文学博士，日本国立东京大学名誉教授。
4　千中 Music：千中ミュージック，这个脱衣舞表演场地位于京都知名的红灯区五番町一带。

衣舞。傍晚又去酵素澡堂。

三月五日：早上都在按摩泡酵素浴。拜访比叡山延历寺管长[5]叶上昭澄[6]。

三月六日：脚痛。在旅馆写稿。打电话交稿。背痛。

三月七日：旅费用完随即 check out。泡酵素浴。回到暌违十天的东京。接受华盛顿大学的招待。买石原裕次郎的 LP《魅惑的抒情歌》（魅惑の抒情歌）、天童芳美的 EP《风吹》（風が吹く）。

三月八日：听艾尔顿·约翰（Elton John）、乔治·哈里森、约翰·列侬，还有印度音乐。晚上，针灸、指压。

三月十日：写披头士的稿。因为《美术手帖》的工作前往四谷旅馆。

三月十一日：和一柳慧一同去赤坂的料亭[7]接受《草月》杂志栖崎汪子[8]女士招待晚餐。

三月十二日：今早的《朝日新闻》上，自己的名字出现了五次。为了以备万一，我也试着算了一下其他人的名字：戈登（澳大利亚前首相）12，萩原建秀（箕面市教育委员长）7，梶山季之[9]7，甘地[10]5，藤山爱

5　管长：指宗教团体的最高领导者。

6　叶上昭澄（1903—1989）：应是叶上照澄，生于冈山县，天台宗僧侣。

7　料亭：传统日式高级餐馆。

8　栖崎汪子（1925—1989）：出版人。年轻时一边担任辞典编辑助理，一边写诗投稿杂志。后来担任花道草月流官方刊物《草月》总编辑。她发动"街头诗"运动,1981 年创立编辑制作工作室"All Desk"（オーデスク）。并发行季刊《书简》（手纸）。

9　梶山季之（1930—1975）：日本小说家、记者，创作了《黑色试走车》《红钻石》等推理小说。此外，还大量创作了经济小说、推理小说、时代小说、风俗小说等。

10　甘地：指的应该是时任印度首相的 Indira Priyadarshini Gandhi。

一郎[1]5，高仓健5，横尾忠则5，佐藤首相[2]4，中曾根防卫厅长官[3]4，三宅一生[4]4，石川达三[5]3，秦野章[6]3，三岛由纪夫3，田川诚一[7]3，长鸠茂雄[8]3，克利[9]2，藤纯子2，等等。

三月十三日：再次前往京都。下鸭神社的签诗为："愿望——任何梦想都能实现。事业——兴旺。疾病——一天一天好转。旅行——大吉。"前往酵素浴场。在"大市"[10]吃鳖，四个人吃了十二人份。看瑞典情色片《新·身为女人》（新·わたしは女）。半夜三点回饭店。

三月十四日：前往和三岛由纪夫《丰饶之海》有关系的奈良圆照寺[11]。在兴福寺塔的茶屋吃晚餐。观赏东大寺二月堂办的修二会[12]闭幕法事。

1　藤山爱一郎（1897—1985）：日本商界政治家。前外交部部长、经济规划局局长、日本国际贸易促进会会长。

2　佐藤首相（佐藤荣作，1901—1975）：东京帝国大学法律系毕业，其亲兄岸信介亦曾为首相。其父由于是入赘女婿所以改姓佐藤，而岸信介因为被收作其父本家的养子而改姓岸。1964年出任日本首相，1972年7月下台。

3　中曾根防卫厅长官（中曾根康弘，1918—）：日本政治家，生于群马县高崎市，东京帝国大学法学部毕业，曾驻防于高雄左营。1982年任日本首相，与外务大臣安倍晋太郎一起改善了与苏联和中华人民共和国的关系。

4　三宅一生（1938—）：日本著名服装设计师，生于广岛县广岛市，毕业于东京多摩美术大学平面设计系。毕业后曾在巴黎和纽约工作，1970年回到东京，成立了三宅设计事务所。

5　石川达三（1905—1985）：日本小说家，生于秋田县平鹿郡横手町，早稻田大学肄业。

6　秦野章（1911—2002）：日本政治家。

7　田川诚一（1918—2009）：日本政治家。生于横须贺市，曾当过《朝日新闻》记者。1960年首次当选为众议员，连任了十一次。

8　长鸠茂雄（1936—）：日本职棒读卖巨人队选手，担任中心打者，主要活跃于1958年至1974年。

9　克利：原文クレイ，指的可能是拳王阿里的本名，也可能是艺术家保罗·克利。

10　大市：创立于江户中期，已经有大约330年的历史，以鳖为招牌菜相传十七代。长年来光临的政商文化界人士络绎不绝，川端康成、开口健、司马辽太郎、志贺直哉、松下幸之助等都是座上嘉宾，甚至在作品中言及，声名远及海外。

11　圆照寺：位于日本奈良县奈良市的临济宗妙心寺派寺院。山号"普门山"。本尊如意轮观音、开基（创立）者为文智女王。和斑鸠之中宫寺、法华路之法华寺并称为"大和三门迹"的门迹寺院。

12　修二会：起源于天平胜宝四年（752），传说是由东大寺的开山祖师良弁法师的高徒实忠和尚首创，是东大寺的僧侣在二月堂的十一面观音像前代表世人忏悔罪孽，祈求国家安泰、万民丰乐的法事。每年在

三月十五日：去大佛殿。去京都。泡酵素浴。去高雄和龙安寺。午后回京。在车上读《禅之心·禅之语》（禅のこころ·禅のことば）。在住处用针灸指压进行脚部治疗。

三月十六日：《横尾忠则全集》（讲谈社）完成。决定不出席访日的美国模特儿珍·霍斯的酒会。晚上听摇滚。

三月十八日：办理出国手续。脚部治疗。

三月十九日：在南画廊和东野芳明夫妻讨论新工作。和爱呕碰面。

三月二十日：长女感冒卧病在床。读了几本宗教绘本。拙著《逃向未完成》（未完への脱走）决定三刷。和 Time-life 出版的张先生[13]及尔尼斯特·佐藤[14]共进晚餐。

三月廿一日：下午本来预定要和小学四年级的长子一起去看电影《恐龙时代》，可是小孩抗议老爸留长发，吵了起来，最后没看成。整天心情都很差。去看脚。

三月廿二日：英国泰晤士与哈德逊（Thames & Hudson）出版社想要将我的海报收录到《海报的历史》一书当中。英国的企鹅出版社委托我设计装帧两本书，写信来催稿。

为了医脚和调养身体，我这阵子老往京都和老家西胁跑。精神上

阴历二月举行，至今从未中断过。

13 张先生（1923—1999）：S. Chang（エス·チャング），本名杉本一雄。曾任《时代》杂志东京特约撰述记者，《季刊 Koreana》（季刊コリアナ）编辑，晚年担任草月会馆长。

14 尔尼斯特·佐藤（Ernest Satow, 1927—1990）：本名佐藤善夫，摄影师，1962 年起担任《Life》杂志日本特派员。

非常不稳定，心情在圣俗之间摆荡，大家在我条例式的日记里面应该看得出来。

受邀前往华盛顿大学

我接受华盛顿大学的邀请，傍晚四点左右抵达华盛顿州普尔曼（Pullman）偏僻的乡下。才一走下飞机阶梯，前来迎接的老师和学生全都举起相机拍我，有点被吓到。我的行李不知为何留在了西雅图机场。我听说普尔曼没有旅馆，写信开玩笑说希望可以住女生宿舍，结果校方真的这样做，让我住进三位女子大学生的住处，真是受到了幸运的眷顾。不知是否因为先前已经在校内做过彻底宣传，我在每个地方都受到热烈迎接。举办讲座的时候会场满满都是人，可是提到"安迪·沃霍尔""魏瑟曼"这些画家姓名的时候，因为我发音不标准，所以让外国口译员听不懂真的很不好意思。

我在普尔曼待了将近三个礼拜就前往纽约。抵达当晚我就在时代广场看色情片，待在纽约这段时间几乎天天跑去看。每家色情电影院都空空荡荡，不知道是不是美国观众已经看腻了，现在爱情电影非常流行。

除了色情片之外，我还和过去一样会去菲尔莫东剧院[1]之类的地方

---

1 菲尔莫东剧院：Fillmore East，摇滚演唱会制作人格雷厄姆（Bill Graham）于 1968 年至 1971 年间在纽约东村设置的摇滚演出场地。这里每隔几天就有演出，一次两团，被誉为是摇滚乐的圣堂（The Church of Rock and Roll）。由于这里音响效果绝佳，许多音乐人都曾在此灌录唱片，包括 King Crimson、Miles Davis、Frank Zappa 等。

听摇滚演唱会，看摇滚电影，搜罗摇滚唱片，逛美术馆和画廊，和许许多多朋友见面，有时候也会工作一下，不过这次我像是被鬼附身那样迷上搜集和印度相关的事物。不知道是不是三岛先生"靠这个你也可以去印度"那句话变成咒语在背后驱动我行动。

我已经两年没来纽约，这段时间，一九六〇年代后半那种喧腾的气氛已经不复存在。尽管全美各地都在召开反战聚会、反战示威，越南的杀戮还是不停延续，不知何时才能有个终结。然而另一方面，驻扎在越南的美军军力大幅减少也是事实。街上经常看到平头的年轻人，明显像是从越南回来的士兵，社会上也在讨论失业大兵的犯罪案件正在增加。在贾斯培·琼斯那间银行改造的巨大工作室门口也发生了他朋友遭到杀害的事件，晚上单独外出变得很危险。

虽然迷幻时代完全闭幕，但摇滚还是一如以往，担当年轻人灵魂与思想的代言媒介，力量并没有衰退。披头士发表最后一张 LP《Let It Be》解散已经过了一年，各个成员也开始各自活跃起来。

对我来说披头士就算解散还是披头士。只不过披头士现在已经不是我的英雄、偶像，更不是导师。我只是自觉到该自己引导自己了。

阿加塔传说

六月的时候我突然跑去夏威夷和大溪地。虽然还在歇业状态，可是植松国臣居中将东急百货公司圣诞特卖广告活动的案子介绍给我。发生车祸之后，我就开始确立这样的想法："不是只有肉身感官感受到的东西是真实，我们也必须将脱离物质现实的另一个灵魂领域也当成是真实"所以我回复对方说如果可以用千禧年的乐园意象来表现我的理想世界那我就接，最后对方接受了。

圣诞特卖会和南海的乐园感觉很不搭调，就最后结果而言，大溪地女性的巨大裸体画覆盖百货公司所有外墙，同时又搭上周刊杂志彩页，引发非常大的反响。我心中的千禧年想象，是把一万两千年前沉入太平洋而消失无踪的姆大陆[1]的乐园幻影再度召唤到这个广告活动当中。这种一百八十度的态度转变在车祸发生之前我从来没想过。我对接触现实事物完全没有兴趣，相对而言，宇宙、地球之外的行星、死后的世界、四次元、UFO、失落的古代文明、神话、天堂等才是我最关心的议题，所以我就把它们化为新的现实。

这阵子阿加塔（Agartha）传说让我感兴趣到不正常的地步。阿加塔这个国家存在于地球内部的空洞，远古洪荒之前，萨那特·酷美拉（Sanat Kumara）王子从金星飞来以后就统治阿加塔直到今天。香巴拉（Shambhala）是那里的首都，觉察宇宙意识的超人住在那里，他们会促进地表人类的意识，如果有人显露出觉醒的征兆，负责地球的UFO就会马上传输波动，帮助那个人的灵魂向上飞升。他们一直在进行这样的远大计划。

我觉得这么令人感动的故事只能咬手指站在旁边看未免太可惜，

1　姆大陆: Mu continent，又译穆大陆、母大陆，是一个传说中的陆地。在 19 世纪初，由美国学者詹姆斯·乔治瓦特（James Churchward）提出，他认为在史前的太平洋区域，包括日本本岛、冲绳、中国台湾岛等地区都是整片相连的大陆，面积比南美洲还大，且曾经有过高度文明，但由于地震和地壳运动沉入大海底。一些文学作品或科幻小说经常将姆大陆的遗址与今日的南极洲连在一起，例如葛瑞姆·汉卡克的小说《上帝的指纹》（ Fingerprints of the Gods ），以及日本超级机器人动画《勇者莱汀》等。

从知道这件事情的瞬间，我的意识就开始集中到阿加塔中心的香巴拉。基于这样的理由，香巴拉的使者 UFO 变得像是我的上师（guru）。我的波动会传给 UFO，说不定有一天他们会和我接触——我发誓不要抛弃这样的希望，后来持续仰望天空传达意念长达十年以上。

我会选择大溪地来做东急的广告活动，是因为看电影《最后的乐园》（L' ultimo paradiso），看到帕皮提港（Papeete）和波拉波拉岛（Bora Bora）的梦幻风景，加上高更[2]住过那边，心想一万两千年姆大陆沉没之后部分的山脉可能变成南太平洋的群岛，理由就是这么单纯。

去大溪地途中经过夏威夷。我是第一次到夏威夷，一般日本人都很喜欢它，可是我并不觉得夏威夷有那么吸引人。到旅馆入住之后每日新闻社马上就来电话。我有三幅名为《乐园》（Wonderland）的作品参加现在正在召开的"每日当代艺术展"，结果被人从东京都美术馆[3]偷走。这件事情要追究主办单位的管理责任，负责人悲切地拜托有没有办法用比较温和的方式解决。事情如果闹大的话其他媒体也不会闷不吭声，虽然我觉得闹成八卦很有趣，可是听到电话里对口负责人可怜的声音就不想抗议了。后来有封发件人匿名的信送来，写说作品是他偷的，可是相对的，他把脚上穿的拖鞋脱下来放在作品位置前面才回家，如果是横尾先生应该可以理解这个行为吧。

2　高更（Paul Gauguin, 1848—1903）: 生于法国巴黎，印象派画家。大部分艺术史家都将其作品归为后印象派。高更不喜欢都市文明，反而向往蛮荒的生活，其作品趋近于"原始"风格，用色和线条都较为粗犷，作品中往往充满具有象征性的物与人。高更往往被拿来与梵高并论，他们曾经是很好的朋友，互画过对方的肖像，但后来渐行渐远，最后走上不同的道路。

3　东京都美术馆: 位于东京上野恩赐公园内，于 2012 年 4 月 1 日重新开幕。

待在大溪地那几天非常悠哉。尤其是波拉波拉岛特别棒。听说米克·贾格尔[1]好像直到几天前还待在这。我在珊瑚礁海岸发呆，骑脚踏车环岛一周，在小木屋房间读书睡午觉，除此之外啥都没干。不过我的意识一直对准香巴拉，这种时候最幸福了。然而，时不时涌上的关于东京的现实感当中总带着一种末日的焦虑。这让我觉得对于精神世界的冀望似乎出自对现实的绝望，源自对生命不确定的烦恼。更何况我并没有任何足以确信的精神依靠。只有做香巴拉和千禧年的梦逃避现实这件事情没有什么改变。这样的感觉说不定是因为我内心某处把生命和真实想得很绝对，所以才会出现这样的反馈。

见到波娜·曼迪亚古斯觉得非常疯狂

从大溪地回来后不久，我就收到深泽七郎[2]的信。这次是要开一间红豆饼店，想请我画包装纸。就一个作家而言，他的信拖拖沓沓像小朋友一样，加上错字很多，让我有点怀疑是不是本人。妻子说："厉害的人应该不会写这样的文章吧。"我也这样觉得，就马上打电话，结果真的是本人写的。深泽跟我说："欢迎你和太太一起来爱我牧场（Love Me 牧场）玩。"所以我们就去了。正当我们看到农场的宽阔觉得很感动的时候，对方把锄头交给我们说："要不要下来耕田玩啊？"挖土的

---

1 米克·贾格尔（Mick Jagger, 1943— ）：英国摇滚歌手，以滚石摇滚乐团（The Rolling Stones）主唱身份闻名全球。冲撞权力当局的个性及药物风波使他话题连连，被当成反社会主流价值观的象征。
2 深泽七郎（1914—1987）：日本小说家，生于山梨县石和温泉乡。1956 年发表短篇小说《楢山节考》，文坛为之震撼。另著有历史小说《笛吹川》（1958 年）、短篇小说集《东京的王子们》（1959 年）等。

感觉让我回想起小时候做农事那些早已遗忘的回忆，就这样快活地开始耕作。因为深泽先生走过来称赞"你是所有来做过的人里面做得最好的"，结果我和妻子就这样在日正当中耕了长长两畦地。

因为包装纸太受欢迎，陆陆续续有很多客人要求不要拿来包红豆饼，最后变成必须用报纸包红豆饼，再轻轻把包装纸盖在上面当成赠品送人。对方嫌说完全没派上用场，不过深泽先生还是寄明信片告诉我说"爽到都要射了"。

秋天到来，我今年第三次出国旅行。因为第六届巴黎国际青年双年展大奖的奖品是招待我去巴黎两个月。我嫌双年展办事处准备的住处像 YMCA 宿舍一样吵，所以跑去住蒙马特丘上的乐园饭店（Hotel Paradise），饭店设在毕加索等人设过画室的那栋知名的"洗衣船"[3]建筑里面。可是我是在二十年后电视取材走访"洗衣船"时才知道这里就是那间屋子，真的是让我非常讶异。我在巴黎没有认识人，不过透过别人的介绍认识了竹本忠雄[4]。幸运的是竹本先生的公寓距离旅馆走路只要几分钟。竹本先生以马尔罗[5]译者的身份闻名，也写艺术评论供稿给日本。因为外食不好，所以我几乎每天，有时候甚至每餐都去竹本先生家叨扰。

---

3 洗衣船: Le Bateau-Lavoir，是指位于巴黎蒙马特区拉维尼昂十三街的一座不起眼的木造平房，因外形像洗衣妇女的船而得名。在 1890 年代有一群出色的艺术家在此生活，并将其租为工作室，因而出名。其中最著名的是毕加索，曾与他的狗弗利卡（Frika）生活于此。

4 竹本忠雄（1932— ）: 筑波大学名誉教授，获法国文艺骑士勋章。

5 马尔罗（Andre Malraux, 1901—1976）: 全名安德烈·马尔罗，法国著名作家、文化人，曾任戴高乐时代法国文化部长，且被提名诺贝尔文学奖候选人，代表作《小说人的价值》，以详述"上海四一二事变"为内容，颇受好评，且因此著作荣获 1933 年法国龚古尔文学奖。

不知是否该说是偶然，竹本先生也对 UFO 很感兴趣，我们两个聊 UFO 聊到三更半夜。因为信息还很少，没办法跳出既定的想象，但是只要谈到亚当斯基的宇宙意识，UFO 最后都会变成哲学问题，这就是我们的结论。而且聊起来精神都会变得非常振奋。

我非常希望待在巴黎的时候可以有机会和写新小说的阿兰·罗伯-格里耶碰个面。透过竹本先生的安排，一下就见到了。我让罗伯-格里耶看我在巴黎双年展展出的版画《苦戏》，他就跟我说一起来做作品吧。他写几行文字，然后我从这里面发展出图画，然后他再从这图画发展故事……我们约好用这样的方式做一本连歌式的书。当时在现场还和一个他有在来往的出版社社长三个人签订合约，后来只联络过两次，结果至今都没有实现。

快要离开巴黎时，发生了一件有趣的事情。

那时我和竹本先生去拜访超现实主义文学家皮耶尔·德·曼迪亚古斯[1]和画家波娜·曼迪亚古斯[2]夫妻。夫人波娜说我长得很像以前她在墨西哥疯狂爱上的墨西哥画家托雷多[3]。这么说来，我留长发胡须的脸和他东方式的脸孔摆在一起似乎真有一点像。

"你是巨蟹座对吧？血型是 O 型对不对？"我被魔女掳获人心那种强烈的目光看穿。不愧是当过女演员的人，面貌一点也没衰老，当时应该四十岁左右。"而且你看，我想得没错，和托雷多几乎一模一样，

1 皮耶尔·德·曼迪亚古斯（Andre Pieyre de Mandiargues，1909—1991）：法国作家，生于巴黎。

2 波娜·曼迪亚古斯（Bona Tibertelli de Pisis，1926—2000）：待在墨西哥时曾与画家托雷多和诺贝尔奖诗人帕斯（Octavio Paz）谱出恋曲。

3 托雷多（Francisco Toledo，1940— ）：墨西哥平面艺术家。

连职业都相同。"她就像是把我当成穿越时空出现的旧情人那样带我到里面的房间参观，让我看她巧妙应用洋装里衬制作的许多进行中的作品。我在扮演她情人化身的时候也不会感觉很不舒服。说不定这是因为我很向往和这样的女人认真谈感情。

波娜、竹本和我三个人一起去吃晚餐。波娜把哭叫不停像孙女那样的小女孩塞给皮耶尔，把他留在家。波娜开车瞬间像猫咪飞跃在屋顶上那样，在巴黎的石板路上碰碰跳跳老神在在，无视交通信号地向前冲。她疯了，我想。这阵子我一直被死亡的意念纠缠。我一直都觉得到三岛由纪夫四十五岁过世的年纪自己好像也会死掉。这个疯女人开车如果发生重大事故一点都不令人意外。我用过去式描绘曼迪亚古斯夫人波娜开车出事造成我自己死亡的画面，想象那是件浪漫的事。真的很可怕。当晚波娜在餐厅像是被什么附身一样，不停谈论我和三岛由纪夫。

隔天，竹本打电话来说曼迪亚古斯跑到他家，说波娜到医院精神科住院了，吩咐竹本不要再让我和波娜碰面。老实说我的心情很复杂。我完全不知道是什么让她发疯。她不过是将旧情人的幻影投射到我身上，才失去克制情绪的能力冲出去。几年之后，她来日本的时候也说要和横尾见面，好像冲出旅馆行踪不明，相关人士问我说傍晚有没有和她在一起，还吓了我一跳。她真的是个彻头彻尾的超现实主义者。

我在巴黎"变成一件和服"？!

旅馆房间可以看到圣心堂（Basilique du Sacré-Coeur），我一边想着早餐一边趴在床上盯着窗外发呆。结果床包突然变成榻榻米。其他东西全部维持原状，圣心堂的塔楼还是在窗外。接着我突然从人形变成一件和服。是件褐色格纹的男装和服，漂亮地折好放在榻榻米上。而且我可以感觉到那就是我自己。由和服的视野中可以看到榻榻米的纹路变成像透视那样一直延伸到遥远的地方。

下一刻某人轻轻把我这件和服拿起来，伸手套过袖子。我的姿势变成在某位素未谋面的男子背上抱着他。不过这也是因为那个男子用他穿过我袖子的手把前面衣襟拉好的关系。此时我被这个男子穿着，第一次感受到他的体温，产生某种不可思议的情绪。真的好像是自己变成和服才领悟到：如果有人伸手接触搁置着没在用的物品，物品会产生反应。这种白日梦并不是药物造成的。虽然这是一种超自然现象，可是对我来说却像日常感觉的延伸那样非常理所当然。

待在巴黎的时候，纽约现代美术馆决定在一九七二年二月替我举办个展，问我能不能从巴黎去纽约开会。春天去纽约时他们有提过个展的事情，在成真之前我都一直抱着怀疑的态度。可是，这个消息还是让我兴奋到要跳起来。虽然可以马上去纽约，不过我想要先去伦敦，在那边进行人采购再一身帅气打扮过去。待在巴黎第一个月很无聊，后面一个月变得越来越有趣。然而我的心已经飞到纽约。虽然觉得可惜，但还是离开巴黎往伦敦出发。

レノンとヨーコと

柴田錬三郎

"万圣节酒会你要不要来，我非常想要介绍你和某个人认识。"我接到贾斯培·琼斯的联络，穿戴上在伦敦新买的毛毡帽、装点着蛇皮的麂皮夹克、蔷薇刺绣的天鹅绒裤、及膝长靴，还有毛皮大衣，以一身这样的打扮出门，去他那间银行改建的巨大工作室。许久不见的贾斯培留了胡子，看起来简直像另外一个人。我说："你简直就像是海明威。"贾斯培只是苦笑。现场已经有几位客人出现，贾斯培到底是想介绍谁给我认识呢？

玄关电铃响起，似乎又有谁到了。所有人的眼睛都盯着打开玄关大门进来的那对男女。东方女人头戴黑色贝雷帽一身黑，瘦长男人身着轻便深灰色西装戴眼镜，任何人看一眼就能马上知道是小野洋子和约翰·列侬。因为大家完全没意料到会出现这样的人物，工作室瞬间鸦雀无声。

约翰、洋子和贾斯培在聊天，突然之间三人朝我走过来。一开始先介绍我。贾斯培说想要介绍人给我认识，该不会是这两位吧，直到那个时候我都没有想象过。我很兴奋，喉咙变得有点干。这个世界上我最想要见的人出现在我面前，让我不禁怀疑这真的是现实吗，现场一切的一切看起来都变得很虚幻。

贾斯培精心设计晚餐座位让我坐在约翰旁边。我的英文程度只能够说单字，和约翰几个字几个字这样聊，可是他用英文回话我完全听不懂。让我惊讶的是约翰右手大拇指和日本电视节目中经常出现的某位知名指压按摩师一模一样。应该是因为弹吉他弹到完全变形。单单看这只手指就知道约翰不简单。

贾斯培酒会结束两三天后，我接到洋子一通出乎意料的电话，她邀请我说："要不要来我们家玩？"约翰和洋子家面对西村一条不太热闹的人行道，建筑物一楼凹入，低于路面。

"FBI的人一天到晚都会从对面楼上的窗户观察有谁来拜访喔。"

洋子说完瞪着那扇窗，马上把我拉进门。一进去是客厅，再里面是卧房，这是一户只有两间房间的公寓。房间里面只有最低限度的家具，让人想象不到这是世界名人住的地方，非常朴素。房里除了他们两位之外，只有一个中国女秘书和一位男助理。约翰有点兴奋地哼着歌，大声说着什么在两间房里走来走去。两脚拇趾从黑色袜子里面露出来。看到约翰穿着破袜子不以为意的样子，感觉好像可以看到他生活态度的其中一面，让我很欣赏。

洋子和我露出奇妙的表情聊起来，约翰把路边买的啪嗒啪嗒出声的纸鸟放到房间里面飞，吸引我们的注意。至少我是这么觉得。洋子不知道自己和前夫[1]生的女儿小京子现在在哪儿，觉得很担心，我很意外才刚见面她就没什么距离地跟我聊这些。大概这是现在她最头痛的问题。

---

1 前夫：小野洋子第一任丈夫是一柳慧，后来离婚与爵士音乐家考克斯（Anthony Cox）结婚并育有一女京子（Kyoko Chan Cox），不久也离异。

约翰依旧静不下来，在两间房间走来走去。助手买来几件法兰绒衬衫，他刚套上一边又脱下另一边，同时拎起猫王的唱片《Blue Hawaii》，把我叫到卧室说用耳机"听听这一段"，让我反复听猫王振动喉音唱歌的段落听了好几遍。

最后约翰和洋子钻进被窝。让我坐在床边。床边地上日本杂志堆积如山。洋子小姐关心日本的状况，问我说："有位日本乐评家不太谈论我们，那家伙是什么样的人啊？"我和洋子小姐聊天之后，约翰在床上像鹦鹉那样模仿日本人彼此用日文对话的片段，用自己会的日文像"多么啊哩嘎多沟哉吗洗答"（"非常感谢"），或"哈优咿、娜抠他、娜抠他"（"上啊！还有空间，还有空间"[2]），从旁发出噪声。像是小孩觉得自己受到冷落吸引母亲注意那样有点好笑。洋子和我都对 UFO 之类的超自然现象感兴趣。约翰好像对 UFO 完全没感觉。不过他后来发的专辑里面有留下"最后我终于在纽约看到 UFO"这样的句子。

我在两人钻进被窝的床上和他们一起吃晚餐。他们在伸长的大腿旁边搁块细长的木板当餐桌，上面摆着简朴的天然食品，我就这样陪在旁边用餐，感觉真的很奇怪，可是他们把我当成像家人一样相处让我觉得很开心。

床边放着一台白漆脱落的大钢琴。约翰突然像是脑中闪现什么那样弹起来，没几秒又停了。接着拿出拍立得来拍我。是像未来派照片

---

2 上啊！还有空间，还有空间：はっけよい、のこった、のこった，这是相扑裁判在场上对着对峙的力士呼喊的话。催促僵持不下的力士，表示距离推出边界还有很多空间。

那样重复曝光的人像。我也用照相机拍约翰和洋子。他开玩笑把纸鸟放在头上。要回家的时候，"芝加哥七人帮"[1]的知名革命分子杰里·鲁宾[2]来了。我有读过他的书所以觉得和他很亲近。最后，我带上 T 恤、专辑，还有一大堆各式各样签上名字的礼物离开了。

和约翰、洋子一起在纽约上电视

洋子小姐又再次打电话到旅馆来："新年特别节目我们要上'戴维·弗洛斯特秀'[3]，你要不要来？杰里·鲁宾也打算去。"

站在百老汇的电视制作公司前，我从一群知道约翰和洋子会出现的粉丝身上感受到兴奋的气氛。我打扮得和贾斯培举办晚会那天一样上电视。因为我连铃鼓都不会打，最后变成表演折纸飞机丢向观众席。当我和演奏音乐的约翰和洋子待在同一个舞台上，全身都起鸡皮疙瘩。

演奏结束之后戴维·弗洛斯特单独采访洋子小姐。这阵子洋子小姐被部分媒体认为是迫使披头士解散的幕后元凶，大家面对她都不怀好意。

弗洛斯特问了一个恶劣的问题："你是和约翰·列侬结婚之后才出

---

1 芝加哥七人帮: Chicago Seven。1968 年，以阿比·霍夫曼（Abbie Hoffman）和汤姆·海登（Tom Hayden）为首的七人潜入民主党全国大会会场大肆捣乱，连社会地位崇高的哥伦比亚电视台记者丹·拉瑟（Dan Rarher）也遭推撞，史称"芝加哥七人帮事件"。

2 杰里·鲁宾（Jerry Rubin, 1938—1994）: 美国激进主义者，青年国际党创始人之一。

3 戴维·弗洛斯特秀: David Frost Show。1969 至 1972 年间，由英国电视明星戴维·弗洛斯特主持的谈话性电视节目。

名的对吧？"

她反驳说："不对，我和约翰结婚之前就已经是很有名的艺术家了。"

后台有位来上节目的年轻音乐家本来应该会以吉他手的身份出场，可是基于导播判断，他最后没办法上节目，因而呜呜哭起来。约翰和洋子温柔安慰他说："你还会有很多机会喔。"这让我印象很深。

约翰将车停在玄关旁边，走出制作公司上车相当不容易。一跳上车，粉丝就蜂拥而上把车包围。也有女生把唱片塞进车窗硬要签名。我在车里看着疯狂的粉丝，体会到披头士的心情。约翰的车子里面像垃圾桶一样什么都有。车子将聚集的粉丝抛下，开出时代广场。约翰刚在后台抽过大麻，现又在车里抽起来。洋子小姐虽然制止他，可是他反骨的灵魂完全忽视她的话。

个展在纽约现代美术馆召开

纽约现代美术馆策展人约翰·加里根[4]为了准备我的个展忙得焦头烂额，而且比我还要兴奋，因为这是纽约现代美术馆开馆以来，首次为在世的平面设计师举办个展。我虽然不能说不兴奋，可是想到日本设计界还没有给予我正确的评价就觉得心情很复杂。或许是这个烦恼显现在表情上，加里根还担心地问我："你的表情怎么这么忧郁，不高

---

4 约翰·加里根（John Garrigan）: 策展人。替横尾策展时任职 MoMA 建筑与设计部的平面设计助理策展人（Assistant Curator）。

兴吗?"我只希望自己这种心情不是傲慢造成的。

我在纽约现代美术馆的个展于一九七二年二月召开。毕加索展和马蒂斯[1]展也同时开幕,真的没有比这更幸运的事了。我理应出席开幕仪式,可是当天不知为何人在东京。体验到一种前所未有的孤独。只要自己想去就可以去,结果为何没去?直到今天我还是不知道该怎样说明这种复杂的心情。说不定那是因为我知道自己如果去现场会被更大的孤独包围。

结果我晚开幕式一个月,直到三月才前往纽约。起初个展只召开两个月,然而因为广受好评,毕加索展和马蒂斯展结束之后,自四月开始我的个展又以好评续展的名义延长两个月,变成长达四个月的长期展。展期中陆续传来好消息,阿姆斯特丹市立美术馆[2]和法兰克福装饰美术馆[3]也都决定替我举办个展。我以平面设计师身份陶醉于这种幸

1　马蒂斯(Henri Matisse, 1869—1954):法国画家,野兽派(Fauvisme)创始人、主要代表人物,也是一位雕塑家、版画家。以使用鲜明、大胆的色彩而著名。他年轻时因为盲肠炎住院开始对绘画感兴趣,后来师从象征主义画家莫罗(Gustave Moreau),学会用超越形式框架的观点来思考,并依循这种思路进行创作。他受到后印象派画家塞尚、高更、梵高、西涅克(Paul Signac)等人的影响,同时吸收日本艺术形式,在自己的作品中将颜色的作用发挥到极致。马蒂斯是毕加索的朋友,同时又是对手,他认为自己的画作是来自自然,而毕加索的是来自自己的想象。虽然两人都以女人和静物作为主要描绘对象,可是马蒂斯更倾向于将描绘的对象放到真实的场景中。野兽派并不像立体派那么理性分析,更重视主观的感觉,他们认为色彩是一种表现创作者主观感受的工具,不必为整体构图或素描的线条服务。他们挥别文艺复兴以来的写实主义,不再使用视觉观察的色彩而是采用内心感受的色彩来创作。

2　阿姆斯特丹市立美术馆:指的是斯特德立克美术馆(Stedelijk Museum)。这座美术馆创立于1874年,藏品涵盖古典与现当代。代表性馆藏有包豪斯派、荷兰风格派、眼镜蛇画派(CoBrA)、美国装置艺术家爱德华·金霍尔茨(Edward Kienholz)和俄国艺术家马列维奇(Kazimir Malevich)的作品。

3　法兰克福装饰美术馆:指的应该是法兰克福应用艺术美术馆(Museum für Angewandte Kunst Frankfurt)。这间博物馆前身是手工艺美术馆(Museum für Kunst handwerk),设立于1879年,是为了应19世纪中期工业化潮流所创办的一座展馆,辅助原本博物馆没有涵盖的工艺领域。馆内收藏涵盖五千年历史的欧洲工艺作品,主要集中在欧洲12-21世纪,并涵盖书籍、平面设计、伊斯兰与东亚艺术,以及国际商品设计。起初博物馆背后由德国中央手工艺协会(Mitteldeutsche Kunstgewerbeverein)

福的快感当中没有任何遗憾。然而另一方面却也同时遭遇到难以忍受的焦虑，待在纽约这一个月开始失眠。梅顿·戈拉瑟、保罗·戴维斯都建议我在纽约住下来，可是我知道我必须在日本潮湿的环境当中才有办法工作，所以完全没这打算。

这一年我得到华沙国际海报双年展 [4] UNESCO 奖、布尔诺国际平面美术双年展 [5] 特别奖，但是心情一点也没有因此振作起来。设计评论家胜见胜 [6] 说我是激发了退休策展人米尔椎德·康斯坦丁夫人的母性本能，才得以在纽约现代美术馆办个展，他在半公开的场合发表这种不实的评价，说法低级到难以置信，伤害了我的心。

歇业这一年在南太平洋、巴黎、纽约等地旅行，时间看起来很长却又过得很快。这阵子我和自己内在建立更深的联结，胜于关心外在世界。最大的原因正是纽约的药物经验让我沉浸在精神的深渊。它让

资助营运，同时兼具职业学校的功能。展示的都是私人收藏，1897 年，艺术史家赫尔曼·冯·特伦瓦尔德（Hermann von Trenkwald）入主之后，首度以专业博物馆的概念来处理馆藏，以文化历史的角度来做展示，依据工艺技术与历史风格来做分类。"一战"结束后，1921 年，由法兰克福市政府接手。博物馆几经变迁波折，终于在 1985 年由美国建筑师理查德·迈耶（Richard Meier）设计新馆。2000 年起，更名为应用艺术美术馆。

4　华沙国际海报双年展：Warsaw International Poster Biennale，创立于 1966 年。1960 年代初，波兰平面设计师开始提出周期性海报艺术评选的概念。约瑟夫·莫洛士查克（Jozef Mroszczak）教授率先提出构想并推动执行，在评论与设计界获得高度支持。这个展也马上变成世界海报界最重要也最尖端的活动，吸引各界精英参加。1994 年起，维拉诺夫海报博物馆（Muzeum Plakatu w Wilanowie）成为海报双年展与竞赛的固定基地。

5　布尔诺国际平面美术双年展：International Graphic Design Biennale in Brno，创立于 1963 年，是世界最老牌的平面设计展。由捷克文化部和布尔诺的莫拉维亚画廊（Moravian Gallery，捷克第二大美术馆）共同主办。这个展每两届会交替更换竞赛项目，2010 年是企业识别、海报与广告平面设计，2012 年则是书籍、杂志、报纸与数字媒体平面与字体设计。在竞赛展进行的四个月间，捷克第二大城布尔诺还会举办一系列专业研讨会与相关活动。

6　胜见胜（1909—1983）：日本设计艺术评论家，著有《现代设计》《设计运动一百年》《美学教育》等书。

我直接体认到一个事实：世界上有脱离现实的另一种真实。要不要接受对我来说完全没有任何困扰。因为我认为，所有发生的一切对我而言都是真实。而且我也意识到我既是现实的存在，同时也是灵性的存在。理性支配的是地上的领域，然而我知道自己的本体只有灵魂，只有它和天界连接在一起。

我比以前更加厌恶现代主义设计用理性制约情绪、压抑情绪的做法。当然，我也对我自己内心的现代主义路线感到厌倦。虽然原本发表歇业宣言时预计休息两年，可是在纽约现代美术馆个展结束的同时，我的创作欲突然爆发。这不是因为积极关心外界导致自己切断内在接触，而是我体验到的另一种分离的真实，它以一种前所未有的方式切切实实在拓展领土。和过去一样，UFO 会飞进我的梦里，外星人会和我交谈。我非常非常强烈地感受到有某种东西和我未知的精神领域深深连接在一起，可是另一方面我也在否定它，觉得这不可能。

我从英国艺术杂志和美国设计杂志这两项封面设计重新开张。刊印十万张的披头士海报也是告别歇业的作品。我的风格从一九六〇年代后半激进的反现代主义，迈进千禧年的乌托邦空间，引用艺术史的遗产、拼贴各式各样的图像打造异次元世界。我非常自豪这种方法论成为后来一九八〇年代流行的后现代先驱。

这阵子我对设计本身的功能性或者独立性之类的设计问题彻底无感。除了建立我追求的内在理想世界之外，我没有任何欲望。设计只是反映这种心境的结果，不具任何其他意义。我借由设计这个媒介，把自己的灵魂游历描述出来。这种破格的设计行为创造的作品群后来获颁东京 ADC 大奖 [1]（一九七三）、华沙海报双年展金奖（一九七四）、每日设计奖 [2]（一九七五），真的是非常讽刺。

将工作室迁到成城

开始工作的同时，生活也大幅改变。房东要把我住的成城的家卖掉，所以必须赶快清空。这时候我听说那些在驻日美军基地工作的人的眷舍有好几间在中央林间空着，就和共同经营工作室的及川正通一起去看房子。我们两个人当下都非常喜欢，当场签约付了一个月的房租。这样一来我们两个就不必一起去平河町的工作室，所以就趁机将 The End Studio 解散。

可是一想到这么不方便的地方真的可以住吗？我的心情马上就凉了。还是应该在成城找住处和工作室。而且两处我都很快就找到。可是这时候住处有三个、工作室有两个，虽然期限不过只有一个月，可是同时拥有五间房子，在我的人生当中除了这段时间以外还真的是空前绝后。及川后来搬到中央林间去。两位助理由我接收下来。从家里到工作室只要五分钟，非常节省时间。因为工作室就在家附近，我的生活也变得非常健康。趁机把旧账清一清，准备好一头栽进精神世界的研究当中。

---

1 东京 ADC 大奖：由东京艺术总监俱乐部（Tokyo Art Directors Club，東京アートディレクターズクラブ）创立，以广告和设计方面为主的奖项。现在已成为国际设计和广告业界瞩目的大奖。
2 每日设计奖：每日デザイン賞，由每日新闻社主办，创立于 1955 年。奖项包容各式各样的设计领域，每年针对有重大贡献或杰出作品的设计师或设计组织进行颁发。

新工作室迁到成城的同时，我在《艺术生活》连载一年的《歇业日记》以《PUSH》为名由讲谈社付印出版。这个书名是我接触到新干线门上的文字"PUSH"而瞬间闪现的点子。没有任何意义。

《歇业日记》结束，我再度在《艺术生活》开始连载。这回的工作是乘车在国内旅行，在各个目的地画画写文章。出国旅行之后是国内旅行。根据四柱推命来看，我一生下来就是"车站"命，命中经常要旅行。

第一次旅行我和编辑、摄影、司机，还有放暑假的大儿子五个人一起从北海道出发。在目的地遇到盂兰盆舞会，加入一起跳真的非常开心。结果一张素描也没画，就买张明信片回家，在工作室用亚克力颜料在画布上画。单单画图就耗尽心力，没办法写文章，只好由编辑帮忙写随行笔记。说到刊登的照片，都是一些仰望天空的画面。因为我一直都在看云，看UFO会不会出现。这阵子变成我随时都在传送意念给UFO。

到了十月，我又开始另一个新连载。要在《周刊PLAYBOY》上替柴田炼三郎的小说《漂泊夜人》（うろつき夜人）画插画。我从来没想过自己会替时代小说[1]画插画。这个工作是从拒绝开始的。

某天编辑岛地胜彦[2]打电话给我："你要不要画时代小说的插画？"

"时代小说？不行不行我连刀要怎样拿都不知道。话说回来是谁的

---

1 时代小说：時代小説（じだいしょうせつ）也常译为"历史小说"。但相较于侧重真实人物、历史事件的历史小说，时代小说更偏重于以古代为背景来撰写新的故事，包括修炼剑道的剑客、神出鬼没的忍者，以及普通的平民等，较接近中国的武侠小说。

2 岛地胜彦（1941— ）：日本编辑、出版人、企业家、作家。曾任集英社子公司的社长，退休后转为作家。

小说？"

"柴田炼三郎。"编辑简直像是武士报上名号那样运用丹田之力吐出作者的名字。

"柴炼[3]啊，虽然没办法画，可是蛮想见见他的。"

"如果你愿意画的话要见几次都行喔。"

"话说回来要画几张？"

"单色黑白一张。"

"怎么这么无聊。如果是两张全彩跨页的话我就接。"我一开始就知道这不可能，只是拿来当拒绝的借口。

"您不要这么强人所难嘛。不可能啦。"

"岛地你不是每次都像拿破仑那样说'我的字典里面没有不可能'吗？去和总编谈谈看吧。"

电话挂上。虽然这个工作我想试试看，可是又一点自信也没有。没办法和柴炼碰到面确实很可惜。

过了十五分钟左右，岛地又打电话过来："横尾先生，可了了！六页全部四色全彩印刷。请你帮忙画两张跨页插画吧！"这还真是抬头挺胸、一决胜负的豪气发言。

我吓了一跳，怀疑自己的耳朵。以往周刊连载小说从来没有用过这种形式。本来要拒绝，结果却这样被迫不得不加入。我必须得寸进尺。"知道了。可是如果没有模特儿的话我真的没有办法画啊。"

"模特儿就交给我来想办法吧。"

3　柴炼：横尾忠则对柴田炼三郎的昵称。——编者注

"你说什么呀，如果不每次都找真的演员过来我就没办法画，而且我也不要没听过名字的小咖。"

"请您节制一点吧。不要这样刁难我好不好。这一定不可能的嘛。"

"对于岛地你来说会有不可能吗？"我的心情渐渐变成如果真的有知名演员来当模特儿的话我就画。

"譬如说谁？"

"这个嘛，田村正和[1]不错，他有在电视上面演眠狂四郎[2]。"

"我有认识比田村正和更棒的年轻剧团演员，我可以带他过去。"

"如果不是明星的话，我就没有什么心情画。"这是真的。对方有点哑然无语，挂了电话。我也觉得都讲到这个地步了不可以妥协。只能无理取闹到底。

在我放弃之后，过三十分钟左右岛地再次打电话来："刚刚听你那样说，我和田村正和的经纪公司谈过了。可是对方行程都满了没法。所以说，如果找他弟弟田村亮你觉得怎么样？"

在这三十分钟之内他竟真的去和田村正和的经纪公司谈了。虽然可可不行就找弟弟这种想法未免太简单，可是毕竟是阪妻[3]的孩子，血

1　田村正和（1943—）：日本演员，成城大学经济学部文艺学科毕业，父亲是日本电影明星阪东妻三郎。1960年以《旗本愚连队》一片出道，早年以电影演出为主，后来出演电视时代剧《眠狂四郎》受到瞩目。四十岁之后在电视偶像剧演出方面大放异彩，之后出演的三谷幸喜编剧的"古畑任三郎系列"，成为其著名的代表作。

2　眠狂四郎：日本作家柴田炼三郎小说中所创造的剑客，是改宗神父和日本人的混血儿，以"圆月杀法"之剑术活跃于世。1956年5月在《周刊新潮》连载的《眠狂四郎无赖控》中初次登场，大受欢迎，写了十多年仍欲罢不能，引发日后剑豪小说的热潮。

3　阪妻（阪东妻三郎，1901—1953）：生于东京，本名田村传吉，是日本"二战"前后最著名的时代剧演员之一。影迷对他的爱称是"阪妻"。育有四个儿子，长子田村高广及三子田村正和同为知名演员。其代表作是《无法松的一生》。

统很好。对方让我拗到这样我真的输了。彻底投降："我知道了。就试试看吧。"

"真的吗，太棒了。"我觉得自己见识到当今少见的编辑魂，产生一种冲动希望能够马上和对方一起闯闯看。

"您还有其他要求吗？"他把话摊开来说。

"没有了。"

"那我可以提出要求吗？"

"不能太过分喔。"

"你可不可以和柴炼两个人在高轮王子饭店里面闭关一年。你在饭店接其他工作没关系，也可以自由进出。"

和柴田炼三郎共度饭店日常生活

我就这样和柴田炼三郎开始过饭店生活。

早餐去一楼的法式餐厅，吃鳖汤、蜗牛还有面包。后来早餐菜单还增加了一道蜗牛奶油香蕉玉米片。早餐结束之后就去午茶沙龙喝蓝山咖啡。这个咖啡很搭云雀牌（LARK）香烟，配合柴炼先生的绅士品味（dandyism），我又抽起二十余年没抽的烟。就这样随意闲聊到中午。

"差不多中午了，去吃午饭吧。"

我们回到刚离开没多久的法国餐厅吃特制炒饭。早餐比较豪华。我们两个午餐每天都吃炒饭。午餐结束之后又回到沙龙喝蓝山配云雀。第二轮每次都会一路聊到傍晚。接下来第三度跑回法国餐厅吃晚餐。晚餐是法国菜。

"你要吃什么？"

"我要吃汉堡。"

"我也是。"

难得有机会到法国餐厅竟然吃汉堡。我们就是这样两个人，总是吃一样的东西。

晚餐结束之后又回到沙龙，相互对看到十点店里开始放《萤之光》[1]。有好几次我们两个人就待在熄灯的黑暗沙龙里变成像剪影那样。把我们两个人说的话一个字一个字地连在一起说不定可以连到月球上去。工作全都在晚上做。虽然没有文章就没办法画插画，可是有时候也会同时进行。时代小说当中和插画里面都出现过没有灵感、失眠吃安眠药的柴炼。田村亮扮的漂泊夜太和我聊天的场面也有在小说里出现。柴炼先生因为过度失眠破坏掉虚构与现实的界线，不管是作者还是登场的角色都自由穿梭在两个世界之间。

我和过去一样任性。被迫必须要画蛇的时候就说："没有看到真的蛇我画不出来，能不能带一条蛇过来？"又把难题扔给先前那位岛地编辑。

我和他都非常讨厌蛇，连蛇这个字都不想看到。虽然我也很不想画，可是看他一天到晚放话说世界上没有什么不可能，就很想要测试他。我的个性真的很恶劣。如果他真的把蛇带过来反而是我会倒霉。话说明明是三更半夜，他还是将不可能化为可能，从蛇肉店带来一只

1　《萤之光》：原曲为苏格兰民谣《友谊万岁》(Auld Lang Syne)，从欧洲广泛传唱至美国。明治年间由稻垣千颖填词成为小学音乐课教材。西方国家跨年时经常唱这首歌送旧迎新，日本则经常用作店家关门前的欢送曲。

真的蛇出现在我房间，真的是败给他。我对他的信任度达到了百分之百。可是怕蛇的我还是没看真货，最后是翻图鉴来画的。

《艺术生活》的旅行是从饭店出发再回到饭店房里。某天及川突然出现在饭店房间的电视上。由于持有大麻的嫌疑，他和一位已经离职的助理都遭到逮捕。原本警察应该也要来我这边进行调查才对，不知道为什么没有。不过各报都大幅报道及川的新闻。不知为何他的经历部分几乎是依样照抄我的，让我觉得很夸张。虽然我和这个世界没有什么直接的关联，可是，毕竟是我告诉他药物的效果，说不定我也该负部分的责任。及川非常想要试试大麻，还特地跑去夏威夷。他可能回国忘不掉那个经验，还晒干香蕉皮拿来当替代品，不过完全无效。

关进旅馆之后我又开始经常梦到 UFO。梦中大量出现小型飞碟和外星人。苍穹显现出各式各样的景象，也有一些好像是在暗示地球的危机。梦中不只有外星人，也会出现神道系统里的神明。这种梦是一种灵梦吧，醒过来之后全身会一直被一种超越现实感官的不可思议的幸福感包围。我只知道有某种东西确实在我内心运作，然而在这个时间点上我还完全无法理解它究竟代表什么意义。

連続の神秘体験

为了进行《周刊PLAYBOY》的连载单元，高轮王子饭店变成我的工作室，我在那儿再次经历了灵魂出窍。

　　早上在不知不觉中睁开眼睛，我一如平常走去门边拿塞进门缝的报纸。然而在蹲下拿报纸的瞬间，面前的门突然消失，有两位年轻的女性站在我前面。我发现披在身上的睡衣衣摆乱七八糟，慌慌张张整理了一下衣服。两位女性一个背着肩背包，年轻一点的那个拿着手提包，好像是在看我房间门上的号码。

　　但不可思议的是，她们似乎看不见我穿着睡衣站在她们面前。当时我想：该不会我又脱离自己的身体了吧？觉得非常焦虑。两位女性从我房前往左边走去。走廊上，面熟的女佣站在我身边，在堆满客房替换用品的推车旁工作，我用手指咚咚轻敲她的肩膀。想要引起她的注意。可是她回头却发现背后没人，可能心里害怕起来，于是像是逃命那样冲进隔壁大门洞开的房间。似乎任何人都看不到我。"说不定我在睡觉的时候死掉了。所以才变成灵魂。"这么一想，就觉得必须尽快回到自己的身体里面，跳进躺在床上的另一个我，回到"他"的身躯之中。

　　这次灵魂出窍对我来说是非常宝贵的经验。因为透过这次的经验，我可以用自己的感官更加理解灵魂的状态。如果没有自己实际体验过的话，就很难去具体描述它。当时发现"自己死掉只剩下灵魂"比较惊慌，现在并不会。以前我从来没有遭遇过这种不合理的感觉，不过这种感觉和三次元感受到的感觉相较之下并没有特别奇怪。尽管肉身的眼睛在被窝里休息，停止发挥功能，灵魂出窍的意识还是可以像是用眼睛在看那样确实掌握物理世界（现实）的状况，所以我才会这样觉得。

不过当时我也发现一件不可思议的事。假使肉身的我要走到门的位置，虽然很近，还是必须要走几步。可是我完全不记得自己有走。从床上忽然起身，心想"接下来去拿报纸吧"，就好像伸手去拿门下的报纸了。而且也可以"看到"自己的身体正在这样做。只能这样想：思考和行为跳过三次元的时间直接连在一起，所以瞬间到达目的地。况且三次元的物质也不会造成任何阻碍，我的视线可以穿透门直接看到外面的样子，然而对方却看不到我。

另外还有一点，当我手指碰到女佣肩膀的时候，当下她有感觉到某种物理性的接触。不过就算是这样，毕竟她没有办法看到背后有什么，所以一定会吓一跳而从现场逃走。

这表示我和她们位于不同次元，但是面对的却是相同的情境。可是我也发现不同次元的连接传输方式并没有那么容易。当我心想"该回身体了"的那个瞬间，虽然思考和行为融合同步，可是从门边飞向床铺的意识体还是清楚地看到身体的局部（从床单露出来的头发），我记得非常清楚。

遇到马桶盖头的幽灵少女

遭遇这奇妙经验的几个月前，我在京都某间知名旅馆遇到了幽灵，非常可怕。

某天早上不知不觉睁开眼睛醒来，我发现自己的床边有位理着马桶盖头的少女身穿和服默默地站在那边盯着我看。年纪大概五六岁，却穿着图案非常古老的红色和服。房里窗帘紧闭，单凭缝隙泄漏的微光实在是没有办法看清楚她的表情。我心里突然想说这个女孩应该是认错房间才跑进来的吧，不过当时意识还没有完全清醒，脑袋没有清楚到可以马上跟她说话。

这间房间安设了一张单人用的小床靠在墙角。这时候我感觉到还有一个人在房间里面。

我没想太多，望向脚边墙壁和天花板相交的角落。那里出现一张身着白衣的男人的脸。因为从我躺的位置望去他在很高的地方，这个男的看起来很像是站在我的床上。只有一个女孩的时候我以为是她跑错房间，可是出现另一个男子之后，这回反过来让我觉得该不会是我半夜睡迷糊跑进别人的房间就这样钻进床位了吧，觉得很害怕。

这时发生了一件超乎想象的事情。一双女人苍白的手突然嗖地从床边墙壁伸到我面前。刹那间我怕到高声尖叫，可是因为身体已经变得像石头一样僵硬到不能动，声音被空间吸收，连我自己的耳朵都没听到。

虽然恐怖有很多种，可是我真的是第一次遇到这么纯粹的恐怖。这种状况的恐怖不是三次元的恐怖。我的身体器官好像暂时停止了运

273

作，因为异界（死亡世界）居民忽然切进三次元，我的身体没有办法应付他们发送的念力。

以前母亲幽灵出现的时候也是这样，这时自然而然脱口而出的（说是这么说可是发不出声音）只有"南无阿弥陀佛"。这次也一样。念完之后突然身体就恢复了，幽灵也瞬间消失。他们应该和我没有什么关系才对，为什么会出现在我这里呢？后来我才知道这间旅馆底下以前是墓地，不过就算如此，何必特别挑我这间房呢？

先前母亲的幽灵也是，我长到这个年纪之前都没有遇到过幽灵。小时候遇过一两次奇妙的经历，可是这种恐怖的经验还真的是没遇过。虽然我从小就不否定幽灵存在，可是也从来没想过自己会遇到。这个经验和灵魂出窍对我来说都非常宝贵。我觉得这类经验拓展我认知现实的范围，从药物引发的拟似经验更进一步落实到真实的感受。

这些经历似乎是在告诉我说，人类就算过世，灵魂还是会继续存在，死后还是会以某种形式与人间接触，这让我非常在意。只要想到我突然脱口而出的"南无阿弥陀佛"这段经文到底是谁教我念的，就觉得非常奇妙。念这段经文之后幽灵就立刻消失，身体也同时恢复行动。这种难以置信的机制让我感受到经文当中隐含的魔力。让我不由得相信人间和灵异世界可以透过意念来沟通。

这段时间我还看到另一个不可思议的东西。事情发生在为《艺术生活》专栏《日本幻景旅行》前往鹿儿岛宿住在观光旅馆时。在我半睡不醒时，听到有人在敲房间的门，就醒了过来。我在被窝里面问是谁，可是没人响应。结果看到当时睡隔壁床的摄影师脚边地板有股像是白烟的物体从黑暗中膨胀升起。集中注意力仔细看，那烟状的物体好像是闪闪发光的银色微粒的集合。而且整体外形大致就是一个人的样子。我打开灯，这个像气体一样的物体霎时变成一片朦胧的白，然后就消失了。

通灵启发我开始瑜伽冥想

平行于这些心灵体验，我做了许多神秘难解的梦。

譬如说八幡神宫境内全身金光闪闪的八幡神[1]和随行巫女飘在距离地面三十厘米高的位置对我传喻；还有暴风雨当中，骑乘白马的天兵天将出现在天边；当我认为神明在守护我的时候，满天星斗聚集起来创造出雄伟的立体十字架，同样由星光组成的庞然卧佛从另一片天空飞来，在我头上和这十字架合而为一；或者，空中的光点凝结聚集，渐渐塑出圣母玛利亚的形状，就在完成的同时，巨大的耶稣半身像在山谷之间现身。

我并没有崇拜特殊的宗教或信仰，可是梦中的宗教体验真的是彻底撼动了我的灵魂。我不知道自己为什么会开始做这种通灵的梦，可是透过这些梦，我感受到某种不可言喻的力量从我内在涌现出来。

透过梦境的启发，我越来越投入精神世界。那阵子也做起瑜伽冥

---

1 八幡神：日本神祇，八幡宫的祭神，自古以来就是日本皇室的祖神、源氏的氏神，也称为八幡大菩萨。因其为日本天皇祖神，源自皇室的源氏武士也以八幡神为氏神。进入镰仓时代，八幡神也演变为武神与武家的守护神。明治时代，在神佛分离的政策下，佛教式的八幡大菩萨神号被禁止，但是仍根深蒂固，太平洋战争末期，在陆、海军的基地可见写着"南无八幡大菩萨"的旗帜，是飞行员（特别是神风特攻队员）的信仰对象。

想来。几个月之后的某一天，冥想时我看到了不可置信的景象。一开始冥想时，杂念和周遭的声音乱七八糟，心情很乱，可是随着时间慢慢累积，我学会了一点一点控制自己的杂念。觉得今天状况不是很好的时候，闭目后眼睑内侧的灰色屏幕会显现幽微的光，像油在水面漂浮那样，徐徐滑顺流动，结束之后，点状的光会从屏幕中央朝我渐渐放大逼近，这时，心情简直就像是灵魂融化那样醺醺然被幸福包围。

某天我也是这样，醺醺然的同时光线突然消失，眼前出现东南亚那种石佛沐浴在轻柔的阳光下。我是从非常侧面的位置瞥见那尊石佛的，可是石佛表面的细节纤毫毕现，让人觉得如果现场有照相机一定可以捕捉下来。有时候会出现三个大约一点五厘米、闪耀银光的楷书文字："福""寿""安"。我知道还会再出现一个字，可是出现三个字的时候我就过于兴奋而搅乱了心思，于是最后一个字就没有出现。假使出现的话，我想那个字应该是"泰"。

冥想的时候我还遇过另一个神秘经验。当时我从家里骑脚踏车去工作室。我从公车道转进小路，就和平常一样骑脚踏车进去。不过这条路才刚铺过柏油。轮胎底下吧唧吧唧爆出辗轧沥青的声响，我就这样继续驾着脚踏车溜过黑光粼粼的路。在新敷沥青的路上留下雪白的胎痕。

踩着脚踏车，我忽然留意到状况有点奇妙。樱树盛开完全不符季节。不仅如此，视线当中所有的树木都青翠如璧，四时花卉竟然同时烂漫盛开。世间万物生机勃发的气息贯通我的全身。然而一到工作室跳下脚踏车，刚刚看到的风景又全部消失，只有与平日现实一样，了无生趣、煞风景的马路横在那里。柏油路也是尘埃遍布，灰扑扑一片。所以，我刚刚看到那迸发原始生命的风景究竟是什么呢？

UFO 成为我的生命哲学

我对 UFO 的兴趣真的是越来越强烈。而且觉得 UFO 的梦和自己的关系越来越深。梦见 UFO 的阶段结束了，外星人开始对我说话，我会搭上 UFO 飞行，就做梦而言这些梦醒过来都会留下非常真实的感觉。梦境的感受就这样和日常的意识融合在一起。我得以透过 UFO 来思考自己的人生，UFO 成了我的生命哲学。

这时我认识了一位见过 UFO 的青年。他以前住在北海道小樽的时候连续一个月，每天晚上八点跑到户外呼唤 UFO。他看到报纸上联合国前秘书长哈马舍尔德[1] 的谈话，说他曾经在地上和海底的核潜艇鹦鹉螺号成功进行心电感应，想要自己试试看，就对着月球（没有月亮的夜晚就想着月亮）默念"这里是地球的 K，请回答"，发出波动。一个月后，他真的遇见了世纪之谜。

事情发生的前一天，山峰上空出现两架 UFO，一边闪烁一边对他展示锯齿状飞行。隔天，从辽阔的远山飞来一架 UFO 降落到他的所在地。UFO 近到触手可及的距离，看起来像油罐车那么大。鸡蛋般的造型上面没有窗户，隐隐闪烁微光。他和妹妹两人亲眼看见了这一幕。

1　哈马舍尔德（Dag Hjalmar Agne Carl Hammarskjold, 1905—1961）：瑞典外交家和作家，1953 年 4 月到逝世前担任联合国秘书长。于 1954 年起获选为瑞典学院成员，并于 1961 年获追授诺贝尔和平奖。在前往停火谈判途中坠机身亡，是目前为止唯一在任上逝世的联合国秘书长。

我听说这件事情之后，在《艺术生活》前往岛根皆生温泉[1]采访过夜当晚，就从旅馆房间阳台，比照 K 那样对着星空呼唤 UFO。呼唤四小时，当天空和地平线分界开始微微变亮的时候，我发现遥远的上空有个发光体在缓缓飞行。我心想该不会真的来了吧，心跳突然加速。刹那间，那个光体以惊人的速度坠落紧接着又高速飞升，就这样停在夜空的一个点上。当时我很兴奋，我的意念真的传到不明生命那边了。我强烈感觉到自己的意识从内在核心向宇宙渐渐扩张。心情非常激动，我有一种预感，以当天为界，将会有某条崭新的路打开。我感动莫名，在《艺术生活》这段旅行采访过程中每天看天空，对 UFO 传送念力，终于在这天开花结果。

此外，不知为何，和 UFO 相关的信息变得越来越多。除了看到 UFO 的人之外，我只要听到有人见到外星人，甚至搭上 UFO，不管地点在哪里我都会跑去，不放过任何细节，把信息收藏到心底。有时候他们的经验很超现实，这也是因为我们的观念太受一般常识的刻板印象所拘束，所以才会这样想。总而言之，这个世纪最浪漫的主题就是 UFO 和外星人，我对这毫不怀疑。而且希望找也可以成为通天裔[2]或者被他们选上。

我在皆生温泉心电感应实验成功后心情非常好，后来只要有机会我就会再试，可是成功概率不到百分之十。我回想一下成功时的条件，

---

1 皆生温泉：位于鸟取县西端，与岛根县县境相邻的米子市，面向日本海海边的温泉乡。
2 通天裔：contactee，自称接触过地球以外生命体的人。这些人多半宣称从这些超越地球的生命体接收到某些讯息。有些人声称自己持续在和这些异星生命沟通，有些则只有短暂性的一次接触。通天裔和被外星人绑架的人不同，描述的多半是正面经验。基于这个字泛指这一类人，权且译为"通天裔"。

发现背后有某种共通性。那就是太想要见到的时候反而见不到。没想太多、一时兴起想要看看的时候，结果却经常让人兴奋。另一个重点是必须强烈相信自己的心电感应一定会传到他们那边。确定好天空某个位置希望他们出现在那边。决定之后就不要再东张西望。UFO 出现的时候百分之百都是出现在自己决定的位置。我看到的 UFO 大致看起来都像流星那样，可是也见过 UFO 从上空飘飘落下那样飞行。

除了 UFO 之外，我对所有的超自然现象也都很有兴趣，所以四处拜访 UFO 研究家、心灵研究家、超能力者、灵能者等。结果亲眼见识到很多惊人的超自然现象。我们平常仅仅以不科学、不理性之类的理由将这类事件从日常的脉络当中剔除，仿佛将理性视为现代唯一的智识，我对这种寻常的思考方式抱持着相当大的疑问。

超自然现象带给我最大的意义就是感动。看到 UFO、汤匙弯曲这些现象都会让我落泪。有很多研究者只是把这些现象当成一种观念来理解，可是我不想变成像他们那样。没有任何事物比亲眼见证超自然现象的感动更能撼动我的灵魂。我认为这种感动是一种像是与神、与宇宙直接联结在一起的情绪。

和桑塔纳、濑户内晴美、檀一雄相遇

好，一九七三年几乎都为《周刊 PLAYBOY》的连载和柴田炼三郎住在高轮王子饭店，以那为原点继续《艺术生活》的采访之旅，其他工作也都在饭店里进行。当年主要的作品就是柴田炼三郎《漂泊夜太》的插画、前往日本各地旅行画的许多风景画，还有摇滚音乐人"桑塔纳"

（Santana）三片装现场实况专辑《莲花传说》（LOTUS），这个被称之为二十一面体的唱片封套设计。这个设计引发相当大的话题，是连接我和卡洛斯·桑塔纳的一个关键。后来卡洛斯都叫我 soul brother（灵魂兄弟），在各式各样的媒体上对他的粉丝介绍我。

我也在这段时间认识了濑户内晴美[1]。三得利在朝日新闻刊登单页广告让我和濑户内小姐对谈。濑户内小姐当时还没剃度出家，还有头发。继森茉莉之后，她是第二位我遇到的女性文学家。我刚接到这个报纸广告插画委托的时候，画了两人裸体拥抱相吻的图，可能是因为我觉得濑户内小姐第一次见面就把我当成像是弟弟还是小朋友那样对待，但这张图真的是没办法用。重画的画面中，她手上端着我们聊天的主题豆炊饭，靠在我后面像妈妈那样，变成一张实在不是很有趣的似颜绘。

我们第一次见面感觉还蛮投缘，后来又再次在濑户内小姐的对谈集当中对谈。对谈结束之后，她悄悄跟我透露说："我要剃度了。"我以为她在开玩笑，笑着回她说："把头剃成像尼姑那样不错啊。"可是她在剃度之前又打电话告诉我说不是在说笑。老实说我们才刚认识，就觉得她好像要到很遥远的地方去了，真的觉得非常寂寞。濑户内小姐经常说我们两个前世是异母姐弟，可是我觉得她前世应该是我的母亲吧。

同一时期，我也有机会和檀一雄[2]一起工作。第一次见到檀先生是

1　濑户内晴美（1922— ）：日本女作家，天台宗僧侣。1973 年削发出家，法号寂听，文坛一片惊愕。濑户内寂听出家后仍创作不歇，完成了《风的讯息》《幸福与不安》《爱死》等作品。
2　檀一雄（1912—1976）：日本小说家、作词家。

两三年前《太阳》杂志做报道的时候，他和摄影师石元泰博[3]来我家采访。这次则是和檀先生的朋友森敦[4]搭配。工作的内容是替檀先生在《富士晚报》(夕刊フジ)上连载的散文画插画。柴炼先生给我一个忠告说："横尾，檀兄他不只会拖稿，哪一天咻地就跑去流浪了也说不定，非常麻烦喔。"

当时我跟檀先生提出要求说我想要画肖像，向他提议文章里面稍微带到任何人都没关系，可不可以把名人的名字写进去？而且在文章完成之前可以先让我知道这些人名。因为我觉得如果文章写完才开始画，时间应该不够。结果最后写成一堆像是这样的文字：

"眯起眼睛端详圣女(比丘尼)濑户内晴美变黑的额头。"

"我虽然不希望放下圣尼采的哲学书，但最后还是下定决心结束去海边。"

"因为这阵子圣剑豪柴田炼三郎经常出远门，我建议他在卡萨布兰卡买栋别墅。"

"事实上，这是因为圣横尾忠则早期作品的构图、配色和这种大正风格的澡堂风情非常类似。"

因为他先让我知道人名，所以我也就可以在《艺术生活》出游的目的地画图送给编辑部。连载到后半的时候，檀先生病倒了，最后离开了这个世界。这部散文作品《管窥》(蘆の髄から)也就成了他的遗作。

3　石元泰博(1921—2012)：日本摄影家。生于美国旧金山，三岁时回到日本高知县，在那里度过少年时期。毕业后，为了学习大规模农耕法再次前往美国，但志趣转变，开始以芝加哥和东京为据点，进行摄影创作。
4　森敦(1912—1989)：日本小说家，著有《浦岛太郎人间探险记》等。

和家人一起去美国住两个月

继一九七二年纽约现代美术馆个展之后，一九七三年十一月汉堡工艺美术馆[1]、一九七四年阿姆斯特丹市立美术馆都为我举办了横跨三个月的大规模个展。不知为何这些重要的展览我也都没有出席。纽约现代美术馆那时候也是这样，真的是不知道为什么没去。就是有种没来由的焦虑，心情一直很低落。我真的是为这种非常吃亏的性格感到懊恼。

这阵子我又开始制作版画。为了参加在伦敦 ICA[2] 展示的当代日本版画展做了名为《Wonderland》的超大型版画，并在南天子画廊发表《圣香巴拉》总共两幅丝网印刷作品。前者是第十届当代日本美术展参展同名作品的胶印版本，在这次展览获选冠军；后者是源于我精神世界的根本原理"香巴拉"，这在第七届东京国际版画双年展获得兵库县立现代美术馆[3]奖。如果这段时间我对自己身为版画家的身份更有自觉和

---

1 汉堡工艺美术馆：Museum fur Kunst und Gewerbe Hamburg，坐落于德国汉堡，于 1877 年开馆。珍藏从古希腊罗马时期到当代欧洲、中东和远东地区的珍品。

2 ICA：Institute of Contemporary Arts. 1947 年，诗人、无政府主义者、艺术史家赫伯特·里德爵士（Sir Herbert Edward Read）与一群艺术家、艺术赞助者（包含理查德·汉密尔顿、爱德华多·包洛奇 [Eduardo Paolozzi] 等）创立了这个实验与游戏的当代艺术空间。1968 年迄至现址，成为英国前卫创作与跨界的基地。大量文化人都曾参与其中，从诗人艾略特（T. S. Eliot）、作曲家斯特拉文斯基（Stravinsky）、摄影家布列松（Cartier-Bresson）、哲学家德里达（Jacques Derrida）、导演王家卫（Wong Kar Wai）、时尚设计师薇薇安·韦斯特伍德（Vivienne Westwood）、小说家伊恩·麦克尤恩（Ian McEwan），一直到当代评论家齐泽克（Slavoj Zizek）等。这里不但主办摇滚演唱会、经营电音派对、引介艺术电影，还会在馆外打造艺术音乐跨界系列巡回企划"Becks Fusions"，找来弗西伯恩（Doug Fishbone）、利斯豪特（Erik van Lieshout）等众多艺术家创作现场艺术（Live Art）、装置、影像，并与电音畅销天团 Chemical Brothers 和视觉艺术团体 United Visual Artists 举办演出。

3 兵库县立现代美术馆：2001 年竣工，2002 年开馆。由日本代表建筑师安藤忠雄设计，具有面海的独特外观，馆内收藏了与兵库有因缘的近、现代艺术家的作品，约 8000 件。

意愿的话，应该可以创作更多版画，现在想想有点后悔。不过这是因为当时我对平面设计的兴趣超越版画的关系。

一九七四年四月我接受邀请，出演县森鱼[4]导演的电影《我不是天使》（僕は天使ぢゃないよ）。这是我第三次参与电影演出。虽然我对自己的演技完全没自信，可是参加电影演出还是非常吸引我。我登场那一幕和我对戏的女演员相当特别，我非常喜欢她。可是她就这样再也没出现。几年之后，我在某本杂志上和桃井熏（桃井かおり）对谈，才第一次从她口中听到那部电影和我演对手戏的就是她，让我无言以对。可惜的是我没有机会看这部电影。

这年夏天，我第一次带家人去美国住了两个月。日本电影第一次在美国进行电视播映，这次旅行是为了要参加这个计划。赞助商是美国的电视公司，忘了叫什么名字。我们全家住的房子是一栋三层建筑，总共有十五间房间，连电梯都有。中学一年级的儿子和小学四年级的女儿都非常开心。工作地点位于加州大学电影系。制作人谢尔顿·雷南[5]或奥蒂·波克[6]每天都会开车来接我。谢尔顿后来从演员转为导演。他的电影有在日本上映可是我没看。奥蒂小姐则以影评人身份写书，也在大学教书。

一九六○年代的嬉皮文化在伯克利还保存得很好，让我有种在逛博物馆的感觉。对于置身精神世界当中的我来说是千载难逢的环境。

4　县森鱼（1948— ）：生于北海道留萌市，日本的国民歌手、词曲家、演员。

5　谢尔顿·雷南（Sheldon Renan，1941— ）：美国导演、演员。

6　奥蒂·波克（Audie Bock，1946— ）：生于加州伯克利，美国电影学者。1999 年至 2000 年曾出任加州州议会议员。

我在这里只做了电视用的电影标题、海报和两张书籍封面，就花了两个月。总之美国人的动作很慢，一直没有进展，大部分的时间我都在等原稿，他们会花上不可思议的时间来决定一件事。

这阵子我引用多雷[1]描绘但丁《神曲》的版画，做了名为《CLEARLIGHT》的十二件系列作品，总共只用了一天的时间。速度快到连我自己都不相信，不过这背后有原因。因为我接到这个工作委托之后就来美国，客户特地跑来美国拿原稿，但是只在这边待两天，就住在我家等我做，所以才会这么快。而且我觉得这可以算是我的代表作之一，是我很得意的作品。

终于和 UFO 接触

我每天晚上都躺在庭院对 UFO 传输波动呼唤他们。发光体曾经回应我好几次跟我打信号。待在伯克利的时候，我一天到晚都在看多利尔博士[2]写的香巴拉的书同时继续传送念力波动给香巴拉的意识中枢和UFO。和家人搭谢尔顿的车旅行去波那利斯[3]住一晚的时候，我在正中午看到两台球形的小型侦察机，拍了好几张照片，可是照片上什么都

1　多雷（Paul Gustave Dore，1832—1883）：生于斯特拉斯堡，法国著名版画家、雕刻家和插图作家。自幼喜爱绘画，潜心练习，以幽默画成名。1853 年为拉伯雷的小说绘制插图大获成功，此后被出版商邀请为多部世界名著作画，成为欧洲闻名的插画家。其作品多是黑白两色，充实饱满、层次分明、质感强烈，会用极细的线条编织出物象的表面和体块，以线条疏密来表现物体的明暗，极具立体感，无论是宏大的场面还是单独的个体都能很好地表现。

2　多利尔博士（Muriel Doreal，1902—1963）：美国精神主义团体的创办人。

3　波那利斯：原文ボナソス，但美国没有这个地名，可能是作者笔误，或此非城市名。

没有。

　　我又听说旧金山有位名为克里斯的年轻人曾经搭过 UFO，就去拜访他。他在蒙特雷丘陵和四个朋友一起被 UFO 吸进去。他的故事真的非常刺激。他一开始是透过灵媒（channeler）请教 UFO 和外星人的事。没想到长久以来对他一直没有反应的外星人说话了。他在当下对外星人说："我想要搭 UFO。"结果对方回答说："我会准备。"

　　他是用一种上面写有文字和数字的通灵板（Ouija Board）和对方沟通，不料当下脑袋里面突然开始收到心电感应的讯息。他一想到说不定有机会可以搭上 UFO 就兴奋起来，结果对方说："不要那么高兴，冷静一点，这件事情不是那么重要。"这似乎是因为一般人太过兴奋，经常会破坏外星人的计划，因此对方提醒克里斯要尽可能地保持冷静。

　　最后对方表示他们会把宇宙飞船（UFO）开到比蒙特雷更南边的山丘公园。克里斯约了四个朋友去现场。"五"是个有魔力的数字，和灵媒沟通的时候每次也都要五个人。克里斯的大脑中传来这样的讯息："太阳下山之后过一小段时间，宇宙飞船就会在东北方出现。"对方再次告诫他，就算看到宇宙飞船也不要惊慌，不然会失去意识。对方的能量是一种精神力，能量比我们习以为常的能量还要强大，而且没有形状。

　　最后巨大的球体从东北方的天空飞来。宇宙飞船到达正上空的时候，他还在拼命维持自己的意识。身体有种感觉像是被波浪打上那样。感觉身体好像浮起来的时候，瞬间就被吸进宇宙飞船当中。

　　宇宙飞船窗外可以看到星星光彩夺目地闪烁。接着开始听见不知哪来的声音。那是外星人的声音。他们和我们长相一样，可是感觉身体像是用光构成的。很亮但是不烫,不过看起来像是在发热。船舱内部有很多窗户,还有像是计算机之类的机械。机器似乎是用念力来驱动。

我们要和他们接触,必须要拥有他们的能量。那就是爱。克里斯他们一路飞到金星才回来。没有降落。但是好像陷入雾中,视线越来越模糊。星星看起来好像一直在向下坠落。仿佛那边有片很大的屏幕在显示星星……其他四名朋友都很难维持自己的意识,记忆没有克里斯这么清楚。

以上就是克里斯搭乘UFO的经过。

克里斯有办法自由和对方沟通。连他这样跟我对话的内容外星人都会接收到。当时他突然说:"外星人对你非常感兴趣。我想他们不久就会和你接触吧。"感觉他好像偷偷观察到我的心思那样。我兴奋到身体发抖。"他们现在已经对你的意识流感到好奇,跟我说等你做好心理准备之后他们就会对你输送波动。今天我们会聚在一起也是他们安排的。"克里斯转达外星人的想法给我听。

其实,和克里斯见面这件事情本身就很不可思议。某天有位美国年轻设计师知道我现在在伯克利,跑来找我。不知为何我一见到他就问他说:"你有没有认识谁经常看到UFO?"结果他回答说:"我自己对这不太清楚,不过我有个朋友搭过UFO,我再介绍给你认识。"后来我就见到了克里斯。如果这位美国年轻人没有来找我,我就不会和克里斯见面。见到他是这趟旅行最大的收获。因为我的精神世界和UFO可以说是表里不分。

某天有一个我从来都没见过的人跑到克里斯那边跟我说:"一直都

有人在注视你。你是组织的伙伴。这个组织集合了一群关心宇宙事务的人。你也是成员之一。"克里斯说:"我也觉得他说得很对。虽然我自己没有像他那样的使命感,不过有一件事情我非常确定。那就是我一直感觉到有某人一直在宇宙当中看着我。"

インドの衝撃

一九七四年快结束的时候我终于前往印度。我对印度怀有非常强烈的憧憬，在这七年之间一直犹豫要不要动身。况且对我来说去印度是件大事。三岛由纪夫生前曾经给过我建议，意思大概是说人分成可以去印度和不能去印度两种，什么时候去也是由因果来决定，我顺应自然等待时机来临，不知不觉七年的时光就过去了。

我跟筱山纪信约好第一次去印度要一起去。以前曾经有过两次机会。可是一次刚好遇到印巴战争[1]，一次是筱山先生一月突然出现一个大相扑的摄影工作延期一年，每次我都松一口气。真的是一旦确定要成行我就觉得很辛苦，会希望有什么理由可以取消。

《暂名·我的偶像》的摄影工作几乎全部结束，预定在印度之行的目的地替这个跨越漫长岁月的摄影个人史画下最后的句点。印度之旅包含了筱山先生、他的助手、青画廊[2]的青木先生，还有我总共四人。我自己想太多变得有点紧绷，可是其他三个人和我相反，好像都很放松。

"小横尾觉得好奇，看到的、摸到的什么都好，我想要尽可能把我们共度的时空全部拍下来。"筱山先生的想法非常清楚，排除掉自己的

1　印巴战争：印度与巴基斯坦之间曾为了克什米尔地区的领土独立爆发过两次战争。横尾指的应该是
　　1971 年第三次印巴战争，这次战争导致东巴基斯坦独立建国成为孟加拉国。
2　青画廊：曾展出田名网敬一、萩原朔美、中川一夫等人的作品。

主观，全部都依据我的意思，要追求一种中性的表现。照片里面拍到的并不是特别吸引他的事物，而是彻底拍摄我所感兴趣的对象。就意义层面而言，筱山比我这种自我意识很强的人还要更"印度"。

在印度看到、接触到的一切都让我迷惑，让我感到混乱。我内心的价值体系开始崩盘，到达一种我几乎没有办法克制的地步，我完全没有防备。第一次踏进旧德里时，这种感觉达到最高潮。身处在排山倒海的印度人群中，他们投来的目光简直像是无限多发子弹贯穿全身。一想到那种恐惧与战栗就让我无法呼吸。简直就像看到杰克逊·波洛克[1]那种连画布角落都泼洒颜料的"遍布画法"[2]一般，看得眼花缭乱，完全没有办法在任何一个位置定下目光焦点。透明的白昼之月在头上闪耀，月亮和我在东京看到的是同一个，只有这样的安全感是我唯一的救赎。

虽然我没有办法偷窥其他三人内心怎么想，可是他们好像没有我这么害怕。筱山先生拍的不是倍感威胁的我，而是将摄影机对准那些带给我威胁的群众。

---

1 杰克逊·波洛克（Jackson Pollock,1912—1956)：美国最具影响力的抽象表现主义大师。一生毁誉交加，性格孤僻、激烈又严重酗酒，四十四岁死于酒醉驾车。"二战"时许多欧洲超现实主义画家流亡美国，波洛克和这些创作者交流，受到毕加索和米罗等人的影响，使他越来越重视无意识的意象。此外，他于1935年至1942年参与了联邦美术计划的工作。这是罗斯福新政的一部分，委托众多新锐艺术家替公共建筑进行壁画或公共艺术创作。马克·罗斯科（Mark Rothko)、威廉·德·库宁等著名画家皆投身参与。波洛克担任墨西哥壁画运动大师西凯洛斯（David Alfaro Siqueiros）的助手，巨大的墙面与喷枪和过去画布与笔刷的世界形成巨大的对比，让波洛克倍感冲击。这段经历加上他观看印第安原住民沙画的经验带给他很深的影响。1943年，波洛克开始运用一种新的技巧。他把画布平铺于地面，运用各种道具直接把颜料和油漆"滴洒"（drip）在画上，开创了"行动绘画"的新潮流。

2 遍布画法：此处横尾指的应该是over all painting，这种画法始于1950年代美国画家马克·托贝（Mark Tobey）的"白书法"和波洛克的"滴洒"画。特色在于画面上没有任何突出的焦点，用整体来表现。

由于我对印度有太多想象，结果心中的印度和现实之间的隔阂完全崩溃。我追求的是精神世界冥想式宁静的灵性印度，可是我所见到的印度却几乎完全相反。车窗旁边突然有人出现要钱，一只黑黑的棍棒吊个罐子伸到我前面，结果是只没有手掌的手。此外，漫长延伸的辗毙尸体躺在路边流出淡桃红色的血，我们搭的车就那样跨过，完全不看一眼，一路向前驶去。

"有人死掉了啊！"我惊声尖叫。

"已经死掉就没救啦。"导游沙尼日文很好，用非常冷静的态度回答，"到阿格拉还要开一段时间，我们就在这附近吃午饭吧。"

我刚刚看到尸体脑袋里面还一片混乱，而他脑中却在思考吃饭的事情。

贝那勒斯[3] 清晨的日出超棒。圣洁的景象一眼就可以让人体会萨罗德琴（Sarod）演奏家阿里·阿克巴尔·汗（Ali Akbar Khan）为何会作出《日出的 Raga》[4] 这首曲子。这个日出是这次印度之旅的高潮。天亮之前开始沐浴的人群不知在何处唱着真言（mantra），声音掠过水面传到耳边。时间像恒河之水那样徐徐逝去。一群小鸟自岸边扬起，同时，猿猴在树梢怪叫开始喧闹。水面蒸发的白色热气之间，玫瑰色宛如巨大布丁的朝阳忽然抬起头来。筱山先生相机的自动快门发出激烈的声响，拼命运转。

3　贝那勒斯：Benares，就是现今的瓦拉纳西（Varanasi），贝那勒斯是英国殖民时代沿用当地别称定的名字。瓦拉纳西位于恒河河畔，是印度教、佛教、耆那教的重要圣城，也是少数从史前时代至今都有人居住的千年古都。

4　Raga：印度传统乐曲的一种形式，在一个旋律框架下涵盖自由即兴的无限变化可能。

"就算没有宗教信仰，也会不知不觉想要双手合十啊。"有人感叹。

太阳升起的时候，沐浴的水阶（ghat）附近满满都是人。其中也有躺在担架上濒死的病人。应该是要在恒河里替他进行最后的沐浴后送他离开吧。那双深深的凿开洞穴般的眼睛非常迷茫，黑瘦如枯木的手臂从方才就一直在虚空中反复捞着。旁边一位老妇把蔬菜摊开在地上卖，大声招揽客人。生死并非对立，而是以非常日常的样貌并存，面对这样的画面我完全不知所措。此外，在旅行过程中我们经常四处遇到送葬队伍。少年们将包裹白布的尸体搁在木板上挑着，母子三三两两跟在后面。那副景象令人无言以对。

UFO 终于成为"现实"

一从印度回国，东京新闻连载的濑户内晴美的小说《幻花》就等着我画插画。我从小就梦想要替报纸小说画插画。虽然自己已经成为职业插画家，可是这个工作还是让我很兴奋。报纸小说会每天连载，可是我经常旅行，所以会一次画一批送给濑户内小姐，由她挑选适合小说内容的插画，或者从我的插画延伸想象创作故事。故事背景明明是在室町时代，可是我还是画了和内容无关的 UFO 之类的图。

话说回来，我的 UFO 热完全没有止境。我从半年前开始拜访接触过 UFO 的通天裔并进行访谈，在《宝岛》上连载。绝大部分我访问的人都不是单单看到 UFO 那种接触程度很浅的，几乎都是见到外星人搭过 UFO 的那种等级。因为我不觉得他们脑袋有问题或者是在吹牛骗人，就非常认真听取他们的经验，一一在《宝岛》上进行报告。连 UFO 研究专家都会怀疑他们所说的内容，所以我也不知道一般人究竟可以理解到什么程度。我们可以从连载五回就叫暂停来推想结果。

我知道UFO已经成为"现实"。可是觉得他们从哪里、为了什么飞来，好像有解释但是又非常不清楚。他们来自各式各样的星球，数量相当庞大，分成好几个族群，彼此之间有的有横向联系，有的没有。他们的目的是透过通天裔将他们的存在公之于世、对地球和人类进行警告，有时候也会协助人类灵魂进化。不过我们不能忘记其中也包含一些负面的外星接触。尽管如此，我依旧还是没办法阻止UFO飞进我的梦中。

早期的梦多半都是出现UFO，后来渐渐变成比较常出现外星人，还会让我搭上UFO。

"我们会和你接触。"虽然这是外星人在梦里对我说的话，可是那种真实感超越现实让我心情飞扬。旧金山遇到的那个克里斯说外星人让他转告我："只要做好心理准备他们就会传输波动给你。"这件事情终于要进入实现阶段了吗？

关进高轮王子饭店的某天下午，我赖在床上看电视，突然身体飘起十五厘米左右。同时房里的景象跟着抹去，变成一条细长的走廊。走廊上有三个高个子朝我走过来。他们全部穿着贴身的太空装，我马上就知道了他们的身份。

"您是横尾先生吧。我们一直都在观察你。现在终于和你碰面，真的非常高兴。说到这个，我们想要跟你保持畅通的联络管道，要在你脖子上装设一个装置，希望您能够理解。"他们说得非常客气。不对，正确说来并不是用说的。他们的意志会瞬间传到我的脑海里。我马上就知道这是精神感应。奇妙的是，我一点也不害怕。我接受了他们的提议，当场就失去意识。

这件事情发生之后，我还是继续梦到 UFO。我张望夜空的频率也变得越来越高。深夜时分没有出租车从仙川走回成城的途中，UFO 出现在非常低空的位置和我平行飞行，我和朋友聊 UFO 的时候飞碟也会出现，当我从二楼窗户对着月亮呼唤的时候，也出现一个巨大的光体让我以为天上有一台汽车掉下来，简直就像是在诱惑我一般。

接触宇宙的存在

对于 UFO 的兴趣渐渐引导我走向宇宙和精神世界的领域。奠基在 UFO 之上的宇宙观已经成为我的人生观。我平常的设计工作也只是在呈现我的宇宙论。我不是单单用物质的真实（身体的真实）来理解现实，而是用宇宙意识之"眼"来感知，将现实的领域拓展到肉眼看不见的范围。

就结果来说，虽然这种思考方式违背了现代设计的原则，可是讽刺的是我却在这年（一九七五年）获得了第二十届每日设计人奖。其中一名评审委员胜见胜在颁奖典礼发言时还把批判的矛头指向我。

"尽管我个人反对，最后还是决议让横尾得奖。"

除了我之外，他也批评其他的评审委员。胜见先生拥护战后追求合理性功能主义的现代设计理论和相关运动，对他来说，没有办法认同像我这种乍看之下缺乏社会关怀又个人风格强烈的设计（虽然事实上应该相反）。

我前年在伯克利引用多雷作品制作名为"CLEARLIGHT"的月历，

也在这一年获得了 ADC 奖。

此外还有八个当代艺术展邀请我以版画或海报参展，让我加入当代艺术的行列。我那些忽视一般设计概念的作品有时候会碰触到当代艺术崩溃的现象，不过我并没有很关心。再怎么说我最在意的还是接触宇宙的存在。甚至认为为了这件事情即使牺牲掉设计等也无所谓。承接桑塔纳的专辑《LOTUS》封面设计是一个契机，我和卡洛斯·桑塔纳的交情变得更深，后来他又再度委托我进行专辑封面设计。那就是《AMIGOS》。这张专辑收录了超级畅销金曲《哀愁的欧洲》（*Europa [Earth's Cry, Heaven's Smile]*），桑塔纳透过这张专辑再度站到全世界摇滚的最前线。我在进行专辑设计的时候，曲子还没有完成。我只知道他的概念是要做舞蹈感、强而有力、色彩鲜明的曲子，就必须这样进行专辑设计。当时卡洛斯在澳洲巡回，校样还送到墨尔本去。

一九七六年一月东京武道馆演唱会他在演奏《AMIGOS》的时候，还把唱"amigo"的段落唱成"yokoo"（横尾）在观众面前展现他对我的友情。卡洛斯到鹤见总持寺[1]的宝物馆看我的个展，还陪我这个坐禅新手一起打坐，满足于禅学深刻的精神性，非常开心。他拜印度人斯利·钦莫伊[2]为师，和夫人共同过着高风亮节的精神生活，所以才会为

1　总持寺：位于神奈川县横滨市鹤见区的曹洞宗大本山寺院，山号诸岳山（しょがくさん），本尊释迦如来。寺内还有鹤见大学。1312 曹洞宗四世莹山绍瑾收诸岳观音堂住持定贤饭依，改寺名为总持寺；1898 年被大火烧毁；1911 年移建至现址。从前的总持寺改称为总持寺祖院（石川县轮岛市门前町）。

2　斯利·钦莫伊（Sri Chinmoy, 1931—2007）：国际精神宗教界很受尊重的印度籍知名心灵上师，是人间平安和谐的推动者，并以文学、音乐、艺术和运动来弘法。他的国际中心散布世界各地，免费教导学生静坐冥想，也将运动、文学、艺术和音乐融入个人修行生活中，并实行自我超越（self-transcendence）的哲学与活动。

在僧堂打坐而感动吧。不过像我这种精神世界的无名小卒看到卡洛斯那么节制的精神生活还是目瞪口呆。

某天新力唱片的工作人员召开宴会庆祝他生日，搬了一个巨大的生日蛋糕到房间中间。当卡洛斯拿刀切到一半的时候，像是桃太郎那样，出现了一个全裸的金发美女。惊讶的卡洛斯双手掩面，像是不想看裸女那样逃出房间。虽然大家都很开心，可是他可能真的是在对抗自己的色欲。其实想看就看有什么关系。加州的 New Age 连这种程度都当成是禁忌。

二度前往印度专心冥想阅读

五月我第二次出发前往印度。这次是《艺术生活》随我周游日本一圈的摄影师仓桥正跟我去。目的地是克什米尔中心斯利那加（Srinagar）。詹姆斯·希尔顿[1]《消失的地平线》中，主角康维造访的"时间扩张空间浓缩"的理想国香格里拉位于中国西藏，选择北部地区的理由就是因为克什米尔很靠近那里，而且印度圣者尤伽南达[2]也曾经和他的老师圣尤地斯瓦尔[3]一起前往当地旅行。

1　詹姆斯·希尔顿（James Hilton，1900—1954）：英国著名小说家，作品以《消失的地平线》（Lost Horizon）及《万世师表》（Good Bye, Mr. Chips）两部最为有名，均已被改编成电影，风靡全世界，成为电影史上的经典名作。

2　尤伽南达（Paramahansa Yogananda，1893—1952）：印度的瑜伽行者，生于印度戈勒克布尔，1915 年取得加尔各答大学文学士学位，同年正式加入僧团。1920 年起旅居美国，展开为期约三十年的西方弘法生涯。

3　圣尤地斯瓦尔（Sri Yukteshwar Giri，1855—1936）：印度教上师。

这次旅行意外连连。一降落在斯利那加机场，就有一个男人过来问说："Mr. Yokoo？"我就回答："是。"他说是旅馆派来迎接的。我们相信他搭上他的车，结果他带我们去的不是日本预约的旅馆，而是浮在湖上的船屋（house boat）旅社。虽然我内心非常抗拒，可是仓桥说："这边也不错啊。"就将就待在这里。结果非常棒。

"纳金湖（Nagin Lake）的暮色大戏始于神秘的色彩变化。对岸喜马拉雅重峦叠嶂的万年雪在夕照中像粉红色的宝石一样晶莹闪耀。日头行将隐没之际，苍蓝的阴影自底部竞相涌上，一步一步吞噬打亮万年雪的光。当四野渐次染成一片蓝色，纳金湖精彩的暮色就迎向高潮。对岸船屋燃起灯火，纳金湖打破午间的寂静转为喧嚣。野鸟和家畜的鸣叫混融飘来，远方孩童的嬉闹声扫荡湖面，撞上远山，再化作回声归来让我灵魂随之缭绕。"（引自横尾忠则著《迈向印度》[印度へ]，文春文库）

我从迎接第一次夕阳开始就被这栋名为"Pan American"的船屋彻底掳获。夜色降临在船屋甲板上冥想，同时对 UFO 传送波动的时候，北斗七星斗杓开口部分忽然出现一架 UFO 反复进行波状运动。因为实在太惊人让我一下没法对仓桥开口。

我从日本带了《密勒日巴》（Milarepa）[4]、尤伽南达的《瑜伽行者的

4 密勒日巴（Milarepa，1052—1135）：又译为米拉日巴，噶举派上师，中国西藏最著名的密教修行者，是当地许多民间传说的主角。密勒日巴生在贡堂一个富裕的家庭中，因父亲早死，家产被伯父跟姑姑据为己有，他与母亲、妹妹被赶出去，母亲送他去学习法术。学成后，以法术咒死贪婪的亲戚，夺回家产，并降下冰雹来惩罚家乡的人，但也因此犯下恶业，被家乡的人所恐惧与厌恶。因为良心不安，他决心去马尔巴上师处学习，消除恶业。上师最后认同他的努力，并为他取法名为喜金刚（Shepa Dorje）。他在山洞长期禅坐修行，终得证悟而解脱，成为藏传佛教中著名的密宗上师。

一生》（*Autobiography of a Yogi*）、河口慧海[1]的《西藏旅行记》、托尔斯泰的《人生论》、亚当斯基的《来自宇宙的访问者》五本书来旅行。待在船屋的日子每天都是面对美丽的自然进行冥想和阅读的时间。这种精神性的生活我过一阵子就腻了，便搬到市区的饭店。

搬到饭店之后我也是每天继续冥想。清晨到饭店附近公园的草地上静坐一小时左右。那时候不知道是不是冥想过度，脊椎周边开始发热，皮肤也变得有点焦黑，感觉非常痛，所以就暂停了。说不定是拙火[2]开始启动的关系。虽然我觉得很高兴，可是要再继续修炼下去就需要老师引导。我是第一次在印度一个城市待上将近三个星期。每天两个人都一直四处闲晃。直到傍晚才拖着疲惫的脚步回家。持续过着这样的日子，日本啦、世界啦，还有家庭种种都好像渐渐淡忘。

与萨尔瓦多·达利见面始末

从印度旅行回国之后，我马上踏上去往波兰华沙的旅程。去印度之前为了让筱山拍照，我把留的长发理掉剃成光头。之所以如此，是

1　河口慧海（1866—1945）：是第一位进入中国西藏地区的日本人。十五岁读释迦传，感动发心，从此禁酒、禁肉食、戒淫。二十五岁得度，法号慧海仁广，并任东京本所五百罗汉寺住持。二十六岁起过午不食。二十岁起即自学英文、梵文和巴利文，并对世界局势、各种新知充满好奇心。二十八岁决定前往西藏求法，三十二岁成行。第一次西藏之旅回国时已是三十八岁。返国后，以《西藏旅行记》为题在报刊上发表了这趟旅途的见闻。第二次西藏之旅归国后，专注致力于藏文和佛经的教授、研究、翻译和出版，编纂《藏和辞典》，并宣扬在家佛教，逝世前还正在编纂《藏语辞典》。

2　拙火：Kundalini，亦翻为昆达里尼，又译为军荼利、灵量、拙火，梵文原意是"卷曲"的意思。印度瑜伽认为，它是一种有形的生命力，是性力的来源，蜷曲在人类的脊椎骨尾端的位置。传统印度常以女神，或是沉睡的蛇作为它的象征。类似于中医与道家所说的精或先天的炁。印度瑜伽修行者认为，透过修炼瑜伽，可以唤醒沉睡在身体中的昆达里尼，使它通过中脉，最终到达梵我一合一的境界。

我要和濑户内小姐两个人穿袈裟扮僧侣拍照。我晒得比印度人还黑，顶着光头黑脸映在华沙的橱窗上连我自己都觉得很丑。但由于我在上一届华沙海报双年展拿下金牌，必须出席义务召开的个展。

我觉得和外国人交流很麻烦，尽可能不出席宴会，一个人在路上乱晃。虽然领到奖金可是又禁止携带出国，无论如何都必须在华沙把它用光，然而我并没有发现任何吸引我的物品。只买了可有可无的五块餐垫和一个小包包。我对购物没什么兴趣，抓住我的都是华沙路上遇到的年轻女孩。每个都非常出色。欧洲男性的梦想好像就是和华沙美女结婚，我非常能够理解。

在华沙停留四五天后，我的脚步迈向西班牙的马德里。我意外获得西班牙政府接待，就邀《PLAYBOY》杂志的摄影师朋友多田善一两个人去西班牙开车旅行两个礼拜。这次没有目的轻松旅行，普拉多美术馆[3]、毕加索美术馆[4]、米罗美术馆[5]、达利戏剧博物馆[6]和高迪[7]的建筑等

---

3 普拉多美术馆: Museo del Prado，位于马德里，是西班牙最大的艺术博物馆。

4 毕加索美术馆: Museu Picasso，位于西班牙巴塞罗那，主要展示毕加索蓝色时期的作品，美术馆由五栋13、14 世纪的旧宫殿及旧建筑组成，1963 年开幕时原本只有十五号这栋，1970 年至 1999 年陆续并入邻房十七号、二十三号，成为美术馆现今的规模。

5 米罗美术馆: Fundació Joan Miró，位于西班牙巴塞罗那，是由米罗的建筑师好友约瑟普·路易斯·塞尔特（Josep Luis Sert）设计，白色现代化的建筑风格气氛和米罗的作品搭配得十分巧妙。馆内收藏有数百件绘画、素描、版画、雕塑等作品，不仅是全世界收藏米罗作品最完整的地方，其具备现代艺术中心的设备。

6 达利戏剧博物馆: Teatre Museu Dali，位于西班牙菲格雷斯，是达利首次举办作品展的地方，西班牙内战时被烧成废墟，1960 年达利与该市市长决定，将此地重建为收藏其个人作品的博物馆。

7 高迪（Antoni Gaudi，1852—1926）: 是西班牙“加泰罗尼亚现代主义”（Catalan Modernisme，属于新艺术运动）建筑家。生于雷乌斯，家中世代是做锅炉的铁匠，天生具有良好的空间解构能力与雕塑感。又因小时患有风湿病不能和其他小朋友一起玩耍，只能敏锐地观察大自然，使他日后成为师法自然的建筑师。他从观察中发现自然界并不存在纯粹的直线，他曾说:“直线属于人类，曲线属于上帝。”所以终其一生，都极力在自己的设计中追求自然，在其作品中几乎找不到直线，大多采用充满生命力的曲线与有机形态的对象来构成一栋建筑，为新艺术运动的代表性人物之一。

就可以慢慢逛一圈。有生以来第一次看斗牛和弗拉明戈舞也让我非常兴奋。格拉纳达地区仲夏时分的美丽阳光看起来和印度又是截然不同的热情风采。阿尔罕布拉宫的伊斯兰建筑就算和印度泰姬陵摆在一起也毫不逊色。

可是不管再怎么说，这次旅行的高潮都是和萨尔瓦多·达利见面。

"耶？想见达利？是谁说的？那种亲近弗朗哥政权[1]的男人，我根本不想和他有什么瓜葛。"我认识的艺评家替我打电话联络，结果对方这样回答。总之达利在激进的人群中完全不受欢迎。首先，要见达利必须提早在一年之前开始办手续。我想就算放弃和达利碰面至少也要逛达利美术馆。可是既然来到达利美术馆了，就觉得还是要见到达利再回去。

"可不可以让我和达利见个面呢？"我向一位好像是馆长的中年知性美女打听。

"请问你们是谁？"

"我们是接受西班牙政府邀约前来的日本艺术家。"

"政府的？"这位女士对"政府"这个字眼产生敏感的反应，就在我眼前直接拨电话给达利，真的是吓我一跳。内心产生期待，说不定真的有机会见到达利，胸口瞬间一紧。"他叫你下午两点到卡达克斯

1　弗朗哥政权：指西班牙在 1936 年至 1975 年间由弗朗西斯科·弗朗哥（Francisco Franco）实行独裁统治的时期。1936 年，弗朗哥发动反共和政府的武装叛变，得到希特勒、墨索里尼在军事上的支持。1939 年 4 月 1 日西班牙内战结束，第二共和国正式解体，弗朗哥成立独裁政权，以法西斯主义统治西班牙。在这段时期，西班牙在名义上仍维持君主制但王位悬空，弗朗哥担任"摄政臣"，其头衔则为"蒙主恩惠，西班牙的领袖"。

（Cadaques）的家。"对方说着说着画了地图给我。

我怀疑自己有没有听错，这该不会是奇迹吧。

达利那座白垩岩的"城堡"照片广为周知，盖得像是趴在里加特港（Port Lligat）岸上。耳畔只有浪花拍岸的声响，午后太阳高照催人入睡，就剩仲夏暂停般的时间漫漫抽长。

达利的私人司机独自坐在玄关石阶上，正专心在玩杂志上的填字游戏。我们告知前来访问，他就跑进屋里，不一会儿回来说："达利正在睡午觉。"西班牙到四点为止都是称为"siesta time"的午睡时间。他明明说约两点，心想怎么这么糟糕，可是想到这种程度的行为对于达利来说或许是家常便饭，就没那么生气。总之可以见面了。

最后等了四个小时才进到房子里面。睡完午觉之后他开始创作，创作之后洗澡，然后写传记——简直让人觉得好像被玩弄一样。当我们开始对达利这种自我中心的态度感到生气的时候，厨房后门终于打开了。

穿过照片里经常看到的巴洛克风格的房间，走过弯弯曲曲的狭窄走廊，我们被带到池畔设有天棚的沙发。有位尼斯来的男模已经坐在那。最后达利的灵感来源——加拉夫人[2]头系巨大黑色蝴蝶结，一身水手风的打扮，嘴边皱纹遍布，精力充沛地出现在现场。

我心想：可以见到加拉真幸运。可是下一刻就否定了这个念头。"你们有带什么礼物来给达利吗？"因为事发突然，我完全没想到这么多。"这样啊。没带啊。即使什么都没带，坐在这里的英俊男士（尼斯的模

2　加拉夫人（Gala Eluard Dali，1894—1982）：是一名俄国律师的女儿，原是超现实主义派诗人保尔·艾吕雅（Paul Eluard）的妻子。达利对其一见钟情后，两人遂共同生活，是达利的妻子、密友，又是灵感源泉和模特儿。

特儿）还是有好好将'美'带给我们喔。"

我感觉好像被人指责失礼，觉得很不好意思。我一颗光头，又经历印度、西班牙太阳的综合炙烤，无论从任何角度来说都不会觉得长相好看。多田先生也是，就算要说客套话也不会觉得他是美男子。这时候他从口袋拿出女儿的照片给加拉看。

"啊——这个小孩很可爱，可是这个就很丑。"听到两个女儿其中一个被批评，他气得从加拉手里把照片抢回来，马上收进口袋。觉得这家伙真是没礼貌。

达利最后终于出现。穿着白色斗篷般的服装，手上拿着照片上经常看到的那只手杖，弓着驼背快步经过池畔来到我们身边。虽然很不可置信，可是真的是萨尔瓦多·达利本人。

"你是艺术家？"他就站在我面前说。我感受到他的迫力，马上起立，连打招呼都忘了。

"你看过我的达利博物馆了吧。喜欢我的作品吧。"

"是，非常喜欢。"我无意间说了谎。

"那很好，不过我很讨厌你的作品。"

进来之前我请司机转交我在斯特德立克美术馆个展的图录，达利应该看过了。他好像觉得这样的问候方式很机灵。话说达利身旁的经纪人非常专心地在看我的作品集，不知道是不是很喜欢，好几次趁我不注意在旁边偷看。

达利的白发素乱垂在额头上，像龙虾那样左右翘得很高的"招牌商标"胡须也变得像泥鳅那样垂下来，整张脸覆满斑点，像地图上的岛屿那样。达利的眼睛好像瞳孔放大那样没有表情，冷冷的，仿佛不信任和猜疑心都冻结在目光之后。

多田先生请问达利说可不可以拍照。

"先前美国《PLAYBOY》跑来拍照可是一毛都没付，所以不行。"

加拉突然插嘴说了奇怪的话："与其说这个要不要和我睡？"

我和多田不知道要怎么回答，两个人都很困惑。

"你看，他们没办法回答，都在烦恼。"

我觉得自己像是不速之客那样惹人嫌。在达利和加拉巧妙的调度之下，自己在达利剧场演喜剧的悲惨姿态倒映在面前混浊的池塘上。结束两小时的悲喜剧乘车回家途中，我看到黑暗中四处都点着火。西班牙似乎有这样的风俗，会供奉长年使用的家具将其火化。在这火焰当中，方才的情境就像底片的负相那样变得越来越超现实。

在禅寺领悟禅的奥秘

在印度、波兰、西班牙持续旅行快两个月，肉体虽然疲惫，可是精神应该是充电充得相当饱满。这时出现一个大消息，威尼斯双年展[1]要替塞斯莱维茨[2]、保罗·戴维斯、梅顿·戈拉瑟、

---

1 威尼斯双年展: Venice Biennale，创立于 1895 年，是全世界最大的国际当代艺术展之一。起初这个活动以装饰艺术为主，后来各个国家开始设立国家馆，关注焦点也转向当代艺术，成为国际艺术盛会。威尼斯国际影展、威尼斯建筑双年展、戏剧节、音乐节等都是涵盖其中的周边活动。

2 塞斯莱维茨（Roman Cieslewicz, 1930—1996）: 波兰裔平面设计师。早年就读于波兰南部的克拉科夫艺术学院，毕业后移居华沙，为出版商、政府和 CWF 中央影片发行公司（CWF: Central Film Distributors）工作，迅速建立杰出平面设计师的声誉。1963 年移居巴黎，1966 年先后担任《VOGUE》及《ELLE》杂志的艺术总监，1975 至 1983 年间为蓬皮杜中心设计了许多极富趣味的宣传海报。

赫斯[1]，还有我这五位平面设计师召开五人展。应邀参加这个全世界最受关注的当代艺术展真的是很高兴，可是我最在乎的终究是探索精神世界，所以完全没有打算去看威尼斯双年展。

威尼斯双年展召开的时候，我正在禅寺打坐。男性杂志《GORO》向我提案去拜访全世界的摇滚明星进行对谈连载，这个企划明明就非常吸引人，可是我不知为何一点兴趣也没有。当时我提出替代方案，周游各个禅寺去修行参禅。为什么会做这样的选择我自己也不晓得。在总持寺举办个展的时候，我为云水行脚僧[2]打坐雕像的美感倾倒，不知不觉脱口说："我想要打坐看看。"一下子就办好手续，开始四天的打坐生活。

刚开始打坐肩膀很用力一直很紧张。香板[3]"啪！"的一声敲在肩上的时候有点恐怖。因为每天都会被打很多次，肩膀皮肤都变紫了。

"我不是为了成为僧人才来的。香板这样打有点太过分了。"我逼近单头老师[4]说。

"这么痛啊？不过既然你难得来打坐，应该就是想要和云水行脚僧过一样的修行生活吧。"

然而不知道是不是抗议生效，后来香板打下来就比较轻一点了。

1　赫斯（Richard Hess, 1934—1991）：美国平面设计师、插画家。十七岁时替底特律的油漆公司工作，公司请他帮忙设计包装和文宣，自此开始跨上平面设计的道路。他进密歇根大学学习艺术和哲学，并于1955年陆续进入几间广告公司担任美术指导。1965年独立创设自己的工作室，替百事可乐《纽约时报》、《智族》杂志、IBM等进行设计。他的作品曾在欧美各大城市展览，获MoMA等美术馆纳入馆藏，并入选纽约美术指导俱乐部（New York Art Directors Club）名人堂。
2　云水行脚僧：指禅宗的修行僧托钵行脚砥砺修行，如同行云流水。
3　香板：禅宗维持打坐秩序的板子，上面写着"警策"两字。
4　单头老师：修行者打坐的位置称为"单"，单头老师坐在上位，负责指导监督。

禅寺的生活每天是清晨四点半起床。打赤脚。冬天就受不了了。禅堂没有任何暖气设备。寒意从泥土地深深沁入身体。一次打坐一炷香的时间，烧完一炷线香大约三十分钟，一天做五次。用餐是一汤一菜，内容真的就是字面上这样。打坐只有首日第一、第二次比较好玩，后来就只有痛苦而已。觉得最解放的时候是做务。所谓做务就是打扫庭院、擦走廊地板，还有清理厕所。

　　某天我被派去打扫庭院。银杏树叶落在地上像黄色的地毯一样很漂亮。命令说要将它扫干净。和尚们难道不会觉得不要扫它，享受这种自然之美很好吗？而且不管再怎么扫，银杏的叶子还是会一直落下。

　　"等两三天后树叶全部落下时再扫如何？而且现在这样其实更美。"我有点生气。

　　"啊，不要找理由，就扫吧。"大学刚毕业的行脚僧摆出一副他知道我在想什么的姿态说话，让我很生气。虽然觉得这家伙真是无可救药，可是待在这儿还是必须克制一点。扫完之后枯叶又一一掉下来。"活该！"

　　然而持续在进行这既没道理又没有用的行为时，我突然注意到一件事。打扫庭院不是为了清掉所有的东西让地面变得更干净，而是要教导我说"打扫"这个行为本身就是目的。我发觉行为和目的在我的内心是分开的，所以做起来一点都不有趣。小孩因为行为和目的合而为一，所以经常可以自己这样玩。自由解放就在其中。我第一次察觉到自己内在是将这两者分开来思考。艺术性的创造一样也是这个道理。

尼僧・瀬戸内寂聴の水着

"能够解答你的人，就我所知只有井上义衍[1]先生了吧。"板桥单头老师说着替我写介绍信给滨松龙泉寺的井上老师。这不是因为我真的问了什么很困难的问题，而是我一直强词夺理，最后让他放弃、投降。

"你是来做什么的啊？"井上老师问我。他个头娇小，看起来已经年过八十，眼睛虽小，表情却一副严峻。

"是，我想要顿悟。"

"想要顿悟？"

"是的。"

"就算你不这么刻意想顿悟，你也已经顿悟啦。"

"啊？！"

我已经顿悟了？我不懂这到底是什么意思，低头向前，结果老师突然在我面前双手啪地拍了一下。老师看我一副鸽子突然被子弹打中

---

1 井上义衍（1894—1981）: 复兴曹洞宗的高僧。父亲是广岛长光寺第十三代住持（日本和尚可娶亲）。井上年轻时周游各寺院拜师参禅，三十一岁任滨松贫困小庙龙泉寺住持。曹洞宗必须获得印可才得以传法，然而井上先生却不在意印可。他不是曹洞宗认定传法的师门，龙泉寺也不是什么知名的专业修行道场，直到晚年上 NHK《宗教的时间》这个广播节目之前，他都默默无名。他不像过去的大师那样使用汉文，而是用平易的白话日语传道，不知不觉吸引许许多多的求道者聚集门下，提点许多一般男女、修行僧，甚至是寺庙住持开悟。对于行脚僧而言，若是前往永平寺或总持寺修行，就能获得住持的资格，也可以获得在名刹道场修行的经历，若是选择龙泉寺必然是因为自己的佛心，不带任何功利考虑。

的表情，问我说："现在这是什么？"

我完全听不懂老师的问题是什么意思。

"你就算不问'啪'这个声音是什么，也听得到它对吧。"

"是。"

"就是这样，就算你不问你也听得见，顿悟也是一样。就算不去顿悟，人一生下来就已经通了。"

我的打坐修行就是从井上老师这句话开始的。打坐的体验会刊载在每期的《GORO》杂志上。这个连载总计二十四回，持续一年，最后以《我的打坐修行记》（我が坐禅修行记）（讲谈社）为名结集出版。

虽然打坐一年还是没有办法体会人类打从出生开始就已经顿悟，不过确实学会很多很难体验的事情。过了一段时间再想都是很愉快的回忆，可是在当时都是连绵不绝的痛苦。

在零下八度的泥土地禅堂过着打坐只需方寸、躺卧只需一席的生活，真的是苦到让人想要逃跑。除了上厕所，整天都关在禅堂里面。同行的摄影师仓桥在实际打坐途中倒下来被人抬出去。此外，当满城都在为圣诞夜欢欣鼓舞的时候，在市中心的禅寺打坐也让人觉得心情灰暗。有次在下雪时的永平寺打坐时，感觉像军队一样严苛，中途我就逃走了，这种事情也发生过。本来想要让打坐稍微轻松一点避免去挑严格的禅寺，可是不知为何遇到一堆比以前还要更可怕的地方。不管再怎么逃，严苛都一直追着我跑。

可是我遭遇的也不单只是严苛。有机会和日本屈指可数的高僧同席谈话，真的只能说是受益良多。大部分的禅寺都被自然包围，所以我也发现打坐生活让我的身体更有活力。此外，我在某间禅寺也曾经遭遇到打坐者的幽灵这种插曲，让我觉得既害怕又开心。

南太平洋之旅始末

尽管一九七七年我离开东京后几乎都在打坐，这一年工作量却还是空前的多，国内外展览高达二十一档。散文集、对谈集、画册有四本，美国和意大利的作品集也发行了两册。此外，在国外委托工作中，我有印象的是国际特赦组织[1]的海报。这张海报委托了大卫·霍克尼[2]等十五位艺术家，以法国蓬皮杜中心[3]为起点在世界各地的美术馆进行巡回展览。

除了平面之外，我从前年开始替三宅一生做布料设计，这年做的最多。记得第一次与三宅一生见面是在一九七〇年左右，我在纽约旅行的时候日本交流协会[4]替他举办时装秀，当时受邀参加才认识他。从那时候起我就开始做巴黎时装周的邀请函设计直到现在。[5]

1　国际特赦组织：Amnesty International，简称 AI，是一个人权监察的国际性非政府组织，于 1961 年创立，由世界各国民间人士组成，监察国际上违反人权的事件。目前在全世界已经有超过两百万名成员，是全球最大的人权组织。

2　大卫·霍克尼（David Hockney, 1937—）：英国画家，受现代主义思潮影响创作了大量腐蚀版画，其中《浪子的历程》最为杰出，受到艺术界的重视。

3　蓬皮杜中心：全名为蓬皮杜国家艺术和文化中心，是一栋坐落于法国首都巴黎第四区的复合建筑，也是一栋高科技建筑。其内部包括公共信息图书馆、法国国立现代艺术美术馆，以及声学、音乐研究和协作学院。

4　日本交流协会：Japan Society，创立于 1907 年，由日美商界重要人士共同在纽约创办，以促进两国的相互理解与友好，战前拒绝采取政治立场，以教育活动来倡导理念。然而协会还是随着战争爆发关闭。1951 年，在洛克菲勒三世支持之下，引进学界、艺术、经济、社交圈名流担任理事，包含诺贝尔物理学奖得主汤川秀树及哈佛大学赖肖尔教授（Edwin Oldfather Reischauer）等，自此一直延续至今。

5　三宅一生在巴黎时装周奠定其时尚地位，自 1977 年至 1999 年这二十三年间，长年委托横尾忠则设计邀请函。

除了本行的工作之外，我又再度参加睽违已久的电视剧演出，而且是时代剧[1]。剧名我忘记了，可是有记得是 TBS 鸭下信一[2]导演三小时的时代剧特别节目。我演的角色是一个恐怖分子，在雨中奔跑要刺杀对面走过来的田村高广。赤脚跑过地道虽然辛苦，可是感觉很爽快，真的很有意思。

八月，我和阿久悠[3]、浅井慎平[4]、池田满寿夫[5]、小谷正一[6]、酒井政利[7]、平冈正明[8]去南太平洋出差。这是当时在电通工作的藤冈和贺夫[9]先生的企划。目的是在回国之后透过这些文化人在媒体上的发言引发巨大的南太平洋风潮，让广告业界搭便车，可是真正的理由应该只是藤冈先生个人深深受到南太平洋吸引。

---

1 时代剧：是指以日本历史（指 1868 年明治维新之前）为背景的日本戏剧、电影和电视剧，主要叙述日本历史事件和人物，展现当时武士、农民、工匠、町人的生活。多数时代剧以日本战国时代、江户时代为故事背景，但也有剧作把背景设定在更早的时代，例如《地狱变》就以平安时代后期为背景。

2 鸭下信一（1935— ）：日本知名导演，作品有《源氏物语》《高校教师》等电视剧。

3 阿久悠（1937—2007）：日本诗人、作词家、小说家。曾获第二回横沟正史推理大奖、第四十五回菊池宽奖，并且曾经获得紫绶褒章、旭日小绶章。他一生创作的歌词多达 5000 余首，有演歌、民间音乐、动画歌曲、广告歌曲等。

4 浅井慎平（1937— ）：日本摄影师，海岸美术馆馆长、大阪艺术大学教授。

5 池田满寿夫（1934—1997）：日本画家、版画家、插画家、雕刻家、陶艺家、作家、电影导演。

6 小谷正一（1912—1992）：战后拓展大众媒体领域的重要制作人。进入大阪每日新闻公司之后，创设日本职棒太平洋联盟、参与新日本传播（MBS）、大阪电视台（ABC）开台，之后于广告公司电通担任电视广播局局长，策划制作大阪万国博览会住友童话馆、电力馆、今宫戎神社的福娘，吸引迪斯尼乐园前来日本开园，等等。

7 酒井政利（1938— ）：日本音乐制片人，现在主要是媒体制片人，包括电影、舞台、电视节目的企划和解说员，演讲活动也很活跃。

8 平冈正明（1941—2009）：日本文化评论家。

9 藤冈和贺夫（1927—2015）：广告制作人。1950 年进入广告公司电通，制作许多热门广告。历任公关局局长等职务，于 1962 年独立，开始着手将日本现代文化推广到国外等企划。藤冈很早就开始标举广告的文化价值，并积极发表言论与著作。

我们一行人经过夏威夷进入萨摩亚。在萨摩亚体验当地人的生活，上身裸体，腰上缠块布，一个一个被带去当地人的家，在那边和那个家庭一起住……老实说是被迫去做一点都不好玩的事。当地大部分是大家族制度，不管哪一家人都很多。首先语言不通就很困扰。我们指手画脚表达意思，彼此教对方语言扮演学生，用手指影子比出动物的形状，又画画、又唱歌……沟通真的相当辛苦。

建筑物只有屋顶和柱子，完全没有墙壁，彼此之间的生活隐私等于完全没保障。房子是并列椰子树的木头盖在海岸沙滩上的，一天到晚都可以听见海浪声。到了晚上会挂蚊帐睡觉，可是透过蚊帐可以看到星星闪闪发光像萤火虫一样历历在目，让我不知不觉发出感叹。

白天我和伙伴们一起邀村里的女孩子去游泳。吃饭则是在村庄聚会空间之类的地方（建筑只有屋顶和柱子）集合，大家传着喝含有药效的树汁之类的饮料，举行简单的欢迎仪式。食物是芋头和鱼，几乎完全没有调味。

村里的女孩举办了一个选美比赛，决定我们这些人当中谁最帅。大家都觉得自己是日本先生，期待被选上，可是最后实际获得冠军的是旅行社的领队。他戴眼镜，乍看之下像那种日本随处可见的软弱上班族，一点都不起眼。全体日本成员都不禁发出"啊?！"的惊呼一声。结果选他的理由是"他看起来很温柔"。美丽并不是由外表决定的。

萨摩亚像《少年俱乐部》[10]或《冒险丹吉》[11]那样，让人有种怀念的感觉，我们向它告别，往大溪地出发。大溪地我以前来过，尤其是待在

10　《少年俱乐部》: 少年クラブ，1914年由"大日本雄弁会"（现讲谈社）创刊。

11　《冒险丹吉》: 冒険ダン吉，是在讲谈社针对少年的杂志《少年俱乐部》上连载的岛田启三的漫画作品。

波拉波拉岛的那几天印象很深，有种强烈的感觉，觉得自己终于又回来了。我们分成留在大溪地巴比提的、去波拉波拉岛的，还有去复活节岛的组别，我当然是选择复活节岛。

这时候我才知道复活节岛是智利的领土。岛上马的数量比人还多，交通以马为主。看到年轻人一副小林旭[1]风格，肩挑吉他驱马奔驰，让人想起以前的日活电影的动作片，怀念的感觉油然而生。

我先前就很想亲眼看见复活节岛的摩艾石像，这些石像真的能够说是古文明之谜，感觉好像接触到什么异常磁场。有学者说摩艾是在怀想一万两千年前沉没在太平洋深处的姆大陆，所以朝向沉没的方向揪起嘴巴说"姆——"。不过不知道是不是真的。此外，近来也有学者表示在那巨大深陷的眼眶里面装有眼珠。

我和村庄长老见面，向他请教复活节岛的历史，不知道是不是我想太多，总觉得长老长相很像摩艾，这应该也不是偶然。这个长老说，很久很久以前白色的人搭乘铁船从天空飞来，留下一句"总有一天还会回来"又回到天上去了。让人觉得这指的就是搭乘飞碟的外星人。

待在复活节岛的第一个晚上，我把大家聚集起来实验心电感应。我用先前美国超能力者尤利·盖勒[2]教我的方法进行实验。首先在小纸片上画了一个用来做心电感应的图形不让任何人看到，这是为了之后

1　小林旭（1938— ）：日本著名演员、歌手。1956 年以《饥饿的灵魂》出道。1959 年在《告别南国土佐》中崭露头角。之后在"候鸟"系列、"旋风儿"系列中担纲主演。1962 年与美空云雀结婚，两年后离婚。1958 年，以《忘记女人》一曲跨入歌坛，演唱电影主题歌和插曲，大受欢迎。

2　尤利·盖勒（Uri Geller, 1946— ）：以色列魔术师，生于特拉维夫一个犹太家庭。1970 年代起在欧美、日本等地巡回表演，引起极大的轰动。他是世界闻名的特异功能者，最出名的表演是把汤匙或钥匙弄弯。

可以拿来比对。接下来我在脑中描绘这个图形，依照笔画顺序临摹，心里想着要把图形给全体伙伴传送出去。我画的图形是把"8"这个数字横放，可是只有阿久悠完全接收到。他一开始很抗拒我这个实验，有点反抗地倒在沙发上，甚至假装睡着。是其他人催他他才不甘不愿参加这个实验的。因为只有他完美接收到我的图案,看到他惊喜的表情,简直就像是变了一个人。

当天深夜，我在民宿睡觉的时候，住在其他民宿的 T 在房子周边跑着步不停叫我的名字："横尾先生，起来一下。说不定是 UFO 噢。"我从他的声音就知道他很兴奋。阿久悠也住在我这间。他第一个冲出房门冲到一片漆黑的麦田里跑。他原本是那么否定超自然现象的人竟然变得这么快，真是让我哑口无言。大家在麦田里兴奋地闹成一片，其实是金星看起来大得异常。所有的人都在等我下结论，我说可惜那不是 UFO 是金星，让大家都很失望。我把他们的梦想戳破了。

"不过横尾先生说那不是 UFO 反而让人觉得更有真实感，我开始认同世界上有 UFO 了。"长老小谷先生说。

这位小谷先生在回国飞机上说的话，带给我之后人生很大的影响："横尾先生似乎在追求佛性，可是我觉得佛在你追求的时候是不会出现的，只有当你放手的时候他才会从远方出现。"回国之后我以南太平洋为主题做了七张三得利的海报。这海报和我过去那种运用空间规则做的拼贴相比，时空更加混杂，变成很像绘画作品。之所以会如此是因为我自己答应对方用一张海报的稿费做十张，想到后面九张都是义工性质，就变得很轻松，可以更自由尝试。

回国之后大家分别以南太平洋为素材来制作作品，其中也包含了阿久先生替粉红女士（Pink Lady）做的畅销金曲《UFO》。

和细野晴臣结伴第三次前往印度

一九七八年又是新的一年。我继续接电视剧的字卡设计——NHK
的《快笔右三郎》（早筆右三朗）和 TBS 的《姆一族》（ムー一族）。《姆
一族》本来预定要去埃及出外景，可是出发当天打的预防针让我发高
烧没办法去。结果我只能把现场画的分镜交给对方拍一些影像素材，
最后在摄影棚里面制作。

这个字卡是用现在难以想象的原始方法和技术做的，尽管如此，
还是相当受欢迎。在做这些工作同时，我还收集全世界的唱片封套，
编一本呈现启示录世界观的书《天地创造计划》（学研社）。这本书完
全只用唱片封套上画的图和照片构成，从宇宙创造开始，地球诞生、
人类出现、超古代文明，从旧约圣经到新约圣经，经历启示录的世界
到未来神之王国降临，再结合人类轮回转世。我透过这本书应该把自
己最想要表达的话全部都表现出来了，可是这本书的读者好像只把它
当成是一本唱片封套合集。

三月我第三次前往印度旅行。这次是和细野晴臣[1]同行。他一年前
左右单独现身时我就开始和他来往。[2]除了他之外，还有摄影师大石芳

1　细野晴臣（1947— ）：日本知名音乐家，曾获得 2008 年艺术选奖之文部科学大臣赏。在大学时开始学
　　习贝斯，1969 年加入迷幻摇滚乐团担任贝斯手，开始崭露头角。1978 年，与坂本龙一、高桥幸宏组成
　　以电子乐为主的乐团——黄色魔术交响乐团（Yellow Magic Orchestra，简称 YMO）。
2　细野晴臣高校时代受到民谣影响挑战唱歌，Bob Dylan 对他影响很大。他在就读立教大学在学期间开始

野[3]，另一位朝日新闻社的大冢努也是摄影师，文字工作者太田克彦，其他还有两位。这次旅行过程中细野和我一直为不停拉肚子苦恼，真的很惨。他尤其严重。待在马德拉斯[4]的时候他有好几天痛到没有办法下床，我们两个都觉得自己"该不会死在这里吧"。治疗这个痛苦的是日本领事馆提供的日本食物。从入口的那个瞬间开始，我们两个就像骗人那样若无其事地恢复正常。领事看起来好像被什么吓到，可是领事夫人是位像观世音一样的人物，曾经遇过不可思议的超自然体验。直到今天我还是觉得与其说是日本食物还不如说是夫人的波动把我们治好的。

南印临阿拉伯海那面有个名为科契（Kochi）的港都，城里运河遍布，人称印度威尼斯。我和细野在当地饭店的庭园对月球传送波动给UFO，结果 UFO 真的出现了。虽然不是特别为了纪念，可是回国之后我们两个人一起制作了《Kochi Moon》这张专辑。当时他看起来好像是在为什么事情感到烦恼。我不知道他烦的是音乐还是其他的事情，可是他真的是一抒胸中块垒。而且他做的音乐与其说是摇滚，更像具象音乐[5]。

玩贝斯，历经许多乐团后，1969 年以 April Fool（エイプリル・フール）的贝斯手身份正式在主流乐坛出道。接着与大泷咏一、松元隆、铃木茂一起组成 Happy End（はっぴいえんど），建立日语摇滚的基础。随着 1973 年 Happy End 解散，他才开始独立展开音乐活动。

3　大石芳野（1944—）：日本摄影家。

4　马德拉斯（Madras）：1996 年改名为金奈（Chennai）。

5　具象音乐：music concrete。相对于传统以音符编曲组成旋律的抽象音乐而言，所谓具象音乐是以具象的录音（包含既成的音乐、自然与人为音响等世界一切声音）为素材，透过录音与剪接技术重新组合成声音艺术作品。1948 年由法国音响技师 Pierre Schaeffer 开创。

就在这之后，细野和坂本龙一[1]、高桥幸宏[2]组成了 Yellow Magic Orchestra（YMO）[3]。事实上我也有参加这个团体。当然不是以音乐家的身份，而是以艺术指导身份制作宣传录像带、唱片封套，负责舞台设计，等等。像这样有艺术家加入成为乐团成员也是前所未见。由于造型概念是让乐团所有人都理 T 客头[4]、穿礼服（Tuxedo），所以我也马上理了 T 客头定做礼服。可是在开记者会前几个小时，让我作为成员加入的这个决定突然取消。以前和寺山修司创办天井栈敷的时候也是这样，对方应该是知道不可能以 YMO 的活动为主来改变我的生活。

从印度旅行回国之后，我就搬家了。一九六六年从祖师谷搬到隔壁成城的时候，我就一直注意一间屋顶很高的西式老房子。听说好像是《红蜻蜓》（赤とんぼ）的作曲家，那位有名的山田耕筰[5]住在那儿。我太太一直梦想能够住在这样的房子里面，有天拜访房东的时候，拜

1　坂本龙一（1952—）：在西方国家极具影响力的日本音乐家、作曲家和演员。生于东京都中野区，自小学习古典音乐，毕业于东京艺术大学研究所，主修电子音乐及民族音乐。1992 年，与纽约音乐怪客 DJ Spooky 为超过十亿观众通过电视收看的巴塞罗那奥运会开幕式谱曲。代表作包括获得奥斯卡最佳配乐的《末代皇帝》电影原声。

2　高桥幸宏（1952—）：日本音乐家。生于东京，小学五年级时已经学会打鼓。在中学就和同学组成乐队，在各种聚会上演出。在武藏美术大学就学时，受加藤和彦劝说，接替之前退出的角田广加入 Sadistic Mika Band。Sadistic Mika Band，在国际上（尤其在英国）广受好评，专辑《黑船》大获成功，名垂日本摇滚史，影响力持续至今。

3　Yellow Magic Orchestra（YMO）：黄色魔术交响乐团，是日本音乐家坂本龙一、细野晴臣及高桥幸宏在 1978 年组成的前卫电子乐团。

4　T 客头：Techno cut，1980 年代，以电子合成音乐风靡全日本的黄色魔术交响乐团，其团员将鬓角剃掉、干净利落的短发发型，在年轻人间引起一阵仿效风潮，该发型即被称为 Techno cut。

5　山田耕筰（1886—1965）：指挥家，也是日本最早的古典音乐作曲家之一。出身于一个下级武士家庭，少年时就学于东京音乐学校，后又于 1910 年至 1913 年在柏林留学，曾师从马克斯·布鲁赫，回国后致力于古典音乐的普及，包括创办了日本最早的专业交响乐团，NHK 交响乐团的前身"日本交响乐协会"，也担任许多世界著名作品在日本首演的指挥。

托他说如果那间房子空下来能不能让我们住进去，结果真的实现了。

　　而且我们也必须搬出以前住的地方了。虽然有先预约借住到别的房子，可是不动产公司失误和别人签约最后没办法借，正在烦恼。就在这时候房东打电话来，说先前那间西式老房子空下来了，你们要不要租？虽然是巧合，可是这也太巧了。而且对方说租金照我们提的那样就可以了。竟然会发生这种奇迹，我们全家都很高兴。发生这种事简直就像童话故事的模式那样，只要相信，梦想就一定会实现。

　　搬进这间房子两个月的时候柴田炼三郎过世了。六年前和柴田先生一起住进饭店之后，他就这样爱上了饭店生活，几个月前他说身体不舒服跑去住院。其中有段时间他曾经恢复到可以出外旅行，所以听到他突然过世的消息真的很震惊。柴田先生到我这次的家来玩一定会觉得很开心。现在客厅的摆设和座椅都是柴田先生的遗物。

出版小说处女作《闪耀的女人》

　　讲谈社第一出版中心从一年前左右开始就想要替我出海报集，和我一起进行着编辑工作。这本书的试阅本拿去巴塞尔（Basel）书展展示的时候，纽约 Images Graphiques 出版社突然表示说想要将它纳入他们"100 POSTERS"系列作为其中一册。因此讲谈社的企划取消，改由纽约、伦敦的 Big O 出版，以及日本版，三国共同出版。我先前刚在纽约和伦敦出版作品集《TADANORI YOKOO》，不过那是日本版《横尾忠则全集》的修订版，这次则是原创的新书。我希望在这本书封面放上沾染颜料的鱼飘在空中那张替日宣美展做的海报，可是出版社说美国人不喜欢鱼，想要用那张耶稣浮在空中、左右画面引用了坦特罗[1]、画了大脚的印刷海报。美国人讨厌鱼这种说法根本就没有任何根据。当年纽约现代美术馆发行的桌历一开始就用了我希望的那张鱼的海报，仿佛就在印证我的想法。

当年除了《我的打坐修行记》，我还接连出了名为《渡得彼岸的人啊》（彼岸に住ける人よ）的散文集。这也是在《艺术生活》连载的某种日记风的散文。

此外井上光晴出了名为《使者》的文艺杂志，继《边境》之后再次委托我写小说。我完全不懂井上先生为何会再度请我写小说，可是又一时兴起接了下来。写散文的机会虽然很多，不过一旦写小说又完全不同。首先我并没有阅读小说的习惯，所以说起小说的文体结构我是完全没有。

然而绘画领域有时候素人也可以画出令人心动的作品。那是他们无视于绘画的技法。只要把这种想法应用在自己的文章上就可以了，听到对方这么说我就鼓起勇气来挑战。由于我不是职业作家，只能想出私小说的点了，可是我很想要更加跳脱现实。小说就像我对待设计和插画一样，完全不去构思做出来会是什么样子。整体的结构和故事会怎样发展也不晓得。要说草率是很草率，可是就我而言觉得这种方式可以写得更自由。

"穿越松林之后，城墙般的沙丘将青空劈成两半挡在面前。沙丘之

---

1 坦特罗：Tantra，佛教术语，原意为线、线的延伸或编织，意译为"续"，原是印度教教典的一类，宣称直接来自湿婆或性力女神，在师徒间秘密传授。后来这个名词被秘密大乘佛教采用，取代原先的"修多罗"（意译为"经"），作为他们传承的教典名称。

后，宛如地鸣的喘息声连绵不停让人喘不过气。那是海在哀号。'就是这个声音没错。''这个声音从昨晚开始就在我的耳朵里，不，正确说来是黏在意识里时时不散——'"

这部名为《闪耀的女人》(光る女)的小说就这样开始下笔了。这段描写是我在滨松龙泉寺打坐时的经验。故事描写的主题是主角和一位美女谈恋爱，她是红颜早逝的母亲的化身，同时也是外星人，想要借此描写我个人对于精神世界的追寻。这部作品没有特别引发什么关注，只有某本文艺杂志写过短评。不过井上先生说："第一个让横尾忠则写小说的人是我。我觉得这就是我的骄傲。"为我写书的推荐文，真的很开心。这部小说加上以前写过的小说《非常非常漫长的顺位》(長い長い順番)，以《闪耀的女人》为名，由井上先生来往的水兵社这间小出版社发行。就如我所述，它是我的小说处女作。

问题横生的第四度印度之旅

新的一年开始，一九七九年，我出发进行第四次印度之旅。这次和濑户内寂听小姐一起同行，还带着高一的大儿子一起去。因为我觉得印度应该要尽可能在年轻的时候去体验。不过他本人好像不太感兴趣。话说不知是不是印度接纳他的方式违背他的想象，他的表情和在东京的时候完全不同，变得明朗有精神，好像充满活跃的能量。我们一团将近十人，只有我家老大完全接受印度食物，没有遇到每个人都必然经历过的拉肚子洗礼。不管他去哪边，都很受印度小孩子欢迎，甚至会有一长排小孩子跟在他背后。

这次旅行并没有特别的目的，先前三次来印度也是这样。真要说的话，旅行本身就是目的。可是我们也接连遇到非常让人抓狂的状况。这次旅行是由讲谈社的芳贺先生企划，他缩减预算做规划，结果住的旅馆厕所没有水，噪声也相当恼人，让旅途更加疲惫。一个礼拜过去，所有的人都露出疲态，我跟芳贺先生提议说更改行程，想要去南印知名的度假胜地特里凡得琅（Trivandrum）。

我们跟当地的旅行社要求更改行程，可是他们坚决拒绝。而且全体人员的护照都在他们那边，他们还拒绝还给我们。对话完全破裂。因为改变行程的话他们就没办法做生意了。接下来除了用蛮力把护照硬抢回来之外别无他法。这时候芳贺先生和我潜入旅行社，趁对方露出空隙迅速把全体人员的护照抢回来，才得以去我们想去的特里凡得琅。

这里的度假饭店在南印相当有名，我曾经来过一次，非常喜欢它舒适的环境。到达之后全体人员的表情终于露出一线光明。换上泳衣去泳池游泳，或者去海边划船洗海水浴。接着我在这里看到惊人的景象。那就是光头女尼濑户内寂听穿泳装的样子。这是非常有勇气的行为。我看得眼睛凸出来，濑户内小姐说："游泳不能穿洋装上去游对吧，穿泳装游泳有什么好奇怪的呢？"除了我们之外，连不认识的印度人都为濑户内小姐的泳装造型感到开心。

特里凡得琅天堂般的生活相当短暂，科摩林角（Cape Comorin）的旅馆就真的是如同地狱这两个字。我们父子睡在双人床上，房间角落的空间出现像烟雾一样的玩意儿冉冉云聚飞来。那是数百只蚊子组成的集团。可是我发现那是蚊柱，还是花了不少时间。我拼命用双手拍打蚊柱，掌心黏了好几只压扁的蚊子。可是不管怎么杀，数量都没有减少。钻进被窝盖上床单,不计其数的蚊子为了贴近身体咻地降落停在被子上。好像是用蚊子画出人体的形状,简直就是恐怖片。最后我们父子俩跑出房间,在户外的阳台用床单裹着身体迎接早晨。我跟领队芳贺先生抱怨,说他又选了一间恐怖的旅馆。

科摩林角位于印度最南端,是印度洋、孟加拉湾、阿拉伯海三片海洋汇流之处,也是全世界唯一可以在同一位置眺望日出和日落的场所。日出因为多云的关系,没有办法期待像在贝那勒斯看到那么戏剧性的景色,可是日落很令人感动。朝圣团体身着色彩斑斓的僧衣从各地聚集而来,跪在凸出海面的岩盘上朝拜沉入阿拉伯海海平面的太阳,让人觉得好像在看塞西尔·B. 德米尔[1]导演史诗巨片的高潮场面。这个画面真的很戏剧性,就算海平面上飘出"THE END"的文字也一点都不奇怪。可是岩盘四处都散着大便,臭得让人无法呼吸。

不知为何这次旅行直到最后都还是问题连连。行李在机场超重,被迫必须二选一,要么在机场把行李留下自己回国,要么只让行李上机人留下来,和航空公司吵到起飞前最后一刻。结果拿出最后手段给小费,问题就轻松解决了。

好不容易踏上回国之路,结果在机舱内又出状况。团里有一个人要去拜访曼谷的朋友,想在曼谷出境。可是这好像违法。有好几位手持手枪的士兵还是海关税务官登上飞机。"有一个日本人在曼谷离境,

---

1 塞西尔·B. 德米尔(Cecil B.DeMille,1881—1959):美国著名电影导演,生于马萨诸塞州。好莱坞电影的元老级人物,也是美国影艺学院的三十六位创始人之一。他最广为后世所知的电影,可能是生平最后两部作品,1952 年得到奥斯卡最佳影片奖的《戏王之王》(The Greatest Show on Earth),1956 年得到奥斯卡视觉特效奖的《十诫》(The Ten Commandments)。

带他的日本团在吗？"他们用英语说。领队芳贺先生装作一副不知情的样子。濑户内小姐很担心，小声对他说："你回一下吧。"可是他完全无视。我觉得他心脏真的很大颗。可是也不能永远这样装下去。最后芳贺先生被持枪的男人带到机外去。

"他被带到哪里去了？不会有事吧？"濑户内小姐担心地问我。

"状况很糟糕啊。该不会被逮捕了吧？"我回得有点夸张。

濑户内小姐真的很担心，将毛毯服帖地盖在头上开始念观音经。芳贺先生最后终于回到机舱内，说对方命令我们这团人下飞机。他们把我们这群人的行李扔到地面掉在飞机底下。叫我们检查自己的包包。没有人知道为什么要做这种事，大家就听工作人员的命令。

结果我们就在不明就里的状况下拖了一个小时才从曼谷出发。濑户内小姐说我们给其他旅客和空服人员造成很大的麻烦，应该跟机长道歉，偷偷把威士忌递给芳贺先生。他闹了一下别扭，可是濑户内小姐用生气的语气催促他，于是他才不情不愿地走向驾驶座。可是不知为何他去了就一直没再回来。

"芳贺先生怎么啦？"濑户内小姐又担心地问我。

"他可能是被机长狠狠揪住回不来。"我又说得很夸张。

"真的吗？那怎么办？"

"什么办法都没有啊。"

"已经快到九州岛啰，过去看看怎么样？"

"如果濑户内小姐这样做的话，连你都会一起被架住噢。"我完全不担心，可是濑户内小姐却开始越来越在意。

过了两个小时左右，芳贺先生轻飘飘地回来了。

"芳贺先生，你刚才到底在干吗？"

"机长把我叫到驾驶座和他一起喝我带去的威士忌啦。"

老大的新生活

回国之后，我家老大有段时间一天到晚听印度音乐，好像完全沉浸于印度的回忆乐在其中。可是他闹出一件让我很头痛的事。我以为他每天都有去上学，所以听到他导师说他没去学校后吓了一跳。我问他本人，他说他搭上和学校相反方向的电车跑去某个地方消磨一整天，每天就这样过。

问他不去上学的理由，他说班上有部分同学对他采取暴力，"没有办法容许他的存在"。不知道是不是压力太大，头发有一部分都白了。最后他就觉得学校很恐怖。跟导师讨论的时候，对方说只能够转学解决。这个老师不注意问题根源，而且思考解决方法的时候只是不想要弄脏自己的手，我很怀疑他的人格，就决定让老大辍学。

学校制度的理想是用填鸭式教育打造整齐划一没有个性的人格，我觉得这样的环境不可能产生创造性，虽然不知道我的态度究竟对不对，但我还是让老大走上别的路。辍学以后他说他想要自己决定自己的生活，没多久马上开始打工，从清晨天还没亮的时候就出门跑去某个地方工作。

荒廃したニューヨーク

放任老大高中辍学，责任在身为父亲的我身上，可是我觉得这也是他自己的期望，所以他也应该要分摊责任。辍学以后我们对他的生存方式没有什么共同的想象。老大突然被丢到社会上，完全不知道该怎么办才好。就算找我讨论也想不出什么好主意，总之既然他已经出社会，我们只约好说要自己赚生活费。

他用打工的薪水买电视广告上索菲娅·罗兰（Sophia Loren）骑的那台机械脚踏车"来踏踏"（road-pal）。虽然我不知道他去哪，可是他就这样在天还没亮的时候骑着"来踏踏"离开家。不过他从一开始好像就是想要买这台机械脚踏车才打工的，所以不久之后打工也辞掉了。然而他几乎都不怎么待在家，骑着"来踏踏"每天在路上转来转去。后来不知道什么时候开始学起原宿的时髦打扮。

原本他就不喜欢读书，我想不管叫他读什么书都没有用。但不能让他这样一直无所事事，于是我就拜托三田龙源寺的朋友松原哲明[1]禅师让他进松元市的神宫寺。禅寺有多严格我自己最了解，虽然觉得老大很可怜，可是我想离开父母去别人家吃饭也是很棒的体验，所以就

---

1 松原哲明（1939—2001）：日本临济宗龙源寺住持。毕业于日本早稻田大学，文学硕士。主要著作有《般若心经解读上（1）：NHK 心的时代》《玄奘的丝绸之路：求心不求佛》《大海一针：从汉字看人生与心灵的存在方式》《般若心经》等。

做了这样的决定。不过如果他信得太虔诚也很麻烦，所以拜托住持请他特别照顾这个部分。

老大写来的信非常好笑。

"我现在在寺里照顾小孩、打扫庭院、去山上除草、烧洗澡水，过着服侍别人的生活，可是总觉得自己好像是在练习退休以后怎样过日子。"

我一边笑一边掉眼泪。十六年来每天待在家里的老大突然不见，家里一下变得冷清。老大在的时候大女儿一天到晚和他吵架，不过不知道是不是觉得孤单，变得很常谈到哥哥。此外我也有收到信写说偌大一间寺庙，独自睡在一个房间有点恐怖；睡觉的时候有白色的物体跨进窗户，掠过棉被，最后往脑后的方向穿过去，也有遇到这类的恐怖经验；副住持带他一起去参加丧礼或法事，也会一起去打网球，感觉他很享受待在寺里的生活。他在这间寺庙待了三个月左右，接下来就搬到轻井泽松原哲明禅师的日月庵。

对于精神世界的仿偟就此结束?!

这阵子我被电视、电影，还有剧场相关的工作集中轰炸。接续上个年度继续制作 TBS《姆一族》的字卡，同时又接了同一个电视台三部连续剧《热爱一家 LOVE》《归途》《源氏物语》的字卡。每部作品都限制必须在一天之内做好。就技术方面而言，当时还没开发出像现在一样电脑绘图之类的新技术，不论如何做出来的作品都还是会有手工的感觉。《姆一族》结束之后，TBS 的导演久世光彦[1]闹出一些丑闻辞职，他说看到我沉迷在那些机器——"那些横尾忠则的玩具"里面，经常会倒抽一口气。

电影那边也有工作过来。要替中岛贞夫导的东映电影《真田幸村的谋略》，还有久世光彦执导的第一部电影《梦一族》，绘制剧中用的画并制作字卡。继《日本 SEX 猎奇地带》之后，这是第二次为中岛导演工作，这次在正片里面会特别运用这样的技巧，在画面定格之后同时将照片变成图画。不过效果并不成功。电影本身的表现形式和我的画不搭，结果让整部影片的节奏变得支离破碎。《梦一族》的字卡只用文字和颜色的字体设计来做，可是电影公司自己单方面认为上映的时候怕文字会被画面切到，就自行更改尺寸。还好电影没红，很快就下档了。虽然这样说久世先生很可怜，可是我反而松了一口气。

类似的工作在这段时间几乎满档，我觉得应该是命运在背后推动。接下来松竹电影《鬼太鼓座》（加藤泰[2]导演）委托我做电影美术。这是我第一次担任电影美术的工作。这个电影是由虚构和记录两者结合而成的。首先是从佐渡岛进行拍摄。加藤导演以仰角镜头构图闻名。说到仰角构图大家都会马上想到小津安二郎[3]导演，不过加藤导演比小津

---

1 久世光彦（1935—2006）：日本演出家、小说家、实业家、电视总监。生于东京，东京大学文学院美学系毕业后，进入东京放送电视台（TBS）服务。1979 年成立卡诺克斯制作公司，开始执导电视剧。因其文学上的成就，于 1998 年获颁紫绶褒章。著有《昭和幻灯馆》《我最后的一首歌》《陛下》《卑弥呼》《桃》等。

2 加藤泰（1916—1985）：日本电影导演。代表作品有《明治侠客传：三代目袭名》《绯牡丹博徒》等。

3 小津安二郎（1903—1963）：日本知名导演，生于东京。1923 年进入松竹映画的蒲田摄影所当摄影助理，1927 年正式升格为导演。早期他广泛拍摄各类影片，又以青春喜剧类居多。战后则拍摄一般庶民日常生活为主的小市民电影，尤以《晚春》《东京物语》《秋刀鱼之味》为代表作。此外他以仰角拍摄方式独树一帜，也成为后来很多导演效法学习的对象。

更彻底地执行这个概念。他会在一般道路上挖掘深洞,让摄影师进去近乎贴着路面架摄影机拍。他连从高地进行俯拍的时候都要把摄影机埋到地里去拍,真的是非常惊人。这部电影里面有一场果菜行阿七[1]的戏,导演举用我当吉三郎和阿七对戏,可是这阵子我有点把自己关起来就拒绝了。单纯只是因为没有自信。不过现在回想起来,真的是觉得应该要演。因为我很想看大师加藤泰导演会用什么方式来呈现我的样子。

虽然我负责的是很关键的美术,可是由于预算缩减,除了果菜行阿七的戏和林英哲[2]他们在火山喷火口打太鼓的戏之外,我都没办法用原本想要用的材料,看起来很阳春,背离我原本的想象。后来这部电影在松竹公司内部评价很差,即使在加藤泰导演过世之后都还是没有公开上映,就这样收藏在片库当中。

在这个工作前后,我也经手在国立剧场公演的三岛由纪夫《近代能乐集》当中《邯郸》的剧场设计。导演是自由剧场[3]的串田和美[4]。就低预算而言算是成功。大概是和导演找到共同的节奏。另外一个成功的理由我认为是天界的表现做得非常好。我开始发现从这段时间起,天界的元素在我的成功作品里面扮演着很重要的角色。

1　果菜行阿七:日本江户时代的一位少女,以阿七火灾事件而闻名。同时代的文学家井原西鹤以其为蓝本,加上自己的创作,收录在《好色五人女》小说中,净琉璃等也以其故事为题材。
2　林英哲(1952—):太鼓演奏家。参与十一年乐团演奏之后于1982年开始以太鼓独奏家展开音乐活动。1984年,首度以太鼓独奏乐手身份在卡内基音乐厅登台,创下现代音乐领域首例赢得国际好评。1998年,开始以刺激自己的艺术家作品为主题规划太鼓剧场作品,涵盖《万零》(Man Ray)、《若冲之翼》(伊藤若冲)、《Leonard带给我翅膀》(藤田嗣治又名Leonard Foujita)等。他陆续与古典乐、摇滚乐、爵士乐、现代音乐、民族音乐等演奏家及演员和歌舞伎演员、日本舞蹈家等表演者共同演出,并发展新的独奏技巧,活跃于国内外的舞台。
3　自由剧场:串田和美主掌的剧团及剧场名称。后来改名为"On Theater"(オンシアター自由劇場)。
4　串田和美(1942—):日本演员。

然而另一方面，我已经完全梦不到促进天界想象力的梦了。我真的觉得这是因为我把自己做梦的日记写成《我的梦日记》（角川书店）付梓出版的关系。我半认真地想，说不定是因为我把梦公开，所以梦之神就把我的梦都收回去了。醒过来的同时记得自己有做梦，可是内容却想不起来。那些"灵梦"和我日常的经验是记录在相同的次元里面，所以醒过来以后都不会忘记。可是我连"灵梦"都梦不到了。因此不管是UFO还是外星人都不再出现在梦里。对我来说，梦是另一个独立的真实，是我人生非常重要的一部分，因此有种非常寂寥的感觉。

　　出版梦日记一个月前我还出版了《UFO革命》（晶文社）这本书，我觉得非常焦虑，说不定这就和做梦一样，是导致我看不到UFO的原因。接下来我就渐渐远离了精神世界。我对精神世界的关注是从梦开始的，不过不再做这样的梦之后，就觉得怎样都无所谓了。在精神世界像波西米亚那样流浪十年说长不长，对我来说那个时间概念很难抓。因为很难用物理时间去计算这些经历的过程。假使我没有这么投入这种所谓精神世界的自我探讨，我就只会接触到一成不变又单调的现实，一想到这点，我就觉得自己真的很幸运。这该说是造化弄人，还是该想成神明的意旨，我不知道，可是这些经验一点一滴连续累积下来，让我体验到我从来不曾想象过的另一种人生。况且只要想说这十年结束又是一个新的开始，单单想象未来还会有什么样的命运在等着我，就让我全身颤抖。我的个性，有一部分是知道事情危险就会被这种战栗的心情吸引过去。

亚斯本国际设计会议

《近代能乐集》的剧场设计和《鬼太鼓座》的电影美术工作结束之后，美国科罗拉多亚斯本（Aspen）仿佛在迎接初夏到来一般，召开了亚斯本国际设计会议，我也前往出席。这个会议由黑川纪章担任议长，由建筑、平面设计、电影、时尚等各界人士共同组织文化论坛，不过我却被排除在日本代表之外。我能在这样的状况下出席是因为美方邀请我的关系，另一位受邀者是池田满寿夫。不知道他是对此感到骄傲还是愤慨，一直碎碎念说："我是美国邀请过来的。"

我从成田出发的时候，和非常讨厌搭飞机及出国旅行的永井一正同行。永井先生非常少出国，很怕遇到麻烦，当我们抵达亚斯本的时候，他的担忧好像就化为现实，行李消失无踪。永井先生一到亚斯本第一件事就是买内衣、衬衫、裤子、盥洗用品，等等。第四天的时候行李终于抵达，听说是行李先前不知为何退回去成田机场所以才会这样。

亚斯本位于海拔两千四百米的高原上，是美国屈指可数的避暑胜地，到处都是有钱人的别墅。四周青山围绕，空气也很新鲜，可是可能因为气压的关系，我每晚失眠，每天早上都流鼻血，真的很惨。永井先生的状况和我一模一样，每天早上我们打招呼都一定会问："你有睡吗？"

回想出席的人真的是很多彩多姿，首先是黑川纪章、小松左京[1]、大

---

1 小松左京（1931—2011）：本名小松实，日本科幻小说作家，号称"日本科幻界的推土机"。生于大阪，京都大学文学系毕业。擅长创作科幻及恐怖小说，代表作《日本沉没》（1973），想象日本列岛因地壳大变动而沉入海底，曾轰动日本社会，畅销 400 万册，还获得第二十七回日本推理作家协会赏，并由东宝公司改编成电影。

岛渚、田中一光、永井一正、片山利弘、石冈瑛子 [2]、小池一子 [3]、三宅一
生、池田满寿夫、新宫晋 [4]、野口勇 [5]、赫伯·鲁巴林 [6]、梅顿·戈拉瑟、保
罗·戴维斯、奥蒂·波克、约翰·内森，等等。每个人都各自主持自
己的工作坊，在这几天会议期间，宽阔的会场各处都在进行论坛、讲座，
以及成果展示。我参加了自己作品的讲座、设计师论坛，还有三宅一
生的时尚走秀，服装是用我替他设计的布料做的。明明这是好玩的事情，
我却不知为何非常认真，连续下来搞得自己非常累。

　　离开亚斯本的时候，我绕到睽违许久的纽约。一九七二年在纽约
现代美术馆办个展的时候我最后没去，所以这次已经隔了七年。我觉

2　石冈瑛子（1938—2012）：毕业于东京艺术大学。成功设计了资生堂和 PARCO 的广告，之后就前往美国，
活跃在纽约等地。因设计了爵士乐大师迈尔斯·戴维斯《TUTU》唱片封面获得格莱美奖，凭借《惊
情四百年》一片的服装设计获得奥斯卡奖。2008 年担任北京奥运会开幕式服装总设计师。

3　小池一子（1936— ）：生于东京都，担任广告创意指导，父亲是教育学者矢川德光，姐姐矢川澄子是作
家、诗人、翻译家。

4　新宫晋（1937— ）：日本雕刻家，生于大阪。年轻时在日本东京大学艺术学系主修绘画，毕业后获得奖
学金到意大利罗马学习油画。在意大利学习期间，渐渐感觉平面绘画无法满足自己的创作，开始尝试
三度空间雕塑，在一次偶然机会里，看见自己的作品在风中舞动，兴起了"用自然动力来创作"的想法，
自此之后，风、水、雨、阳光在其作品中都扮演重要的角色。

5　野口勇（1904—1988）：生于美国洛杉矶的艺术家、庭园及室内设计师、舞台设计师。求学时代他对罗
马尼亚雕塑家布朗库西特别感兴趣，后来获古根海姆奖助金，在欧洲及亚洲旅行，曾在中国北京与齐
白石学习水墨画和中国园林。他曾替舞蹈家玛莎·葛兰姆的演出设计过许多舞台，设计的许多室内家
具至今也还在生产贩卖，更以公共雕塑作品闻名于世。

6　赫伯·鲁巴林（Herb Lubalin, 1918—1981）：美国平面设计师，生于纽约，1939 年毕业于纽约库柏联合学校，
1945 年被聘为纽约沙德勒赫尼斯（Sudler & Hennessey）印刷公司艺术总监，1955 年成为该公司副总裁。
1964 年创办了赫伯·鲁巴林设计顾问公司。他的作品包括广告、包装、报刊版面、标志、字体及邮票等。
曾任《星期六晚邮报》（The Saturday Evening Post）、《前卫》（Avant Garde）的设计总监，设计了 Avant
Garde 字体（原本是为了期刊刊头标题所设计，1970 年用于商业领域）和 Serif Gothic 字体。1970 年，
他与亚伦·伯恩斯（Aaron Burns）和爱德华·龙塔德（Edward Rondthaler）合创了国际字体公司（ITC）。
该公司的刊物《U&lc》（大小写字母，Upper & lower case），对 1970 年代、1980 年代的世界印刷工业产
生了重大影响。

得在纽约好像已经没什么事情可做，不知道会不会像以前那样兴奋异常。结果真的如同我的预感，纽约无法带给我任何刺激，变成了一个没有魅力的城市。

那个撼动灵魂令人心悸的格林威治村已经完全荒废，完全看不到那些一九六〇年代的嬉皮文化和迷幻风潮了。我听说苏活区出现了一些新的画廊就跑去看，结果在那边也没有什么新发现。那边的环境看起来仿佛像是一张破坏极简主义[1]、波普艺术的具象绘画，只有落伍的超级写实主义[2]作品挂在空无一人的画廊墙上。在这当中，有一件金·麦康纳尔[3]将之命名为纹样绘画[4]的作品很吸引我。借用里奥·卡斯蒂里的话，纹样绘画以这位作者为代表，似乎对于之后的新表现主义[5]和弗兰克·斯特拉大幅转变风格造成相当决定性的影响，我很认同他的说法。金·麦康纳尔裁剪布料贴上画布，制作像涂鸦那样的人物画，同时又

---

1 极简主义：Minimalism。极简主义是一个跨越音乐、设计、视觉艺术等许多创作领域的艺术风潮，在艺术方面主要指称"二战"之后美国 1960 年代、1970 年代的视觉艺术。代表人物有唐纳德·贾德（Donald Judd）、费兰克·斯特拉、艾格尼斯·马丁（Agnes Martin）等。这些作品根植于现代主义的简化风格，被视为是对抽象表现主义的一种反动，也是通往后现代的过渡。

2 超级写实主义：Hyperrealism，又称高度写实主义，是绘画和雕塑的一个流派，风格类似高分辨率的照片。超级写实主义可以看成是照相写实主义（Photorealism）的发展。自 1920 年代早期以来，该术语在美国和欧洲作为一个独立的艺术运动和艺术风格发展起来。

3 金·麦康纳尔（Kim MacConnel, 1946— ）：美国艺术家，生于俄克拉荷马州。

4 纹样绘画：pattern painting。1970 年代中后叶流行于美国的一种艺术风潮，涵盖罗伯特·库什纳（Robert Kushner）、金·麦康纳尔、米里亚姆·夏皮罗（Miriam Shapiro）等艺术家。这种绘画风潮对抗的是抽象、极简和概念艺术等纯粹形式，强调纹样（格状、网状等几何或花朵、植物等非几何的图样），使得他们贴近织品设计的脉络，强调工艺与装饰的特质。马蒂斯晚期作品，伊斯兰、凯尔特、波斯、印度、美国原住民艺术都有对他们造成影响。然而有些论者认为这是一个短命的设计风潮，基于这些作品通常缺乏知性元素。

5 新表现主义：neo-expressionism，新表现主义运动出现于 1970 年代，是为了对抗主宰现代绘画的抽象风格，虽然也包括一些雕塑作品，但通常与绘画相关。这个运动以强烈、情感丰富的内容为特色，而且刻意使用未加工的素材，因此招致攻击，被贴上"坏画"（Bad Painting）的标签。

在这之上用颜料作画，做出很有马蒂斯风味的装饰作品。他还有另一件作品展示在同一间画廊，风格也是装饰性的，描绘的是鲤鱼在荷花池里面游泳这种东方式的主题，可是这类的作品好像都称为纹样绘画。这两位创作者之后好像都被归纳到新表现主义的脉络里面。

我在纽约和设计师田岛照久[6]碰面——他本来待在新力唱片，我替桑塔纳专辑《LOTUS》做设计的时候他有帮过我的忙——然后住在朋友保罗·戴维斯的公寓，每天一起行动。他从几个月前开始就一直待在洛杉矶，是我邀他来纽约的。我在纽约待的时间不长，所以以快速拜访朋友。我搭辛卡印刷[7]川西浩史的车去贾斯培·琼斯位于石角（Stony Point）的家玩。当我为贾斯培亲手下厨做的午餐喷喷叫好的时候，矶崎新[8]从东京打电话给贾斯培，说泷口修造过世了，大家都很惊讶。

我与泷口先生没有特别深的交情，不过是在宴会上碰过几次。他会告诉我最近看我作品的感想，态度非常友善，是非常优秀的艺评家。泷口先生还有一件事情让我很在意。那就是他答应帮我在南天子画廊制作的《写性》这五张色情版画系列写文章，可是文字却在要送印的时候不见了。（不过后来这篇文章的原稿被他的遗族发现了）

当时，惠特尼美术馆正好要替贾斯培·琼斯版画"工作证据"

6　田岛照久（1949— ）：日本摄影师、平面设计师、艺术指导，"The-sedays"设计公司负责人。

7　辛卡印刷: Simca Print Artists。由版画出版商川西浩史主导。川西的母亲向井加寿枝是位画商，在东京经营向井画廊（Gallery Mukai，参见360页注）并出版版画。贾斯培·琼斯、亚历克斯·卡茨（Alex Katz）、詹妮弗·巴特利特（Jennifer Bartlett）、南希·格雷福斯（Nancy Graves）等艺术家都曾在此制作作品。

8　矶崎新（1931— ）：日本建筑师，生于大分县大分市，东京大学毕业。代表作品有北九州岛市立美术馆、大阪花博、京都音乐会广场等。

（Working Proofs）系列举办个展。贾斯培想拜托我替他的个展做海报，就跑去跟美术馆总监讨论，结果他笑着告诉我，自己被对方骂说："你要自己完成啊。"我把我在惠特尼美术馆买的丝网印刷的限定款海报，还有辛卡印刷做的贾斯培的丝网作品带去贾斯培那边，然后就成功弄到签名，算得非常好。贾斯培虽然表情不太愿意，可是还是笑眯眯地满足我任性的要求。我把我《源氏物语》的海报送他当回礼，可是这笔交易不管是谁来做判断都会觉得不公平。

离开贾斯培家隔天我去见安迪·沃霍尔。这是我第一次去他的新办公室。这边和以前工厂工作室完全相反，简直就像商业办公大楼那样，前台有美丽的小姐，室内也光滑明亮。沃霍尔坐在一张高科技的桌子上，一边看报纸一边和谁讲着电话。有时还会拿起桌上的咖啡杯喝几口咖啡。沃霍尔这个样子看起来与其说是艺术家更像是个商人。两者相较之下，这才是他想要的结果吧。

助理从里面的房间将花还有又大又长的玛丽莲·梦露丝网画布像是拖在地上那样搬过来，等沃霍尔做进一步的指示，可是他说："如果你觉得这样可以的话，那就可以。"

真的很像沃霍尔会说的话。助理又再次拖着画布消失在里面的房间。这时我对着十二年不见的沃霍尔请教说他记不记得我，他回："如果你想见约翰·威尔考克的话，他的电话有登记在电话簿上噢。"跟我聊起十二年前带我去沃霍尔工厂工作室那位男子的事情。他能够这么机敏地回答我的问题，真的是吓我一跳。

我除了和沃霍尔见面之外，另一个目的是想要跟他直接买他的新作品——米克·贾格尔的肖像版画。他说："在外面买要二十万日元，可是跟我直接买十万日元就好。"米克·贾格尔这个系列有十张。同行的川西问我说这样他自己买十张,然后我再从里面挑我要的如何?我们问沃霍尔打算怎么收钱。

"我们以物易物吧。用你们公司印的一张贾斯培的网纹(cross hatching)作品来换十张米克怎么样?"

贾斯培的作品那时候价钱是沃霍尔的十倍。我从十张里挑了比较中意的两张,不过现在会想说既然那么便宜,当初如果直接买十张一套就好了。沃霍尔带我们进去正在进行工作的工作室里面参观。墙上靠着许多做到一半的半成品。这是我最后一次和沃霍尔碰面。

《洛基恐怖秀》

我在纽约也和先前在亚斯本认识的野口勇碰面。勇先生和女朋友一起出现,我只记得他说他有从十几岁到七十几岁的女朋友。我也去见梅顿·戈拉瑟。他在做糖果公司的企业识别(CI),把他从建筑物到糖果小小一张包装纸的设计秀给我看。他对这个工作好像非常积极。我也见到他前图钉工作室的伙伴西摩·切瓦斯特,工作室也在同一间大楼。切瓦斯特说他刚开始做要在电影院播的广告动画。当晚我在路上随意一家电影院看他做的广告。现在只记得他的广告被放到超大的屏幕上,只剩下这样的印象。

先前在亚斯本碰过面的池田满寿夫说他住在保罗·戴维斯附近,我就从曼哈顿搭一个多小时的火车去东汉普顿(East Hampton)。保罗说他最近暂停广告工作专心投入绘画。主要在不是很大的画布上描绘美国怀旧的乡村房舍与风景。我觉得他丢掉以前那种毒气了。而且觉得他画这种画年纪也太早了。真希望他可以再画一次像以前那种感觉非常敏锐的画。不过和保罗待在一起的时候总是不知为何会有一种少年时代无法言说的寂寞涌上。这种感觉完全不令人讨厌，反而觉得很亲昵，感觉简直像前世我们是兄弟还是死党那样。

池田先生还是和美国女画家利兰住在一起。她的工作室设在主屋旁的别栋。家里养只大狗。他把日本送来的杂志拿给我看，愤怒到发抖，说南天子画廊的青木先生讲了这样的话：他说池田拿到芥川奖以后版画就不行了，是在公开的座谈会上面说噢。你觉得这样讲自己画廊经手的画家对吗？以此征询我的意见。我觉得不管是说的人还是生气的人，只要两个人都坦率表达自己的意见就好。

晚上我和保罗夫妇、池田夫妇一起去参加素描会。住在附近的几位艺术家会定期聚集起来在林中一间房子办这样的活动。德·库宁[1]也住在附近，听说常常来，不过当晚素描会没有看到他。人体模特儿是男的让我很失望。上次画素描是十几岁的时候了。池田先生不愧是学院训练出身，非常熟练。保罗相当欣赏我的素描，那是用插画家眼光给的评价。不过真的是很久没有这种画素描的感觉了。发现那种遗忘已久的身体快感又在全身沸腾起来。身体渴望着这样的感觉。

---

1 德·库宁（Willem de Kooning，1904—1997）：荷兰籍美国抽象表现主义画家，也是该派别能和波洛克齐名的最重要画家。"二战"之后，开始用人称抽象表现主义或行动绘画的风格作画，并和波洛克、克莱因、罗斯科等人共同被称为纽约画派（New York School）。德·库宁喜欢在不同的抽象风格中游移，不把抽象视作唯一的选择，因此在他的画中经常可以看到对形象的回应。他折中采用半具象半抽象的方式作画，以一种粗犷又暧昧的黑色轮廓线来勾勒画面，这些轮廓线不但没有清楚区隔色彩的分界，反而让各个区块彼此交会混融，物体形象扭曲变形，与背景空间混为一体。

无论我去哪里,纽约新盖的迪斯科舞厅"Studio 54"[2]都是热门话题。这个地方好像不是任何人都可以进去的。必须一个一个在入口让门房看过,他们会邀请够格的客人进去。我和面子很大的辛卡印刷的川西一起,所以轻松就入场,不过入口聚集了很多衣着时髦的人希望用上相的打扮获得入场许可。连圣·罗兰[3]都进不来,我还真是好命。

格林威治村的电影院每个礼拜六会放《洛基恐怖秀》(*The Rocky Horror Picture Show*)这部片。我和日本交流协会的馆长兰德·卡斯泰尔[4],还有他两位京都腔非常流利的女儿一起去看。这部电影似乎已经连续上映好几年。兰德的头发被他二女儿染上紫色和绿色,接上亮片,连脸都上妆,变身成朋克族出门。感觉每天一副绅士风范的兰德也顺着女儿的意思,毫无抵抗就接受了。他说这部电影这些女孩已经看了四遍。

电影院里弥漫着异样的气氛与兴奋感让我越来越期待。电影开始之后,有几位观众走到舞台和观众席之间狭小的空间。所有的人都穿

<hr>

2　Studio 54:俱乐部,1970年代美国纽约市的传奇俱乐部,也是美国俱乐部文化、夜生活文化的经典代表。1977年4月16日由斯蒂夫·鲁贝尔(Steve Rubell)和伊恩·施拉格(Ian Schrager)创立,斯蒂夫相当善于组织聚集名流、充满无名美女的狂欢派对,他使用"Studio"这个字是沿用了原建筑本为小型破落剧场的说法;"54"则是来自于此俱乐部的地址(纽约市曼哈顿西5街154号)。在其全盛时期,逐渐成为一种名流指标和俱乐部午夜跳舞文化的强烈代表,也是打开异性恋与同性恋明显限制的早期俱乐部之一。1979年因两位创办人违法逃税,被警方逮捕,无暇管理而关闭。

3　圣·罗兰(Yves Saint-Laurent, 1936—2008):法国时尚设计师,也被认为是20世纪法国最伟大的设计师之一。生于非洲阿尔及利亚(当时是法国属土),十七岁到巴黎,受《VOGUE》编辑布鲁诺夫赏识,1955年成为时装设计师克里斯汀·迪奥的助手。1957年10月24日,圣·罗兰接掌迪奥业务。1961年自行创业,创立YSL圣罗兰品牌时装,成就一代传奇。GUCCI集团于2002年买下了圣罗兰品牌。

4　兰德·卡斯泰尔(Rand Castile):日本交流协会画廊(Japan Society Gallery)的创廊总监,旧金山亚洲艺术美术馆(Art Museum of San Francisco)名誉总监、全球遗产基金(Global Heritage Fund)顾问。著有许多日本艺术文化相关书籍。

着同样的打扮开始唱歌跳舞。一看,画面上也出现穿着相同服装的演员。每次画面出现新的演员,就会有和演员相同打扮的观众从台下跑过去模仿他的动作和台词。胖胖的女演员出现,就会聚集一群胖女孩。画面有摩托车跑过去,电影院里面就会有真的摩托车骑过发出噪声。

兰德的女儿走进电影院的时候拿了一份报纸给我。

"这份报纸是?"

"离开电影院以前不可以丢掉噢。"

"这是要干吗?"

"你看电影到时就知。"

姐妹俩以前住在京都,关西腔非常流利。画面出现下雨的场面。同时间所有的观众都一起把报纸盖在头上。画面中出现一个冲出汽车的男子头盖报纸在雨中奔跑。这时我发现好几个男子跑到电影院走道上,突然模仿下雨那样,将装在水桶里的水泼到我们头上。电影院到处传来哀号。大部分的观众都来看过好几遍,好像都很享受这种乍现行动。电影剧情很普通并不会觉得真的很怪,可是当电影和观众结合,就算没那么有趣也会感觉整个气氛 high 起来。这部电影的字卡和我在《归途》中使用去背的嘴唇唱歌概念一模一样,让我非常吃惊。可是因为我的字卡太色情,所以放映两次之后,就被换成另外的版本了。另外,《热爱一家 LOVE》的字卡里面外国男女手牵着手在云上飞的场景,在作品完成之后不久,美国电影《超人》里面也出现了一模一样的场面,这让我发现灵感这玩意会绕着地球引发共时性的效应。

洛杉矶的唱片业

我和田岛慌慌张张地离开纽约飞往洛杉矶。这是我第一次到洛城。他替我订了一间帅气的旅馆说山口百惠住过。洛杉矶非常非常大，没车寸步难行，我的行动全部都必须靠他开车。我在洛杉矶只有四五位朋友。以唱片封套摄影闻名的摄影师诺尔曼·瑟福[1]以前来我工作室拜访过，所以认识。他太太是以前很有名的演员泰隆·鲍华（Tyrone Power）的女儿。我还看过她演的冒险电影，可是当时那高雅的肢体和神秘的眼眸已经不复存在。搂着新生的宝宝，她看起来有点歇斯底里。我的直觉告诉我这对夫妇相处得并不愉快。

由于我做过桑塔纳两张专辑，还有迈尔斯·戴维斯的《阿加塔》（*Agharta*），去拜访各间唱片公司才知道我在洛城唱片界有名到连我自己都很惊讶。诺曼·希弗要拍苏西·奎特萝（Suzi Quatro）的照片，希望请我做唱片封套设计，可是感觉一点都不有趣所以我就拒绝了。说起来我对她完全没有兴趣。我去小小的 Live house 听她的歌，可是总觉得很幼稚。

不知为何，我在洛城经常碰到明星。卡洛斯·桑塔纳偶尔会因为办演唱会过来洛城，我和他出门逛街共同行动了两天。他在演唱会上

1　诺曼·希弗（Norman Seeff, 1939— ）：生于南非约翰内斯堡，著名摄影家。他早年拍摄的知名人物有安迪·沃霍尔、雷·查尔斯、蒂娜·透纳、滚石乐队、KISS 乐队、老鹰乐队、The Jackson 5、约翰·列侬、雪儿、强尼·卡森、昆西·琼斯、约翰·特拉沃尔塔等。1990 年代，主要致力于电视广告的拍摄，他为 Apple、Levi's、Glaxo、TOYOTA、MOTOBOLA 等品牌创作的广告频获业界奖励。2000 年后，又将兴趣转向纪录片，近年作品就是受美国航空暨太空总署（NASA）之邀，拍摄火星探测纪录片《梦想的胜利》（*Dream*）。

介绍从伦敦来访的多诺万（Donovan Philips Leitch）。卡洛斯还描绘了一个很大的梦想，说希望用我的美术风格来做斯特拉文斯基《春之祭》那样的曲子在中国举办演唱会。

有位专门拍摄好莱坞明星肖像的摄影师在收藏我的海报，他让简·芳达（Jane Fonda）看我的作品，简表示说想要请我设计现在正在进行的一个太阳能的海报，结果我就去和她碰面。我在摄影棚见到她、她的丈夫，还有小孩。她很高，牛仔裤服帖的曲线非常性感，可是脸和开敞的胸口沾到脏东西，笑起来牙齿像马一样。结果最后只有替海报拍照，并没有继续做下去。

我在洛杉矶的牛仔裤店遇到一个意想不到的人。我在店里巧遇来洛杉矶度假的高仓健。隔天我打电话去阿健饭店房间，结果阿健脱口说出流畅非凡的英文。隔天有没有见面我已经没有印象。虽然待的时间很短，可是我还见到以设计《金臂人》《日安忧郁》等电影字卡闻名的索尔·巴斯、导演谢尔顿·雷南、德田霍琪，以及在《寺内贯太郎一家》中和我演对手戏的筱博子（篠ひろ子），等等。这次美国之旅简直就像是在逛名人型录一样。

设计大关贵之花的仪式腰带

回国之后第一件作品是设计大关贵之花的仪式腰带[1]。这是他的后援会"灵友会"的委托。我画了巨大的土星飘浮在夜空当中的某个外星

---

1 仪式腰带：专指日本大相扑力士横纲在相扑场地土俵上举行仪式时所系之垂挂于腰前的仪式腰带。

球的风景。贵之花夫妻说要道谢，扛了米过来。虽然我和贵之花约好如果他当上横纲，就要请我设计执刀士和拂露士[2]两位的仪式腰带，可惜他最后就在大关的等级引退了。近来我才发现，我在最需要招福的相扑力士仪式腰带上放上了最不吉的土星，画了"土之星"。这到底是怎么一回事。我自己当然没注意，可是也没有任何人发现。说不定他没办法当上横纲就是土星害的。

这年年底，我接受人称旅馆界费德里科·费里尼的意大利知名饭店策划的委托，要替台北正在兴建的亚都大饭店（Hotel Ritz Taipei）的阿拉伯餐厅做室内设计。这个工作当中有意大利人、美国人、阿拉伯人、中国人，还有日本方面的我参加，在多国语言纷飞的状况下进行。饭店策划想要创造一间概念走向如同银座"马克西姆"（Maxim's de Paris）那种高级餐厅的阿拉伯餐厅。坐在铺设地毯的地板上，一边看肚皮舞一边吃真正的阿拉伯菜。这种画面激起了我的异国情调。首先，概念就浮现出宇宙、后宫、沙漠、阿拉伯纹饰（arabesque），脑中描绘托尼·柯蒂斯（Tony Curtis）扮演王子，还有派珀·劳瑞（Piper Laurie）扮演公主登场之类的好莱坞电影画面。技术方面我需要专家的知识协助，就请我室内设计师朋友仓俣史朗[3]帮忙。由于预算比原本想象得要低，所以连百分之五十的构想都没办法完成，有点遗憾。可是

---

2 执刀士和拂露士：大相扑横纲上场仪式时，陪伴横纲配着大刀出来的大力士，称执刀士；为贵人或神灵等显贵之人做前导带路者，称拂露士。

3 仓俣史朗（1934—1991）：生于东京，是20世纪日本最重要的设计师之一。将抽象和极简主义的元素引进到包豪斯现代主义中，并融合其东方文化观点，让他的设计保有超现实状态，超越感官的表现。透明塑料是他非常喜爱的材质。

由于我的无知，差点使得海湾战争说不定提前十年。饭店从国内外邀请了许多贵宾召开盛大的开幕宴会，有从阿拉伯前来的贵宾、各国大使、法国年轻女星，以及演出《现代启示录》(Apocalypse Now) 的知名演员，等等。这时候饭店策划脸色大变冲来找我。

"Mr. 横尾，糟了。阿拉伯的贵宾说你在地毯上面设计的大卫之星不是阿拉伯的星星，是敌国的符号，现在正在生气。"

"那附近的国家不是全部都用大卫之星吗？"

"他们说大卫之星是六芒星，可是阿拉伯是五芒星。"

"如果是这样也是因为饭店策划您没有检查啊。这不是艺术家的责任。"

"现在不是说这种话的时候，该怎样解释才好？"

"那么你这样说好了。我们会马上撤换，不过就在今晚请大家尽情践踏敌人的地毯，畅饮好酒吧！如何？"

严肃的策划把我说的照本宣科告诉对方，不久就抚抚胸膛表情松一口气回来说："对方接受了。"

我在启动什么事情的时候，好像都一定会发生什么意外，真的是不知道为什么。

从饭店大厅到各个房间都装饰了二十世纪现代艺术的名画。瞬间把我吓一跳，不过这些都是和原作惟妙惟肖的仿作。马歇尔·杜尚[1]《下

---

1 马塞尔·杜尚（Marcel Duchamp, 1887—1968）：法国／美国艺术家，创作生涯与达达主义和超现实主义紧密相关，是 20 世纪初艺术圈的话题人物，也是观念艺术的先驱。他曾为佩姬·古根海姆等现代艺术收藏家提供谏言，从旁塑造了当年的西方艺术品位。杜尚的作品和文章都不多，他主要是透过颠覆艺术创造的流程和艺术市场欣赏的方式来发挥影响力，譬如把小便斗命名为《泉》展出，或者把现成的日常事物组合成《脚踏车轮》。

楼梯的裸女》》²这幅油画作品也以原始尺寸精彩地绘制出来。这比当今的仿真艺术（simulation art）还要领先十年。

设计亚都大饭店的时候，我同时以一百张海报在来来百货股份有限公司这间台北最有名的百货公司举办个展。开幕当天百货公司周边进行交通管制，从玄关到马路铺上长长的红地毯，左右由百货公司女店员和台湾中华航空的空中小姐排成长龙，让我站在玄关。突然之间，我的头上响起散弹爆开般的爆竹声。我不知道发生什么状况以为遭受恐怖攻击，当场身体不自觉就趴下去。店员和空中小姐们哄堂大笑。

不一会儿几辆进口车抵达，日本方面的代表率先带着一些身份不明的人踏过红地毯，无视于我身前愣愣站着的队伍进入店内。这位代表进到展场几乎没看作品就好像在寻找出口那样一下就跑了。好几位文化人看到这位日本代表的姿态都非常愤慨。这些人看到我的作品时为日本人的精神感叹，说这是"颓废艺术"。此外，有间广告公司现身说想要买下现场展示的所有作品，可是不知道在没有著作权的台湾对方会做什么事，我就拒绝了。

2　下楼梯的裸女：指的应该是杜尚知名的代表作 *Nude Descending a Staircase, No.2*。

ピカソの啓示

一九六〇年、一九七〇年——过去只要遇到零结尾的年份我一定会受重伤。一九八〇年这一年如果按这个厄运（jinx）系统来看又是凶年。明明没人期待这种事情发生，可是厄运还是会准确降临。结果，快到农历一月时，我在浴室滑倒导致肋骨骨折。

　　那个瞬间我的内心在无法呼吸的剧痛当中呼喊着："太棒了，这样我的风格又要改变了。"过去已经有过这样的经验，两次受重伤都不得不长期休养，结果康复的时候创作风格大幅改变，这次出事或许又会再经历一次。在地狱般的剧痛当中，这样的感觉更加强烈。

　　我的月命星[1]是"一白水星"。这颗星的水向特质暗示了我的一生（这和我打算把水装进浴缸结果摔倒有关系吗？），所以我很难固定留在某个地方。因为水的特性是可以和任何形状的容器搭配从而改变自己的形状，所以会喜好多变的人生。我知道自由变幻、动静两极的水向特质大大影响着一白水星人的性格，也注意到自己经常在无意间运用这样的特质。

　　这起事故发生在深夜。我开会讨论完三岛由纪夫原作《热带树》的剧场设计之后回家洗澡，不料在浴室潮湿的瓷砖上滑倒。我本来打

1　月命星：九星占卜中，依据出生年对照月份所得到的星宿宫位。

算当晚尽可能忍下来隔天再去医院，可是第二天不巧是三田龙源寺绘画教室开课的第一天，我一定要在早上十点前出现，所以又必须把看诊往后顺延。

去年在纽约和保罗·戴维斯、池田满寿夫一起去素描教室发现了"画画"的快乐后，我就彻底被征服，对于过去那种拼贴式的设计渐渐失去了兴趣，不知不觉内心完全倒向画笔触发的身体快感。我做了一个计划，希望除了自己之外也可以将其他人一起拉进来感受这种"画画"的喜悦，创造一个共同体验的空间。朋友松原哲明禅师将寺庙正殿开放给我用，这个计划逐渐演变成了针对这间寺庙的檀越[1]们召开的素人绘画教室。

没想到在这重大的日子我却骨折了。当时说话的时候胸口都会震动，非常痛苦，可是我还是撑了五个小时，后来被送到急救医院接受治疗。医生说要两个月才能够康复，对我来说这段时间是神明送给我的最佳礼物，但我拒绝住院，选择在家疗养。我小时候老家是和服布料商，可是我完全没穿过，当时却天天穿。穿上和服会有一种成为一家之主的感觉，家人也是用这样的态度对待我。胸口顶着厚重的支架有点不好呼吸，可是背肌挺直每天精神上都很充实，所以有点期待能这样继续长期调养下去。

我觉得一天的时间长得惊人，这是观察自己的最佳机会。那种忙到好像被什么追赶的焦躁不安的过去简直就像一场梦，每天都觉得自己像是住在现实社会之外的另一片天地的国王。心中涌起欲望，想要做些对精神有益的事，比如阅读、静静欣赏庭院的树木，日常感兴趣

---

1 檀越：施主之意。施予僧众衣食、资助法会的信众。

的对象被新的题材占据。虽然作为代价多多少少得承受痛苦，可是心里真的必须感谢神明给我这样的环境和命运，或许正因如此，连家中都充满了神奇的幸福气氛。

担任《流行通信》的艺术指导

话虽如此，水的性质就是没办法永远优哉游哉地坐定不动。身为一白水星人必须经常流动，于是我随性搁下阅读，不知不觉间又马上开始进行实务性工作。刚开始是接受《每日新闻》委托，替西本愿寺"传灯奉告法会"的进行广告宣传设计。报纸全版六张，无论是就佛教界而言还是就我广告类的工作而言都是空前的规模。迄今为止，我从来没有做过报纸广告设计，所以非常期待，可是相对来说也没有什么自信。我担任的角色是复制栗田勇和真继伸彦[2]的长篇宗教论，以视觉的方式来发展，不过将我的名字和撰写者的名字平起平坐打在前面，就广告而言也是空前的企划。结果这个广告引发话题，获得好几个大奖。不过可惜的是两位非常优秀的负责这项工作的《每日新闻》记者遭遇不幸事故而过世。一位是在高尔夫球场时，裤头的腰带扣环被雷打到。另一位吉野正弘记者是在警告飞车党的时候被对方杀害，这件事还被媒体视为社会问题大幅报道。

在这项工作进行的同时，池袋西武百货委托我替"MILANO: 5"这一五位意大利知名设计师的精品展设计海报、报纸广告和型录。同

---

2 真继伸彦（1932— ）：日本作家，生于京都，京都大学文学系毕业。

时还要制作另一张"一九八〇意大利米兰室内风情"（Milano Interior Italian' 80）的海报。对病人来说，这个工作量有点太重，不过我不觉得有那么困难，加上平常很少有这种大企业委托的广告工作，在物以稀为贵的好奇心的推波助澜下，我接下了。可是真的开始做这样的工作后，不知为何，冒出一堆工作人员不请自来地提出各式各样自以为是的意见和要求。我根本不打算一一响应。不实际做做看我也不知道会做出什么作品，我对于那种概念先行的工作方式完全没兴趣。这样的广告在社会上已经太过泛滥，不必连我都用相同的方法去做。我从一开始就决定不用什么广告概念，只做自己想做的作品就好，所以不管会议席上提出多少有趣的概念，对我来说都只觉得是在浪费时间。这时候我第一次见到以文案身份参加的系井重里[1]，不过他始终保持沉默。我不知道他是否认同我不需要文案的想法，不过他一句话也没有说。

这张"MILANO: 5"的海报成品以我当时的思维范式来看，完全没办法想象。虽然请锄田正义[2]拍照，可是我要求只在男女两位模特儿的眼睛和耳朵上上红色的妆，嘴唇完全不要动。海报实际用的那张照片女模特儿为了遮盖胸部有缠毛巾，本来应该裁掉，可是我却故意让它出现。然后我用水彩替这张照片上色，赋予照片绘画的要素。我将

---

1 系井重里（1948— ）：生于群马县前桥市，日本文案、主持人、作词家、游戏制作人、电视节目制作人、挖掘宝藏的人、钓鱼达人以及"HOBO日刊系井新闻"的主宰，其妻是女演员樋口可南子。

2 锄田正义（1938— ）：摄影师。毕业于日本摄影职业学校。经历大广广告公司、Deltamond（デルタモンド）之后，于1970年独立，开始在《每日摄影》（カメラ毎日）上进行连载，并活跃在广告、电影、音乐界。曾替大卫·鲍伊（David Bowie）、T.REX、Sadistic Mika Band、YMO、布袋寅泰等人拍摄专辑封面。还曾担任寺山修司电影《抛掉书本上街去》（書を捨て街に出よう）的摄影导演，负责保罗·施拉德（Paul Schrader）《三岛由纪夫传》（Mishima: A Life in Four Chapters）、吉姆·贾木许《神秘列车》（Mystery Train）、是枝裕和《花之武者》（花よりもなほ）等电影的剧照摄影。

这张作品当成我在设计领域的绘画宣言，同时也有评论家认为这幅作品揭开了日本后现代的序幕。

受伤取消所有工作之后出现了很多无聊的工作，不过其中《流行通信》委托我当艺术指导这个工作却刺激了我的触角。第一次有人找我做杂志的艺术指导，况且时尚杂志对我来说也是未知的领域。一旦点燃未知，其背后的可能性马上就会吸引我的注意，我有这种怪癖。社长森英惠和我吃饭，花很长时间说服我也让我心情非常好。虽说如此，其实我也不知道究竟可以做到什么程度，不过我从森先生那句"请你把这当成是横尾先生的杂志来做"看到自己备受信赖。

总而言之，必须先在视觉上做全盘改变。由我自己挑选所有的摄影师，一个一个和他们碰面，从非常细腻的概念开始讨论。如果照片我不喜欢也曾经退件请他们重做，日本的杂志绝对不会这样做。整本杂志全部委托一名摄影师来拍，就杂志而言也是首度做这样的尝试。除了报道之外，有时候连广告甚至杂货或翻拍都请他们拍。

我曾经做过除了广告页是彩色之外，其他页面全用单色的期数。此外我也做过除了广告，其他全部页面都装订在顶部，杂志必须向上翻的版面构成。对于这两种做法，广告客户居然都表示："广告真是太显眼。"他们会提出这种无视广告基本目的的意见，真的是很有趣。

不管怎么说，平均销售量确实是一口气提升，有些月份一发售马上售卖一空。不过这个工作上并没有持续很久。一方面，所有时间都被这个工作占满，经常拿不到符合预期的照片；另一方面，参加会议的女性编辑全部都抽烟，我觉得自己好像待在烟囱里面。这样压力实在太大，最后打破我和森先生订下的"会永远做下去"的约定，做了一年就不行了。

森先生又再找我过去，拜托说至少再做三年，可是我真的只能拒绝。

"那再两年。"

"没办法。"

"那一年。"

"那半年。"

"三个月。"

对方说到这个程度，我只能说就再多做一个月吧，最后一期从封面到刊头十几页的照片我都自己拍，最终在一九八一年四月离开这个职位。这本杂志我举用养父正一和汤村辉彦[1]来做版面构成，我们在此进行各种试验的版型后来变成这类杂志版面的原型，直到今天我都还非常引以为傲。

设计竞赛泳装

这阵子我认识了美国女画家詹妮弗·巴特利特[2]。她因为在 Gallery Mukai[3] 举办个展前来日本，透过向井小姐的长男川西浩史的介绍我们才碰面。她在日本制作版画，我也在工房制作了几张丝网作品。直接

---

1 汤村辉彦（1942— ）：日本知名插画家。

2 詹妮弗·巴特利特（Jennifer Bartlett，1941— ）：美国艺术家，生于加州，以结合抽象与具象的绘画风格著称于世。

3 Gallery Mukai：ガルリームカイ，由向井加寿枝（1914— ）于 1959 年创设东京银座（原名 Gallery Point[ギャレリーポアン]）。经手贾斯培·琼斯、熊谷守一、詹妮弗·巴特利特、特里·温特斯（Terry Winters）等人的作品。向井小姐起初立志成为画家，战后跟随藤田嗣治学习画商的基础之后创设自己的画廊。

在版上作画这种做法无论是对我还是对她来说都是第一次尝试。她还用木板做了六张名为《日本之海》的系列作，我则临摹"MILANO: 5"和《流行通信》的封面摄影，连同 Olivetti 公司委托的作品一起制作，和她互相交换成果。

她很喜欢阅读，无论是吃饭、休息，还是乘车的时候都非常投入，眼睛不离书本，不过也会一直注意我们聊什么，一旦听到感兴趣的话题就会马上问："那是什么？"

我和她每天打招呼第一句话都是从："What kind of……? "开始。

比如"今天你穿的是哪一国的衣服？"细数内衣、鞋子、夹克、配件……计算所有制造国的数量，比较多的人当天就获胜。老实说有点无聊，可是这是她和我两个人之间的游戏。所以当我们知道彼此会碰面，当天都会尽量穿戴多国籍的东西出门。

虽然伤已经康复，不过只要发生睡眠不足之类的状况就会引发类似神经痛的毛病。但像我这么爱跑来跑去的人，还是接受了绘画教室铃木昌之同学的委托（他在广告公司工作），跑去台北接受航空公司机舱杂志的采访。他高中时代是关东地区二分天下其中一方的老大，一个人杀进新宿的暴力集团大本营，背后还中过枪。直到今天这个男人凹陷的头盖骨还补着一块塑料骨头。在他担任编辑的时候，看到某纯文学作家 N 在居酒屋调戏女编辑，还曾经赤手空拳让对方当场破相。他拥有这样的技巧和奇妙的正义感。

我和他一起去了台湾，他唯一的弱点就是青蛙，我对青蛙没有什么顾忌，抓青蛙来恐吓他是这次旅行的乐趣之一。不过旅行途中他身边出现了好几次不可思议的现象。他以前在山里亲身遇到过 UFO 和外星人，这让我非常感兴趣。经历过许多事情之后，我直觉自己会自然而然遇到这样的人，所以彼此会将相处的时间做最有效的利用。台湾的工作是要请我替观光景点绘制素描。虽然说是素描，但我是回国之后再临摹照片，当时海报和书籍装帧我都是用这样的方法来做的。

设计完贵之花的仪式腰带没过多久，有间知名的运动用品公司请我设计竞赛用的泳装。因为我觉得仪式腰带和泳装之间的关联很有趣，在第二次回复的时候就接受了这个工作。老板的公子长得一副很适合当歌舞伎演员的样子，跑来拜托我说："请您尽可能把它设计成业界最畅销的顶尖商品吧，千万拜托。"提出的设计费低到让我觉得是不是少了一位数。

他们公司某个员工告诉我一个故事，说："他这个人在公司相当出名。"有天他慰劳一个外派海外四年回国的员工，状况如下。

"四年不见了，今天就一起去吃一顿吧。"那位公子拍着刚回国员工的肩膀，自己先搭上车。归国员工期待说应该会带他去吃什么高级餐厅吧。不过不知为何车子却停在吉野家牛肉盖饭的门口。公子动作迅速地带头走进店里点了两份牛肉盖饭。归国员工想说一定是先简单填一下肚子，接下来去酒吧，最后才去高级餐厅，所以几乎没碰牛肉盖饭。公子转眼间就把盖饭吃下肚，站在吉野家门前说："哎呀，长年来真的是辛苦你了。我等下还有事，先在此告辞了。"他拍拍归国员工的肩膀，就开车消失在了夜晚繁华的大街尽头。

我的设计超越海外商品，销售量遥遥领先。同时也用和泳装相同的设计制作紧身衣。女子摔跤选手穿我设计的紧身衣上擂台，也经常看到偶像歌手等明星喜欢穿这款泳装出现在电视或杂志上。后来他们连续两年和我合作，每件销量都大幅压倒其他品项，持续追加生产，独领风骚，可是设计费却和刚开始一模一样。我觉得这样太过分所以要求加倍（就算如此价格也不是很高）的时候，对方就不跟我来往了。

"忠则"这名字源自黑住教的教主神

我母亲家里信的是黑住教。教主黑住宗忠[1]这位宗教家是江户时代建立门派的历史人物，中里介山[2]在《大菩萨峰》（大菩薩峠）这部小说中写了一个拥有超能力的高僧，就是以他为参考范本的。听母亲说为我取"忠则"这个名字，就是透过"御神裁"的命名仪式领受了教主神宗忠的"忠"字才决定的。这个仪式是将想要的几个名字写在纸上，然后将扇子拿近，纸片会自己吸附到扇子上，透过吸上的纸片来决定名字。我取名的时候三次都吸到"忠则"，所以觉得"应该没错"，就得到这个名字。

我双亲是各自家庭的长子、长女，所以在户籍上没有注明结婚，两人冠着不同的姓（父亲是横尾，母亲是稻垣）。而且我不是双亲生下来的，是先以成濑家次男的身份出生，才被横尾·稻垣家接收为养子的。

我不打算在这边仔细说明我的成长过程，不过透过养母家族信仰

---

1 黑住宗忠（1980—1980）：黑住教教祖，生于现在的御津郡今村。幼名右源次，后改名为左京宗忠，其本姓是藤源氏，乃黑住在京宗繁之三男，世代为郡今村天照火神宫的祠官。其资性至孝，二十一岁立志以生神之力来欢悦父母，对神道中的神典用心研究，并常到宫社听取神说之布道，未久，充分了解神祇造化之事迹及精通神德的灵验，也对神人感应相当通悟，更精研灵魂归趋的蕴奥，进一步修习一种冥想、忆念，从心思断灭生养灵气，以接神人交感的功夫，得于豁然的悟化成功。

2 中里介山（1885—1944）：日本小说家，本名中里弥之助。

的关系，我认识了以冈山作为总部的黑住教现任教主黑住宗晴先生。基于我们超过二十年的交情，为了纪念"黑住宗忠二〇〇年诞辰"，在他担任理事长的林原美术馆[1]召开了平面和版画个展。林原美术馆的老板是林原微生物研究所的社长，他以疫苗研究广受世界瞩目，不过同时也是某种超能力人士，身旁经常会伴随奇迹。我和这位老板在精神世界的观念一致，和他还有黑住教教主关系都很好。此外，科学家政木和三[2]先生在这间公司占有一席之地，他接受神谕使得大量发明问世，数量非常惊人。譬如说自动门、自动电饭锅、电吉他等，而且他没有欲望，可以放弃掉所有这些发明专利，我和他交往也已经长达十年。

旧事大致如此。这次林原美术馆的个展也是庆祝我大病康复的纪念展，我觉得自己也必须做好心理准备，已经到了和过去二十年彻底诀别的重大转变期。

向往如毕加索般创作与人生合而为一的生活

某天野田一夫[3]先生问我想不想去纽约现代美术馆看正在进行的"毕加索展"。他是我在萨摩亚旅行时结为知交的阿久悠的朋友，当时正担

---

1 林原美术馆：原名冈山美术馆。对当地极有贡献的实业家林原一郎（1908—1961）平时酷爱收集各式古刀剑。他过世后，公司成立财团法人，建了这座美术馆。后人为了纪念他，于1986年更名为林原美术馆。馆内收藏有备前刀、盔甲、绘画、陶瓷等国宝及重要文化遗产。
2 政木和三（1916—2002）：历经大阪帝国大学工学院通信工学系研究室、航空工学系、造船工学系、精密工学系、担任工学院工作中心总长。毕生创造一千种以上的发明，并无偿公开专利，其中甚至包含开创高尔夫球新技巧，并缔造金氏世界纪录的创造。他从1974年起开始研究超自然现象，相信超越科学解释的现象。退休后任职冈山林原生物化学研究所，并巡回全国演讲，谈论生命能量的重要性。
3 野田一夫（1927—）：日本经营学学者。

任玉川学园的校长⁴。我接受了他的邀约，由野田先生领队，和几位工作往来的朋友一起参加。由于富士电视台要播放 CBS 制作的毕加索节目，这趟旅行似乎也兼具考察的任务。让我参加这趟旅程的条件是参观完毕加索展之后一起吃饭，然后发表对于毕加索的感言，回国之后不用再多做什么，近乎无条件参加。

我在国内外已经看过很多次毕加索的大展，觉得没有必要再特地跑到美国去看。可是我想要见见暌违已久的纽约朋友，基于这样的目的才决定参加这趟旅行。

人类的命运真的是让人完全搞不懂，这趟旅行又再度证明了这件事。走进纽约现代美术馆入口的时候我还是个平面设计师，可是两个小时之后当我站在出口，我已经变成了一个"画家"。举个不太好的例子，这简直就像是猪变成火腿加工食品从工厂出口跑出来一样。虽然我在两个小时这短暂的过程当中建立了这个想法，不过直到今天，我都还是怀疑这是否真的是我自己做的抉择。就现象而言，有股强烈的欲望从我内部涌上、化为冲动，不过我怀疑这冲动的背后应该有某股力量在推波助澜。

假使不是这样，应该不可能会因为这么愚蠢的念头就轻易让命运摆布自己宝贵的人生。我胆子还没有大到可以任性地表示平面设计已经不有趣，工作很腻，应该要试着改行当画家的地位。况且我也没那么有远见可以做那么细致的生涯规划。虽然当个平面设计师没有什么

4　玉川学园的校长：此处可能是横尾笔误，玉川学园历代校长并没有野田一夫的名字。玉川学园是日本知名的私立综合学校，标榜全人教育，从幼儿园到研究所教育全部兼备。

特别好骄傲的，可是也没那么卑贱。单纯只是因为我喜欢这个行业。不过，这也不表示这个职业和我的人生是不可二分的关系。

然而，过去看过好几次毕加索展应该已经很熟，为什么他会让我在那个瞬间感受到冲击？我以前从来没有像冈本太郎或者是池田满寿夫那样执着于毕加索、试图与其竞争，抑或对他进行研究。真要说的话，我确实对他表现形式的多样性还有让人眼花缭乱的风格转变有兴趣。不过这是创作的基本条件，我完全可以料想到，并没有那么值得讶异。我和毕加索如此没有交集，为什么会是他来替我的命运拍板定案呢？

虽然我可以用神秘的说法解释，称这和某种无法想象、超越人类思考范畴的作用力有关，不过在此之前必须先描述一下形而下的理由。当天纽约现代美术馆为了整顿那些为了看一眼世纪最大毕加索展而聚集过来的汹涌人潮，在入口进行入场管制。就算进场，队伍也是堵塞到站在第一幅作品前就一步也没有办法再往前迈进，因此我不得不和面前的作品长期对峙。这时任谁也无法想象这种偶然状况会改变我的命运。

面对这种外在的局限我完全不抵抗，就这样凝视着作品一寸一寸地看进去，与其说是欣赏作品，不如说感觉更像是一种仪式或者冥想，意识一步步开始统合，仿佛像是被毕加索的艺术和人生吸收融合那样。我对于去追求、去理解毕加索纯艺术方面的表现意涵完全不感兴趣。这也表示说，他是不是拓展现代美术里程碑的大师之类的，我根本就不在乎。只不过，看到他那么纯粹率真、忠实依照自我的意志和感情去行动，迫使我面对自己对自己的自我欺骗，或者应该说，面对自己内在的防备直到一种不忍直视的地步。与此同时，又让我陶醉在一种难以言喻的解放当中。这种经验简直就和坐禅内观一模一样。毕加索在艺术上的自由表现可以让观众心灵开放到这种程度，这到底是怎么一回事？我没有打算要画毕加索风格的画，不过如果真的有机会像毕加索那样生活，将创作和人生合而为一，我倒真的希望能够效法。我用这样的方式表达听起来或许像是在修行。换一个说法，我当时是感受到人生和艺术要遵循的原则不正是应该要将行为本身当成目的并保持一颗赤子之心吗？

回顾我在设计方面的创作经历，感觉这件事情的行为和目的好像在某个地方相互矛盾。面对毕加索的作品，让我有如晴天霹雳般瞬间意识到：设计的本质就是有其制约和条件，依赖这些条件，自己的思考方式与生活形态就会全部被定下来。由于我将设计定位成自己的职业，使得自己的内心抗拒自己在生活中更积极投入创作……如此一来，当我面对"是否有可能比照艺术那样，将设计和人生合而为一？"这个问题的时候，根本就被太多制约和条件束缚。老实说，就我现在来看，更是完全没有自信可以解决这个问题。设计师这个行业要先有设计案才得以成立，相对而言，画家就算没有人委托你创作、就算不卖座，都还是可以以画家的身份处世。

然而大多数的画家都依赖追求艺术的名义，被这样、那样的观念束缚，被自己的形式囚禁，逃避真的去忠实遵循自己本能的欲望，只是安然栖身在所谓艺术的制度当中，对于这种彻头彻尾现代主义式的思考完全不抱疑问，就这样为艺术而艺术，我看现在到处都是这种人。我被毕加索那种率真的情感表现激发，才感受到人类最根本的生存法则，甚至从中感受到艺术是神之大爱的代言人，握有可以和观众灵魂交流的力量。

我觉得毕加索不太受一般社会欢迎的晚年作品是直接将他的任

性——或者可以说是自然原貌——和盘托出的作品。简直就像呼吸那样毫不犹疑，就只是照自己所想的去画。这里看不到那种环抱双臂埋头苦思，最后被自己学会的观念困住的作品。我觉得不管画作有没有办法单纯以画本身获得自己的独立性，从这样的现代主义出发好像就会拥有自由空间。因此毕加索晚年的作品或许某些地方以文人雅士的标准来看格调不高，可是我反而在那种解放的情感表现当中感受到一种类似宇宙之爱的能量。

"当个画家吧"

毕加索的作品囊括了今日当代艺术创作者以及其他所有二十世纪画家的范围，甚至会让人觉得二十世纪的艺术创作者只要出现毕加索一个人就够了。有一个美国画家看过毕加索展之后对我说："你要现在马上冲回工作室赶快把画画出来？还是说现在就在这里把笔折断算了？"这个毕加索展一下就横扫当年美国夏天所有的注意力。

站在美术馆出口的时候，我下了一个决心。

"当个画家吧。"

毕加索的作品告诉我不是说上"我要当画家"这样简单一句就可以成为画家，可是我对于自己内在涌发的激情真的是不知该如何是好。这个时候我还没有办法理解这股冲动是我长期持续探索精神世界，最后必然会遭遇的命运。

所以就表面上看来，别人只会觉得我好像突然出人意料开始一头热，如果有个人站在客观立场看，一定会觉得最后我会恢复原来的样子。

可是我的脑袋却越烧越热。我知道自己对平面设计这行的兴趣在渐渐流失。在两三个小时这么短的时间里面竟然会发生这种事情，真的只能说是鬼迷心窍。

伊夫·唐吉[1]乘车看到画廊橱窗里面有张作品很吸引他，就跳下车。透过那张画还有那位画家的启发，超现实主义者伊夫·唐吉诞生了。那位画家是乔治·德·基里科。虽然我没有要把自己的经历拿来和这个故事模拟，不过造化弄人就是这么奇妙。

遇到毕加索这件事情，使得我未来的人生会怎样发展变得完全不可预料。因为我感受到某种我无法想象的意志，所以这次我也意识到要有心理准备将命运完全交给它。我非常清楚一旦要以画家身份在这个世界上一决胜负，就像要让骆驼穿过针眼那么艰难，感觉自己抽到了坏签。再怎么说，如果要画画的话，就必须全部从零开始。

我从高中时就梦想将来要成为画家，开始画油画。以前也梦想过要当漫画家或插画家，可是高二的时候有位美术老师从东京调来我们学校，还有一位从东京搬来、大我四岁的女画家是我邻居，他们两个人影响我开始画油画。因为老师是太平洋美术会[2]的会员，所以像县展、市展、学生绘画比赛这类的团体展，我在那段时间也有参加。

---

1 伊夫·唐吉（Yves Tanguy，1900—1995）：法国超现实主义画家。从 1939 年起在美国生活，他的早期作品受乔治·德·基里科（Giorgio de Chirico）的影响甚深。

2 太平洋美术会：日本第一间国立美术教育机构是"工部美术学校"，于 1876 年开始推展西方美术教育，然而后来因为财政因素废校。1889 年新的国立美术学校"东京美术学校"成立，却没纳入西方艺术，因此当年工部美术学校出身的创作者自主创立"明治美术会"来推展西方艺术。随着学习印象派外光绘画（新派）的黑田清辉等人留学归国另组"白马会"，并创立西画系，加上旧派主要画家陆续离开，明治美术会最后解散。解散后，部分创作者另组"太平洋画会"，也就是后来的"太平洋美术会"。

我近来从那位画家老师那边听到一些从来没有想象过的旧事，心情真的感觉很复杂。我高中的时候参加太平洋美术会展（和国展[1]分开成立的组织）获选，马上就被推举为会员，可是那位画家老师以我还是高中生，加上没有经济基础等理由，在我不知情的状况下替我回绝了这项推举。这件事情过了三十五年我才知道。假使我当时知道事实真相的话，不知道会有多不服气。因为直到今天我都还是觉得非常不甘心。

绘画和设计不一样，进行的过程完全没有任何空间可以容许创作者来妥协。我知道这个领域不是单单喜欢画、会撇两笔就可以跳进去，立志成为画家必须做好赌上这条命的心理准备。我觉得自己如果没有屹立不摇的精神和信念、强烈的自我，以及不会输给任何人的自信就不应该搞什么绘画，不过我已然搭上命运的翅膀，只能够牢牢抓住翅膀迈向前途茫茫的未来。

尼加拉大瀑布让我深深感动

走出美术馆的我已经不是两个小时前的我。虽然先前约好过一个小时大家一起在出口会合，可是到处都看不到我们团的人。原本我应该在午餐餐桌上对毕加索大展简单谈几句话，可能大家一直等不到我出来，就先去餐厅了。可是我不记得那间餐厅的名字和地址，结果自己跑去艺术书店，买了几本画册回旅馆。

1　国展：国画会是个美术家团体，基于对传统的文化展览审查不满，抱有这样疑问的京都画家，以融合西洋美术与东洋美术，创造出新的日本画为目标，于1918年组成了"国画创作协会"，相关展览简称"国展"。

前往纽约之前，我去夏威夷和留学的大儿子碰面，在威基基海滩读书、写生消磨了几天，之后才和他一起到纽约。毕加索这堂美术课(？)最后变成是在当天晚餐的宴会上进行的，由于我自己内心出现了非常大的转变，真的是谈得非常热情。最后和团里的朋友告别，我和老大就这样继续在纽约待了一阵子。

我先是去拜访川西浩史，和他一起去詹妮弗·巴特利特的工作室。她和我交换的那六张版画与博罗夫斯基[2]等人的作品一起被挂在墙上。此外，工作室宽阔的墙面上还有上百张以庭园水池为主题、尝试用各式各样的方法表现的画作。它们表面覆盖一层胶膜，就这样用图钉钉着，看起来简直像是二十世纪的风格型录。另一面墙上立着一幅正在进行的并置绘画作品（juxtaposition，两张画布并置），还是以池塘为主题，她时不时添上几笔。当晚她朋友伊丽莎白·默里[3]在工作室办派对邀请她去，所以我和老大也一起受邀参加。虽然就是几个很亲的朋友一起吃晚饭，不过以前就认识的滚石唱片（Rolling Stones Record）老板亚尔（Earl McGrath）也有出现。

詹妮弗和伊丽莎白都是隶属于保拉·库珀画廊[4]的女性艺术家，是

---

2 博罗夫斯基（Jonathan Borofsky，1942— ）：美国雕塑家，生于波士顿。世界各国都可以看到他的作品，德国的《分子人》是欧洲最大的雕刻作品；位于纽约洛克菲勒中心广场前面，名字叫作《走向天空的人》（Walking to the sky）的作品也巧妙融合到大众生活里，是公共艺术的代表作品。

3 伊丽莎白·默里（Elizabeth Murray，1940—2007）：美国画家、版画家。

4 保拉·库珀画廊：Paula Cooper Gallery，创立于1968年，是纽约SoHo区第一间画廊，创廊展主题是终结越战学生行动联盟（Student Mobilization Committee to End the War in Vietnam）。包含卡尔·安德烈（Carl Andre）、唐纳德·贾德（Donald Judd）等人的作品，并包含索尔·勒维特（Sol LeWitt）的第一幅壁画。40多年来，画廊主要聚焦于概念与极简艺术。1996年，画廊迁到雀西一栋由理查德·格鲁克曼重新设计规划的19世纪得奖建筑。1999设立分馆，延伸举办演奏会、舞蹈表演、音乐研讨会、诗歌朗诵会、书籍发表会，并赞助许多全国与地方组织举办活动。

经常提出新议题的美国重要画家。詹妮弗经常改变风格，不过伊丽莎白的风格则是始终如一，两个人完全相反。

"我很想要追求伊丽莎白那样的一致性，可是不知为何风格就是一直在变。"詹妮弗这样说完之后伊丽莎白接话说："我明明想要变化多一点风格，可是不管再怎么努力路线就是很一致。"说完两人一同大笑。我觉得她们这样说都是对自己绝对充满自信。

我虽然没见过米克·贾格尔，不过先前去过滚石唱片老板的公寓好几次，屋子位于卡内基音乐厅正对面。房间墙上装饰着赛·托姆布雷[1]和拉利·里维斯[2]等知名波普艺术家的作品。

浩史和他女朋友还有我们父子俩因为回国时间提前，于是匆匆忙忙跑去看尼加拉大瀑布。我第一次看到大瀑布非常感动，觉得不管看多久都看不腻。我们搭观光船一路坐到瀑布底下的深潭附近，虽然穿着带鞋的雨衣，还是满脸水花一片白，简直像是卷进台风里面，恐惧的印象比较强烈。这时候我还无法想象十年之后我会迷上瀑布，画出许多尼加拉瀑布的画。

---

1 赛·托姆布雷（Cy Twombly, 1928—2011）：美国抽象派画家。托姆布雷结合油画及素描技法，涂鸦式的笔触在恣意奔放中展现诗意的优雅，使得他与大部分抽象表现画家的狂野风格大为不同。托姆布雷的"抽象"（abstract）直观地将现实分解开来、提炼事物，日常及自然的事物在他笔下，简单数笔便捕捉其神韵，画"神"而非画"形"。

2 拉利·里维斯（Larry Rivers, 1923—2002）：美国犹太艺术家、音乐家。1945 年，他开始学画，1947 年至 1948 年间曾至汉斯·霍夫曼（Hans Hofmann）的门下学习。安迪·沃霍尔坦承受他影响，认为他是抽象表现主义和波普艺术的中继人物。许多学者把他视为波普艺术"教父"，因为他是第一个具体着手把艺术创作、对象抽象和叙事融合的创作者。里维斯触角广泛，早年他学习萨克斯风，就读茱莉亚音乐学院时结识迈尔斯·戴维斯和查理·帕克（Charlie Parker），成为毕生的朋友。除此之外，他曾和诗人欧哈拉·科赫（Kenneth Koch）长年激荡合作新诗和绘画创作，并跨足舞台设计与雕塑的领域，积极与不同领域的创作者合作。

死への畏れ

美国国民为追求"强大的美国"而拉前总统卡特下台，前西部片明星里根当选总统一个月后发生了让人非常震惊的事件：约翰·列侬遭到暴徒枪杀。

一九八〇年十二月八日晚上十点五十分左右，约翰·列侬带着夫人洋子在曼哈顿西岸自宅"达科塔公寓"（The Dakota）前走下礼车。就在这时，埋伏在旁的一位年轻男子自称是他的粉丝，走近问说"Mr. Lennon？"后在贴身距离之下用零点三八口径的手枪连开五枪。约翰在洋子尖叫的同时喘着气说："被打了。"走上两三级阶梯就当场倒下。三发子弹贯穿左肺，一发击碎肩骨，虽然将他送至医院，可是几乎可以说是当场死亡。

我是在日本时间九号过午才接到第一通讯闻。产经新闻的社会线记者以兴奋的声音打电话请我发表意见。我一时无法说话。记者在电话另一端接二连三地快速向我丢问题，可是我连自己在说什么都不晓得。后来我看到发言印出来才知道自己说了下面这些话："瞬间眼前一片空白。对我来说约翰就像是领航员的手电筒那样照亮我的前进方向。"

约翰·列侬因为儿子肖恩出生而中断了始自一九七五年的音乐活动，专心顾家、带小孩。我对他身为音乐家的自觉感到失望，同时也觉得寂寞。不过事隔七年，约翰打破漫长的沉默又发行了专辑《Double

Fantasy》，重新开始音乐活动。在起步关头出这种事，我真的是觉得他受到了诅咒。让我看清脚边的灯光消失，对我来说冲击真的很大。不过直到他过世的瞬间，我们这些约翰·列侬的粉丝都多多少少是在扮演他的分身不是吗？至少我觉得自己是这样。"约翰死了，你该自己独立啦"，感觉自己体内的另一个我正在这样呐喊。

新年揭幕，自一九八一年一月二日，我开始在涩谷西武百货召开大规模个展。将二十几年来制作的设计、绘画、版画、录像等几乎所有作品都展示了出来。邀请深泽七郎、濑户内晴美、大岛渚、半村良[1]、细野晴臣、系井重里、西城秀树、荒木经惟为贵宾，在展览期间进行对谈和演讲。这个大规模个展仿佛是我内在的画家宣言，代表我从设计迈向艺术，在我心中兼具死亡与再生的意义，不过我并没有明确表达我的想法。这是我在纽约现代美术馆毕加索展上决定自己要转型成为一个画家的第一个现实表现。我的弱点是如果不以这样的形式将内在问题转化到外在世界，就没办法百分之百下定决心，必须先把形式做出来。

我妻子在展览期间病倒，被救护车送到医院，结果演变成必须长期住院。妻子住院之后，我的生活平衡马上崩溃。而且祸不单行，眼前又出现另外一个头痛的问题，那就是我大女儿的学校状况。她当时读高中一年级，结果暑假结束新学期开始时，她最喜欢的老师离职，

1　半村良（1933—2002）：日本小说家，生于东京，东京都立两国高等学校毕业。1971 年，出版《石头的血脉》，开创了日后风行不衰的"传奇 SF 小说"大众文学，次年获得星云奖。此后，半村良的创作欲日趋强烈，出版了一大批经典著作，如《军靴的响动》《战国自卫队》等。1973 年获得泉镜花文学奖，1975 年更以人情小说《异雨》夺得直木奖。

原因不明，让她备受打击。她对学校的不满日复一日增加，最后拒绝上学的次数也变多。导师找我去讨论她的态度，变成必须去和老师碰面。

她平常对于学校生活没有什么意见，如果对老师不爽会跟我说。我和老师讨论的过程中，发现几个我自己完全无法理解的问题。我觉得教育方式无视学生的个性，齐头要求符合标准不是导师个人的问题，是学校，或者是教育制度本身的问题，所以就当场申请要让女儿退学。继大儿子之后连女儿都退学，这全部都是我身为父亲的责任，不过我也觉得应该有别的出路。女儿似乎完全没有想过我会让她退学，可是她自己应该和老大那时候一样，内心是期望退学的。

我觉得这件事情最好不要让住院的太太知道，就暂时保持沉默。可是老婆知道这件事情之后跟我说再拜托学校一次，希望能够请他们收留女儿，我自己完全没有兴致这样做。女儿突然变成自由之身，啥也不干整天待在家里滚来滚去。看到她这样我又真的是非常担心，开始对她说要不要去某间专门学校或者去工作？

"是爸爸要我退学的啊。就负责任来说替我想一下出路不是也应该吗？"我反倒被她这样数落。于是我将女儿托给我认识的某位知名电影演员，让她在那边学习表演和跳舞。在那儿担任讲师的美轮明宏在我和女儿面前说："因果啊，因果啊。"这句暗示性的话听起来好像演艺界里面暗藏什么恐怖的特殊世界一样。不过对我来说女儿的问题就此告一段落，总算松了一口气。

因谷内六郎过世非常哀伤

我对办公室的人说过除了生死攸关的问题之外，绝对禁止打电话到我旅行的目的地。我在故乡西胁和久违的同学们团聚，在什锦烧店畅谈令人怀念的往事。就在这时，办公室打来电话。我知道自己瞬间面色发青，因为除了生死攸关的事情之外办公室应该不会有电话打来。

办公室的工藤用沉痛的声音小声说。

"不知道您是否已经听说？"这样的话会让人心跳暂停。

"听说什么？！"

"谷内六郎¹过世了。"说的这是什么蠢话，我从东京出发当天才和谷内先生讲过电话不是吗？我最近才和谷内先生一起在编谷内六郎作品集编到一半啊。而且这几个月见面频繁，还约定说要替彼此画油画。后来谷内先生在我达成约定之前就先画完，让我吓了一跳啊。不过仔细想想我和谷内先生最后那通电话的内容和他讲话的方式，让我想起当时已经感受到某种怪异的气氛。

"希望你把作品集里面描绘死亡意象的图全部都抽掉。拜托你了。"当时我觉得谷内先生的语调非常强硬，不知不觉就回道："我知道了。"可是描绘死亡主题的黑暗作品正是谷内先生的高明之处，谷内先生应该也很认同这件事才对。

"虽然周刊杂志的封面希望看到蓝天，可是我却想要画出更恐怖的

作品。所以横尾先生，一起来画油画吧。"谷内先生以前说过这种话，为什么会突然要我把死亡意象的作品从作品集里面抽掉？如果把这件事情和谷内先生的死连在一起，只会让我觉得那通电话事实上是谷内先生的死亡预告。同学会进行到一半我就马上赶回东京，在我们两人独处的房里陪伴躺在棺木中的谷内六郎，一边喃喃着后悔的心情一边替遗容面具（death mask）画速写。

想到那位个子高高、散发发出油香味的谷内先生再也不会走进我家大门玄关，就觉得非常寂寞。心灵相通的朋友接连回归彼岸，令人眷恋的人数不断攀升，唏嘘不已。

蓝天好不容易从阴翳的冬日云间露脸，我也从悲伤中重新站起来，就在这时，工作大量涌进仿佛要将阴霾一扫而空。那是神户港湾博览会[2]的海报，此外近畿邮政局也委托我设计会场临时邮局使用的纪念邮戳。高中时期，我为将来要成为画家还是去邮局工作感到非常烦恼，有一阵子对"邮政"很感兴趣，甚至把它当成是自己的志愿。对我来说，这次邮政局委托我设计附带公定日期的纪念油戳是非常光荣的事。活动海报我用亚克力颜料以绘画方式描绘了三美神。

另一件工作是九重师傅[3]委托我替千代的富士设计仪式腰带。师傅以前在场边就注意到我替贵之花设计的仪式腰带，不过这次的状况是

2　神户港湾博览会：于1981年3月20日至9月15日举办，主题是"创造新的'海的文化都市'"，辅助主题是"有魅力的未来都市""二十一世纪的港口和生活""作为广场的太平洋"等。

3　九重师傅：指日本相扑协会的年寄名迹之一。所谓年寄名迹，是日本相扑协会的"年寄名迹目录"中所记载的年寄名称，一般称为年寄株、亲方株。年寄名迹是担任日本相扑协会的役员，创立相扑部屋培育弟子所必需的资格。

我在某个杂志上发送"爱的讯息"表示希望能够替千代的富士设计仪式腰带，吸引到师傅的目光所以才得以实现。

千代的富士怕狗，单单听到我家养的谢德兰牧羊犬（西城秀树送我的）在玄关叫，他就高举双手退后三步，有点出乎我的意料。此外，看电视的时候年轻漫才师横向摆头做出的奇妙动作马上就吸引了他，不知不觉做出相同动作让我瞬间爆笑。在新干线车厢遇到的时候，他是要在名古屋下车，当时还特地跑来我的座位问候，态度真的是非常周到，让我觉得非常不好意思。

我和"一之谷大战"的因缘

某天濑户内晴美小姐打电话来："四国加藤汽船的老板正在建四国村，请我设计诗签，你要不要帮忙设计？"

"诗签不是应该要像高岛易断[1]那类钻研很深的人才有办法做吗？"

"不用那么在意啦。只要写恋人会出现，或者会有对象之类的，大家就都会很高兴。"

"如果这么轻松的话，我可以做做看。"

"话说那个老板是一个非常厉害的 condom（保险套）收藏家噢，值得一看。"

比起诗签我对保险套更感兴趣，就和濑户内小姐还有太太一起跑

1　高岛易断（高岛嘉右卫门，1832—1914）：字吞象，日本神奈川县士族。生于正值动乱的明治，因犯禁下狱。狱中得《周易》上下经二卷，如获至宝，日夜展读，乃至娴熟贯通。七年后出狱，奋发淬励，终以易占闻名。他精通卦象，演绎中肯，义理畅达，著有《增补高岛断易》一书，在日本被尊崇为"易圣"。

去四国。老板家宅客厅里面陈列了无数的佛像,似乎是他很自豪的收藏。聊天话题始终在谈诗签,完全没提到保险套。我对着濑户内小姐的耳朵小声说:"请你叫他早点让我看看保险套的收藏啦。"

"啊?!保险套?!"濑户内小姐嘴里发出非常离谱的声音。老板夫妻也露出惊讶的表情。"谁跟你说 condom 啦,我说的是 condoubutsu(金铜佛),你真的是个笨蛋耶。"原来屋里陈列的佛像就是金铜佛。

当晚我和妻子在大阪机场和濑户内小姐告别,前往须磨山中的一间旅馆。去旅馆是要和制作人贝山知弘[2]先生会合,隔天要去拜托筒井康隆[3]先生写电影剧本。

抵达的时候,贝山先生已经入住了。他一看到我就说:"你和我对调一下西式房间好不好?"比起和室我更喜欢西式房间,就和他交换卧房。换到的房间在面对大厅阶梯底下的斜面,感觉位于在半地下的地方,老实说很暗、气氛很闷,而且一直闻到霉味。我知道制作人一定也是觉得不舒服才想要换到我的房间,可是事情已经讲好只能忍下来。

半夜楼上大厅突然传来无数马蹄声和"哇呜——"这样的呼喊声。我被那声音吵醒睁开眼睛。可是不知为何感觉好像是把脸泡进墨汁里面那样一片漆黑。我在这深深的黑暗中尽可能睁大眼睛。房间好不容

---

2 贝山知弘(1933—):早稻田大学毕业后进入东宝电影公司,负责制作了 13 部电影。代表作有《狙击》(1968)、《雨城阿姆斯特丹》(雨のアムステルダム)(1975)、《初恋》(はつ恋)(1975)等。独立后,任职富士电视台／学研投资的《南极物语》(1983)总制作人。近年以家庭影音欣赏评论家身份活跃发表文字。

3 筒井康隆(1934—):日本小说家、科幻作家和演员,生于大阪。早期以科幻、推理小说闻名,作品多带有讽喻成分。曾经多次荣获星云奖与紫绶勋章。其较为国人熟悉的作品是改编为日剧的《富豪刑事》(ふごうけいじ),以及曾改编为电影及电视剧的《穿越时空的少女》。

易浮现轮廓。这表示户外苍白的晨意已经逼近。突然间,我脑中浮现"般若心经"这几个字。这时,我想起昨天濑户内小姐从她姐姐那间濑户内佛具店的店头抽了一本小经书塞进我衬衫口袋。我赶紧打开经书大声念了两轮经。

妻子说她很不舒服,跑到像是白夜那样苍白的屋外。不一会儿脸色大变地回来。"这是什么地方你知道吗?"

"不知道。"

"外面写说这里是发生源平大战[1]的一之谷啊。"

这样说来,奔马和鼓舞声该不会是来自"一之谷大战"吧。

"还有更惊人的事咧。饭店前面那座桥架设的日期和你的生日是同一天。"

我和濑户内小姐前几天登上屋岛,眺望坛之浦的时候才听她提到源平大战的故事。这件事情后来还有后续,回到东京之后音乐家深町纯[2]马上跑来,说他在做以平家为主题的音乐,想要请我设计唱片封套。专辑里细腻呈现了骑兵奔跑的声音和鼓舞士气的呼喊,尾声则以《般若心经》收束做结。

---

1 源平大战:史称"治承·寿永之乱",指日本平安时代末期,1180年至1185年的六年间,源氏和平氏两大武士家族为争夺权力而展开的一系列战争的总称。

2 深町纯(1946—2001):日本电子乐演奏家、电子琴演奏家、编曲家和作曲家。生于东京涩谷区的原宿,是家中的长子。两岁时接触钢琴曲,三岁学琴,被称誉为"神童"。从高中开始便开始担任歌剧乐曲的指挥及演出。在东京艺术大学就学期间的戏剧公演中,他负责制作改编自陀思妥耶夫斯基小说《白痴》的戏剧音乐部分,自此展开其音乐生涯。此后他开始成为作曲家、编曲家和各类艺术团体的主要成员,为许多音乐界人士(如井上阳水、泽田研二、五轮真弓、加藤登纪子、山口百惠等人)创作专辑,并负责许多音乐剧、电影、电视剧和动漫的音乐制作。

阿姆斯特丹的日本日

六月是我的诞生月，可是每年一到这个时期我的身体都会出问题。这一年也因为太疲劳导致住院，必须休养三个月。我在病床上为住院时收到的花和水果，还有来探望我的人画素描，以《横尾忠则画帖》为名由美术出版社出版。这本书中我有和艺评家东野芳明做对谈，不过话题一直兜不上，最后还是两人各说各话。东野先生不认为设计、插画和绘画究竟有哪里不一样，认为只是孰好孰坏的问题而已。相较之下我可以清楚做出区别，可是我的说明不是很清楚，虽然就感觉来说可以判断，可是要用语言和逻辑来解释我就完全没了自信。

谷内六郎强硬要求排除掉以死为意象的插画，不过我和谷内夫人讨论之后还是把它们收进作品当中，以《谷内六郎幻想记》为题由骎骎堂出版，此外《谷内六郎绘本岁时记》也在我的监修之下由新潮文库出版。同时我监修的"谷内六郎先生展览会"，也在池袋西武百货还有其他地方召开。将纯洁无瑕又朴实的谷内先生的精神尽可能传达给更多人知道，也是我创作的一部分。此外，经手这个工作也让我觉得自己和谷内先生的灵魂更加紧密共鸣。

谷内先生书籍出版和展的作业结束之后，我获邀在阿姆斯特丹的日本日（Japan Day）出席。抵达阿姆斯特丹当天我就开始发高烧，除了演讲之外整天都躺在饭店房间里。阿姆斯特丹活动结束之后我和一同出席的永井一正去巴黎玩。先前亚斯本设计会议的时候我也是和永井先生一天到晚一起行动，因为我们从以前就熟悉彼此的本性所以觉得旅行应该会很有趣。不过我们两个都很懒惰，最后多半都待在咖啡店之类的地方聊一整天。

话虽如此，我们也还是有各自行动的机会。有天我朋友时尚设计师熊谷登喜夫[1]邀我去参观市区。加上东野先生[2]时不时就来巴黎，所以我们也常碰面。东野先生说他要去拜访知名的女画家妮基·德·桑法勒[3]，所以我也一起跟去她家。长长的红色鸟羽竖在她的头发上，全身穿着一件像辣椒一样的大红衣服，窈窕纤瘦的身材让我印象深刻：是位美女。尤其她那形状怪异的嘴唇动起来非常性感诱人，我简直就像失魂落魄一般盯着她一点也看不厌。

她的屋子好像是改造农舍那样形状横长，经常曝光的胖女人系列雕刻作品随性搁在庭院里。家里就是三个人：她、她的小女儿、一个美国来的年轻男子。男子身材像演泰山的莱克斯·巴克（Lex Barker），某一天跑来拜访这间房子，非常喜欢，就自作主张说："这里是我家。"之后就一直住在这边。妮基说她男朋友尚·丁格利[4]也

1　熊谷登喜夫（1947—1987）：生于宫城县仙台市，文化服装学院毕业，日本时装设计师，并创立同名服装品牌。

2　东野先生：应该是指前文提到的东野芳明。

3　妮基·德·桑法勒（Niki de Saint Phalle, 1930—2002）：法国雕塑师、画家和电影导演。生于巴黎塞纳－马恩省河畔纳伊。1933 年大萧条时举家搬到美国。青少年时曾做过时装模特，十六岁时登上《Life》杂志的封面，1952 年上了《VOGUE》11 月号封面。十八岁时，桑法勒与她从十二岁起认识的作者哈利·马修私奔，并搬到马萨诸塞州的剑桥生活。当她的丈夫在哈佛大学学习音乐时，桑法勒开始作画，尝试使用不同的媒介和风格。1956 年，结识了瑞士艺术家尚·丁格利后更开启了她的艺术门扉。

4　尚·丁格利（Jean Tinguely, 1925—1991）：瑞士达达主义画家、雕刻家，以机动艺术创作闻名。作品常常在暗讽文明工业社会中盲目生产过剩的现象。为了发展艺术生涯，1952 年与第一任配偶瑞士艺术家伊娃·艾皮里（Eva Aeppli）迁居法国。1954 年 5 月在巴黎阿贺诺画廊（Galerie Arnaud）举办首次展览。他被视为 20 世纪中期巴黎的前卫艺术家。

是雕刻家，偶尔也会来家里。家里隔出好几间房间，每个房间里面好像都在做不同的作品。除了雕刻之外她好像也有在创作绘画和版画。她拿最近的版画作品给我看，我觉得真的太棒，不禁感叹，结果她就签名送我当礼物。我听到房里流泄着冥想式的印度音乐也很感动，她说："这张唱片一般店里就有在卖，可以送你。"就把唱片给了我。

东野先生说有个青年现在正在巴黎研究达达，想要介绍给我认识。之后我和一个名叫伊东顺二[5]的男子碰面。他热情地跟我表示不久之后他想要回日本发表更激进的艺术批评。批判日本艺术把设计之类的次文化和艺术混为一谈。

我在巴黎最大的收获是走访巴黎现代美术馆[6]举办的"巴洛克81"（Baroques' 81）这个新表现主义[7]绘画展。除了耶洛和詹妮弗·巴特利特之外，其他艺术家的名字我几乎都是第一次听到。譬如说乔纳森·博罗夫斯基（Jonathan Borofsky）、桑德罗·基亚[8]、弗朗西斯科·克莱门

5　伊东顺二（1952— ）：美术评论家，曾任富山大学艺术文化系教授。

6　巴黎现代美术馆：Musée d' Art Moderne de la Ville de Paris，始建于 1937 年 "世界博览会" 时，并于 1961 年正式对外开放，巴黎最大的市立美术馆，其主要收藏品为 20 世纪初到 1930 年代的法国现代艺术家的作品，包含绘画、家具、立体的雕刻作品等。

7　新表现主义：Neo-expressionism，出现于 1970 年代，是为了对抗主宰现代绘画的抽象风格。这个运动以强烈、情感丰富的内容为特色，刻意使用未经加工的素材，一反西方绘画拼命简约冷静的抽象和对传统绘画形式的否定，开始重新回到具象的、用颜料和画布构成的绘画上，这种风气席卷了欧美，成为 1980 年代西方艺术的新潮流。

8　桑德罗·基亚（Sandro Chia, 1946— ）：意大利超前卫画派的代表艺术家，始终按照自己的方式创作，绘画风格对国际艺术界产生了重大影响。他的画作经常在许多重要的博物馆、美术馆、画廊展出，参加过巴黎双年展、圣保罗双年展和无数次威尼斯双年展，许多作品被美国纽约现代艺术博物馆、伦敦泰特美术馆、瑞士洛桑当代艺术博物馆等 30 多个博物馆、美术馆收藏，流传甚广。

特[1]、朱利安·施纳贝尔[2]、西格玛尔·波尔克[3]、A.R.彭克[4]、乔治·巴塞利兹[5]等。这些作品看起来每个人都在尽情展现绘画的快乐。我想要画画的冲动就是和这群创作者相通的。看到这次"巴洛克81"展之后，我可以肯定我的冲动绝对不是单单属于我个人，而是和他们的集体潜意识相互连通。回国之后我偶尔遇过几个看过这次展览的朋友，但是大家都异口同声表示"烂透了"。话说回来，这些人如今没有一个有办法再说这些参展创作者们的坏话。

我只为了那一分钟跑去汉堡?!

Gallery Watari[6]将我在巴黎等地拍的照片连同住院画的素描（drawing）合并在一起，在年终之际举办个展。接着我在跨年时又前往欧洲。这趟旅行是为了出席在德国汉堡举办的"日本摄影与平面设计展"研讨会。配合这次展览，汉堡工艺美术馆也举办了我的平面作品个展。

---

1 弗朗西斯科·克莱门特（Francesco Clemente，1952— ）：意裔美籍艺术家。

2 朱利安·施纳贝尔（Julian Schnabel，1951— ）：美国艺术家和电影导演，曾获得金球奖最佳导演奖以及奥斯卡金像奖提名。

3 西格玛尔·波尔克（Sigmar Polke，1941—2010）：德国画家及摄影家，是战后最重要的波普艺术代表人物之一。1953年与家人由东德逃往西德杜塞尔多夫（Dusseldorf）定居，首次见识到西德经济奇迹所带来的冲击与矛盾，"消费"与"媒体"等出现在自由国度的主题也成为此后艺术创作的核心。

4 A.R.彭克（A.R.Penc,1939—2017）：德国画家、版画家和雕塑家。在东德接受艺术教育，后来到了西德。1970年代末1980年代初，参与了德国新表现主义美术潮流。在原来表现主义的基础上，他参照了未来主义、形而上画派的表现语言，吸收了1950年代以来一些流派的手法，使现代艺术具有新的反叛精神。

5 乔治·巴塞利兹（Georg Baselitz，1938— ）：生于德国萨克森。通常被归类为新野兽派（Neue Wilde）或新表现主义的重要艺术家，曾被票选为20世纪最重要的艺术家前五十名。

6 Gallery Watari：位于表参道，后改称为"ワタリウム美術館"，于1990年再次开馆。

研讨会除了我之外，还邀请了藤原新也[7]、十文字美信[8]、藤井秀树[9]三位摄影师。

原本我们每个人都应该要在宽敞的会场里演讲，藤原新也谈起他在美国出外景拍摄穿和服的女性照片，可是谈完钱的话题就结束了。日本人应该会觉得有趣，可是德国人好像完全不吃这一套。因为他们期待听到更多和摄影艺术相关的内容。接下来换我上阵。

前几天我的口译员想要针对我的演讲内容事先做点功课，说想要跟我讨论。我说不开口我自己也不知道会说什么，没办法讨论就拒绝了。大家可能会觉得我和口译关系不是很好，但是我可非常照顾这位日德混血的美女口译。虽然觉得应该要尽量和她更亲近一点，可是在演讲内容上还是没有办法响应她的要求。

口译就在惴惴不安的状况下上台站在我身边。她的侧脸美得让我失神。演讲才开始不到一分钟，这位美女口译就跟我说有些词她没有办法翻译，可不可以换别的表达方式。当时我正在说"流行就像是从伤口喷出的脓那样……"她好像无论如何都不想要用"脓"这个字。

"我的身体流着一半日本人的血，身为一个日本人我没有办法用这么脏的字眼。"

"你是口译对吧，干吗加进自己的主观意见？"

接下来就演变成台上和她大吵起来。我表示说自己绝对不要让这

---

7 藤原新也（1944— ）：日本作家、摄影家。

8 十文字美信（1947— ）：日本摄影家，广告创意人，同时也是多摩美术大学教授。

9 藤井秀树（1934—2010）：摄影家。日本大学中辍，跟随秋山庄太郎学习。历经妇人生活社等工作，于1963年独立。他活跃于广告摄影领域，也曾在欧洲举办个展。2003年任日本摄影艺术职业学校校长。

个翻译帮我翻，要求更换其他翻译，可是主办单位表示每个译者都有各自负责的工作没有办法换。这时候我就下台。自己到底跑来汉堡干吗？难道是为了讲这一分钟大费周章搭飞机？最后汉堡工艺美术馆的馆长出来收场，代替我讲解我的创作论。

汉堡下午的天色微暗得像黄昏一样阴沉。沉郁的气氛覆盖整座城市，仿佛像是将我因为口译事件感到丧气的心情如实展现出来。只有汉堡那条驻扎橱窗女郎的知名大街像异世界般还在闪闪发光。我让两位知名德国摄影师拍摄个人照之后，就带着照片和藤原新也飞往伦敦。

我们两位在机舱里看到睽违多日的耀眼阳光出现在云海上都非常感动。先前预订的伦敦饭店烂到就算在印度也完全不会看上眼，是工人和一些乍看之下很穷的印度人徘徊的场所。伊甸饭店名不符实。我赶紧联络我朋友——时装设计师桑德拉·罗德斯[1]。她叫我一定要去住她家。我被分配到的床铺还有顶篷，简直像是白雪公主睡的那种。

我一回国就必须开始准备六月二十七日生日那天要在南天子画廊开幕的个展。虽然准备好十张一五〇到二〇〇号的画布，可是没有地方可以作画。这时候我直接去寻访成城那一带的人房子，和我太太挨家挨户请教说如果家里有一个闲置的空间能不能借我画画，最后终于找到一家愿意借我。在我转换方向改行当画家的时候收入大幅下滑，别人都会担心问说你太太还真是很支持你，不过其实最高兴的就是她。所以她也拼命帮我找工作室。

1　桑德拉·罗德斯（Zandra Rhodes，1940—）：英国时装设计师，生于英国肯特郡。是将伦敦推向1970年代时尚前线的英国设计师之一。她的设计一直延续着透明光亮的风格，独特、夸张且优美，大胆且娇柔，经久不衰。

虽然我将画画的冲动摆在前面，可是我自己也搞不清楚想要用什么方式、画什么主题，就这样开始创作。主题什么都好，可是我并没有自信真的可以做得很像样。画画和设计不一样，没有限制和条件，却反过来让人感到如此痛苦，每天都切身在体会这样的感觉。明明要用什么样的风格来画什么都是作者的自由，任何人都无法剥夺这种自由，可是不知为何我却独自迷失其中。

我几乎都是从印刷品的照片或者是电影侧拍的照片里面挑选灵感素材，拼贴好几张画面将它们叠合在一起，用这样的方法画。有时候也会像设计那样将字体图案（lettering）画进去。大家对于个展的感想都很分歧"很有魄力""没办法摆脱设计的影子""还没有办法掌握媒材的质感""为什么要画画""在发表画家宣言之前他就已经是个画家"……批判的声音似乎比较多。不过这时候的作品已被五个美术馆收购纳为馆藏。

媒体取了"画家宣言"的标题

个展开始之前有好几份报纸和杂志报道了我的"画家宣言"。不过"画家宣言"这个词是媒体自己取的。以前我在报纸上发布死讯的时候写过"死亡宣言"。接着是因为交通事故歇业的时候写过"休息宣言"。不管怎么说"宣言"好像都一直跟在我身边。因此这回"画家宣言"也被报道成"设计引退宣言"。明明我并没有要放弃设计这种表现媒介。说什么带着设计的影子，我只不过是将设计灵感的坐标轴转移到艺术性（？）的面向罢了。现在设计的工作案也变少了。为了要让创作和人生合而为一，手段又不是原本营生的设计，那对我来说绘画就是最容易接受的选择。

　　然而我又确实需要画家这个头衔，而不是设计师的头衔。他者和社会真的都非常看重头衔。我知道用设计师的头衔发表绘画作品到头来只会被社会大众当成是一种设计师的余兴消遣，所以我必须证明自己是铁了心以画家的身份在画图。而且我也认认识到观众的眼睛非常无情，只会越来越严格。

　　在我发表绘画创作的同时，不知是否是我多心，国外的海报展邀请也开始迅速增加。虽然个展告一段落，可是我的心却静不下来。因为我对世界艺术第一线的走向非常在意。我在当设计师的时候对于这种事情完全不关心，除了几个在世界上相当活跃的设计师的名字之外我几乎一无所知。谁在做什么作品和我没什么关系，因为只有我在做的工作才是真实。过去一向如此。然而我内心当时受到的这份艺术动摇究竟又是怎么一回事。

　　总之就在这个时候，我想要确认世界最尖端的领域正在发生的现象，觉得德国卡塞尔（Kassel）举办的"文献展"[1]是了解世界艺坛的最佳机会，就硬是邀请东野先生和南天子画廊的青木先生跟我一起去参加。因为我觉得他们两位也应该要见识一下那热闹奔放的现场。之所以这样，是希望他们可以用国际水平的视角来看待我正在做的事。

　　卡塞尔是接近东西德国境[2]的小型地方城市，不过每四年[3]召开的"文

1　文献展：卡塞尔文献展（Kassel Documenta），是世界最著名的艺术展览之一，在德国城市卡塞尔每五年举办一次，与巴西圣保罗双年展、威尼斯双年展，并称为世界三大艺术展。

2　东西德国境：第二次世界大战之后德国分裂成东德和西德，直到1989年柏林墙倒塌，才重新统一。

3　每四年：随着筹备时间不同，起初大约每四年举办一次，后来大约都是每五年举办一次。

献展"却是足以决定全世界当代艺术方向的重要展览，长期受到重视。当年的"文献展"展出的所谓新表现主义绘画、新绘画[4]、超前卫[5]，清一色是东野先生所谓的劣画（bad painting）。巴黎"巴洛克81"展的参展画家们大部分也都理所当然获邀参加。我完全处在一种兴奋状态。东野先生和青木先生则保持着相当的距离冷眼旁观。感觉日本完全被抛在后头，没有跟上现在全世界正在出现的转变。当代艺术最前线是日本最讨厌的具象绘画，日本到底会怎样去接受这个现实呢？我认为在日本艺术界尚未接受这个现象的状况之下，我在做的事情不会获得任何认同。

虽然在日本没有办法亲眼看到原作，可是国外的新绘画逐渐透过印刷品被引介到日本。况且不是美术杂志，而是《BRUTUS》等以年轻人为对象的信息杂志率先发起。随着国外的信息散播到日本，部分艺评家将我描述为外国风潮的模仿跟班（epigonen），连说我是朱利安·施纳贝尔，或者说我是小丑的批评家也都出现了。

卡塞尔的行程结束之后，我和东野先生前往巴黎，去拜访住在南法尼姆（Nimes）的画家布罕[6]。他不停反复画着像是蚕豆那样的纹样。

---

4 新绘画：New Painting，1980年代之后，全世界都开始追求新的绘画风潮。德国、意大利、美国大约在同时出现一批新作者，被命名为"New Painting"，有时也称为"新表现主义"。反抗1970年代讲究概念、禁欲的艺术潮流，运用激烈的笔触和大胆的颜色，关注现代社会内在的危机和疑虑，积极肯定世俗性。

5 超前卫：Transavantgarde，诞生于1970年代末1980年代初，提出绘画要"重新回到创作的中心，回到构成创作的理由"，与极简主义和观念艺术的沉稳不同，超前卫是在新的能量和激情中寻求与观众的直接接触，素描和绘画再次成为他们创作的中心，提笔绘画的手又成为艺术家与世界的中介，赋予个人和情感想象更大的生命力。

6 布罕：原文ビュラン，不确定是否指丹尼尔·布罕（Daniel Buren），因为丹尼尔当时已经相当有名。丹尼尔·布罕最著名的风格是直线条纹，而不是蚕豆曲线，不过确实是对单一样式相当执着。

他对单一种样式非常执着，执着到竟然能够持续进行完全相同的动作丝毫不会腻。他以前似乎当过斗牛士，拿了很多没发表过的具象素描给我看。这些素描完全不一样，和那些蚕豆纹样的作品一点也联系不起来。

我们从尼姆回到巴黎，和从日本飞来采购版画的西武百货的斋藤先生会合，一起去伦敦。到伦敦去彼得堡出版（Petersburg Press）等他们采买大卫·霍克尼的版画，还去拜访霍克尼的工作室，待了两三天，才和东野先生两个人一起回国。

这一年的年底，我还跑去洛杉矶和纽约。不知不觉间，SoHo 区的画廊开始充满活力，不管走到哪里，举目所及都是新绘画。

美輪明宏の「予言」

距离上次去美国旅行又过去两年了。以前出国旅行几乎都是自费，不过继上次美国旅行之后，这回又有人赞助了。有位朋友想进口当代艺术家制作的海报，拜托我陪他去选。假使可以收集到很多的话，我也想要编一本海报集。由于洛杉矶有间画廊在卖我的海报，我们准备先到洛杉矶，之后再去纽约，于十二月一日出发。

虽然是第二次到洛杉矶，可是感觉却像是第一次来。土地宽阔，到处都是车，路上几乎看不到人。此外到处都见不到小孩，让人感觉很不舒服。不过到了夕阳西下的日暮时分，架设"HOLLY-WOOD"巨大文字招牌的山丘染上烈焰般的红色背景，行道树的椰子化为剪影，又添上一层南洋的气氛。虽然不知该怎样描述，不过整座城市散发着电影之都的气息，让我觉得非常神奇。

我们一到"洛城"就和派拉蒙电影的副社长吃饭。我的朋友设计师罗德·代尔[1]把她邀请来自己家介绍给我认识。罗德手上缠着白色的

1　罗德·代尔（Rod Dyer, 1937— ）:平面设计师。曾经经手许多世界知名的商标和符号，包含迪士尼频道、派拉蒙电影、伊士曼柯达、二十世纪福克斯等。代尔在南非时就开始在广告公司工作，1960 年移民到美国，与伊姆斯（Charles Eames）、Carson/Roberts AdverCharles Eames、Capitol Recordstising 等合作。1967 年在洛杉矶创立自己的工作室，开始替几乎所有主流唱片厂牌设计封套，并连连获奖，扩张成涉及娱乐产业各层面的跨国公司。

绷带，说他在派拉蒙公司因为电影海报设计的事情和人吵架打破窗玻璃。说不定也是因为这样才会找副社长来。

在洛杉矶收集海报没有什么收获，和我们原先预期的相反。不过对我而言还是很有趣的际遇。在"Heaven"这家在日本也相当知名的主题商品店的轻食菜单上，所有菜色都用艺术家的名字来命名。我的"THE TADANORI YOKOO"是双倍照烧鸡，要价三美元九十五分。在这种地方也显现出和日本相比，在美国艺术家的名声更为普及。这也是艺术和大众紧密相连的证据。

我们很快就离开洛城前往纽约。住在萨尔瓦多·达利经常入住的圣瑞吉饭店（St. Regis Hotels）。我在餐厅突然回想起贾斯培·琼斯以前告诉过我一个故事。达利来纽约的时候，琼斯认识的一个年轻画家在当出租车司机兼差，偶然载到达利。因为年轻画家说："我也是画家，能够有机会载你真的很荣幸。"达利抵达圣瑞吉饭店下车后没付钱就这样大摇大摆走进旅馆。愤怒的年轻画家追在后面说："我还只是个名不见经传的画家，你以为你是什么？"展现出非常有气势的样子，达利大吃一惊就付钱了。想到我们住的地方是达利住的旅馆，就觉得自己好像也变成大师，心情很爽。

我们在洛杉矶完全感受不到圣诞节将近，不过一到纽约，路上的霓虹灯全部都做了圣诞节的装饰，到处都听得到祝贺圣诞节的"Jingle Bell"。待在街上汹涌的人潮中，我们这些旅行者也仿佛感受到年末忙乱的气氛，心情跟着骚动起来。由于我家老大在夏威夷上了一年语言学校之后转往旧金山的摄影学校就读，就找他来当我们在纽约的翻译。想要收集当代艺术的海报必须要先懂艺术，所以我就带他们去逛美术馆和画廊。我们在我第一次来纽约举办个展的原作海报画廊买了大量海报，同行大致达成目的后就回国了，只剩我自己留在纽约。同时我也和老大离开饭店，搬去辛卡印刷川西浩史的工作室。

和贾斯培·琼斯还有詹妮弗·巴特利特碰面之后，他们都很关心我开始画画这件事，两个人都问我："画画开心吗？"我一回答："开心。"他们就说："那太好了。"

不过我真正的感觉并不是这样。事实上很痛苦。因为我完全陷进迷宫当中，不知道要用什么方法画什么题材才好。而且我连自己身在什么位置都搞不清楚。和老大离开纽约前往旧金山的时候我有去参观美术学校，我在那边看到的学生作品拥有非常强的说服力，远远超乎自己的作品，让我觉得自己好像应该金盆洗手离开绘画领域。我也反省说自己是走错路也说不定。不过纽约现代美术馆毕加索展将我的命运改变到冲动的方向，我没有办法抵抗这个事实。就算痛苦，只要我命当如此也就只能接受。这是我的人生，我只能在心中反复念着这句话。

我只在旧金山待了三天，除了绘画的痛苦之外过得都很愉快。我和卡洛斯·桑塔纳见面。一九六〇年代嬉皮文化原封不动像是保存在博物馆里面那样留在伯克利大学，我跑到那边沉浸在怀旧的气氛当中，把它当成庇护所暂时逃避命运的痛苦。那些像化石一样的嬉皮士只要待在这边，或许也能够躲过他们命运的痛苦吧。

我朋友版画家小田麻由美[1]住在旧金山深山里的一间禅修中心，我

1　小田麻由美（小田まゆみ，1941— ）：东京艺术大学毕业后，前往纽约的版画工房进修。后参加东京国际版画双年展等众多国际竞赛。以"女神"为创作概念描绘许多女性和自然联结的主题。作品获纽约现代美术馆、波士顿美术馆等众多美术馆收藏。她积极参与和平与环境运动，曾担任海牙国际法庭委员反对日本政府输送铈矿，并积极培育女性领导人才，推展结合有机农业与身心灵的生活。

跑去拜访她。心境处于这样的状态，真的非常想要接触很久以前（？）修过的禅。她一边种植蔬菜等作物，一边画着以蔬菜和天女为主题的作品。只要看作品就知道她和我不一样，处于非常好的精神状态。现在的我没有办法画这么宽容的画。我在开始画画的同时对于精神世界的追求彻底退步。仿佛画画这件事情和精神世界是对立的观念。

然而和她谈过之后，我发现自己追求内在精神世界的灯火还没有完全熄灭，了解到自己内心深处还点着相当微弱的小小火光。

"我有朋友在这附近山谷的田里看过 UFO 降落噢。"

听她这么一说，我发现自己对 UFO 的兴趣又涌上心头。

说不定，追寻精神世界对于我的绘画创作来说是一种不可或缺的条件？这时候我开始渐渐思考这件事情，不过自己还没有办法了解这两者究竟要怎么样联结在一起。

进行莫里斯·贝嘉的舞台设计

再过两周一九八二年就要结束，我将老人留在旧金山，匆匆忙忙跑回东京。从年末一直到一月没有一天可以休息。除夕夜我在画若岛津的仪式腰带，从元旦开始，《酒神》（Dionysos）的剧场设计原画制作又紧追在后，莫里斯·贝嘉[1]的比利时国立二十世纪芭蕾舞团[2]要在米

1　莫里斯·贝嘉（Maurice Béjart，1927—2007）：法国著名编舞家，与玛莎·葛兰姆、邓肯齐名。

2　比利时国立二十世纪芭蕾舞团：Ballet du xxe siecle，由著名舞蹈家莫里斯·贝嘉于 1960 年创立，是"莫里斯·贝嘉洛桑芭蕾舞团"（Bejart Ballet Lausanne）的前身。1986 年因比利时政府缩减经费预算，贝嘉带着舞团出走至瑞士洛桑，来年将舞团改名为"瑞士贝嘉洛桑芭蕾舞团"（Bejart Ballet Lausanne）。

兰的斯卡拉剧院³演出这部作品。比起新表现主义的画作，贝嘉说不定是想要我以前那种插画式的作品，可是我已经没办法回到过去的样子。我想贝嘉心中也有倾慕后现代式历史主义的部分。尼采在这支芭蕾舞作中也有出场，他是批判历史主义的。尼采主张过度的历史意识会压垮生命，所以对于个人、民族、文化而言，必须适度遗忘历史，强调创造精神和历史性的事物一样重要，都是人类健康不可或缺的要素。不过当代和尼采的时代已经不一样。当代似乎颠倒过来，正因为生命被压垮，所以我们必须对于历史性的事物再度重新评估。

一月的时候老大突然带着美国朋友回家。虽然是久违的全家团圆时刻，可是我还是一直忙碌，几乎没办法陪家人。其他的艺术工作还有大阪车站的壁画制作追在后面。心中也浮现疑问："这样下去好吗？"我请邻居熟识的一个占卜师帮我看一看，对方说我四十四岁的时候开始出现巨大的变化。那是我转向绘画的年纪。接着出现一颗星让我到五十三岁为止都会专心致力于艺术累积。此外，现在又进入了睽违已久的活跃期，做什么都好，可是绝对不可以丧气。说不定那种受挫的感受是一种度过这段艰困时期的考验。然而太太比我幸运，她拥有可以让所有坏事好转的力量。

因为《酒神》的素描已经完成到某个程度，我带着原稿前往日内瓦拜访正在演出歌剧《莎乐美》的贝嘉。先前预计会在当地进行非常辛苦的制作，太太为了照顾我的身体健康也跟我一起去，这是因为我

3　斯卡拉剧院: La Scala, 位于意大利米兰, 是世界最著名的歌剧院之一。于1778年8月3日正式启用, 当时名为 Nuovo Regio, 首日上演安东尼奥·萨列里的歌剧《欧罗巴的现身》(*L' Europa riconosciuta*)。

从美国回国之后身体状况就一直不好，她很担心。

我们在伦敦转机，降落到日内瓦机场的时候是一月十九日。我从这一天起就马上和贝嘉展开讨论。他说未来《酒神》里面可能会用古希腊音乐，请我务必听听看，我就和舞者乔治·顿（Jorge Itovich Donn）一起到他饭店房间听那神秘的音乐。我说："好像在听后现代的现代音乐一样，混合了各式各样的音乐类型。"贝嘉就答："文明是从一个地方发源接着散播到各处，不过现在我们要以折中的形式将各处的文化还原回源头的状态。这个状态本身就预言了世界末日。"这似乎是贝嘉敬奉的印度上师的看法。然而除了二十世纪末的气氛之外，似乎还有别的力量让我感到背脊溜过一股寒意。

日内瓦清晨的空气很凉。天上的海鸥抓准鸭子在雷曼湖水里捕捉猎物的那瞬间，扑向浮出水面的鸭背抢走猎物，画面非常有趣。我和妻子两人每天清晨都会走到雷曼湖湖畔欣赏这样的风景。

我和贝嘉连日进行讨论，不过他自己还没完全整合好演出计划就拜托我进行设计。然而，他的概念每天就像猫眼那样不停变来变去，不能被他的步调带着走。他频频要求我表现出暴力残酷的意象，喜欢这样的风格。筱山纪信曾经拍过三岛由纪夫扮演圣赛巴斯蒂安[1]，我以前借用那张照片搭配很多瓦格纳的肖像画过作品，他非常中意，还说希

1　圣赛巴斯蒂安（Saint Sebastian）：传统上认为死于公元 287 年 1 月 20 日。圣赛巴斯蒂安在 3 世纪基督教迫害时期，被罗马皇帝杀害。在文艺作品上，他被描绘成捆住后用乱箭射穿的形象。后来当罗马皇帝得知他还没有死时，用棍棒将其打死。另外一种故事则是：圣赛巴斯蒂安外貌非常俊美，高卢国王爱上了这个近卫队长，甚至希望赠以一半江山来得到圣赛巴斯蒂安的爱。但是赛巴斯蒂安是一个虔诚的基督教教徒，宁可被乱箭射死也不肯从命，最终以殉教结束了自己三十多岁的生命。

望就直接用这幅作品。由于贝嘉的喜好和我本来就有一致之处，所以我完全没有打算要依照他的要求去画。

我在日内瓦旅馆画完几幅追加的作品后，随着比利时国立二十世纪芭蕾舞团前往巴黎演出斯特拉文斯基的《彼得鲁什卡》(*Petrushka*)和《春之祭》，我也跟着移动到巴黎。在蒙帕纳斯饭店工作的成果不能说不好。贝嘉在巴黎有间公寓，乔治·顿也几乎天天晚上一起开会，每次我画的图都在增加。贝嘉的概念还在摆荡，也会为了刺激想象要求我画新图。

除了《酒神》的美术设计之外，丹麦博物馆委托我制作"日本展"的海报，巴黎广告美术馆[2]预计在秋天召开我的个展等也要开会，所以非常忙。不过不用工作的时候我也经常和住在巴黎研究当代艺术的伊东顺二、时尚设计师熊谷登喜夫、摄影师田原桂一[3]碰面。此外也经常去逛美术馆和画廊。尤其印象派美术馆马奈[4]那幅《草地上的午餐》让我非常震撼。对我而言这幅作品仿佛像是在散发灵性之光。再者，居斯塔夫·莫罗美术馆[5]也带给我同样的感动。

---

2 巴黎广告美术馆:Musée de la Publicité,1978 年开馆,18 世纪到第二次世界大战期间的海报收藏逾 5 万张,1950 年代迄今的海报展品亦不下此数,广告片超过 5 万部,报纸及杂志广告也有 3 万种之多。

3 田原桂一（1951—2017）:日本摄影家。生于京都,受祖父影响,中学时开始学习摄影。

4 马奈（Edouard Manet,1832—1883）:生在法国巴黎的写实派与印象派画家。他出身于一个富有家庭,从小便喜爱绘画,并立志要成为一位画家。1850 年进入托马斯·库迟尔画室,同时拼命吸取各派古典绘画大师的艺术精华。他的画风看之下应属于古典的写实派,人物细节相当具真实感。但他之所以也被归为印象派画家,在于他所画的主题,颠覆了写实派的保守思考。要画战争,就画冲突性高、被处决的画面。要画野餐,就画极具争议性的对比,裸女自然地坐在穿西服的绅士当中。明白宣示,印象派并不仅仅靠绘画技巧来与众不同,主题也可以重新思考的一个概念。

5 居斯塔夫·莫罗美术馆:象征派画家居斯塔夫·莫罗（Gustave Moreau,1826—1898）生前将住宅及作品捐给法国政府,因此有了这一座博物馆。居斯塔夫·莫罗为野兽派马蒂斯、鲁奥的指导老师,对现代艺术的影响很大。

日内瓦与巴黎二十天的行程结束，回国一个月后我接到通知，说贝嘉在排演时从舞台上掉下来骨折，因此米兰斯卡拉剧院的《酒神》公演突然取消。虽然贝嘉很失望，可是我也很震惊。不过像这种不可抗力导致的事情我都可以马上死心，所以并没有一直将它记挂在心上。就现实而言我也必须开始制作大阪车站内的壁画，所以一下子就对《酒神》死心了。我用陶瓷来作壁画。虽然对方给我的主题是"二十一世纪的大阪"，不过因为这段时期我还在摸索建立自己的风格，结果做出一幅风格完全看不出是谁、感觉很没有自信的作品。

寺山修司的死讯

这阵子我故乡西胁市出现美术馆的建设问题。出生于当地的高尾长松先生想要建设美术馆，捐了一笔建设经费给市政府。对于市政府来说，他们完全没有想过这种事，反而对于内容和经营方向感到相当烦恼。他们最初的构想是想盖"横尾纪念馆"，便跑来找我商量。不过我是现役的创作者，把我当成纪念对象我觉得很不好，所以反对美术馆取这个名字。结果选用建设当地的地名命名为"西胁市冈之山美术馆"[1]。内容方面先以我的平面作品来做常设展。当时我认为美术馆建筑本身就必须是文化与艺术的象征，提出条件建议市长务必请国际级的建筑师矶崎新来设计。

美术馆建设预定位于北纬一百三十五度和东经三十五度的交叉点，西胁市推估这个位置是日本的中心，替它取名为"日本的肚脐"。况且

1　西胁市冈之山美术馆：位于日本兵库县西胁市的"日本へそ公园"内，1984 年开馆。

"日本的肚脐"公园计划从两年前左右就开始进行，公园规划已经发包，连完成图的设计图都已经制作完毕。因为美术馆建设从天而降的关系，"日本的肚脐"公园计划就完全代换变成美术馆。哎呀，这个先不提，矶崎先生的美术馆设计是以火车车厢为概念，做出相当划时代的造型，由于 JR 谷川线平行经过美术馆旁边，车厢式的造型真的是非常对味，任何人看到这栋建筑应该都会觉得很开心吧。我对建筑还有市长选派的馆长冈泽熏郎 [2] 都抱着相当大的期待。

我和山口洋子 [3] 小姐一起去后乐园球场看巨人队对阪神队的比赛，在回家的出租车上听到了寺山修司过世的消息。虽然报道说他重病，可是大约十天前我去东急戏院的德国影展时才刚听过他演讲，实在没有办法相信他就这样突然过世。

我在电影院大厅见到寺山先生，他看起来的确脸色很差。虽然看起来很疲惫，他也不会在公众面前显现出来，所以当我听到他重病的消息时也只单纯当成是谣传。

"什么嘛，你有来啊。"他在大厅看到我，露出有点不好意思的表情笑着走过来。

我问他："还好吗？"

"一点也不好啊。"他露出有点空虚的神色回答。

"小横尾，你很有精神嘛。"

2　冈泽熏郎（1913—2004）：历经教师、西胁市助役（类似市长秘书）等职务，从 1955 年开始连续担任五届县议员。对文化艺术领域有相当研究，担任西胁市文化联盟会长和东播磨文化团体联合会长。

3　山口洋子（1937—2014）：日本作家、作词家，1985 年获得直木奖。

"实际上我都在抖。"

"话说回来，你有看过法斯宾德[1]吗？"

"今天第一次看，寺山先生要看之后放的法斯宾德吗？"

他什么也没说，露出感觉很累的表情。这就是我和寺山修司最后的对话。和他道别后隔天，某本杂志跑来提议我们对谈。我当然是接受，不过编辑那边回复我说寺山眼前必须整理原稿写东西，虽然很可惜，不过希望这次能够原谅他，最后对谈就没有进行。接着再过一天他就失去意识，从此再也没有醒过来。

我退出天井栈敷之后就几乎没再和寺山修司碰面。只有在宴会上碰面站着聊聊天的程度，两人之间的感情都冷却下来。不仅是他，我和一九六〇年代地下文化的朋友们几乎都疏远了。我觉得最大的理由是因为我投入精神世界的关系。许许多多以前的同伴应该都对我这种意料之外的转变怀抱疑问。

不过社会上确实有一部分人又开始兴起精神世界的风潮。

这年秋天，天井栈敷首部作品《青森县的驼背男》以寺山修司追悼公演的名义在涩谷西武剧场[2]再度登场，委托我做舞台设计和海报。我和寺山修司搭档节奏相当好，导演换了人，工作起来落差很大，做起来不是很满意。导演太讲究抽象概念，把寺山剧场中那种诗意的部

1　法斯宾德（Rainer Werner Maria Fassbinder, 1945—1982）：德国导演、演员和话剧作者，新德国电影最重要的代表人物之一。生于德国巴伐利亚州巴特－弗里斯霍芬，逝世于慕尼黑。他的死被视为是新德国电影的结束。

2　西武剧场：PARCO 剧场，位于东京涩谷，有 9 层楼，1973 年以"西武剧场"开始营业，1985 年更名为 PARCO 剧场至今。有容纳 458 个座席的大厅与小规模的院厅。

分全部删掉，让戏变成一部极其无聊的作品。

主角和首演一样找美轮明宏，他精彩诠释了那个角色。他在我转型投入绘画的十年前就已经预言说我会改行。"你会改行噢，会跑去画画，你一定会画那种非常大张的图把各式各样的东西塞进画面，晶莹闪烁好像在发光。"

我当然是半信半疑，记得当时否定说："我不会去画什么画。"然而现实真的如同他的预言所示，我在不知不觉之间作出"晶莹闪烁好像在发光的画"，将镜子或霓虹灯等灯具添加到画面当中。

寺山修司的守灵夜有种难以言喻的寂寞。守灵会场设在天井栈敷剧场，这是我退团之后第一次回到这里。现场只有寺山先生前妻九条映子、谷川俊太郎[3]，还有三浦雅士[4]在。后来和田诚、宇野亚喜良、Koshino Junko[5]出现，我和他们一起去附近的咖啡店怀念寺山修司直到深夜。

"内心忐忑"改变我

一九八三年是变化剧烈的一年。工作委托还是和过去一样多。其中包含开始编辑过去平面设计的全作品集，将海报、版画、绘画齐聚

---

3 谷川俊太郎（1931— ）：日本当代著名诗人、剧作家、翻译。十七岁出版了处女诗集《二十亿光年的孤独》，被称为昭和时期的宇宙诗人。之后相继出版了《62首十四行诗》《关于爱》等70余部诗集。"生命""生活""人性"一直是他写作的主题。他的诗作，语言简练、干净、纯粹，尤其是近年的禅意与空灵，透出一种感性的东方智慧。在战后崛起的日本当代诗人当中独树一帜，被誉为日本现代诗歌旗手。

4 三浦雅士（1946— ）：编辑、文艺评论家，曾任日本重要文艺杂志《Eureka》（ユリイカ）、《现代思想》总编辑、哥伦比亚大学客座教授。

5 Koshino Junko（小筱顺子，1939— ）：日本服装设计师，现任花园大学客座教授。

一堂在西宫市大谷纪念美术馆[1]办展览，并且编辑主办个展的神户新闻社发行的版画与绘画作品集，如此种种让我忙得不可开交，几乎没时间画图，精神方面相当低潮。然而发生了一件让我感到开心、充满勇气的事情。那就是美国艺术杂志《Artforum》[2]用了六页来做我的专题报道。评论由东野芳明来写。我觉得东野先生对我的作品评价并没有非常高，反而好像更关心我外显的表象。不过这次为《Artforum》写的评论很贴心。

九月二十一日的日记记了这样一件事："傍晚左右前往大阪。在东京车站的书店买了有关UFO和超能力的两本书。这阵子我又开始经常读这类的书。因为内心忐忑驱使我这么做。本来我以为自己已经对这些失去兴趣，真的是很不可思议。依循自己的冲动是最好的选择。"

我觉得自己总是很重视这种"内心的忐忑"，会顺着冲动行事。"内心忐忑"一旦发生，我就会坐立难安。这是一种内在和外在合而为一的感觉。这时候我不会去分析自己的"忐忑"，反而会尽可能立刻去接受它。因为这种事情对我来说有时候是启示、有时是灵感。纽约现代美术馆毕加索展引发我转向投入绘画也都是这种"忐忑"造成的。就我的经验而言，我发现当自己执着于某些事情或者是被欲望牵着走的时候，绝对不会出现这样的"忐忑"，觉得这是一种心胸开放的时候偶然出现的现象。冥想打坐说不定稍微可以控制心情。不过有时开始冥

---

1 西宫市大谷纪念美术馆：实业家大谷竹次郎将多年收集的美术作品及其它邸捐赠给西宫市，于是开办了这家美术馆。主要收藏和展示库尔贝、德朗、梅原龙三郎、横山大观等近代画家的作品，每年还举办四次主题展。

2 《Artforum》：专门介绍当代艺术的月刊，每年发行10册。

想和打坐，最后也会出现"忘我"。

这样一想，如果没有某个力量在激发我"内心的忘我"，那未免也太过诡异。虽然那是一种从自己内在浮现的强烈情感，不过那种感觉也有可能是外界传递讯息才激发出来的。我真的强烈觉得有某个看穿自己一切的力量在背后。简而言之，那或许就是神明或者灵魂之类的，不过就算不是神，那个在守护我的力量也好像在唆使我做些什么，这种感觉还是让我非常介意的。

一九七〇年车祸意外成为让我深深投入精神世界的关键，当时这种心灵探索和创作行为在作品的表面上看起来似乎是一致的，不过我觉得在基础上两者是分离的。然而全心栽进绘画制作当中又渐渐能够感受到这两者原本就是一体的，并不可分。因此我也开始注意到还有一个问题比绘画的历史、技巧或思想更重要。说不定我就是为了追寻这个解答才会感到"忘我"，再度将关注方向转向精神世界。

斯卡拉剧院的《酒神》取消演出，暂时出现一种松懈的状态，不过莫里斯·贝嘉那边又突然传来好消息，决定明年春天举行公演。虽然美术设计已经几乎都完成了，我还是担心贝嘉改变心意。因为是他，导演手法一定又会变。面对这种状况我可以应付到什么程度，也是问题。可是现在距离当初制作已经过了几个月，就我而言直接用那些成品也有点失去新鲜感，感觉有点困扰。既然都要改，不如我们彼此都大改还比较好也说不定。

对我来说，这次比利时国立二十世纪芭蕾舞团的工作也是一个大好机会。然而另一方面想到完全不容许失败，也觉得非常有压力。贝嘉似乎是希望将舞台当成一个画廊，让舞者在那个展示绘画的空间跳舞。我愣了一会儿，心想：贝嘉该不会是想要让美术设计变成那种小说插画的风格吧？微微感到一种危险。说不定他认为美术设计扮演着激发芭蕾演出兴趣的角色。不过这终究只是我个人的揣测。就在我决定动工的时候，这类东想西想的烦恼不停在脑袋里打转。

裸のパフォーマンス

巴黎广告美术馆从罗浮宫装饰美术馆[1]分离出来开馆，选择身为外国人的我来举办开馆纪念展。这件事情相当荣誉。不过我一年前才在南天子画廊举办画展象征（？）我以画家的身份跨出第一步，刚决定把重心放在绘画活动上，在这个节骨眼上举办海报展，又会让法国对我的印象变成"平面设计师横尾忠则"。这件事情真的是让我有点烦恼。

　　美国原本就将纯艺术和商业美术明确区隔开来，法国艺术圈也是，界线不像日本那么暧昧。单单这样我就有被归类的危险。不过法国最激进的艺术评论家卡特琳·米耶[2]主编的《Art Press》[3]和意大利艺术杂志《Arte》等纯艺术领域的杂志都分别替我做了特别报道，让我非常高兴。

　　个展开幕酒会上，出席者以欧洲各国的美术馆馆长还有前述的艺术评论家为主，刚结婚的法国电影演员马修·加里瑞（Mathieu Carrière）和美国女画家詹妮弗·巴特利特夫妇，还有三宅一生、仓俣史朗、熊

1　罗浮宫装饰美术馆：Musée des Arts Décoratifs，位于罗浮宫西翼，创立于 1905 年，曾于 20 世纪末闭馆维修近 10 年，直到 2006 年 9 月才重新开放参观。
2　卡特琳·米耶（Catherine Millet, 1948—）：法国作家、艺术评论家、策展人。
3　《Art Press》：介绍当代艺术的国际性月刊，1972 年创刊。

谷登喜夫、石冈瑛子、田原桂一、吉田大朋[1]、皆川魔鬼子[2]等日本朋友们也都有露面。

开幕会结束之后我们没有特别安排行程，不过邀请我们夫妻的法国外交部提供了一位女导游和一辆汽车，为我们设想得很好，不论去哪都方便。以往在任何国家都没有遇过这种礼遇，让我大吃一惊。既然对方这样表示，我就整天在市内乘车转来转去，逛各个美术馆，也去了郊外的莫奈美术馆[3]、碧兹城堡和凡尔赛宫。此外，我只要说想看歌剧，对方就请我去歌剧院，受到难以置信的 VIP 款待。

妻子再度来到巴黎觉得非常开心，其中在詹妮弗家遇到娜塔莎·金斯基（Nastassja Kinski）让她分外欢喜。虽然不认识这位知名女星，不过因为我很迷她父亲克劳斯·金斯基（Klaus Kinski），所以见到他女儿也很兴奋。她继承父亲的厚唇显得明艳性感，体态如猫。她身旁带的猫名叫母猫，没有小鸡鸡，我还用日文读音念"没有小鸡鸡"说明给她听。

詹妮弗在巴黎买的公寓是一栋装饰艺术风的建筑，正是马龙·白兰度主演的《巴黎最后探戈》（Tango in Paris）里出现的那栋公寓。创作庭园系列作品的她在那栋公寓屋顶上打造一座可以眺望巴黎市区的

1　吉田大朋（1934—2017）：活跃于 1970 年代的时尚摄影师。

2　皆川魔鬼子：设计师，曾经手 Haat、mayu＋等品牌。就读京都市立 美术大学染织系时，就开设自己的工作室以染织家身份展开活动。1970 年认识三宅一生，自此开始参与三宅设计事务所（三宅デザイン事務所）ISSEY MIYAKE 品牌的材质制作，担任织品总监（teto director）。1995 年获选为英国织品协会（Textile Insttute）的名誉会员（Companion Membership）。曾获每日时尚大奖、鲸冈阿美子奖、每日设计奖。

3　莫奈美术馆：Musée Marmottan Monet，位于巴黎第十六区，收藏了印象派及后印象派画家，包括莫奈、莫里索、马奈、毕沙罗和雷诺阿的作品，逾 300 幅。是全世界收藏莫奈画作最多的美术馆。

花园，精彩地将艺术和生活合而为一。在巴黎待了半个月后，我前往比利时国立二十世纪芭蕾舞团的大本营布鲁塞尔和排练新舞作的莫里斯·贝嘉碰面。贝嘉的身体状况完全康复了。刚从美国开完电影会议回来的乔治·顿看起来有点胖但是很有精神，他对于演电影相当感兴趣，甚至还说想要和拍过《缅甸的竖琴》的市川昆[4]导演合作。

贝嘉家据称建于三百年前，位于布鲁塞尔市的知名旧城区。他们分配其中一间房间让我住。家里有一大堆东方收藏，不过不包含他讨厌的中国风。屋里有间他非常引以为傲的秘密房间，是个正方形天花板挑高的雪白宽阔的空间，地面中央铺了一张波斯地毯。这是他独自面对白墙进行数个小时冥想的空间。

"就算不看电视或电影，幻象也会变幻莫测出现在眼前。"他说着说着开心地笑了起来。老实说他过着一种彻底宁静的内在生活，家里没有电视也没有报纸。

当晚我做了一个梦，核战爆发，整个地球都毁灭了。隔天贝嘉开车带我去郊外森林看一个巨石阵。回程途中去了一间仿造原子核造型做展场的中庭建筑（atrium）。由于展览主办单位担心力学上会有问题，自行在建筑上多此一举地添加补强，完全破坏掉原本的建筑概念，建筑师似乎是因此感到痛苦而自杀了。

---

4 市川昆（1915—2008）：日本著名电影导演，与黑泽明、木下惠介、小林正树并称为日本影坛四骑士。1956 年《缅甸的竖琴》（改编自竹山道雄原作）是其成名作，以推理小说家横沟正史的"金田一耕助"系列为剧本所拍成的电影，《犬神家一族》《狱门岛》《八墓村》，画面绚烂、剧情紧凑，大受欢迎。

醉心于毕卡比亚大展

我在贝嘉家待了四天，又再度回到巴黎。当晚在巴黎看《欢迎光临》（Benvenuta）时偶然发现詹妮弗的先生马修·加里瑞有参与演出。原本预定回到巴黎之后要去纽约，去 JAL 柜台办手续时碰到巴黎西武百货的迪维尼奥（Vigneaud），他告诉我有间位于杜塞尔多夫的美术馆"昆斯特哈雷"[1] 正在举办大规模的毕卡比亚展，听到这个消息我马上取消纽约之行当场将行程改为去杜塞尔多夫。先前因为我妻子没有美国签证，才刚拜托法国政府特别帮忙申请，结果就改变行程。我想反正要去德国，那就顺便一道去柏林。连 JAL 的柜台人员似乎都为我的冲动感到惊讶。我的原则就是依循内在的冲动行事。

杜塞尔多夫美术馆的毕卡比亚展真的非常经典。不管怎么说，这种大规模的毕卡比亚展就全世界而言也是第一次举办，绝大多数的作品都从没见过。毕卡比亚是我最关心的画家。他那种仿佛脱衣一般接二连三改变新风格的艺术游戏性，还有潇洒跳脱制度的绅士风范都带给我许多启发。被称为"达达三勇士"的马歇尔·杜尚、曼·雷[2]、毕卡比亚当中，我觉得毕卡比亚是最激进、最达达的一位。我一张一张凝视他的作品，仿佛像是要夺走他的灵魂那样一点一滴吸收进来，甚至违反展场禁止摄影的规则从侧边拍照。毕卡比亚作品当中最吸引我的是那种像是海报女

1　此处指的应该就是杜塞尔多夫美术馆，是一间当代艺术美术馆，建于1967年。昆斯特哈雷（Kunsthalle）其实就是德文的"美术馆"，横尾不会德文误以为这是美术馆的名字。

2　曼·雷（Man Ray，1890—1976）：美国著名达达和超现实主义艺术家，擅长绘画、电影、雕刻和摄影，是有史以来第一个摄影作品价值远远超越其他所擅长的艺术形式的艺术家。

郎电影广告牌，有种庶民风味的非艺术作品。这种风格完全跳脱过去绘画史的脉络。不知道他的精神为什么有办法这么自由，对我来说他的成就真的是奇迹。这批绘画作品完全排斥理性和理解，甚至暗示了现代主义的危机，是非常危险的画作。过去竟然出现过愚蠢到这种程度、如此"天然"的绘画！自此之后我比过去更加着迷于毕卡比亚。若是有可能，我甚至希望可以请毕卡比亚的灵魂寄宿到我的手指当中。

当天深夜，我就这样带着满是毕卡比亚、濒临爆炸边缘的脑袋站在"柏林墙"前。分隔东西柏林的厚墙对面，景象真的很超现实，简直像是隔着黄泉眺望冥界那样。"柏林墙"层层叠叠反复画上图画像是毕卡比亚的透明图层作品[3]那样，站上墙前的高塔，可以看到远方的墙也立起漆黑的望楼，持枪士兵的剪影在内部闪动。两排墙内用灯打得透亮，简直像基里科形而上绘画的《意大利广场》一般，地表亮到让人感觉不舒服。一百米开外，窗户玻璃破裂、内部一片漆黑的高楼大厦像是舞台布景的建筑那样透视连绵不绝，彼岸没有任何生物的踪影，简直就像是死城。想象自己被这死城团团包围，陷入完全无法跨出任何一步的状态，就觉得毛骨悚然。

隔天我和先前联络上的龟冈光则[4]会合，他住在德国，那天从汉堡过来，两人一起去美术馆和摇滚演唱会。摇滚会场挤满一身黑衣的朋克风男女。在数十秒的短歌和长一点一两分钟的演奏曲之间，他们双

---

3 透明图层作品：横尾原本拼成"transparation"，然而英语没有这个字，指的应该是毕卡比亚运用透明图层叠合的"透明系列"（Transparencies）。

4 龟冈光则：艺文活动制作人，现任 Infortainment（インフォテイメント）制作人，以日本静冈县为主推广艺文活动。

手双脚就像是电扇那样转呀转地跳起舞。这样当然彼此会撞在一起。结果真的吵架打起来。简直是一种世纪末的景象。

我进到日本餐厅里面，几位日本人零零星星地坐在昏暗的灯光下静静吃饭。架上的电视机里播着北野武[1]的画面。大声说着什么逗摄影棚内的贵宾笑。这里的气氛和方才看演唱会的骚动叠在一起之后，让我觉得这个日本的袖珍空间仿佛像是被封进柏林围墙里面，气氛变得非常沉重。

结束十八天的欧洲之旅回到日本，我开始着手准备翌年南天子画廊的个展。这是我继一九八二年之后第二次的个展。上回没有统一的主题，不过这次很明确。这个主题就是我在森林中全裸，譬如摆成泰山那样的姿势做表演，摄影拍下来再画成画。

摄影师仓桥正陪我一起入侵富士山山脚下的青木之原树海，当天是腊月中气温非常低的一天。连穿着防寒衣的身体都要结冰，想要在这种状况之下全裸真的是疯狂的行为。

"你真的是在干别人不敢相信的事情耶。"仓桥一边盯着照相机一边对着裸身不停发抖的我说。我也不懂自己为何会突然做这种事。我在布鲁塞尔看到的森林很棒。那座森林里面就算马格里特画中骑马的女子出现在其中，也完全不令人意外。说不定是那种森林的意象促使我干下这种事。再者全身赤裸，说不定是想要让自己从放不下的"风格"问题里跳出来，又或者是想要透过表演这种行为将绘画带进另一个层次，说不定是这样的需求在背后驱动我。不管怎么说，我只是希望可

---

1 北野武（1947— ）：生于东京足立区。相声演员（以色情相声演员出道）、电影导演、演员、电视节目主持人、大学教授。1983 年，在大岛渚作品《战场上的快乐圣诞》饰演第二次世界大战时日军战俘营的军官，获得了国际知名度。他所导演的电影《花火》，于 1997 年获得第五十四届威尼斯影展金狮奖。

以避免将自己的作品定下某种概念。然而这样的态度本身就已经背离当代艺术，在这个阶段我都还没有意识到这种事情。

穷尽裸体演出

一九八四年元旦的第一个梦是去西胁八幡神社做新年参拜，好像是为元旦量身定做一般。元旦大清早我就在读出口王仁三郎[2]《来自灵界的警告》这种和新年完全不搭的书。现世发生的所有事件全部都是在灵界遭遇过的事情的雏形。王仁三郎的预言说："广岛之火还不是真正的灾难。真正的雨今后才会到来。"暗示了未来的核战争。虽然不是预言成真，不过元旦出现了震级四级的地震。让人觉得某个严酷的时代即将开始。

一段时间没有做梦，但随着新年到来又开始好像天天都会有梦。梦里不像过去那样出现 UFO 或外星人，取而代之的是火灾、洪水、过世的双亲这类带着末日感的梦。在绘画工作方面成果一直不如预期，情绪上也像走到尽头那样相当阴沉。

然而工作委托还是很多。南天子画廊青木先生的长子要结婚，委托我做版画在结婚典礼上当赠品。这次我将新郎新娘带到镰仓的山里，比照我在青木之原那样请他们裸身表演。然而可惜的是新娘无论如何

2　出口王仁三郎（1871—1948）：日本宗教活动家，为新兴宗教大本教的圣师。生于京都龟冈市的穴太，原名上田喜三郎。小时候体质虚弱无法上学，只得跟随祖母学习神道。1898 年，喜三郎自称得到了松冈芙蓉（一说为天狗）的召唤，随神使前往龟冈市境内的灵山、高熊山进行修业，并前往京都府绫部市访问出口直，两人一起创立了大本教。翌年 7 月，出口直自称接受神示，在绫部扩大了教团，终使大本教成了日本非常有影响力的宗教团体。出口王仁三郎为大本教教义的整理和发展做出了巨大贡献，是大本教实质上的创始人。晚年退隐于绫部，以美术和制作陶器自娱。

都拒绝裸体，因此只有她维持穿衣的模样。虽然在二月底的寒冬进行表演很可怜，不过对他们两位来说一定可以成为很棒的回忆。

这阵子我还为了制作 TBS 连续剧《为何结婚、所以结婚》（なんで結婚、だって結婚）的字卡前往塞班岛。字卡的概念又是做裸体演出。请了两位外国男女模特儿在塞班岛林中和海岸边进行。原本打算自己下去演，不知不觉就变成由第三者来演了。不过这个概念简直就像是亚当和夏娃，也像是我精神世界的贺词。就算我从平面设计转向绘画，无意之间表现出来的也还是精神世界。而且我非画不可的就是自然和裸体的乐园形象。孩提时看的泰山电影，还有南洋一郎《巴尔巴故事》（バルーバ物語）的丛林在我内在原点扎根，影响说不定比我想象中还要深。

三月，美国女性健身选手暨表演艺术家莉萨·莱昂[1]、摄影师辛蒂·舍曼[2]、舞蹈家莫莉萨·芬莉（Molissa Fenley）等人一同造访日本，在原宿的拉佛雷美术馆[3]进行演出。活动企划鹤本正三先生跑来问我说是否可以和莉萨·莱昂一起做什么合作。当时我表示如果可能的话希望请她在森林里面进行表演然后拍照作画，不知道对方接不接受我的做法，请鹤本先生征询她的意见。

对方回答"OK"后，我马上邀她前往伊豆高原的森林。前几天降

1　莉萨·莱昂（Lisa Lyon，1953— ）：生于洛杉矶，美国女子健美运动的先驱，曾于 1979 年 6 月赢得世界女子健美比赛的冠军，也是她生涯唯一一次出赛。

2　辛蒂·舍曼（Cindy Sherman，1954— ）：美国知名的女摄影师与艺术家，也是电影导演。生于新泽西州的格林瑞治（Glen Ridge），以自己担任所有摄影作品的主角为特点，且闻名于世，常被女性主义当作讨论议题，但不自称为女性主义者。

3　拉佛雷美术馆：位于东京涩谷表参道上的购物中心，是一栋流行时尚的大楼。"ラフォーレ"（La Foret）法文是森林之意，建设与经营也是由"森建筑"负责，名称由此而来。

的雪还白白一层铺在地上，割人的冷空气染红她的鼻尖。条件这么严苛，我也觉得自己的要求好像太残酷，可是她默不作声就全裸赤脚站到雪中。她如雪一般洁白的裸体让我为之目眩神迷，只能抱着敬畏的心情替她拍照。她仿佛像是在写书法那样双手缓缓在空间中运动，接二连三创造变化的姿势。我按着相机快门完全陶醉其中。

那些令人为之屏息的美丽瞬间无意识地驱动我的指尖。这是活生生的米开朗基罗大卫像。不，这种肉体的意志比米开朗基罗展现的苦恼更超前一步。我甚至可以感觉到那股力量好像正在引领我到神圣的巅峰。她赋予这座黑森林生命，简直像是森林女王那样彻底支配森林的空间与生命。对我而言，她简直就像是上天派来的缪斯。

我在莉萨先前表演的拉佛雷美术馆里制作这个以她为模特儿的系列作品。最后用一五〇号尺寸做五张。和她共处在相同的空间里进行制作，可以直接接收到她传来的波动。这是一种心电感应的能量。我感觉到她的意志自然而然传送到我的指尖，在制作过程当中体验到一种不可思议的亢奋。这件事情也让我第一次意识到画画这种行为本身就是一种情欲驱使的举动。

她带着某种魔法般的特质，让我对犹太神秘主义卡巴拉[4]很感兴趣，

---

4 卡巴拉：Kabbalah，字面意思是"接收"或"接受"，是与拉比犹太教的神秘观点有关的一种训练课程。虽然被许多教派所引用，但本身并未形成一个宗派，仅仅是属于传统犹太教经典的一种。卡巴拉旨在界定宇宙和人类的本质、存在的本质，以及其他各种本体论问题，也提供方法来帮助理解这些概念和精神，从而达到精神上的实现。卡巴拉刚发展时，完全属于犹太人的思想领域，也经常以传统犹太思想来解释和说明其深奥的学说。这些学说因而被卡巴拉人士用来描述《塔纳赫》(希伯来圣经)和传统的拉比文献，并解释犹太教仪式的含义。

想请她教我，不过因为语言障碍终究还是没办法。和她共同工作四天中彼此累积的认识促使我们再度合作，决定在西胁市冈之山美术馆的庭园制作莉萨·莱昂的壁画。她为了这件事情将行程大幅延长。我将莉萨安置在建设中的美术馆及其周边的自然环境当中画了大量草图，将这些统整成三米六乘七米二的大壁画，由"大冢 OHMI 陶业"制作。就像这样，她对我而言渐渐成为最能带来刺激的人。我英文很烂，和她相处的时候手上总是必须拿字典，某天字典封面破了变成她帮我修，可是弄起来让人很着急，让我变得有点烦躁。

"交给我吧，我比较会弄。"我说。

"我的目的不是什么都要做很好弄很快，只是现在这样很开心，就让我开心一下嘛。"莉萨这句话给我一记当头棒喝，让我觉得自己很丢脸。因为我在做事的时候常常都会为了达成目的而忘记乐趣所在。这是因为创作、生活、生命都变成达成目的的手段，脱离了乐趣和玩心。我自己不是对毕加索将艺术和人生合而为一感到共鸣才选择画家之路吗？游戏本身就是通往艺术之门不是吗？感觉莉萨这句话点醒了我，告诉我艺术真正的意义。莉萨·莱昂回国，和琼　奎因（Jean Quin）从洛杉矶访日擦身而过。奎因是一位以各种方式提携艺术家的艺术赞助者。她看过我预定在南天子画廊展出的莉萨·莱昂和塞班岛的演出以及我自导自演的作品之后，即刻推荐我在洛杉矶举办个展，瞬间就决定好让我在奥蒂斯·帕森斯画廊[1]举行个展。对我来说这是我第一次举行绘画海外个展，不过外国人的决定都很直观。

1　奥蒂斯·帕森斯画廊：Otis-Parsons Gallery，位于美国加州洛杉矶。

我马上跟南天子画廊的青木先生报告这个好消息，请他协助，不知为何他好像在迟疑什么没有马上给我答复。然而两三天之后青木先生打电话来说："我跟山姆·弗朗西斯提起你在洛杉矶办个展的事，山姆说：'这当然该办啊！'那我们就来办吧。"大师登高一呼，洛杉矶的个展就定案了。

拍摄电影《MISHIMA》简直像是在拷问?!

　　这阵子陆陆续续有大案子进来，将一月以来不停延续的末日气氛一扫而空。

　　首先是保罗·施拉德[2]导演为了拍摄三岛由纪夫的传记电影《MISHIMA》（三岛由纪夫传）前来日本。他为了重现三岛先生的书房，想要征求我的许可沿用书房墙上挂的那张我的早期作品复制画当布景道具，不过真正的大事是邀请我参与演出这部作品。我的角色是日本画家，要在拉面路边摊和泽田研二[3]还有演健身选手的仓田保昭[4]针对艺术和肉体的话题进行讨论。

　　拍摄是在我家附近、成城的东宝片场进行。我进摄影棚时迟到了。不知是否因为这样棚内气氛很沉重。助导一看到我出现就大声呼喊指

2　保罗·施拉德（Paul Schrader，1946— ）：美国知名的电影导演、编剧。执导过《美国舞男》《蛮牛》《驱魔师》等卖座电影。

3　泽田研二（1948— ）：生于鸟取县，京都市长大，为日本著名歌手、演员、作曲家及填词人。

4　仓田保昭（1946— ）：著名日本动作片演员，生于日本茨城县。空手松涛流五段、柔道三段、合气道二段。曾在1970年代拍过多部香港武打片，与陈观泰及梁小龙等武打明星演过对手戏。

示准备开拍。然而我自己台词记得还不是很熟。根据我以前演过两部电影的经验，当场再背演起来感觉会比较自然，这次就没有想那么多。

然而这次是美国导演拍美国电影。整场戏简直就像剧场演出那样一镜到底，完全没有中断。日本会把剪接考虑在内，况且只用一台摄影机拍，无论如何镜头都会很多。有时候连"这个……"单单这样的台词都会拍特写。因此台词无可避免会切得很碎，整场台词全部连续说完的状况很少出现。我想得太简单，想说自己只要当场把要拍的镜头段落记起来就好，结果就很惨。

我演的那场戏三个人要花很长的时间对话。虽然知道摄影机也会去抓我们之外其他演员的镜头，可是导演要我们全部从头讲完。而且就算自己没被拍到，但是说错台词都还是要重拍。简直就像演舞台剧一样。因此如果不连对方的台词都彻底记下来就没办法演。我从来没遇过这种状况，下场可想而知。不只我这样，另外两位专业演员也是一样。在反复被迫重来数十次的过程中，有时候会不知不觉搞错说出对方的台词，或者叫出自己角色的名字。

美国人从各式各样的角度拍同一场戏这种工作方式也让我相当惊讶。恐怕日本拍一个小时就结束的戏他们会花上八个小时。一样的台词反复说好几十次，在这样的过程中台词的意义就变成抽象概念，完全失去感情。美国的导演只负责场面调度，完全没有准备任何剪接计划，所以必须尽可能大量拍摄以替剪接师收集素材。《MISHIMA》对我而言别提什么乐趣，简直就像是拷问。幸好这部片因为各式各样的原因没办法在日本上映，因此在国内我没有丢到什么脸就过去了。

演出电影之后下一个工作，是美国的沃克艺术中心 [1] 一年后要召开的"TOKYO FORM AND SPIRIT 展"，馆长弗列德里克·弗里曼（Friederke Freeman）拜托我和矶崎新合作。他们把江户到现代的时间分成七段制作陶版画，由矶崎先生替我设计作品的框，是个规模相当庞大的创作计划。

《酒神》的舞台设计

比利时国立二十世纪芭蕾舞团要在米兰斯卡拉剧院公演的《酒神》虽然一时搁浅、拖延两年，不过舞台设计渐渐成形，我和妻子去了米兰一个月。我们在伦敦转机，抵达米兰的时候是五月二十日。我们落脚在斯卡拉剧院附近的广场饭店（Plaza Hotel）。待在米兰的时候，在斯卡拉剧院学习舞台设计的岩仓小弟负责照顾我。我和当地没有联络好，贝嘉和舞者们都还没到米兰，每天没有事干都在杀时间。这时贝嘉突然告知希望我跑一趟布鲁塞尔。我想应该是贝嘉又改变主意了。我的预感果然没错，于是在布鲁塞尔制作两幅新的画作之后又回到米兰。抵达米兰机场的时候，警方怀疑我是携带迷幻药的嫌疑犯，还出动缉毒警犬，最后我和同行的妻子一起接受彻底的调查。从她的化妆品到我的画具什么都不放过。虽然我从抵达米兰的第一天就对这里印象很差，可是还真的第一次碰到这么莫名其妙的状况。

---

1 沃克艺术中心：Walker Art Center，创设于 1879 年，位于美国明尼苏达州，是美国五大当代艺术馆之一，也是美国中西部第一间公立美术馆。除了现当代艺术的美术馆之外，表演厅也举行剧场、舞蹈、音乐等公演节目以及电影放映，是一间综合型的艺术中心。

尽管做的是芭蕾的工作，可是我对歌剧更感兴趣。我都没在听《酒神》的音乐，一天到晚在饭店房间听瓦格纳的歌剧作品。贝嘉没到之前，都没有像样的工作。米兰没什么地方可以逛，结果最后跑去看达芬奇的壁画《最后的晚餐》。虽然遭受轰炸，绘制壁画的墙面只剩局部残留，可是不可思议的是名画在战火当中逃过一劫，真的非常了不起。不禁让人觉得人类遗产等级的世界名画享有某种神秘的天命，好像有神明在守护。《最后的晚餐》也是透过神明守护，所以才有办法存留到今天。此外，说不定画作本身真的带有某种魔法，会自己存活下去。

　　抵达米兰第十天左右，我终于可以进斯卡拉剧院的舞台设计现场指挥制作。我的画已经配合剧场的尺寸放大，有好几张都将近完成，可是还是接二连三在修改一些不满意的部分。看到这种日本舞台设计完全无法匹敌的完成度真的是让我非常满足。

　　"我曾经负责过毕加索的案子。""我和米罗一起工作过。""我也做过达利的美术设计噢。"工作人员会这样说话，每个人都很尊敬艺术家，对于自己身为舞台设计师相当感到自豪。可以和这些人一起在这样的环境下工作真的是太棒了。不过他们工作的速度却慢到难以置信。不论工作有多急，只要下班时间一到就马上走人。

　　就算我焦急也没用。他们的步调就是这样。如果不入乡随俗的话真的会受不了。平常除了在斯卡拉剧院工作之外时间真的很多，所以我就去逛美术馆和画廊，和新锐年轻画家碰面、逛街，结果每天又变得很忙。

某天我去巴黎体育馆[1]看斯卡拉剧院策划的施托克豪森[2]一九八一年歌剧作品的世界首演。相较于搞那么大的格局，作品本身却非常概念、相当无聊。前卫的感觉已经变得让人有点烦，观众三三两两像入场那样陆续离开，不一会儿就开始出现很多空位。外国人很忠于自己的感觉，大家都已经不期望为了艺术而艺术。感觉自己好像看到那些透过概念或思考所驱动的艺术走到尽头。大众想要的艺术不是理解、认知，而是感动。

自然与肉体的主题

我在接触各种艺术的过程当中变得很想创作。就拜托岩仓透过意大利艺术家帮我寻找可以在森林里进行演出的合作对象。没多久，桑德罗（Sardro）、毛里奇奥（Maurizio）这两位画家还有摇滚乐手尼古拉斯（Nicolas）这三人加入，和我一起合作，我们利用假日，从米兰前往距离大约一个小时车程的瓦雷泽（Varese）的森林。三位待在有座小瀑布的溪流畔，依照往常的惯例全裸，听从我的指示各自摆出姿势。

在青木之原自己入镜、塞班岛拍摄外国男女模特儿、伊豆高原和西胁拍莉萨·莱昂，这回是三名艺术家在瓦雷泽森林……我的主题渐渐定型。接下来就只剩下一件一件把画画出来。自然和肉体彼此相对，同时从根本上又是相同的。再者，自然与肉体也是西方绘画当中相当普

1　巴黎体育馆：Palais des Sports，1973 年兴建完成，可容纳 5500 名观众。1974 年、1983 年欧洲篮球联赛冠军决赛都是在此举行。

2　施托克豪森（Karlheinz Stockhausen, 1928—2007）：德国当代最重要的作曲家、音乐理论家、音乐教育家。

遍的主题。自打文艺复兴以来，许多画家都以森林与肉体为主题创作过作品。就这个意义上它可以算是一种西洋传统的主题。森林本来是神明的居所。人的肉体也是神明的居所。我不知道自己为何会选择这个主题，只是单纯想要这么做。我想等到某一天我就会明白它的意义吧。

前往瓦雷泽森林隔天，岩仓带我去佛罗伦萨参观。主要目的是参观美术馆还有和老婆去采买古董。明明才刚刚进入六月，可是这座光之都却如初夏一般炎热。我们入住但丁住过的那间知名的波塔罗萨（Porta Rossa，红门）饭店。穿越天花板高达五米以上、悬挂巨大吊灯的大房间，突然想要把这里当成工作室来画画，不过明天就必须回米兰没有时间这么做。结果这天美术馆开放时间已经结束，最后只有买东西。

隔天早上走到街上，听到某处喇叭放着熟悉的歌声。那是米尔瓦（Milva）在唱《痴汉艳娃》（Never On Sunday）这部电影的主题曲。听到熟悉的曲子我不知不觉就跟着一起哼起来。才觉得这首歌和佛罗伦萨很搭，跟着漫步的外国观光长龙走向美术馆，结果竟然和歌名一样，今天是星期天美术馆放假。所以当地才会放《Never On Sunday》这首歌。对我们来说这天还真的是很苦命。总而言之，除了教会之外商店全都没开。束手无策之下，就从米开朗基罗公园隔着亚诺河（Arno）眺望文艺复兴的核心——佛罗伦萨那些从中世纪留存至今的建筑。沉浸在这种奇妙的氛围当中，不知为何心头涌上一种不可思议的熟悉感，觉得好像曾经来过这里。因为只有教会开门，我们就去那间以马萨乔[1]

---

1 马萨乔（Masaccio，1401—1428）：15世纪意大利文艺复兴时期第一位伟大的画家，他的壁画是人文主义最早的里程碑，是第一位使用透视法的画家，画中人物出现了前所未有的自然姿态。目前发现他的第一幅作品是1422年画的《卡西亚圣坛三连画》。

湿壁画作品闻名的教堂走走。两三年前我在自己的作品当中曾经引用过此地那幅《亚当与夏娃》，因此来到这边又有另一种亲切。

虽然在佛罗伦萨只待一晚，可是相较于多雨阴暗的米兰，这座城市简直像天界一样充满阳光。我的灵魂在一种就算看到天使飞翔也不会惊讶的幸福当中获得短暂歇息，觉得非常满足。然而当晚回到米兰，那里还是一样下着雨。

米兰斯卡拉剧院公演盛况空前

贝嘉和舞者们一同从布鲁塞尔前来米兰，已经开始在整排。因为贝嘉、乔治·顿和我住在同一间饭店，当晚我们讨论舞台设计到很晚。服装是由意大利的詹尼·范思哲[2]负责，不过还没有全部完成，让贝嘉非常焦虑。都已经开始走整排了，我的舞台布景也还没弄完，这好像也是让他焦虑的原因之一。

开演前一天时间突然空下来，我和太太一起搭飞机跑去巴黎现代美术馆看安塞尔姆·基弗[3]和桑德罗·基亚双人展。行程当天来回虽然

2　詹尼·范思哲（Gianni Versace，1946—1997）：意大利知名时尚设计师。1978 年创立范思哲品牌，除服装外，亦生产配件、香水、化妆品和家饰。该品牌的象征就是希腊神话里的"蛇发女妖梅杜莎"，设计灵感来自希腊、埃及、印度等古文明，因此该品牌服饰皆以色彩鲜艳著称。1997 年 7 月 15 日在美国迈阿密自宅前，遭歹徒枪杀身亡。

3　安塞尔姆·基弗（Anselm Kiefer，1945— ）：德国画家和雕塑家。和西格玛尔·波尔克（Sigmar Polke）、格哈德·里希特（Gerhard Richter）并列为德国第二次世界大战后代表性绘画艺术家。他的创作围绕着记忆、创伤等主题，庞大的画作混合了各式媒材，在浓厚、黏稠的颜料涂层上叠置稻草、枯枝、灰烬、铁锈等，影响他的作家包括尼采、海德格尔、黑格尔、里尔克、豪斯曼、本雅明、热内、米什莱等，不仅给人强烈的视觉冲击，同时也有深刻的自省、神秘和诗意。

累，可是在欧洲这样的事情并不稀奇。隔天《酒神》首演第一天盛况空前。谢幕的时候我被拉上台好几次，在接连不断的掌声中反复上下舞台。我不像舞者那样要上台表演，还真是有生以来第一次在国外经历这样的事情，情绪非常高亢，什么都记不得，全身起鸡皮疙瘩。当晚躺在被窝里面观众的呼声都还在响，整晚不能成眠。后台斯卡拉歌剧院的总监和相关人士都很兴奋，脸部抽筋的舞者们也接受各式各样的人的祝福，大家好像都发疯了。此外，还有位慕尼黑的画廊老板对我的舞台设计相当感动，对我提出主办个展的要求。

晚上我们在詹尼·范思哲像宫殿一样的豪宅里开庆祝会。在欧洲旅行的艺评家伊东顺二和富士电视台画廊的五辻先生也在表演之后露面。

首演大受好评，隔天简直变得像是灵魂出窍那样，不过这天就要回国。狂风暴雨般的尾声和谢幕的情景感觉还在我脑中像录像带一样反复回放，我在前往东京的机舱内认真咀嚼全身满溢的幸福，回想二十二天内各式各样的遭遇和场景，感觉肩头的重担终于放下。《酒神》继米兰之后，决定要前往欧洲各地和纽约进行公演。回国一周之后我又必须前往洛杉矶。因为奥蒂斯·帕森斯画廊举办个展在当地有些工作。想到必须要在洛杉矶待三个礼拜，就觉得背脊发凉。

ロス個展制作日記

一九八四年六月二十日，我在洛杉矶机场降落。莉萨·莱昂盛装打扮前来迎接我。我搭上她的车，前往好莱坞事先预约的马蒙特堡（Chateau Marmont）饭店。这栋建筑麻雀虽小，可是约翰·列侬和鲍勃·迪伦等人好像都经常投宿。饭店阶梯的平台处贴着费德里科·费里尼自己画的《船续前行》（*E la nave va*）的电影海报。这种风格老派的海报和这间饭店古典的装潢很搭。

　　"待在这个房间的话，在找到工作室之前应该也可以画画。"莉萨说。我看到房里已经替我准备好一〇〇号的画布而大吃一惊。房间是套房格局，窗外越过棕榈树面对着一张巨大的香烟广告广告牌，上面标记着"LARK"画着牛仔骑马的图案。

　　在个展开幕前二十天，我至少要画四幅作品。南天子画廊应该已经送了五张作品到奥蒂斯·帕森斯画廊。如果快点找到工作室应该可以完成一些。莉萨行动力很强，使尽各种手段竭尽所能地帮我找，所以本来觉得不太需要担心，可是事实上并不容易，找到时已经过了一个礼拜。这段时间我一张都没画，结果制作期只剩十天左右。

　　虽然单单只是为这十天租了一间房子，不过莉萨非常喜欢这栋靠近威尼斯海滩（Venice Beach）的屋子，在我用完之后她又继续租下当自己的工作室。找到这间屋子做工作室的六月二十七日刚好是我的生日，莉萨就说那来办搬家庆生会吧，然后跑出去采买。结果发生车祸，对方和她的车都撞得很惨。还好双方都没受伤，然而感情起伏剧烈的莉萨变得非常丧气，我四十七岁的生日就在这惨淡的气氛当中度过。

第二天，我马上进入工作状态。因为觉得要把上周待在洛杉矶的时间补回来，就调高工作效率。莉萨感情变化很激烈我常常没有办法跟上，不过艺术家就是这点很珍贵。虽然来到洛杉矶可是几乎没遇到日本人，让我对英文感到焦虑，常常变得很神经。

作品主题是南天子画廊发表过的莉萨·莱昂系列。她对我的工作完全不干涉，这点很棒。由于之后她想要把这栋房子当成自己的家，于是开始构思房间布置、装潢，跟设计师订购家具，也是四处奔波。

六月二十八日

没车完全无法行动。打从昨天开始莉萨的情绪就变得很紧绷。莉萨那位在健身运动中心工作的秘书梅尔在交通方面帮了我很多忙。下午继续昨天开始进行的巨大油画。这是伊豆高原的莉萨表演系列之一。我将色彩排除，试着只用黑白表现。颜料上得相当厚。晚餐和莉萨去吃日本菜。这是来洛城之后第一次上日本餐厅。她好像终于从车祸事件中振作了起来。虽然感情起伏剧烈很有意思，可是我尽可能和她的情绪保持距离。

身在纽约的南天子画廊的青木先生今天应该会到洛杉矶，可是完全没联络。山姆·弗朗西斯打电话说，青木先生原本应该会住山姆家，可是山姆妈妈病况恶化，他跑去旧金山探视，之后看如何回到洛杉矶再和青木碰面。

六月二十九日

十二点三十分起床。我和莉萨还有在威尼斯海滩的"Heaven"工作、长得有点像迈克·杰克逊的土桥京子小姐吃很晚的午餐。能够和土桥小姐说日文很开心。先去买画材和蜡。下午开始工作。抹上粗犷的底色，再将人物（三位意大利艺术家在森林中表演的姿势）画在上面。我一直没办法画出满意的草图，不停反复抹掉重画。这时雕刻家埃里克·奥尔[1]现身，说"现在这样就可以了"。建议我再稍微改一下就可以停手了。我试着这样想一想，作品真的是还蛮有趣。不过麻烦的是我自己没办法接受。想要努力让自己接受。不过不要再继续弄得更复杂确实是很有趣。他评论我这张未完成的作品说："有时候做菜调味调过头反而会做出难吃的东西。画画也是一样。"虽然本来打算画具象作品，不过现在这样也可以说是很不错的抽象表现。只是自己没办法接受。

我原本打算和莉萨、埃里克夫妻、黑人鼓手鲍勃一起去吃晚餐，可是莉萨心情变差，我就和埃里克夫妻一起去买寿司。莉萨吃了寿司之后就恢复精神了。这么说来，她今天应该完全没有吃东西。

六月三十日

七点三十分起床。想要工作，可是昨天的画和先前我画的风格差太多，脑袋完全没有主意。真的是遇到很严重的问题。有时候画确实是会自己独立发展跑到作者无法控制的地方。如果这幅作品是别人的

---

1 埃里克·奥尔（Eric Orr，1939—1998）：美国艺术家。他是 1960 年代末加州光与场（Light and Space）艺术风潮的开创者之一。作品获洛杉矶美术馆（Los Angeles County Museum of Art）、MoMA、海牙市立美术馆（Den Haag Gemeentemuseum）等重要美术馆馆藏。

我一定会觉得很有趣，可是要客观看待这件事情还是需要一些时间。如果不能用冷静的眼睛去观察大幅偏离预期的现况、没有坚强的意志做准确的判断、缺乏无所畏惧的勇气，那就会错失难能可贵的大好良机。别人怎么想并不是那么重要。应该要为自己发表作品。剩下三幅作品也用这种方法画画看吧。我想大家看到一定都会觉得这是两个不同的画家一同参展，风格就是差这么多。

我和莉萨一起去吃早餐，顺便在威尼斯海滩散步。星期六的海滩上到处都是人。觉得这么多人出现可是完全遇不到日本人，真的很不可思议。加了面糊的蛋糕很难吃。草莓汁很好喝。

因为土桥小姐十二点要来，所以我就先回工作室了。没想到她先前已经来过了，以为我们外出不在家，于是就去办其他事了。

莉萨下午去买猫的时候，我只是盯着画布啥也没干，最后跑去睡午觉。傍晚去早上同一家店吃晚餐。午餐跳过。

晚上开始做第三张大图。是全新的开始。我完全不晓得自己继续画下去风格是每次都会变，还是现在这样就是定下来的样子。

七月一日

七点三十分醒来。有点疲倦。九点起床。来到洛杉矶第一次碰到阴天。不知是否因为这样房里很凉。打算去海岸散步，开开玄关的门，看到外面风大就放弃了。昨天晚上的颜料还没干。本来打算在森林的背景中继续选上三个意大利艺术家，可是现在这样颜料会和下面的颜色混在一起变脏。明天或者是后天应该差不多。如果等到颜料完全干掉再上，色彩又会太单调。这非常需要技术。

昨天傍晚五点半吃完饭晚上没再吃东西，觉得肚子很饿。午餐和莉萨还有今天下午会开始当我工作助手的土桥小姐三个人一起去圣莫尼卡（Santa Monica）的餐厅。回程买了四罐蜡。开始上底色的时候天气刚好放晴，我就把画带到户外工作。与其说是作画感觉更像是劳动，非常解放。

有人说停在工作室后面那两台车是人家偷的车，结果被拖车拖走。

今天青木先生从纽约到洛杉矶，我和莉萨去饭店接他。画家利加·庞[1]邀我们吃晚餐大家就一起去。完全没有想到山姆·弗朗西斯竟然还特别为这顿晚餐从旧金山赶过来。离开利加·庞家之后去山姆·弗朗西斯的工作室。应该差不多有一座体育馆那么大。虽然已经半夜但是他还是开始工作。巨大的作品还有目前正在进行的作品像山一样多。看到山姆工作之后，就很想要快点回家工作。

七月二日

今天早上很难爬起来。颜料用完了。因为没车，莉萨慢跑到相当远的画材行帮我买材料。真的是不管做什么都非常贴心。十一点的时候，浅丘琉璃子的小叔池本先生要在澳洲拍莉萨的影片，从德州跑来洛杉矶开会。两点青木先生和利加·庞来看我正在工作的画。奥蒂斯·帕森斯画廊的亚尔也跑来讨论个展的事。十一日开幕要改成十日。讨论

---

1 利加·庞（Liga Pang, 1939— ）：当代艺术家、花道家。父母是中国人，生于日本，十八岁移居加州在美国学习当代艺术，1980年代晚期才回日本。之后学习花道，将日本插花引进当代艺术创作，拉大尺度创造大型雕塑作品。并与日本艺术家与导演敕使河原宏合作，担任剧场美术设计，设计服装、道具与布景。

之后大家一起去双子座版画工房[1]。工房的画廊正在进行埃尔斯沃斯·凯利[2]的版画展，风格和他的绘画非常不一样。

回到工作室，直到吃晚饭前画了七张草稿。CBS Sony 的大西先生从纽约到旧金山来，打电话跟我说桑塔纳刚完成的专辑拷贝已经送到。因为他想要委托我设计新的专辑封面，拷贝是参考数据。

七月三日

我和莉萨租了一台车去圣莫尼卡的希尔顿饭店接青木先生，前往个展会场奥蒂斯·帕森斯画廊。莉萨租的是粉红色的敞篷车，所以可以载青木先生。跑在路上的时候到处都会有黑人跟我们打招呼。因为是敞篷车，所以完全都在晒太阳。午饭和乔治·科克伦画廊（George Corcoran Gallery）的经营人及纽约卡斯蒂里画廊大楼上的画廊（忘记名字）的主人还有莉萨他们一起吃。下午一直工作到吃晚餐。

---

1 双子座版画工房：Gemini G.E.L.（Graphic Editions Limited），资深印刷大师肯尼思·泰勒（Kenneth Tyler）于 1965 年在洛杉矶创立这间版画艺术工房，出版发行限量印刷品与雕塑作品。艺术家在此可以直接在印刷原料上进行作画或雕凿，再由资深印刷技师手工印刷，最后再请艺术家签名编号盖上工房水印。除了传统技巧之外，工房也引进工业素材和新技巧，并用复合媒材制版，甚至制作多层次的立体作品。双子座曾与众多知名艺术家合作，包含贾斯培·琼斯、大卫·霍克尼、罗伯特·劳森伯格、野口勇、利希滕斯坦、德·库宁、欧登伯格、爱德华·鲁沙等。美国没有版画传统，和欧洲与日本不同，1950 年代之前版画都只被当成是从属性的复制媒介。随着波普艺术和概念艺术兴起，创作者发现版画可以运用照相制版直接运用报纸或大众媒体的画面创作，开始注意这种媒介并做各种试验。画商也协助艺术家针对高速经济成长所产生的新兴藏家推动版画，引起一时的版画复兴风潮（Print Revival）。Universal Limited Art Editions（1957）、Tamarind Lithography Workshop（1960）、Gemini G.E.L.（1965）、Tyler Graphic（1974）这些陆续成立的版画工房扮演了核心的角色。1981 年，华盛顿的国家艺廊（The National Gallery of Art）建立了双子座数据库（Gemini G.E.L Archive），提供学者和藏家进行研究，并收藏工房所有种类的作品复本。
2 埃尔斯沃斯·凯利（Ellsworth Kelly, 1923—2015）：美国画家、雕塑家、版画家。

七月四日

今天是美国国庆日，威尼斯海滩上都是人。中午买了披萨在海滩上和莉萨一起吃。去拜访附近一位画家的家。他画的主题都是海和云。

之后工作到傍晚。有时候稍微打盹休息。傍晚去邻居家的晚会，可是没什么人可以讲话，很无聊，去一下就回家了。晚上去威尼斯海滩看烟火大会。许多人搭着小船在海面上欣赏烟火，船上的灯火随浪起伏非常有神秘感。街灯、烟火的光、飞机的灯、船上的光、月光、星光、孩子们放烟火的光……我有点想吃印度菜，就跟莉萨走到圣莫尼卡。走了将近一个小时结果因为假日没开，没办法只好去吃墨西哥餐厅。一直等不到出租车，又走一个小时回家。到家的时候已经超过半夜一点。每天都像是在修行。

七月五日

早上九点起床。工作。和住在洛杉矶的集英社奥山先生吃午餐。之后和莉萨还有土桥小姐去郡立美术馆看印象派画展。我在美术馆的书店买了毕加索晚年的作品集。晚上一直工作到出门去奥山先生家。先前卡关的问题透过毕加索的某件作品获得解决。我在奥山先生那边接受咖喱饭和茶泡饭的款待。因为很久不见，讲了很多的日文。奥山先生后来跟我回了工作室。

七月六日

整天工作。原本预计画五张新作，可是现在在作的四张图里面有一张我一直都很不满意。比尔·格雷厄姆[1]那边送来桑塔纳新的 LP 录音带让我当封套设计的数据。有种又进一步的感觉。深夜，我和莉萨开车去吃晚饭，途中在圣莫尼卡的交叉路口因用光汽油被迫停车。我们去别的地方等车带汽油过来，结果运气不好，车被警察的拖车拖走。莉萨一下哭，一下生气，真的是超级倒霉。

七月七日

八点半起床。总之还是有一个部分不满意。虽然想要设法做些什么，可是找不到解决办法。我一直工作到傍晚，晚上和莉萨去看电影。我因为睡眠不足看的时候半睡半醒，英文又听不太懂，可是《火山下》（ *Under the Volcano* ）这片真的不错。阿尔伯特·芬尼（Albert Finney）扮演酒鬼的演技、杰奎琳·比塞特（Jacqueline Bisset）的美貌，再搭上墨西哥场景，让人印象深刻。导演是约翰·休斯顿[2]。

七月八日

工作到傍晚。下午莉萨为了澳洲的工作拍摄表演照片。纽约画廊来洛杉矶开新画廊，我跑去他们的开幕酒会。大家都在称赞场地，没有人关心作品。其中也有非常差的作品，这种程度竟然敢说是纽约的

1　比尔·格雷厄姆（Bill Graham，1931—1991）：美国乐团经纪人、摇滚演唱会主办人。

2　约翰·休斯顿（John Huston，1906—1987）：美国电影编剧、导演及演员，曾获奥斯卡最佳导演奖。十四岁时便辍学，投入拳击运动，短时间内成为一个出赛 25 场获胜 22 场的拳击手；十八岁时当上了百老汇的演员，之后却又成为一名军人，同时开始撰写剧本，并发表短篇小说。二十六岁那年，前往巴黎开画家的生活，却因为不受注目与好评，成了乞丐。最后回到美国，开始当起了电影导演。9 次被奥斯卡提名，曾摘得奥斯卡最佳导演和最佳剧本奖。

当代艺术画廊。展品当中只有弥莫·隆戈巴尔迪这家伙的非常突出。我的个展制作人琼·奎恩带了很多个展邀请函来发给大家。

晚餐在威尼斯的咖啡吧和莉萨的妈妈一起吃饭。突然很想看电影，跑去看十点半开演的《小精灵》(*Gremlins*)。斯皮尔伯格[3]制作的恐怖流行(？)电影。夸张的画面有点让人投降。莉萨说电影很无聊心情不好。十二点过后奥山先生还跑来工作室。

七月九日

本来以为早上作品会进馆，结果说是开幕当天早上。这些家伙真悠哉。真希望他们赶快把作品带走。我的心情是不想要再看到它们第二次。开幕的时候我应该会想要逃走吧。

对方突然决定要在一点进馆，作品就这样被搬走。下午到傍晚之间我和莉萨去航空公司和画廊。画廊非常非常喜欢我的绘画新作。新作品和南天子画廊发表的作品风格非常不一样。五点和琼·奎恩有约，可是她没来，改成明天早上碰面。我和莉萨去悉达瑜伽基金会（SYDA Foundation）买了一堆印度音乐磁带和线香。

七月十日

想到今天终于要开幕心情就很沉重，想要逃走。和莉萨去海岸的

3 斯皮尔伯格（Steven Allan Spielberg, 1946— ）：美国著名电影导演、编剧和电影制作人。生于俄亥俄州辛辛那提，犹太人。根据《富比士》杂志报道，他坐拥净值 31 亿美元的财产，是目前全世界最有钱的电影制作人之一。1993 年的《辛德勒的名单》与 1998 年的《拯救大兵瑞恩》，让他两度荣获得奥斯卡最佳导演奖。

餐厅吃早餐。接着和莉萨、琼·奎恩一起去奥蒂斯·帕森斯画廊挂作品。果然，在洛杉矶制作的四幅新作非常受欢迎。觉得加上新作一起展览真是太好了。琼带了两份早报给我，都有刊登我个展的报道。因为琼从以前就说想要画人像，我就在画廊庭院的树下替她拍照。我开玩笑说希望她裸体，结果她真的这么简单就脱掉衣服，反而让我吓一跳。

因为距离开幕还有一点时间，我就和莉萨跑去采买。买了两件夹克、六件 T 恤、一件衬衫、一个包包、一条皮带、一条裤子。逛逛书店回一趟工作室，打扮一下去开幕酒会。本来有点担心，结果竟然有两百个以上的人来。琼·奎恩也说真是太成功了非常开心。奎恩夫妇、莉萨、奥蒂斯画廊的亚尔夫妇、从纽约来做音乐的 "Talking Heads" 的大卫·拜恩[1]和他女友波尼以及蒂莫西·利里[2]夫妇等十几个人一起去好莱坞的 Palate 吃晚餐。回到工作室一直到半夜两点都在打包，准备明天回国。

---

1 大卫·拜恩（David Byrne, 1952— ）：生于苏格兰，后移居美国，除了音乐人的身份之外，他同时也是舞台设计师、摄影师、小说家、剧作家。但他最广为人知的还是成立了美国新浪潮最重要的乐团 Talking Heads。

2 蒂莫西·利里（Timothy Leary, 1920—1996）：美国心理学家、作家。

狂気のビデオ演出

在洛城奥蒂斯·帕森斯画廊个展开幕的隔天，我和莉萨·莱昂一同返国。莉萨在日本有工作，要拍电视广告还有世界大学生运动会的海报。我把莉萨留在东京，前往富山出席富山县立现代美术馆[1]举办的富山国际当代艺术展，并在美术馆举办公开作画工作坊。之后在神户和莉萨会合，一起制作世界大学生运动会的海报。

找莉萨做模特儿制作世界大学生运动会海报这个工作，我从一开始接案就打算用全裸肢体来表现，因此作品完成的时候经纪公司和世界大学生运动会办事处好像都受到很大的冲击。

莉萨看到这次替世界大学生运动会新建的体育馆就一见钟情，突然间就开始全裸绕着操场跑道跑一圈，做了这样的乍现行动。因为她在洛城工作室当我作品模特时曾经整天裸体生活，所以就算看到她现在突然脱光跑操场一圈，我也没那么惊讶，可是工作人员和体育馆建筑工地的人们对于这场出乎意料的裸奔似乎感到相当震惊。她将自己比喻为"野生动物"，运用本能生活是她的日常原则，平常就不穿任何内衣。此外，她只有红、白、黑这三种颜色的衣服。不喜欢有花纹，动物图案的衣服大概是唯一的例外。

1 　富山县立现代美术馆：主要以收藏 20 世纪之后的美术作品为主。

她经常说俚语，连有的美国人都说她的话很难理解。因此也有很多人说我不会英文到底是怎样和她沟通的真的是非常不可思议。这么一说，除非有必要我们两个人好像都没在说话。因为彼此不干涉对方，结果最后两个人好像都只考虑自己的事情。不过她经常说我们两个人有"心电感应"。我们两个会遇到也是精神波导致的结果。

世界大学生运动会海报的校样印出来之后开始出问题。因为我是用仰角拍摄莉萨·莱昂全裸的站姿，别说耻毛，连私处都拍得一清二楚。先别说害怕教育委员会或者是妇女团体提出抗议，图片这样本身真的也是蛮糟糕的。不过我主张说我可以调变画面整体的颜色，强调运动的健康形象所以没问题。当地《神户新闻》在社会版头版以丑闻的角度报道这张海报引发的风波。结果靠世界大学生运动会理事长古桥广之进[1]先生"这样不错啊"的一句话决定采用。海报引发很大的回响，变得大家都很想要。

制作桃井熏的影片

莉萨回国以后，我又再次离开日本。这回是为了拍桃井熏的影片突然前往法国。制作人是 CBS Sony 的酒井政利，我以前曾经在他担任制作人的状况之下替桃井的专辑做过设计。那次唱片封套设计也是我和桃井第一次合作。

1　古桥广之进（1928—2009）：日本的游泳选手、运动教练。第二次世界大战后屡屡打破游泳项目的世界纪录，退役后担任日本大学的教授、日本游泳联盟会长，历任日本奥林匹克委员会会长。

我是第一次接触拍片这种表现形式。距离启程前往法国只有十天左右的时间。莉萨·莱昂的影片也谈好由 CBS Sony 负责，在这样的状况下又出现拍片工作真的是奇妙的缘分。不管我期不期待，类似工作大量集中指向某个方向这种事情经常发生。

关于拍片，我什么点子都没有。因为这是突然卡进来的工作，我单单是消化手边必须完成的工作就已经费尽全力。不过因为不知道在现场会需要些什么，就请工作人员帮我准备动态拍摄的轨道、摩托车、马、等身大的骸骨、婴儿车等心里想到的东西。拍摄决定在距离巴黎一个半小时左右车程的罗亚尔地区 [2] 的城堡进行。当时这座城堡已经改为旅馆在经营，不过周边花园、池塘、溪流、森林应有尽有，简直就像是童话故事里会出现的那种城堡。

拍摄从我们抵达的隔天开始进行。老实说，我完全不知道要从什么东西开始拍，就先拍日出的场面。五点起床第一次用摄影机拍摄桃井熏化妆的过程。对于任何人来说，女演员从素颜渐渐改变这件事情都非常有意思。黎明将至的时候，纤白的水蒸气从环绕庭园的辽阔水面袅袅上升。单色的世界渐次装点上色彩，大自然吞吐清晨气息的景象真的非常美妙。

水面正在散发清晨的生命气息。女演员背对镜头、面朝池塘，像是剪影跳舞那般身影越跑越小，我从这个场景开始正式拍摄。是因为她的脚步声踏破了宁静吗？小鸟齐集纷飞，成群横渡池塘水面。林中

---

2 罗亚尔地区：指罗亚尔河（Loire River）流域，被称为"法国的花园"和"法语的摇篮"，以其高质量的建筑遗产著称。

传来撕裂般的鸟鸣声，简直像是在打手势那样，巨大的桃色朝阳自池前云朵笼罩的群山之间探头现身。那耀眼的阳光和印度恒河的朝阳一模一样，将水阶之畔沐浴的信众染成金色。

桃井熏卯足干劲表演

完全没有大纲的故事就这样揭幕。

"下一场是什么？"熏小姐当然会问。

我脑袋里面根本就还没有想到下一场戏。如果有人知道接下来要怎么办我也想请教他。不过我不能让工作人员和女演员发现我现在没有点子。因为在这样的状况之下导演必须要掌握绝对的权力。

"接着要在房间里拍！"我完全是冲动下脱口而出对全体人员大叫。我将摄影机立在房间中央，一边旋转一边拍摄女演员在狭小的房间里仿佛受到什么威胁，像希区考克风格那样怕得花容失色，在狭小的房间里不停奔逃绕圈，绕到眼花缭乱。仿佛是将我自己被逼到绝路的心情直接转变成为画面。

下一场还没有决定要拍什么。"怎么办？怎么办？"我必须让全体人员以为只有我知道一切。"好，接下来拍熏小姐的大笑场面。像是害怕到最后发疯那样大笑。"

什么必然性也没有，总之就是继续拍。如果闲下来大家就会察觉我的心情。为了让女演员扮演疯女人，我让她单手拿个红酒杯，音量越提越高举杯朝天。

"好，开始笑！"

"咯咯咯咯咯，啊哈哈哈哈！"熏小姐不是做戏，是真的笑起来。

"就照这样。"

"好，再疯一点！"

"咕哇哈哈哈哈！"以制作人酒井先生为首，全体工作人员都压抑声音和她一样笑起来。

"太棒了！"再疯再疯。我对自己越来越有虐待倾向感到惊讶。电影就是这样的东西吧。如果导演不疯的话就没有办法让女演员发疯。我在心里大叫。"桃井熏，再疯！再疯！"她完全回应我的期待，歇斯底里地发出"嘻——嘻——"的声音，发出地狱般的笑声。

她持续笑了三十分钟以上。非常成功。接着来拍桃井熏的哭泣场面吧。

"接下来我想请你哭。"

"这没办法啊，又不难过哭不出来。"

"好，我知道了。那来聊聊悲伤的往事吧。有没有人可以说悲伤的故事让熏小姐哭的？说自己遇过的事情也好，亲人过世的经验也没关系，有没有人可以说的？"大家面面相觑，没人可以说故事。我有自信让人发怒或者是大笑，可是描述悲剧让人感动这点对我来说真的是没辙。

"都没有人吗？"熏小姐有点在催促大家。

"还是没办法，我说不用真的伤心那样哭也没关系。这是表演啊。"

"我是很认真的，不想要做假。"

"你是女演员吧，既然是女演员那就让我见识一下你高明的表演啊。"我讲话也越来越粗暴。

"你真的是什么都不懂，我还以为如果是横尾先生应该会懂，所以才拜托你当导演的啊。"

"反正我不懂啦。而且太阳快要下山不能拍了，用演的也无所谓，拜托哭一下。"

"你为什么会担心太阳下山呢？"

"你应该知道摄影天数没几天吧。就算是这间房间，再过几分钟我们也必须撤走。"

"这种事情应该是制作人或助导的工作吧。"

"真啰唆啊，太阳下山就完蛋啦。如果可以让太阳上升还原到本来的位置，那要这样拍几次都可以。"

"如果是太阳的话，我可以让它上升。"

"你还真敢讲，那上升给我看看啊。"

"横尾先生，我很相信你噢。除了你和安迪·沃霍尔之外我完全不想让其他人导戏。"

"我不想干了，你去拜托沃霍尔怎么样？我不想和你这种理解能力这么差的女演员工作。我现在要回日本了，你自己导就好啦。"

"什么嘛，你这种说法太不礼貌了吧。"

我跳过桌子起立，看起来像是想要揍她。酒井先生像是架住我身体那样阻止我。这时候，桃井薰的眼睛开始掉下巨大的泪珠。哭到停不下来。我对工作人员高声大吼，命令摄影机开拍。夕阳开始西下，房间里闪耀着橘色的光辉。

"就是这个瞬间，快点，启动摄影机。"我让她站到明亮的窗边，自己站在摄影机后面吞口水，拍摄她不停啜泣呼吸急促的场面。不知为何我也控制不住变得非常悲伤。

拍摄结束的时候，她跟我说："横尾先生，这样就行啰。"

我有种感觉，自己终于理解了她想要说的、想要做的。而且她真的很棒。她不像我这样只是单纯把这部影片当成是工作。她没有把表演和人生切开，替我上了一课，人生和艺术彼此没有办法切割。面对她那种无论如何都要忠于自己的态度，我觉得自己完全输了。

自己内在的野性

这天桃井小姐在自己的房间里跌倒，额头上肿了很大一个包。看到那个包肿得像半个乒乓球那么大真是要让我昏倒。我觉得自己必须为她受伤担负所有责任。女演员的脸蛋就是她的生命，我竟然害她受这样的伤。明天应该没办法拍了。第一天就发生这种让人不敢相信的事情，我真的是很后悔。

隔天，她的左眼肿成青紫色。我觉得没办法拍，可是她说她想要继续演。化妆下了很多功夫，可是不可能和原本一模一样。第二天之后她经常摆出用左手遮住眼睛的姿势。桃井熏第一部影像作品原本应该是相当值得纪念的计划，可是真的是没有人能料想到我们会在这么糟糕的状况之下工作。

这天拍的场景是要从山丘上滚下大约一百米左右。任何人来看应该都会觉得我在虐待女星。拍摄过程持续四天。在这段时间她表演了摔下阶梯、跑遍整座城堡、饰演老太婆的场面，最后的最后还被人杀掉。

我是拍这部影片才第一次体验当导演，不过我发现自己唤醒了自己内在的野性。如果用画画来比喻的话，每一位工作人员都在扮演颜料的角色，假使画出来不符合自己的想象我就会生气。这使得摄影师在拍摄过程中多次受到强烈打击。

有工作人员说："简直就像是黑泽导演那样。"不过黑泽导演应该更温柔。我是因为不知道自己要干吗，单单只是歇斯底里发作而已。

桃井熏离开巴黎前往德国。后来我听说她眼伤恶化在当地进行手术。那些任我使唤的工作人员不知是否感觉到一种净化作用，不带客套地相继表示希望未来可以再在一起工作。我在巴黎待了一天讨论巴黎双年展后又再度飞往洛杉矶。因为已经跟莉萨·莱昂约好要一起去墨西哥旅行。

天国か地獄かメキシコ旅行

我离开工作室以后，莉萨·莱昂就用她喜欢的家具摆设把空间整个改造。她还雇了一个名叫马丁的男子当助手，让他住在工作室。这间工作室因为位于威尼斯海滩附近，遇到周末之类的场合，前面的马路就会变成停车场停满海滩游客的车。原本这栋房子位于海滩比较深的地方，没有什么人会经过，可是半夜黑人在外面大声说话，或者调高收音机音量妨害睡眠这种事情却经常发生。这间工作室本来是我租的，可是从第一天开始，莉萨就从家里搬行李过来，把它弄得像自己家一样，让我觉得自己好像是借住在别人家。不过对我来说这样我反倒完全不需要再去多想，全部交给她，生活部分就都很井然有序，真的很方便。此外，她在担任我忠实的助理这方面也非常优秀。

总之加上马丁，我们开始过起了奇妙的三人生活。三个男女共同生活在一栋房子里面，可是大家都不会彼此探听，真的很不可思议。这是因为美国有这样的空间，还是说我们都是艺术家的关系，或者说是没人知道莉萨这种人会做出什么事所以才会演变成这样？莉萨完全不顾他人的眼光，相当以自我为中心。不知道她在想什么。她那些突如其来的言行举止总让我觉得很妙。反正就算跟我说话我也听不懂英文，不用什么事都告诉我，有种这样的感觉。

莉萨的睡眠时间很不正常。如果不叫她起床她可以无限睡下去。

说不定是用大麻代替安眠药效果持续到早上。早餐她只做过一次松饼，每天大都是在威尼斯海滩闻海潮的味道当早餐。她这样简直就像是电影中的角色，每次我看到这样的时刻都觉得很浪漫，可是无法沟通又让我非常痛苦。威尼斯海滩人山人海，然而在长期居留期间我完全没见过一个日本人。我想说不定旅游书里说这里是危险地区。

莉萨的朋友们也都觉得她是一个非常奇特的人。她喜欢卡巴拉魔法，是美国第一届健身冠军，又担任梅普勒索普[1]那些力道十足的照片的模特儿、涉足表演、参与电影拍摄、写诗、进精神病院、绝对不穿内衣，各种行为就一般社会观念来看都非常跳脱。对我来说这样的女子可以说是一种拥有魔力的神奇缪斯。

她的朋友丹尼斯·霍珀[2]、鲍勃·迪伦、提摩西·李瑞、梅普尔索普、阿诺·施瓦辛格、爱德华·鲁沙[3]等都是艺术界的能人异士，她也是这类群魔乱舞的成员之一。当然，莉萨的最爱就是自由，自由胜过一切。

---

1 梅普勒索普（Robert Mapplethorpe, 1946—1989）：美国摄影家，以大型摄影作品著称。20世纪美国备受争议的艺术家，其作品中充满禁忌题材，与动人的形式美感。早期的艺术创作生涯中，他将照片视为一种对象（object），做了不少拼贴（collage）创作与尝试。1990年，辛辛那提当代艺术中心因展出梅普尔索普的SM作品而遭受卫道人士的攻击，并因此闹上法院，经过冗长的官司与公听会，最终还是将这些作品定位于"艺术品"而非色情，纪录片《Dirty Pictures》正是针对这事件所拍摄的。
2 丹尼斯·霍珀（Dennis Hopper, 1936—2010）：好莱坞著名电影演员和导演。十八岁时到好莱坞发展。1969年，首次尝试自编自导自演公路片《逍遥骑士》。1986年以《火爆教头草地兵》获奥斯卡最佳男配角奖提名。一生共演出一百五十多部影片和电视剧，还参演了描述越战的《现代启示录》和《蓝丝绒》等著名影片。
3 爱德华·鲁沙（Edward Ruscha, 1937— ）：美国波普艺术家。

一同前往小岛，墨西哥的尽头

对于艺术家来说最重要、最不可或缺的就是自由。莉萨规划墨西哥之旅的目的似乎是想要测试我有多自由。由于我们没有预算，所以她的助手马丁必须看家，只有我们共同旅行。她有朋友待在一个名叫耶洛帕（イエロッパ）的小岛上，我们把那儿当成目的地，想要和对方联络可是对方没有电话。连对方到底在不在那边都不晓得，莉萨在这种事情上真的是神经非常大条。

我们降落在墨西哥卡密诺·里亚尔机场[4]。天气比洛杉矶热很多，可能有四十摄氏度。让我回想起第一次抵达印度加尔各答机场那天。搭乘巡回各家饭店的巴士最后抵达卡密诺·里亚尔饭店。是间直接面对太平洋的热带饭店。我一进到房间就被海面的光线变化和波浪的形状吸引住一直看到傍晚，在晚餐之前画了八张素描。莉萨一如既往倒头大睡，要叫她起来很麻烦，我就这样放着让她睡到天亮。

我只要换房间就会睡不着，所以隔天早上醒来睡眠相当不足。我又再度透过房间窗户画清晨的海，看海面千变万化，就像生物那样不停在变，描绘自然相当有挑战性。这次完全是盲目旅行。我们在饭店游泳池池畔吃早午餐，去海滩做日光浴直到傍晚。因为几乎不说话，我就随性画素描。不知是否因为八月行将结束，海滩并没有很多人。兜售土产的男子和玩飞盘的年轻人相当引人注目。不过莉萨健身练出

4　卡密诺·里亚尔机场：卡密诺·里亚尔（Camino Real）是墨西哥一个大型连锁饭店集团，并设有在机场内的饭店服务。墨西哥似乎没有这个名称的机场，可能是横尾笔误。

来匀称肉体美吸引了所有人的目光。她独自进入海中，在岸边读洛尔卡[1]的诗。艺术家彼此相处可以不用在意对方相当舒服。

美丽的日落真的让人非常感动。太阳消失在海平面的同时，天空和大海开始出现剧烈的变化。到了晚上，天空传来爆炸性的雷声像空袭一样，似乎在暴怒发狂。

隔天我们终于要启程前往耶洛帕。从港口搭船大约要两个小时。搭船的时候我还是沉迷在素描的世界中。耶洛帕是个保留原始状态的小岛。稀稀落落的人家顺着山坡和海岸的岩壁一路向上爬。多半都是像茅草屋那样的小房子，裸体的孩子们跑进跑出。莉萨一身时髦的装扮看起来和这个岛格格不入。

我们的目的地位于山坡中段。要走到那边必须赤脚渡过有一百五十米宽的泥河，不过看到马粪大量漂在河里让人浑身发抖。莉萨似乎没有我这么惊讶。周围被丛林包围，感觉像是在横渡越南的湄公河。

因为完全没有任何联络就突然出现一个美国女和日本男要求住宿，屋主应该是非常惊讶又困扰。这时候莉萨可以用西班牙语交谈真的很可靠。

这个岛上好像有很多墨西哥罪犯、美国流亡者、嬉皮士……他们看到我们两张新面孔眼神都很诡异。我自己怕得要死简直想要马上折

1　洛尔卡（Garcia Lorca，1898—1936）：西班牙诗人、剧作家，现被誉为西班牙最杰出的作家之一。他在马德里大学就读期间，认识了不少艺术家，如萨尔瓦多·达利和布努埃尔。成名作是《吉卜赛谣曲》，该书和另外一本《深歌集》中的诗篇皆充满吉卜赛风格。后来在美国纽约市旅行时写下《在纽约》，批评强权对弱小者的欺压和资本家的贪婪。在1970年代前他的作品一直在西班牙遭禁，佛朗哥后来虽允许作品出版，但他的生平及同性恋身份在佛朗哥去世前一直是被禁止讨论的话题。

返回家。夕阳西下，乌云凝聚开始下起暴雨。大雨倾盆而下让人觉得岛屿好像会被冲走，雷鸣轰轰，闪电如龙横劈掠过眼前。真的是让人开始敬畏这些原始的力量。

然而莉萨不论发生什么事都还是怡然自得。"艺术家要勇敢，不可以害怕。"讲得好像是要启发我那样。

一大早狗就吵死人一直叫。高声的鸡啼，发情的猫在交配。没办法入睡。天地都很不真实，感觉像是超现实主义的世界。我又渡过漂流马粪的泥河，走到泊船码头的简便小屋餐厅吃早餐，食物只有蛋、豆子和红茶。孩子跑来兜售绿色的、巨大而活生生的爬虫类生物，谁会买这种东西。莉萨看到这样的小孩都会习惯性马上掏钱。而且她有时候会跟我要零钱，让我觉得很烦。

"他又不是乞丐，不用给他钱吧。"

"可是你不觉得很可怜吗？"

"那你就买那看起来很可怕的爬虫类啊，他们也知道要工作赚钱。什么都用钱来解决是你的缺点，如果你想要这么做，那你也应该要用自己的钱。"虽然我英文很烂，可是她也坦率同意我的话。

我们在餐厅遇到昨天跟她打招呼的那两位嬉皮士男子。他们在山上盖了一间小屋住在那儿，一位以前是计算机技师，另一位学过瑜伽冥想。两人八年前来到这边以后就一直住在这个又小又无聊的岛上。像是这样没有文化的地方他们到底在喜欢什么我实在是不能理解。我才待一天就开始烦，甚至现在马上就想要离开回日本。

晚上我们听说海边的小餐厅有个迪斯科舞厅，我们就出门去。放眼望去每个人都面目狞狰。大家看我们的样子好像都在瞪我们。阴翳的灯泡下，只有两三位当地的年轻人在跳舞。喇叭听起来好像故障了，放的摇滚乐都是过时的流行。尽管知道一定是个怪地方，莉萨还是什么地方都跑。回程的时候我们拿手电筒走在到处都是石头和马粪又没有路的地方一路摸索，好不容易才到家。

今天晚上住的地方是独自盖在山里的一间没有墙壁的简便小屋。莉萨还是沉溺在大麻之中。我突然心里有种感觉，觉得本来是来追寻天堂的，结果简直像是待在地狱里。这里宁静到夜晚阴暗的海涛可以传到耳边。灯火荡着周遭的树林淡淡将之漂红。我实在太过疲倦，完全没有心情聊天。入夜又开始打雷，闪电在群山间穿梭。好像在看布努埃尔还是谁的恐怖片。我完全不懂莉萨到底在想什么。对于拥有目标和梦想的人来说，这种地方待一天就够了。这座岛无处可去，待在岛上的都是长年居留在此的家伙，个个表示"因为没有什么想要做的事，想要永远待在这里"。都是一些像化石一样的人。

越来越怀疑当代艺术

我终于离开耶洛帕踏上墨西哥本土。在巴亚尔塔港（Puerto Vallarta）待一晚，隔天前往瓦哈卡（Oaxaca）。行程都是依照莉萨的安排，我们在墨西哥机场转机抵达瓦哈卡。

饭店将面对中庭的走廊设成了饮茶沙龙，鸽子为了找食物会跑到那些吃早饭的人的桌脚。整座饭店直接运用原本的修道院建筑。这个地方和耶洛帕不一样，有型的外国客人相当引人注意。我觉得自己从地狱回到天堂全身都瘫软下来。我们请了当地导游带我们去郊外参观遗迹。开车攀上箱根那种徐缓的山坡，瓦哈卡的房屋在山谷中看起来像肩并着肩。半山腰有两三间商店，拨开草丛登上山顶之后，古代神殿赫然出现在眼前。阿尔班山的遗迹[1]有好几座金字塔形的建筑物，古时候这里是天文台。此外，传说待在金字塔包围的宽阔低地里面可以和天上的居民用心电感应沟通。这个神秘的地方让人觉得如果晚上来这边对 UFO 输送念力的话，说不定真的就会看到。

瓦哈卡是待一天就可以充分游逛的小城，不过天主教教堂相当棒。圣母像身上披挂着不计其数的大头照、金属徽章、画着圣母图的祈愿板，还有服装等，简直像是当代艺术的装置一样装饰起来。我觉得这之所以比当代艺术更让人感动说不定是因为上面还添加了信仰的力量。

隔天我们进入墨西哥市，然而莉萨不知是否遇到高山症，高烧、呕吐以致病倒。我把她留在旅馆，陆续参观西凯洛斯[2]、里维拉[3]、塔马

---

1 阿尔班山的遗迹：Monte Alban，世界文化遗产，位于墨西哥南部瓦哈卡市以东 9 公里处，是一处建在山上的古代文明遗迹，海拔 1940 米。该遗址由萨波特克（Zapotec）文明在公元前 500 年左右开始建造，是中美洲最早的文明之一。

2 西凯洛斯（David Alfaro Siqueiros, 1896—1974）：墨西哥壁画家，生于奇瓦瓦，既是一个艺术家又是一个革命者。1919 年赴法国学画，在巴黎接触到当代欧洲艺术。回国后，成为墨西哥革命画家工会总书记，并创办《砍刀》杂志，提倡新的大众艺术。他很早就参加了墨西哥共产党，1920 年代晚期积极参与矿工工会的组织活动，1930 年在一次罢工中被捕，流亡国外。1939 年回国后为墨西哥电力联合工会画壁画《资产阶级的画像》。晚年，创作了一系列内容进步的壁画，歌颂工人阶级为自由而斗争的精神。他的一生中多次因从事革命活动而遭到政府监禁，仍然坚持自己的政治和艺术信仰，因此作品中具有鲜明的政治倾向和时代感。

3 里维拉（Diego Rivera, 1886—1957）：生于墨西哥瓜纳华托，是著名画家、活跃的共产主义者。其主要的贡献是促进墨西哥兴起墨西哥壁画复兴运动。

约 [1]，还有弗里达·卡罗 [2] 等人的作品，一边搜寻建筑物的壁画一边逛。我看到的不是现代主义那种西方中心排他性的为艺术而艺术，而是为人类的艺术。这让我对当代艺术更加感到怀疑。

罗亚尔地区→巴黎→洛杉矶→巴亚尔塔港→耶洛帕→瓦哈卡→墨西哥→洛杉矶，虽然旅行了二十五天，可是心理上感觉好像已经超过了三个月。收获就是我满满画完一本的素描簿。

回国以后开始筹备柏林贝塔宁艺术之家（Kunstlerhaus Bethanien）的海报展、巴黎双年展参展作品制作、西胁市冈之山美术馆壁画、明尼阿波利斯（Minneapolis）沃克艺术中心"东京：造型与心灵展"的陶瓷作品、世界博览会的科技宇宙馆的摩天轮……这些需要耗费许多功夫的工作大举涌现。

特别是在摩天轮设计方面，我打算架设好几十座莉萨·莱昂的躯体，为了建模必须把莉萨再从洛城找来。我先用石膏制作她全身的原型，再灌入硅胶制作复制品。这个工作是在京都进行。莉萨对日本已经非常熟悉，完全陶醉于日本的食物、传统、文化和生活。尤其是京都西

---

1 塔马约（Rufino Tamayo，1899—1991）：墨西哥画家，对现代艺术具有举足轻重的影响。不仅受到立体主义、超现实主义和表现主义等多方面的影响，对哥伦布发现新大陆之前的文化，也有深度的认识，因而能够贯彻其与众不同的艺术思想。塔马尤虽刻意使用有限的颜色作画，却能充分发挥搭配的一切可能性。其绘画风格呈现自然主义或象征主义，经常融入华丽的流动线条图形，或突发性的破裂图案，尽管主题十分简单，但内容总是格外的丰富，且隐喻深刻。

2 弗里达·卡罗（Frida Kahlo，1907—1954）：生于墨西哥城南部的科瑶坎（Coyoacan）街区。父亲是德裔犹太画家与摄影师，六岁时弗里达感染了小儿麻痹，造成了她右腿比左腿短，也许因为如此，她经常着长裙。十八岁那年的秋天，她出了一场严重车祸，造成下半身行动不便。即使一年多后恢复了行走的能力，仍深受车祸后遗症的痛楚，一生中经历多达 35 次的手术，最终右腿膝盖以下还是必须截肢。因此她在苦痛中用绘画来转移注意力，画出了许多她对于病痛的感受和想象，作品经常充满了隐喻、具象的表征，让观者震惊于一位女性所承受的各种痛苦。

洋博物馆³看到的若冲⁴和萧白⁵让她特别感动。她在京都买了棋盘和一套书法用具。这么说来莉萨·莱昂的表演其实像是在空中写书法那样，是非常有力的造型运动。

（待续）

3　京都西洋博物馆：指的应该是京都国立博物馆。创立于 1897 年 5 月，是日本最重要的博物馆之一。博物馆由独立行政法人国立文化财机构运作，主要展示平安时代至江户时代的京都文化艺术品。

4　若冲（伊藤若冲，1716—1800）：日本江户时代活跃在京都的前卫画家，名汝钧，字景和。其作品巧妙融合了写实与想象，作品有着新奇的构图与奇特的色彩，并有极为丰富的表现力，被称为"奇想的画家"，与曾我萧白和长泽芦雪齐名。当代艺术家村上隆曾将自己的"超扁平"绘画概念源头，建立在狩野永德与伊藤若冲等画家身上，亦足见伊藤若冲在今日之影响。

5　萧白（曾我萧白，1730—1781）：日本江户时代画家，本州岛人。二十九岁成名，活跃于日本本州岛岛三重县、兵库县和京都府一带，是人物、山水、花鸟皆精的绘画全才。

あとがき
后记

　　这部作品取了一个非常夸张的标题。我从一九八八年开始连续四年在《流行通信 HOMME》上连载"想要回家的天使"，这本书正是专栏集结的成果。是从我一九六〇年前往东京到一九八四年这二十四年间的记录。故事中途结束是因为杂志后来停刊。

　　文末标上"（待续）"，指的是我的人生至今都还在继续，此外，说不定某一天还有机会写这本书的续集，带着这两种意义。我想只要能够把意思表达出来就够了。

　　整本书的文笔很笨拙，到处都可以看到很多段落好像在兜圈子，很多插曲删掉也无所谓，可是我不加删改，希望能够尽可能表现当初的心情，就这样让它保持原状。

　　或许某一天我也会写一九六〇年前的二十四年。不过说归说，目前完全没有这样的计划。继续书写这部"自传"的前后章节，这些文字才会真的变成更完整的自传，可是总觉得有种《横尾忠则自传》第二部的感觉。说不定某一天在世界末日降临之前我会必须完成第一部或第三部。

　　然而从另一个角度来看，写一堆无聊的文字也让我累积很多恶业。像是一边吐一边把食物塞进嘴巴。自传性的因素在我最近的绘画作品当中也变得越来越强。如果用画就可以表现完毕的话，那就不需要写自传的前传和后传了。

这本书的文字搁置了三年突然之间被结集成书，我不知道这之间的时间代表着什么意义。出版社的上野彻先生非常热心，我败给他的行动力，让这批作品重见天日。出版《迈向印度》和《带我直到地球尽头》（地球の果てまでつれてって）的松浦伶先生在这本书的出版上也有帮忙。我觉得自己心底对于出版这本书抱着期待，不知为何带着一点不好意思的心情。

我自己写的书几乎都是由自己进行装帧设计，不过这本书无论如何都没有办法自己来。这时我完全不提任何条件，将书彻底交给菊地信义[1]先生，他的装帧设计总是相当杰出。同时我也对他的成果相当期待。非常感谢大家。

横尾忠则

一九九五年十月三十一日

---

1 菊地信义（1943— ）：日本装裱大师，生于东京神田，多摩美术大学图案科肄业。

文春文庫版のあとがき
文春文库版后记

由于出版文库版的关系，我又将这本书重读了一遍。自传和他人写的传记不同，无论如何都不可能看到很多面向，只会看到一面。这也表示说描写很难客观。我越来越觉得自己的经历实在是没有办法被具体表现出来，毕竟这就像是一件雕刻作品，我们可以从很多不同的角度去欣赏。

虽然想过再写写其他的自传，可是最后结果应该还是一样。自己到底可以理解自己到什么程度呢？如果没有深深凝视自我的勇气，说不定根本就没有必要写自传。尽可能吐出能吐的东西才可以说是自传不是吗？

就这个意义而言，只能说我最后以消化不良告终。书写既是消除业障同时也会增添新的业障。特别是语言里面带有"言灵"，会反噬自己，正因如此，也让我觉得非常恐怖。我认为书写的时候必须意识到这件事才能下笔。就这层意义而言说不定我毫无防备。因为理性没有在运作。

单行本的"后记"说这本书的前传和后传还空着没写，近来我开始思考用前传来处理从零岁到二十岁结婚这二十年间的经历应该不错。老实说我想要用小说体来写，不过技术不知道跟不跟得上，这才是问题。（实际上后来以《莨草少年》[コブナ少年][文春文库]为题出版）

后传因为人生还在继续进行,就先顺延吧。现在和年轻的时候一样,没有野心但有梦想。我喜欢别人的自传或传记。阅读这类的书籍总是会产生自己还处于青春时代的错觉,对于自己的未来怀抱梦想。明明自己很清楚自己的生命中已经不存在那种辽阔又漫长的未来,但是最后还是会觉得未来非常开心又漫长。

　　改版文库版的时候,负责这本书的今村奈绪子小姐下了"海海人生!!"这个恐怖的标题。我还在想说为什么是"海海人生!!"看到荒俣宏替我撰写的导读中对于"海海人生"这个词的精彩解说,才终于能够接受。根据他的说法,那些"波澜"不是由当事者所引发的,似乎是一种出现在周边的现象。

　　"慌乱飘摇"或许就是"海海人生"的词源也说不定。"风波"不断的人生实在太恐怖,连我自己都看不下去。

　　我梦想沉醉在宁静的三摩地,就像这本书的封面那样度过娴静的余生,如桃花源一般。

桃花源的脚踏车骑士　横尾忠则

一九九八年八月二十三日

筑摩文庫版のあとがき
筑摩文库版后记

　　这本书于二十年前曾在《文艺春秋》进行专栏连载，并结集成《横尾忠则自传》（横尾忠则自伝），后来变更书名为《海海人生》（波乱へ！！）于文春文库发行。绝版很长一段时间之后，这次以筑摩文库的面貌重新出版，暌违十七年又得以回到读者面前。

　　"咦——，这么一想好像有这回事，对对，可是我都已经忘记了，竟然当时写这么露骨真是年轻啊！"我就这样一边怀抱着奇妙的感慨，一边仿佛是对待别人的"人生"一般把书读完。毕竟是自传，这样那样的也都是真人真事。

　　尽管如此，不知是否因为当时精力比现在充沛，或者好奇心更加强烈，总之接二连三牵扯上各式各样的奇怪遭遇，"蹭了"很多事情。就像这本书的书名一样，感觉当时的行动本身就是在玩。玩没有任何目的。假使有，玩乐本身就是目的。孩子在玩的时候，不会带任何目的，没有任何大义名分，也不考虑后果，所以自由。我觉得自己的玩乐也很像孩子那样。

　　本版书名（《ぼくなりの游び方、行き方》）中的"行き方"（行事作风）也是"生き方"（生活方式）。汉字不用"生"而选用"行"，是因为想要强调动感。"行"带着向某处去的意义。有带动身体的意涵。不论"游"或"行"都非静止。总是在动，不定于一点。读这本书，让我觉得自己还真是会转，一下这样、一下那样，感兴趣的事物接二连三地切换让人眼花缭乱。或许因为我是鼠年出生，所以性格才会这样总是东奔西跑绕来绕去。

根据西洋占星系统，我是巨蟹座，人家说这个星座的特征是"模仿天才"。是不是天才我不晓得，可是从小我就很擅长临摹。此外巨蟹座好像也会追求神秘体验。虽然我并没有特别喜欢神秘事物，不过我的 DNA 里面有种元素让我总会碰上不可思议的事情。本书中时不时描述我经历灵魂出窍或者看到 UFO，但是这些体验都集中在某个时期。后来某一天就好像突然退烧一般，对这些事情无感了。非常明显。

这本自传依旧未完，有点戛然而止。不过我的画也会像这样突然完成。准确说来不算完结，还是未完成。不过是否要写后续也没定。已经到了这把午纪，所剩时日不多。啊，希望可以持续画到死为止。谢谢大家花这么长时间阅读这本书。

这本书多亏筑摩文库编辑部年轻世代的洼拓哉先生提案推动才得以实现，也因此有机会面对新的读者。读者当中，想必有人在我那个年代还没出生，我想他们应该可以感受到和现在完全不同的时代气氛。假使可以听到读者的感想就太好了……

横尾忠则

解说

横尾忠则不是天才。

这部自传名副其实，并不是一本天才记录。

它记录的是横尾忠则这位普通青年，陆陆续续接触许多天才们，进而唤醒自身天赋的历史。

故事从一九六〇年，二十三岁的他踏上东京那一刻开始。

从神户东漂上京，在小公司里以上班族设计师的身份起步，各式各样的困难接二连三向他涌来。面对贫困的日子喘不过气，为了扶养孩子苦战奋斗。受重伤、打客户、辞工作、新创办的公司最后也解散。

然而他同时也遇到许多天才创作者。三岛由纪夫、涩泽龙彦、寺山修司、美轮明宏、唐十郎、筱山纪信、和田诚、大岛渚、高仓健，完全是传说般的一九六〇年代。与这些天才们近身接触，促使青年自己的才华开花绽放。

不可思议的事情重重累积，偶然召唤更多偶然，出乎意料的人、事、物自然而然聚集而来，让我实现梦想……我发现这种共时性（synchronicity）是我的命运模式。然而愿望达成前的过程，总是反复摆荡在天堂和地狱之间，非常惊险刺激。天堂和地狱简直就像是存在于我的心里，两者不停相互对决。

天国与地狱、生与死、现实与虚构、艺术与商业、圣与俗。横尾忠则在这两极的世界之间自由往返。虽然生性优柔寡断，面对突如其来的变故却能做出重大决定。身处幸福极致，却感到死亡的不安全感。到手的荣耀，会自己动手冲动打碎。然而面对绝境时，情势又好转过来。这本书也是这种随性漫游"行事作风"的记录。

　　孩子在玩的时候，不会带任何目的，没有任何大义名分，也不考虑后果，所以自由。

他的人生转换于上班族、插画家、画家、演员、动画导演、摄影师、电视艺人……可扮演的角色无限解锁。如果要用一张画来展现他的人生，可以说和他的作品一样都是拼贴吧。两极化的拼贴、所有选项的拼贴。工作、玩乐、生活，全部都不可分割，嵌合在一起。

无限解锁的他，活跃领域也不仅限于日本，更广及海外。安迪·沃霍尔、约翰·列侬、贾斯培·琼斯、卡洛斯·桑塔纳、野口勇、萨尔瓦多·达利。接二连三和世界的天才们相遇的他，最终实现了弱冠三十六岁就在纽约现代美术馆举办个展的成就。

去年（2014）我的《乐业。》（集英社）这本对谈集付梓刊行。借此获得了与山田洋次、泽木耕太郎、杉本博司、仓本聪、秋元康、宫崎骏、系井重里、筱山纪信、谷川俊太郎、铃木敏夫、坂本龙一，以及横尾忠则对话的机会。

"与我现在年纪一样，三十几岁左右的时候，你们在做什么？"我就这样接二连三探问这些已经成为传说的天才们。"你们是为何开心，为何苦恼，才走到今天这一步呢？"

虽然一方面获得了真诚的回答，但也遇到尖酸的反馈。"你问这些陈年旧事真是没辙。时代不一样啊。"我认为确实如此。然而就算是"陈年旧事"或者"时代不一样"，我认为接触这些天才本身就有意义，带着自己的固执就这样继续对话下去。就在这样的背景之下，我有机会和横尾忠则对谈。

成城的工作室埋藏在无尽的书和画布中。偶然也瞥见沃霍尔的画。和天才初次会面，我超级紧张。横尾先生递来萩饼对我说"一起吃吧"，但我难以动口。就这样怀抱着诚惶诚恐的心情开始问他："身为画家，跨到演员或电视艺人这些领域，会不会担心搞砸的话很可怕？"他的回答很明确："我认为所谓眼前看得见的路其实是很不可靠的。只是自己以为自己看得见，事实上任何事物都是无法预料的。对我来说，我更期待在感觉自己跌落之前发现新的路。"

　　对话过程中，他的每一句话，对于自我意识过剩的我来说都是当头棒喝，释放我执。随着对谈进入尾声"在这签名留言吧"，横尾先生边说边递来一本厚重的印度制笔记本。最初的署名是一九八〇年。捻起书页，跨越三十余年，无数创作者的名字洋洋洒洒。就在这个瞬间，我感觉自己碰触到了横尾忠则的"玩乐之心与行事作风"。

　　在这本书步入掩卷的阶段，为何把卷后解说的任务交给初识不久的年轻晚辈，我好像稍稍发现解答。恐怕这是横尾忠则的"行事作风"吧。简直就像孩子般，突如其来和谁冲撞那样和人产生连接。他就是这样与各式各样的人相遇，反复自己动手揭毁现状，探索新的出路，持续创造。而且最值得讶异的是，直到如今，这样的"玩乐之心与行事作风"依旧持续。

　　三岛由纪夫说过：

　　"横尾先生对于外部世界的关注让他的作品不至于变成狂人的艺术。"

　　正因为对于外部世界的关心，才让普通的青年蜕变成天才，让狂人的艺术拔高到世界级别的艺术。三岛是这样总结的。

　　"即便如此，希望今后不管他有多么国际化，都不会抛弃这块我们在此安身立命的不可思议的日本版图。"

　　从一九六○年踏上东京那一刻开始，横尾忠则就亲身体现了描绘日本良心与疯狂这两极的"不可思议的日本版图"。或许他就是日本。体验这五十年波澜万丈的"日本"之后，现在我确实有种"在感觉自己跌落之前发现新的路"的感觉。衷心期望本书多数的读者可以接过这"不可思议的日本版图"，迈向新的冒险。

川村元气　电影制作人·作家

二〇一五年二月十四日

图书在版编目 (CIP) 数据

海海人生：横尾忠则自传 /（日）横尾忠则著；
郑衍伟译 . — 长沙：湖南美术出版社，2019.12
ISBN 978-7-5356-8936-8

Ⅰ . ①海… Ⅱ . ①横… ②郑… Ⅲ . ①横尾忠则 – 自传
Ⅳ . ① K833.135.7

中国版本图书馆 CIP 数据核字 (2019) 第 202908 号

海海人生
The Autobiography of Tadanori Yokoo

出　品　人：黄　啸
责任编辑：李　震　王柳润
特约编辑：苏　本　余梦娇
装帧设计：山川 @ 山川制本 workshop
制版印刷：山东鸿君杰文化发展有限公司
出版发行：湖南美术出版社（长沙市东二环一段 622 号）
经　　销：湖南省新华书店
开　　本：787mm × 1092mm　1/32
印　　张：15.75
印　　数：1—20000 册
版　　次：2019 年 12 月第 1 版
印　　次：2019 年 12 月第 1 次印刷
书　　号：ISBN 978-7-5356-8936-8
定　　价：72.00 元